LO PROHIBIDO

clásicos Castalia

COLECCIÓN FUNDADA POR
DON ANTONIO RODRÍGUEZ-MOÑINO

DIRECTOR
DON FERNANDO LÁZARO CARRETER

Colaboradores de los volúmenes publicados:

Andrés Amorós. Farris Anderson. René Andioc. Joaquín Arce. Eugenio Asensio. Juan B. Avalle-Arce. Francisco Ayala. Hannah E. Bergman. Bernardo Blanco González. Alberto Blecua. José Manuel Blecua. María Josefa Canellada. José Luis Cano. Soledad Carrasco. José Caso González. Elena Catena. Biruté Ciplijauskaité. Evaristo Correa Calderón. Bruno Damiani. Cyrus C. de Coster. Albert Dérozier. José M. Díez Borque. Ricardo Doménech. John C. Dowling. Manuel Durán. José Durand. Rafael Ferreres. E. Inman Fox. Vicente Gaos. Salvador García. Luciano García Lorenzo. Yves-René Fonquerne. Joaquín González-Muela. Ernesto Jareño. R. O. Jones. A. David Kossoff. Teresa Labarta de Chaves. Carolyn R. Lee. Juan M. Lope Blanch. Francisco López Estrada. Luisa López-Grigera. Leopoldo de Luis. Felipe C. R. Maldonado. Robert Marrast. D. W. McPheeters. Guy Mercadier. Ian Michael. Miguel Mihura. José F. Montesinos. Edwin S. Morby. Luis Andrés Murillo. Joseph Pérez. John H. R. Polt. Antonio Prieto. Jean-Pierre Ressot. Francisco Rico. Dionisio Ridruejo. Elias L. Rivers. Leonardo Romero. Juan Manuel Rozas. Fernando G. Salinero. Margarita Smerdou Altolaguirre. Jean Testas. José Carlos de Torres. José María Valverde. Stanko B. Vranich. Frida Weber de Kurlat. Keith Whinnom.

BENITO PÉREZ GALDÓS

LO PROHIBIDO

Edición
introducción y notas
de
JOSÉ F. MONTESINOS

clásicos castalia

Madrid

SUMARIO

INTRODUCCIÓN CRÍTICA

I

Todo el octavo decenio del siglo XIX fue el tiempo en que llegó a plena maduración el arte de Galdós; en él se inscribe una línea, siempre ascendente, cuya contemplación nos deja maravillados, casi incrédulos, pues no creo que en literatura alguna se haya dado espectáculo semejante. Las obras se suceden con celeridad inusitada: desde *La desheredada* (1881) hasta *Ángel Guerra* (1891), veintidós tomos de creación novelesca, de calidad nunca soñada entre nosotros, se van apilando sobre la ingente realización anterior. Sólo la mención de los títulos y lo que éstos evocan deja estupefacto al lector: *La desheredada,* iniciación de esta nueva manera de novelar; *El amigo Manso* (1882), *La de Bringas* (1884), *Fortunata y Jacinta* (1886-1887), *Miau* (1888), *Realidad* (1889)... No cito aquí *Lo prohibido,* 1884-1885, pues de esta novela voy a ocuparme luego con toda latitud. Ninguna de las poquísimas que omito deja de rayar muy alto; no hay ninguna que no contenga páginas soberbias, que serían el orgullo y la gloria de cualquier novelista. En esa línea, que parece la trayectoria de una flecha disparada al cielo, no hay altibajos ni zigzagueos. Aquel esfuerzo creador tiene algo de milagroso.

Dos factores coinciden en mantenerlo, de muy diferente naturaleza, que, por la gracia de Dios nunca se contrarrestan ni perturban mutuamente —lo que hubiera podido ocurrir, pues pudo temerse en las novelas de la primera época. Uno de ellos es aplicado por el novelista de modo deliberado y consciente; es consecuencia de su intención patriótica y social. La novela moderna, la novela de costumbres contemporáneas, única ya posible, la única, en todo caso, que él sabe y puede hacer, ha de ser estudio y crítica sociales. Sobre todo ha de serlo en esta desastrada patria nuestra. Cumple al novelista desentrañar el misterio de nuestro anómalo sino histórico. Los ojos puestos en este enloquecedor siglo XIX, el autor aspira a comprender, transido de angustia, por qué el curso de nuestra historia no pudo ser parejo del de las naciones europeas con las que convivimos, y después de preguntarlo a la historia más reciente, que nada le revela que no supiese ya —bien que la respuesta se contenga en cuadros inolvidables a veces, por medio de caracteres excepcionales, punto central del problema: ¿por qué tenían que ser así, Señor?— el novelador se aplica al estudio de esos hombres y mujeres que sus ojos penetrantes, jamás distraídos, nunca engañados. insobornables, disciernen en el ámbito español. Ese estudio se hace siempre a fondo y sin miedo, y la requisitoria suele ser implacable. Este era el gran riesgo que corrió Galdós: que el celo patriótico y el celo político coaligados en alianza no muy santa dieran al traste con la objetividad del estudio y produjeran esas novelas tendenciosas que, en efecto, al calor de las disensiones políticas y religiosas suscitadas ya antes de la Revolución de Setiembre, exacerbadas en el curso de ésta, nunca acalladas después de su fracaso, proliferaron viciosamente y estuvieron a punto de desvirtuar aquella promesa de resurrección del género novelesco que nadie podía desoir desde mediados del siglo, cuando alguien creyó poder anunciar al advenimiento de un Walter Scott español...

Decía que este factor y el espíritu reformista condicionan la obra de don Benito muy clara y conscientemente. En sus comienzos, el joven novelista está persuadido de que un español que escriba novelas de hoy no puede ofrecer ya a los lectores pálidos reflejos de ficciones de ultramontes, malos folletines sobre todo, que los arranquen a la pesadumbre del quehacer y sufrir cotidianos y les permitan escapar a un mundo que en nada se parezca al nuestro. Es increíble con qué agudeza, con qué decisión en el propósito, con qué pertinaz consecuencia, aquel joven, muy joven para novelista

—no llegaba a los treinta años— combate una vez y otra los malos imitadores del folletín francés. Sobre todo porque ve en él un obstáculo casi insuperable a la educación del gusto de lectores que rechazarán iracundos cuanto no los mantenga dentro de ese mundo ñoño y bobalicón de las ficciones usuales.

(Soy autor de una vasta obra sobre Galdós, aún inconclusa. Evitaré el citarme a mí mismo, aunque a veces, disimuladamente, me plagie. Pero no referir siquiera a ella es imposible, a menos de ampliar de modo desmesurado estas notas, para decir con otras palabras lo ya dicho. El lector a quien interese este debatirse el joven Galdós con el problema de cómo había de ser una novela moderna, encontrará algunos textos reveladores en mi *Galdós*, I, Madrid, Castalia, 1968, págs. 25-34. Le recomiendo muy especialmente que pare mientes en aquella reseña publicada en 1870 —¡a sus veintisiete años!— que hoy nos parece un programa muy meditado de buena parte de su obra futura.)

De la conjunción de ese concepto de la novela y el fervor político que por entonces lo animaba fueron surgiendo las que él mismo, por distinguirlas de otras más maduras y logradas, rotuló "novelas de la primera época"; libros que produjeron considerable revuelo y costaron al autor la obstinada, invidente oposición de una considerable parte de España; víctima él entonces de esa implacable persecución cainita de que las cábilas españolas han tenido siempre el secreto. Lo peor era que, si esa hostilidad determinó en ocasiones una conducta infame, podía escudarse en el hecho de que las novelas combatidas no eran realmente grandes novelas. No; por desgracia no lo eran, aunque el autor despilfarrase en ellas maravillas de observación e ingenio, y aun podría decirse que de efusiva religiosidad. (Pero al entablarse la discusión sobre este punto, nadie estaba de acuerdo sobre los términos; que no era lo mismo postular una futura España religiosa en libertad o hacer coincidente la nacionalidad con la más cerrada ortodoxia. No había manera de entenderse, y con novelas tendenciosas menos.)

Quizá yo me equivoque, incapacitado por la edad, ciego a ciertas tendencias generacionales de hoy, pero aun reconociendo la legitimidad de cierta literatura "engagée", cuando el que la cultiva es un obseso de aquellos ideales que propaga —y aunque ello no fuese legítimo sería imposible evitarlo—, me parece que sólo hará obra viable fuera de los géneros de ficción. Aun suponiendo que el novelista haya puesto a punto el estudio más exacto y generoso de aquello que combate, sin concesión alguna a sus conveniencias, a intereses partidistas, siempre queda algo inconmovible para la crítica del otro lado: que a cualquier novela escrita en determinado sentido podrá responder con otra opuesta *exdiametro*. No se puede polemizar con ficciones. Si lo son realmente, porque lo son; si apenas enmascaran realidades recognoscibles, porque éstas aparecen deformadas y ya no valen como argumento. En un rapto de furor poético, un gran lírico puede decir lo que se le antoje que es deber suyo proclamar sobre todas las cimas; podrá darse así a la ilusión de que esos versos suyos van a aliviar el hambre de las masas famélicas, o van a enjugar su llanto, o las van a escender en odio implacable contra explotadores y tiranos —y al menos esto último ha ocurrido alguna vez. Pero ese poeta no opera con ficciones. Si lo hiciera, su clamor justiciero no tendría sentido. Y provocaría, automática, la respuesta. *Gloria* da lugar a la creación de *De tal palo, tal astilla*, y las dos son malas novelas, y no podían ser mejores, pues en ellas los personajes que habían de convencernos se nos revelan desde luego como meros maniquíes, soportes de unos postulados doctrinales. El siglo XIX pedía a la novela otra cosa.

Aquella voluntad de participación del joven Galdós en las luchas de sus días, esforzada, generosa, enteramente desinteresada, de ello no hay duda, lo hubiera conducido a un fracaso artístico de no contrarrestarla el otro factor que, más que éste excogitado, voluntario, que acabo de citar, imprime a su obra carácter indeleble y le da una orientación indesviable. También en este factor hay que considerar dos caras: en el novelista hay su natural de gran creador, su genio de mitógrafo, incomparable con cuanto pueda aproximársele en la historia de la novela —¡qué maravillas de caracterización, de observación, de estudio al servicio de creaciones ya inconfundibles, hay ya en algunos *Episodios,* sobre todo en la segunda serie!—; luego, es de notar que esa genialidad de manantial, siempre incontenible, fue desde muy pronto refinada y disciplinada por muy hondas vivencias literarias. Galdós mismo nos ha hablado de cómo se sometió al aprendizaje de Balzac, de Dickens, y nada de ello es dudoso. Pero el que ha hecho sus ojos, en cierto sentido, el que le ha enseñado a ver esta realidad española enloquecedora porque enloquecida, ha sido Cervantes. Con independencia absoluta del aprendiz, pues Galdós no se propuso imitar al antiguo, y nada hubiera conseguido de proponérselo, ya que escribe en su tiempo y para sus coetáneos. Atento al panorama que ante sí tiene, sin el menor intento de remedo en forma o fondo, todo el novelar galdosiano sale, como poderoso brote rico de la savia antigua, de aquel añoso tronco, siempre vivaz que es la patética historia del Ingenioso Hidalgo.

En mi libro citado hice notar algo que me parece sobremanera relevante sobre este persistente cervantismo de Galdós. En el siglo XIX ocurrió algo notable: mientras que los espíritus conservadores, bien avenidos con el sistema, no podían ni querían ver en el *Quijote* sino lo que éste inmediatamente les daba, una chistosísima parodia de la locura caballeresca, los otros, lo que luego se llamará las "izquierdas", creerán descubrir en él, bajo no dudosos indicios de protesta o disconformidad, una densa selva de símbolos enigmáticos que se aplicaron a descifrar como Dios les dio a entender, pues el desentrañarlos podría darles la clave para una interpretación de los destinos históricos de España. Esto, que entre nosotros viene, por lo menos, desde Cadalso: que en el *Quijote* el sentido literal es una cosa, el sentido oculto, recóndito, el mensaje verdadero de Cervantes, otra muy distinta, fue creencia muy común entre los hombres que querían una España moderna, reorganizada, obediente a imperativos inexcusables si se la quiere mantener en el mapa de Europa. El quijotismo es nuestra ruina; es preciso calar hondo en él para dominarlo.

Yo no puedo imaginarme un Galdós participante de la locura de aquellos contra-quijotes que eran lo mismo que combatían, con signo contrario, pero sí creo que en su juventud, para él Don Quijote simboliza cuanto el español debe evitar en la vida si quiere que ésta sea

armoniosa y fecunda. Desde que se da al estudio de la
realidad española, empieza a descubrir quijotes en torno
suyo, quijotes casi siempre admirables, esforzados, generosos, capaces de abnegaciones heróicas, pero mante-
nedores de esta espantosa grillera que es España. En
todas las novelas juveniles de Galdós, desde *La Fontana
de Oro* (1867-1868, aparecida en 1870) hasta *La familia de León Roch* (1878) —incluyendo en ellas, por supuesto, las dos primeras series de *Episodios,* el último
de los cuales sale a luz en 1879—, los locos superabun-
dan de manera que en ocasiones se tiene la impresión
de que don Benito cree que su patria es un país de
orates. Y algo de eso cree en efecto, y cuando la pasión
política no lo obnubila, haciéndole dividir el mundo en
los dos grupos de los buenos y los malos, lo que verá
con angustia creciente es que el español —¡cuántas veces el más noble y egregio!— está aquejado de una
especie de paranoia que le impide ver la realidad como
es, insatisfecho siempre de la estrechez en que lo com-
prime, ansioso de escapar a un mundo mejor del que
siempre vuelve vencido y molido a palos —no sin
moler antes a los demás, en ocasiones, infernándoles
la vida, produciendo en ellos, por esa especie de contagio mental y moral que producen ciertas paranoias,
otra de sentido contrario que podríamos llamar la
locura de Sansón Carrasco. La galería de locos, semilo-
cos, alucinados, que encontramos en todos esos libros es
impresionante, y algunos son ya de las grandes figuras
que nadie puede olvidar, como aquel Don Patricio Sar-
miento que admiramos en *El terror de 1824.* Pero
aunque todo esto sea de pura solera cervantina, está
trabajado con un propósito negativo. Galdós lo repele
pues ve en ello —no estaba ciertamente equivocado—
la razón de la desastrada historia de España —ésa que,
con frase hallada en Cervantes, pero que no es suya,
llamará tantas veces la "razón de la sinrazón". Razón
que llegará a parecerle sobremanera interesante después
de haberle parecido tan mal. El cervantismo del primer
Galdós es antiquijotesco.

La novela social de esos años de mocedad no sólo se
proponía ser exploratoria, autopsia de la vida nacional
para hallar por fin la causa de tantos males. Galdós
no se contenta con diagnósticos y etilogías, quiere curar

también, o al menos, tratar de hacerlo, siempre más loquero que alienista, o alienista doblado de loquero, no obstante el propósito confesado de indagación casi científica. Como loquero, no es muy tolerante ni paciente con sus locos. Las novelas tendenciosas son muy varias en su violencia o acritud, desde las que se proponen algo tan sensato como dar una lección de conducta a los españoles sobreexcitados por el triunfo de la Gloriosa, poniéndoles ante los ojos un cuadro histórico muy similar, el del advenimiento y ruina del trienio liberal de 1820-1823, para decirles: "Si no queréis que esta revolución tenga el mismo fin, no volváis a las andadas" —rasgo admirable de honestidad y candor, lección que no iba a aprovechar a nadie, ya que el hombre, según la definición de cirto filósofo, es el único animal que tropieza varias veces en la misma piedra—: desde eso hasta los estridentes clamores de *Gloria* o *La familia de León Roch*. Añadiendo a los dedicados a esas novelas varios años de activa labor periodística, más de un decenio de la vida del autor pasó en una predicación incesante contra la reacción agazapada o rampante durante los años que preceden inmediatamente a la revolución, hasta los que fueron testigos del afianzamiento de la monarquía restaurada. Al cabo, un cansancio incoercible impulsa a Galdós a buscar otro camino a sus aspiraciones de artista, a sus curiosidades de sociólogo, a aquella urgencia creadora que lo llevaba a plasmar sin reposo, en mitos que eran la vida misma, la realidad en torno suyo. Así se escribió *La desheredada,* novela de la que él mismo dijo que, desde que la vio acabada, la juzgó lo mejor que había escrito, y que en ella había querido "entrar por nuevo camino e inaugurar" su "*segunda* o *tercera* manera, como se dice de los pintores". Ya no hubo vacilaciones ni desfallecimientos, y los próximos veinte años fueron increíbles de fecunda plenitud.

Queremos creer que un infalible instinto, hijo de su genialidad, enderezó al fin los caminos del novelista. La lección de Cervantes, mejor aprendida, y las de sus otros maestros no sería ajena al éxito, pero era el natural del novelista el que le había permitido aprenderla tan bien. Todo lo ajeno al arte desaparece; todo se subordina, con rigor inflexible, a las exigencias de ese arte que, después de tres siglos vuelve a tener en España su manida. Todos los estorbos que menoscabaron las primeras novelas son hábilmente evitados ahora. El autor va a prescindir de todas aquellas lentes que le impedían ver bien, pues le deformaban las imágenes. Ya nunca habrá tesis extremosas, ni aquellos tediosos discursos que tanto y tan inúltilmente alargan novelas como *La familia de León Roch*. En la medida en que la romántica —o el folletín por entregas— va perdiendo sus prestigios, Galdós va liberándose de la tentación de intensificar la novela tensando la peripecia —lo que fue el caso en *Gloria,* en *La familia de León Roch*—; intensidad va a significar ahora, en proporción cada vez mayor, calar hondo, mirar hacia dentro. Las figuras se muestran cada vez más exentas, en varios sentidos de la palabra: en el de la estatuaria, pues su corporeidad es más convincente y no necesitan adosarse a nada, y en el del lenguaje común, pues se diría que se hacen independientes de la voluntad del autor. De aquí la enorme riqueza que cobra el mundo novelesco galdosiano, en el que tan frecuente es que los personajes secundarios no se resignen a serlo y exijan el tratamiento que les es debido. Ello suele dar lugar a reapariciones, de un libro a otro, que no siempre son recuerdo de procedimientos balzacianos; ahora, las razones de proceder así pueden ser otras.

Mayor continencia del novelista en mostrarse como tal, aunque no lo evite del todo. No es dudoso que durante un periodo no muy largo, los nuevos mandamientos de la doctrina naturalista se apoderan de la conciencia del autor, pero ello ocurre con cortapisas tan obvias, que creo va siendo hora de hablar de un naturalismo español no poco independientte del zolesco, menos atenido a impersonalismos, en fin de cuentas, arbitrarios. No puedo demorarme mucho en estas cuestiones; me limitaré a remitir al lector a mi mencionado libro, II, x-xi.

Pero no dejaré de hacer valer el ingrediente más poderoso que don Benito agrega a ésta su nueva fórmula: el humor, que siempre solía faltar en las novelas de la primera época, con alguna excepción, y en el naturalismo francés ortodoxo, tan ásperos y ceñudos las unas y el otro. Humor cervantino, que a veces adopta la forma de lo que se ha designado como "ironía romántica", patente en novelas tan dispares como *El amigo Manso*, —al perfecto pedagogo sólo le falla... el discípulo—, o *Miau*, en que la fórmula aparece invertida —dada la negra suerte del pobre diablo, la mala pistola que compró para matarse debería fallarle; pero esta vez, pese a su convicción de lo contrario, se equivoca, y el tiro sale.

Pero algo importantísimo que el naturalismo de ultramontes enseñó a Galdós va a contribuir a dar un rigor extraordinario a estos libros, enriqueciéndolos grandemente, pues otra vez la lección aprendida se asocia a una idiosincrasia artística, sobre la que obra sin desvirtuarla, antes magnificándola. Galdós muestra una curiosidad insaciable en el estudio de las anomalías humanas, y esa curiosidad no le va a permitir ya fantasear los casos novelescos a la manera romántica. Detrás de cada novela habrá ahora una seria documentación. El mismo novelista, tan reticente cuando de su obra se trataba, tan poco dado a comunicar sus métodos y sus procedimientos, nos ha dado sin embargo detalles muy sabrosos de cómo se preparó para escribir *Misericordia*, empresa heróica que lo llevó a escudriñar minuciosamente los más sórdidos tugurios del hampa y de la miseria madrileñas —para volver de ellos con un libro triste y compasivo en el que no se rastrea ciertamente la bestia humana. El libro más naturalista por la factura y menos zolesco por el espíritu que jamás escribiera; ya tardío, relativamente (1897), de un tiempo en que el fervor naturalista comenzaba a ceder, en que los postulados de la teoría y las técnicas que se habían puesto a punto comenzaban en todas partes, en Francia también, a separarse; no era ciertamente indisoluble su unión, y así lo sintieron varios novelistas españoles de entonces.

Esa curiosidad insaciable de todo lo humano no es, claro está, vicio del afán de conocimiento. La inspira siempre un vivo anhelo reformista. El patriotismo de Galdós, exaltado, ferviente, pero nunca dado a perturbadoras alharacas chauvinistas, se concentra en una dolorida contemplación de un país que está mal, cuya condición es deber nuestro mejorar. En todo: habitación, alimentación, educación, vestidos, higiene. De aquí

—y cito esto más bien como ejemplo, pues dentro de
la enorme obra de Galdós es un detalle hasta cierto
punto secundario— el interés que el novelista pone en
la salud, la de los niños sobre todo. El doctor Marañón,
que tan íntimamente conoció al novelista, ha recordado
con oportunidad cuánta amistad profesó éste a varios
médicos. Creo que les debió información copiosa sobre
toda suerte de males y lacras. El más asíduo y más
simpático entre esos asesores técnicos fue probablemente
don Manuel Tolosa Latour, que no fue ajeno a que don
Benito se mostrara tan ducho en la observación de
casos pediátricos —ésa era la especialidad del doctor—,
y tan atento al triste destino del niño pobre español de
aquellos días —y de todos—, desnutrido, caquéxico, en
condiciones higiénicas atroces. La miserable prole de
Don José Ido del Sagrario, una de sus creaciones más
inolvidables, maestro de escuela sin destino y muerto de
hambre, pudo ser estudiada de un modo casi clínico.
(Y la compasión del autor, esto no era ya naturalista,
lo iluminaba todo, ponía en todo, criaturas y cosas, esa
irisación indefinible, inasible, que distinguirá sus novelas
de cuantas se escribieron por aquellas calendas y sólo
vuelve a encontrarse en algo de lo realmente bueno de
Clarín.)

La obra madura de Galdós va a ser, pues, como una
gran ventana abierta sobre toda la vida española. Todo
se ve desde ella, nada se escamotea o disimula. Pero,
al revés de lo que pasaba en las novelas de la primera
época, lo malo y lo bueno reciben el mismo tratamiento
artístico. El zoólogo que ahora estudia esa fauna ya
no cree deber suyo insultar o denigrar sus serpientes
o sus alimañas. Trata de comprender cómo son y por
qué son así. Ni suele incurrir en las jeremiadas y conde-
naciones de antaño; pero es claro que nos está diciendo
que esos seres depauperados o malignos son así porque
viven sin esperanza en un medio malsano al que sólo
escapan por la locura. Estos nuevos locos —infinitos
locos— son la consecuencia de esa hambre y esa sed
que tortura a las mejores almas de España. La requisitoria será implacable, pero ahora está hecha de un
modo indirecto. Y bajo todo ello, parece yacer la es-

peranza desesperada de que el tiempo traiga consigo alguna vez lo que no podríamos llevar a cabo nosotros.

* * *

La larga y dolorosa contemplación de la historia contemporánea de España puso a los ojos de Galdós cuadros admirables, horribles, conmovedores, patéticos, siniestros, de los que sacó la amarga noción que trasparece en sus novelas de todas las épocas, aunque el mensaje que al lector trasmite esé articulado de distinta manera. La mala política, una religiosidad pervertida hasta el punto de no parecer cristiana, no son lo que son en España por vicios inherentes a sus esencias. La incapacidad de las clases que detentan la dignidad gobernante, las que sean, reaccionarios, liberales, demagogos, incurre en errores crasísimos unas veces porque pasiones incompatibles con toda cordura los precipitan, otras porque una puerilidad risible les hace dar de bruces en todas las añagazas que enemigos muy astutos, habilísimos en el arte de entorpecer, si no en el de dirigir la nación por las vías del futuro, les ponen al paso a cada momento. Los tres primeros cuartos del siglo XIX harían dudar de la sanidad del país al más optimista. Guerras, asolamientos, fieros males lo ponen cada día al borde de la ruina.

Siempre admirador del espíritu heróico, de los hombres que, enardecidos por un ideal, el que sea, son capaces de dar por él la vida, Galdós detesta la guerra, y, en general, la volencia. Batallas y motines pueden explicarse tal vez, tal vez pueden justificarse; siempre son una manifestación de la infra-humanidad que dos mil años de cristianismo no han podido superar. Aquellos primeros setenta y cinco años del siglo apenas ofrecían sino convulsiones que en ocasiones tenían algo de epiléptico, en las guerras carlistas, en los años que siguen al advenimiento de la Gloriosa y conducen a su irremediable fracaso. Todo tristísimo; pero, aunque aquejada de graves males, aquello era vida, algunas veces, en momentos de optimismo, alguien hubiera creído que era plétora de vida necesitada de un desfogue. Y mientras hay vida, hay esperanza. Con la llegada de la

Restauración, esa esperanza se desvanece. España parece entrar en un marasmo irremediable.

Con la excepción de *La Fontana de Oro, El Audaz* y las dos primeras series de *Episodios* —empresa que continuará, enfebrecida, aún más afanosa, pero mucho más tarde— casi toda la crítica social que Galdós ha hecho en sus novelas recae sobre la Restauración y los restauradores. En novelas de la primera época, ya lo dije, esa intención combativa era muy clara y las razones de la disidencia se proclamaban sin ambages; en ninguna de modo tan insistente, tan estridente y profuso como en *La familia de León Roch,* obra que ya inicia la transición a la segunda época y contiene cosas excelentes, con otras que no lo son tanto, entre ellas las muchas tiradas retóricas en que prorrumpe el protagonista, que no pueden nunca distraernos del hecho de que, siendo él un pobre diablo, nunca está a la altura de las circunstancias, y lejos de ser un innovador, es un espíritu pacato, cuyo no-conformismo es palabrería, paralizado como está por convicciones que lo supeditan a sus enemigos. Los cuales son unos miserables y unos cínicos, pero ganan a la postre porque el antagonista se comporta en todo momento como un mentecato.

No obstante sus innegables defectos, es preciso partir de esa novela, pues, entre mucho discurseo que anuncia a los noveintiochistas en sus momentos de mayor arisquez —es curioso que el Galdós más 98 sea el primer Galdós— hay atisbos certeros que presagian descubrimientos más tardíos. En *La familia...* ha dado nombre Galdós a un grave síntoma del peor mal que aqueja a la sociedad española. Cuando unas cuantas mogigatas destruyen el matrimonio de León Roch, e indirectamente, la vida misma de su pobre esposa, con un avispero de chismes disparatados, el novelista epiloga: "no eran mujeres perversas; su lamentable estado psicológico, semejante a lo que los médicos llaman caquexia o empobrecimiento, provenía de la depauperación moral, dolencia ocasionada por la vida que... traían, por el contagio constante y la inmersión en un venenoso ambiente de farsa y escándalo". Desde entonces, Galdós va a ser incansable en la investigación de esos casos de caquexia moral, conducente a una desmoralización completa del cuerpo social.

Y esto es lo que el novelista estudia desde el observatorio de la Restauración. Los mejores espíritus, los nacidos para acometer empresas grandes, ahogados en una atmósfera de pobretería y de mezquindad, pierden totalmente el sentido de las realidades; los más débiles se desmoralizan por completo, víctimas de esa caquexia cuyas causas son las mismas que las de la paranoia quijotesca de que adolecen los egregios: la insatisfacción causada por una vida del todo inauténtica. Hambre y sed de verdad y de justicia. (*Nota bene*: a la realización de todo esto en una serie interminable de novelas cada vez mejores se ha llamado "fotografíar la burguesía" del siglo XIX, y ha habido gestos de repulsación y desgarramiento de vestiduras ante tal ordinariez. La condenación parte, es claro, de los tiempos en que hacer novelas artísticas consistía en evocar princesas tristísimas, de blancura eucarística y gestos litúrgicos. Esto ya no está ciertamente de moda, pero las críticas estúpidas que le debemos se repiten aún como el primer día, y, para muchos, Galdós sigue siendo el fotógrafo del siglo XIX. Curiosa manera de ser fotógrafo.)

II

Y vengamos a *Lo prohibido,* pues no todo ha de ser generalizaciones. Creo que lo antecedente era necesario para que el lector no muy familiarizado con la obra de Galdós sepa qué puede esperar de ella. Había que hacerse cargo de lo genérico, pero lo que nos importa es lo específico.

Lo prohibido, como todas las grandes obras de arte, puede ser muchas cosas. Puede ser la interpretación de un país y de una época por la creación de seres —entes de ficción— lo bastante convincentes para ser ellos mismos y una apretada concreción de todo lo que su mundo es: mitos infinitamente plurivalentes, proteicos como la vida misma que alienta en ellos y la que por ellos se expresa.

Lo prohibido es una novela muy curiosa en un sentido. Implacable alegato de cuanto en la Restauración hubo de más desmoralizante, nunca, o sólo muy de lejos, se incurre en ella en crítica directa de lo circunstancial, y la política activa queda totalmente fuera de ella. ¿Para qué hablar de principios, de medios ni de fines? Aquí están sus fautores y sus criaturas. Con ellos basta y sobra.

José María Bueno de Guzmán llega a Madrid "en septiembre de 1880", rico, libre y sin cuidados, a vivir, en el ambiente más propicio, la existencia de sibarita que le permiten los muchos dineros que consigo trae. Aquel Madrid es el del nuevo régimen ya consolidado, curado, al parecer, de la fiebre política y revolucionaria a costa del sacrificio de todos los ideales; el Madrid que parece haber matado definitivamente a Don Quijote —para incurrir en otras manías. *Lo prohibido* nos hará comprender muy bien que marasmo no es sinónimo de cordura.

A este José María, que no es ciertamente un provinciano vulgar ni mucho menos —sus frecuentes estadas en Inglaterra lo tenían hecho al espectáculo de una Europa que a él debió de parecerle muchas veces tan inasequible como un espejismo— la primera impresión que de Madrid tiene es bastante favorable. La Revolución de 1868 no había sido sólo zaragatas y trifulcas, y en pocos años, la Villa y Corte, como toda la nación, había experimentado un cambio considerable; "bruscos adelantos", "adelantos más parecidos a saltos caprichosos que al andar progresivo y firme de los que saben adónde van; mas no eran por eso menos reales"; "...me daba en la nariz cierto tufillo de cultura europea, de bienestar y aun de riqueza y trabajo". En los que se enriquecían porque trabajaban; para los otros, los nuevos tiempos iban a significar exactamente lo contrario.

Galdós, tan admirador siempre de Inglaterra, supo valorar muy bien lo que significaba una aristocracia activa e influyente en una nación, y desde sus comienzos, la simple constatación de cómo la nobleza española se desintegra o se extingue es otra amargura que le depara el estado de su patria. Ocurrió entonces entre nosotros lo que no ha dejado de ocurrir en otros países: a las grandes convulsiones, ya dominadas, sucede un afán despoderado de goce, y como eso cuesta dinero, se despilfarra alegremente el que hay, y en ocasiones se finge una riqueza inexistente. En España, son éstas las épocas en que se deshacen las aristocracias históricas y empiezan a pulular advenedizos, nuevos ricos que se adornan con las reliquias de aquéllas y tal vez, como sucedió precisamente en la Restauración, se decoran con títulos rimbombantes. En esta novela, Galdós ha mostrado muy bien y muy a las claras el mecanismo de este fenómeno, como ha mostrado la poca simpatía que siempre la inspiraron esas gentes ávidas que, si sabían hacer dinero, es decir, acaparar el dinero de los otros, nunca se propusieron crear verdadera riqueza.

En la sociedad de aluvión así creada, la moral es sobremanera elástica; todo se acepta o se conlleva a los detentadores del poder y del bienestar económico, unificados en una misma clase. Muy avanzada la obra, Don Rafael Bueno de Guzmán ilustra a su sobrino con ciertas nociones muy de retener, pues en ellas está el fundamento racional de la novela. Entre otros males de la vida madrileña en general, y de la vida familiar muy especialmente, hay uno que es consecuencia irremediable de esa caquexia española. "Es el mal madrileño: esta indolencia, esta enervación que nos lleva a ser tolerantes con las infracciones de toda ley, así moral como económica, y a no ocuparnos de nada grave con tal que no nos falte el teatrito o la tertulia para pasar el rato de noche, el carruajito para zarandearnos, la buena ropa para pintarla por ahí, los trapitos de novedad para que a nuestras mujeres y a nuestras hijas las llamen *elegantes* y *distinguidas*, y aquí paro de contar porque no acabaría" (II, ix, iii). En esas palabras se cifran los temas de la novela: la conculcación caprichosa de las leyes morales y económicas por una sociedad a cuyos miembros sería imposible imaginar siquiera algo que no fuese la inmediata satisfacción del capricho; si costoso, mejor, pues el dinero se ha hecho para tirarlo —en ocasiones, pues puede ser solamente un nombre, para simular que se tiene.

Muy próximo ya a abandonar el naturalismo ortodoxo, si alguna vez le rindió culto devoto y exclusivo, Galdós va a hacer en *Lo prohibido* —en su primera parte sobre todo— una novela imaginada sobre postulados zolescos. El protagonista y pretendido autor del libro va a mostrarnos en unas lúcidas memorias cómo sucumbe a las fuerzas aunadas de la herencia y del medio. Entre los Bueno de Guzmán existe una extraña diátesis familiar, claramente neuropática, muy bien expuesta por el mismo Don Rafael en aquel largo discurso que endereza a su sobrino apenas llegado éste a la corte (I, I, ii-iii). De sus palabras se deduce que ninguno de los muchos parientes que recuerda estuvo jamás en sus cabales, si bien sólo un tío de José María acabó confinado en un manicomio. Todos fueron extrañamente chiflados; todos padecieron o padecen desarreglos mentales o nerviosos. Como todos los afectados por estos males, Don Rafael se excluye a sí propio de la reseña; cree ser el que "menor parte ha sacado de esa condenada maleza", en lo que no deja de equivocarse. Pero es obvio que ha transmitido el mal a toda su descendencia; ninguno de sus hijos se ha librado de él, si no es Camila, y aun ésta, por sus alocamientos y extravagancias, no parece muy normal tampoco. (No quiero dejar este tema sin notar algo que me parece sobremanera relevante: en una novela de tan ortodoxo naturalismo en la apariencia, la exposición de hechos del principio, por lo que se dice y por la manera de decirlo, parece un rasgo de humor ajeno a la escuela. Y nótese, además, que si José María acaba resultando otro caso de la diátesis familiar, sus víctimas o victimarias están en el mismo caso. La morbosidad de sus actos los envuelve a todos en una red inextricable. Se diría que el protagonista no sabe o no puede ser Don Juan más que con mujeres de su familia.)

La técnica que a Galdós plugo adoptar en esta novela, el relato autobiográfico, le depara pesadas servidumbres, pues es claro que hay cosas de inteligencia necesaria que el supuesto autor no puede decir por sí mismo; por fortuna don Benito fue gran maestro en el arte de hacer decir a un personaje dos cosas a la vez, lo que directamente comunica y lo que el novelista trata de insinuar de un modo oblicuo, a veces irónico. Pero lo esencial sí está dicho, y lo esencial es que este héroe que luego resulta no serlo —y proclama a gritos que no lo es— se caracteriza por una extraordinaria adaptabilidad a los medios en que vive. Hijo de andaluz y de inglesa, de un andaluz guapísimo y pinturero, sin sentido moral alguno cuando de mujeres se trataba, ha tenido una juventud intachable mientras siguió el ejemplo materno y vivió temporadas en Inglaterra, en la que por lo visto recibió lo mejor de su educación social y comercial; el ejemplo de su padre, el medio andaluz —jerezano, gaditano— en que madura no pueden con él lo que Madrid conseguirá en poco tiempo. Había sido "uno de los jóvenes más juiciosos y comedidos que era posible hallar", no sin cierta timidez "que en España era tomada por hipocresía". Sus amores con una inglesita de Gibraltar, aquella dulce Kitty que se le muere poco antes de la boda, armonizan a maravilla con estos antecedentes, y ese matrimonio, de consumarse, hubiera hecho de él un puritano ejemplar. O quizá no, a la larga; un buen día, la sangre paterna se muestra de tal modo prevalente, que en muy breve tiempo ese puritanismo se convierte en el más descocado hedonismo. Pero ello lo trae consigo el mal ejemplo de Madrid, "mar de... aguas turbias y traicioneras que a ningunas otras se parecen". Su resaca hizo que la sangre paterna se dejara sentir y se impusiera. El párrafo en que el protagonista explica, genéticamente y por la influencia del medio en que vive, el gran cambio que experimenta su carácter —con la indudable intención, a la par justificativa y penitencial que informa siempre tales confidencias— queda muy claro y haría honor al más convencido naturalista (II, II, i). Lo único que no comprendemos bien es por qué todo aquello ocurre con tanta celeridad. Cierto, ninguna convicción de José María tiene muy honda raigambre. Cuando el rompimiento con Eloísa le ponga en claro su verdadero ser, dirá: "Carezco de base religiosa en mis sentimientos; filosofía, Dios la dé; por donde saco en consecuencia que mi ser moral se funda más en la arena de las circunstancias que en la roca de un sentir puro...", y en realidad entonces, cuando la conciencia de su inferioridad moral aja su amor propio, lo que descubre es que carece de carácter: "...yo soy pasivo; las olas de la vida no se estrellan en mí, sacudiéndome sin arrancarme de mi base; yo no soy peña, yo floto, soy madera de naufragio que sobrenada en el mar de los acontecimientos. Las pasiones pueden más que yo. ¡Dios

sabe que bien quisiera yo poder más que ellas y meterlas en un puño!" (ibíd.). Todo lo cual está muy
bien. Es ése uno de los aspectos que mejor estudia
Galdós: la vilificación de un carácter, que pudo ser
noble, por la punible frivolidad del medio ambiente.
Pero ¿por qué va todo tan de prisa?

Galdós supo pronto de aquella tendencia, muy pro-
nunciada en la novela decimonónica, tan bien expuesta
por Ortega: estudiar y describir con todo pormenor
acciones cumplidas en breve tiempo. La novela se hace
más extensa que nunca, pero lo referido en ella no es
una peripecia compleja que necesite largos años para
llegar a gozoso o desastrado acabamiento —y aun esto
del acabamiento no va importando mucho ya, atento
el novelista al cómo o al por qué de acciones o reac-
ciones. La novela galdosiana no sólo se coloca en esta
línea, sino que tal vez exagera al hacerlo; en ocasiones choca la estrechez a que, innecesariamente, se ha
condenado, forzando los hechos en un tiempo que, si
no la verosimilitud estricta, la probabilidad desearía
más amplio. En mi citado estudio sobre Galdós tuve
ocasión de examinar varias novelas, de todo punto admirables, a cuyos personajes hubiéramos deseado unos
meses más de vida novelesca para que no hubiesen
tenido que actuar como torbellinos; así la Isidora Ru-
fete de *La desheredada*, la de Bringas en el libro que
lleva su nombre, la misma Fortunata. *Lo prohibido*
casi se salva de ese reproche por lo que a la peripecia
se refiere, pero hay algo que nos conturba, y es la
rapidísima, podría decirse que vertiginosa degradación
del personaje.

El argumento de la novela ocurre en poco más de
cuatro años y en este tiempo, dado lo que José María
llega a ser, caben holgadamente la pasión y el hastío
que le causa su prima Eloísa, la locura que llega a
encender en él Camila, el nada ejemplar amorío con-
citado por la misma antipatía que María Juana despierta en él. Despeñado por el derrumbadero de sus
caprichos, instigado por el amor propio, favorecido por
su total falta de escrúpulos, nada de lo que ocurre sorprende demasiado, y aun es muy de admirar que la
pasión por Eloísa se mantenga... mientras el esposo
vive, no hay compromisos y las circunstancias mismas

concurren a galvanizar un enredo que, por no obligar a nada, puede seguir enmascarándose de locura romántica. Todo eso está muy bien. Lo raro es el cambiazo mismo que da José María, que se nos patentiza ya desde el comienzo del libro, desde que el autor empieza a narrar la historia de su vida.

Un puritano de tan buenos principios no suele liquidar sus negocios a los treinta y cinco años para ir a Madrid "a pintarla", como hubiera dicho su tío. Al puritanismo comercial del carácter que José María describe lo conforman creencias, a veces religiosas, otras debidas a un acondicionamiento mental, según las cuales el trabajo es un deber y el enriquecimiento la señal del buen cumplimiento de los que cada uno tiene para con Dios o para consigo mismo. El José María que abandona una casa de comercio bien regida y próspera cuando puede suponer que aún le quedan muchos años de fructuosa gestión, resulta una anomalía dentro de ese puritanismo. La cosa no nos sorprendería, apenas nos llamaría la atención, si Galdós no insistiera tanto en ella. Hemos de completar aquí sus datos un poco arbitrariamente y dar por supuesto que la "diátesis" familiar, en el protagonista, no era sólo neuropática, o que esta condición afectaba, más que en los otros, importantes funciones fisiológicas. Un hombre que muere antes de los cuarenta años de una hemiplejía no es caso de ocurrencia diaria. Al hacernos cargo de los antecedentes del narrador, tenemos que representarnos bien esta condición suya y pensar que no lo dice todo, especialmente respecto a su historia clínica —con frecuencia alude a enfermedades sin ponerles nombre, y alguna, como la que lo retiene en cama por los días en que tan claro empieza a estar para él el atractivo que ejerce Eloísa, hubiera merecido más atención. Aunque naturalista, y hombre, por tanto, que ya no dejaba morir a nadie sin decir de qué moría, Galdós pasa por estos extremos como sobre ascuas. Nuevamente lo atribuimos a que hace hablar al protagonista, a quien no gusta demorarse en esos detalles.

A esta objeción añadiría otra, de muy poco importancia si no fuese porque cualquier lector que no esté muy familiarizado con la obra de don Benito puede tropezar en el obstáculo, o encontrará raro que se dé por tan conocidos o dignos de serlo personajes que no sabe quiénes son. Daré aquí una breve lista para evitar así la inclusión de notas enfadosas a pie de página.

Galdós heredó de Balzac, y desde muy pronto, pues ya hay casos de ello en las primeras novelas y en los *Episodios,* el procedimiento de sacar a relucir en cualquier relato a un personaje que ya figuró en otro. La idea rectora de ese modo de proceder era sin duda la de fortalecer la ilusión novelesca haciendo que esos personajes, muy secundarios algunas veces, como contraste de estos otros que van y vienen, representan una realidad que da verosimilitud a todo el resto. Justificación a veces altamente discutible, pero todo depende de la pertinencia o eficacia de la reaparición o cita. Lo malo es que depende también de que el lector esté tan familiarizado con la obra de estos novelistas que sepa en todo momento quién es quién. Galdós llegó a hacer de esto un juego que sólo le divertiría a él mismo, pues para la mayoría de los que se dieran al disfrute de *una* de sus novelas, era pena perdida. *Lo prohibido* es un vasto museo de figuras galdosianas pretéritas, reducidas a un nombre. Entre los infinitos chiflados que componen el árbol genealógico de los Buenos de Guzmán nos sorprende la presencia de Don Jesús Delgado, un bendito señor que debió de morir muchos años atrás, pues por los de 1863-1964 vivía, ya viejo, en la pensión de Doña Virginia, de fausta memoria, y de la chifladura que padecía, escribirse a sí mismo cartas y contestarlas, en inacabable correspondencia, hay cumplida mención en *El Doctor Centeno.* En *Lo prohibido* todo se reduce a una mención nominal. ¿Por qué ese nombre y no otro? ¿Por qué decirnos que la de Bringas asiste a veces a la tertulia de la esposa de Don Rafael, si no la vemos nunca —ni asistimos a la tal tertulia? ¿Para qué recordar a Doña Isabel Godoy, ya difunta —otro de los extraordinarios hallazgos que tanto abundan en esa novela del *Doctor Centeno*—, sin otro pretexto que haber ella legado unos cuantos trastos a su sobrino Constantino Miquis? El que éste haya de ser un Miquis es cosa por demás incomprensible, pues hasta la cronología se resiente un poco; este hermano menor de los otros

Miquis casi hace parecer milagrosa la vida marital de Doña Piedad, la madre. Por *Lo prohibido* pasa también —¿por qué?, ¿por qué no?— Manolito Peña, ya casi un personaje político, asistente a los "Jueves de Eloísa", poco grato a José María que lo encuentra "muy listo, charlatán y que con palabra fácil se ha hecho un puesto en la política porque sabe hablar de todo y saca unas figurillas y unas monadas retóricas que entusiasman a las señoras de la tribuna de idem" ¡En esto habían venido a parar los esfuerzos de *El amigo Manso,* el mejor de los pedagogos posibles! Pero al que no haya leído esa novela se le escapa la ironía. Y al Peña apenas le oímos una palabra. A los "Jueves de Eloísa" tampoco podía faltar aquel hombre que tanto acibaró los días de su cuñado León Roch, Gustavito Tellería, el neo bullicioso, el chisgarabís pedante que tanto se hace notar en *La familia...* ahora también figura muda; de él sólo se nos dice que estaba convencido de que la consecuencia católica no daba de comer, "con un pie metido en el partido conservador" y "resuelto a meter los dos cuando Cánovas volviese al poder". Naturalmente, había tronado con la Marquesa de San Salomó, su amante en aquellos días en que infernaba la vida del cuñado, sin perjuicio de saquearlo. Esta Marquesa, señora ultracatólica y notoriamente adúltera, fautora de la conjura que costó la vida a María Egipciaca, la mujer de Roch, se cita como rival de Eloísa en lujos y dispendios; tampoco actúa realmente. (Es personaje de primer plano en la obra de Galdós, pues su actuación en *La familia...* permitió a éste descubrir el fenómeno mortal de la caquexia hispánica. No se comprende por qué nunca le dio gran relieve.)

Si alguno de estos nombres fuera el de algún mito galdosiano de los inolvidables, se explicaría esa insistencia en sacarlos a la novela una vez y otra; podrían estar en todas ellas como contrastes, como puntos de referencia, como complementarios. Pero no es así. A la de Bringas no podríamos olvidarla ciertamente, pero ¿por qué reducirla ahora a un mero nombre? Entrada en años, casi cincuentona, sólo podía vérsela en una tertulia de señoras mayores, en la que no hubiera brillado ya mucho. ¿Qué más daba, pues, que saliese o no? Declaro que este juego de don Benito —en el que pueden ocurrir a veces confusiones y francos tropezones con la cronología— me resulta del todo incomprensible.

Hechos estos reparos sobre faltas que no pueden ser más veniales, sólo queda ensalzar sin tasa el buen desempeño de la obra. Desde todos los mencionados supuestos, Galdós emprende un estudio admirable de caracteres, y esto, siempre su fuerte, es llevado a cabo con lucidez maravillosa y sin miedo... Aunque en este punto sea necesario hacer otro breve excurso explicativo. No se trata ya de reprocharle nada que estuviese en su mano evitar, sino de poner en claro qué oneroso tributo hubo de pechar el novelista por ser hombre de su época y escribir para públicos españoles.

En su inmensa galería novelesca se encuentra todo cuanto ofrecía aquella España tan desbocada en sus placeres y tan reticente en sus palabras. Desde los días de Fernán Caballero, estaba claro para todos los autores de novelas que uno de los signos de la época, y tal vez el más saliente, era un nuevo erotismo que se iba apoderando de las conciencias y de las conductas, gran fautor de dramas y comedias en la vida como en las letras. No era posible cerrar los ojos a aquello; la misma Fernán, entre ascos y escrúpulos, no puedo evitar el incidir en esas cuestiones, y algunos de sus más importantes relatos lo fueron de adulterios, farfullados los argumentos de tan mala manera, que se tiene la impresión de que la pobre señora había llegado a persuadirse de que, puesta a hablar de aquello, pues era a veces inexcusable, era más decente hacerlo mal que hacerlo bien.

Galdós, ya en aquel escrito de 1870 que parece un programa de indagación novelesca, había destacado muy especialmente "los estragos del vicio esencialmente desorganizador de la familia, el adulterio, y se duda si esto ha de ser remediado por la solución religiosa, la moral pura o simplemente una reforma civil. Sabemos que no es el novelista el que ha de decidir directamente estas cuestiones, pero sí tiene la misión de reflejar esta turbación honda, esta lucha incesante de principios y hechos que constituye el maravilloso drama de la vida actual". Ahora, catorce, quince años después,

el tono hubiera sido menos solemne, pero la vigencia
de la cuestión era mucho mayor, pues la sociedad que
Galdós contempla ha frivolizado las cosas de manera,
que ningún valor moral se respeta —sin perjuicio de
ser todos exaltados hasta las nubes, pues ya se encargaba de ello la retórica de la época. Como en la Inglaterra victoriana, el toque está en hacer y no decir
—y sobre todo, en hacer sin dejarse atrapar los dedos, pues ¡ay del que haga un mal movimiento! Esta
hipocresía se complicaba aún en España con todas las
cuestiones suscitadas por los debates sobre la unidad
religiosa, y por el hecho, creo que único en la Europa
de aquellos días, de que los mismos que procuraban
una liberalización de la vida civil y una modernización
de la vida religiosa fuesen más puritanos que nadie,
por sentirse moralmente superiores al clero o porque
le tomaran gusto a aquello del imperativo categórico
—que, por lo visto, en España coincidía en todo con
el sexto mandamiento. El que haya leído de Clarín o
de Revilla pasajes en que anatematizan la "inmoralidad" de alguien —la inmoralidad sólo podía consistir
en una cosa—, por ejemplo, al primero cuando rechaza indignado *Insolación,* de la Pardo Bazán—, sabe
a qué atenerse respecto a aquel medio malsano, y
cómo estos izquierdistas perdieron una gran ocasión
de airearlo y hacer respirable su atmósfera.

Un novelista "decente", es decir, que quisiera hacerse respetar por su arte, sin escándalos sospechosos,
como los que tal vez auparon en Francia a algunos
autores mediocres, tenía que atenerse a las reglas de
este juego, y Galdós se atuvo con todo escrúpulo. Ningún lector atento deja de saber lo que va pasando en
la novela, pero ha de leer muy entre líneas, pues literalmente entre líneas se rinden a José María sus víctimas... Admirable es la gradación de los sentimientos
del narrador, cada vez más deseoso de los encantos de
su prima Eloísa. Por fin llega esa ocasión, que había
de llegar dada la intimidad en que ambos viven. José
María se le acerca cuando parece distraída, aunque
esté muy sobre sí; su frase es "no creas que me asustas" (I, VIII, final) y al comienzo del siguiente capítulo todo se ha consumado. Y aún es mayor el recato
que muestra Galdós al hacernos sentir cómo cae la

sapientísima María Juana. En unos cuantos párrafos se
desenlaza todo, sin que se diga nada. Ella se pone a
teorizar sobre la benéfica acción de Mme de Warens,
acogedora de Rousseau, y sin que se eche de ver cuándo ni cómo, comprendemos que ella y el primo son
ya amantes. Si Eloísa se entrega, por decirlo así, entre
bastidores, la conquista de María Juana se logra literalmente entre líneas. Galdós, muy contenido siempre
en estos casos, muy rara vez a extremos como éstos.

(Lo más descocado que en *Lo prohibido* se encuentra es aquella larga escena, I, XII, ii, iii, en que se representa un día de intimidad de los amantes. Ni una
palabra sugestiva, aunque sea obvio lo que pasa, o
quizá por ello mismo. El lector ha de imaginarlo todo.)

Hoy, que se propende a exagerar en sentido contrario, con intenciones, ello es claro, generalmente ajenas
al arte, la continencia de nuestro novelista podría de-
fenderse; no tanto su exceso de escrúpulo cuando nos
priva de datos que podrían sernos útiles para una mejor comprensión de los personajes. Galdós debió de
pensar, y con él los hombres de su época, que la imaginación de los lectores puede volar más libremente
si no se la coarta con descripciones precisas, a menudo
ociosas. En el caso de María Juana no perdemos gran
cosa, pues desde un principio está lo bastante claro
para que podamos darnos cuenta de su índole, pero
a Eloísa tenemos que irla recomponiendo según datos
que se nos van dando como al descuido.

Muy de la época es que un libro de memorias como
Lo prohibido, que puede considerarse por tanto relato
de recuerdos muy íntimos que distan de ser edificantes
—¡dos adulterios, el uno de justificación difícil, dados
los móviles, más la porfiada tentativa de otro!— no
contenga mención alguna de la más mínima efusión,
aunque José María no oculte nunca la raíz de sus afectos ni su índole. Cuando al desvanecerse abruptamente
la pasión tormentosa que lo ligó a Eloísa llegue la hora
de llamar las cosas por su nombre, se dirá que aquello
había sido "pasión de sentidos, pasión de vanidad, pasión de fantasía" que lo "había tenido cautivado por
espacio de dos años largos y, alimentada por la ilegalidad, se debilitaba desde que la ilegalidad desaparecía", frase admirable de un genial capítulo (*Hielo,* I,

xiv, i), que nos hace comprender cómo Galdós puede acumular las torpezas en su libro sin darse a la morosa contemplación de ninguna de ellas. Puede ser franco como ninguno lo fue en su tiempo sin encalabrinar a sus timoratos contemporáneos —aquéllos que se ponían ceniza en la frente y prorrumpían en gritos de espanto porque Pereda, el novelista más casto de la historia, hablara de un beso en *Pedro Sánchez*. Porque para Galdós no se trataba de escribir un *Ars amandi,* sino de explicar una porción de anomalías psicológicas y, en consecuencia, morales, con un rigor casi científico hace lo que hace. Basado todo en el estudio de caracteres vistos con maravillosa agudeza. Y he aquí cómo, con habilidad grandísima, Galdós va a permitirse la introspección de casos morales anómalos y censurables sin dirigir apenas una mirada a lo que de lascivo pudieran ofrecer, atento siempre a lo que el título de la novela expone: lo prohibido, el atractivo del adulterio porque es adulterio, porque supone la infracción de una ley que, aparentemente, todos acatan y que deberían acatar todos... pero no en estos tiempos en que los valores tradicionales se arruinan, por mucho que se sigan voceando, ya que no se ha dado con otros nuevos, *ni se quiere dar.* Una hipocresía difusa y facilitona resulta de esa fórmula ideal: no abrogar ningún principio y no hacer caso de él llegada la hora. La negativa de aquella sociedad a aceptar el divorcio era a un tiempo estímulo y excusa y hacía que todos se sintieran héroes de drama antiguo, entre la pasión y el deber.

Pero Galdós ha llevado su análisis aún más lejos, y si en el caso de José María ha iluminado la conciencia de un libertino, las mujeres vienen a matizarlo todo de manera sorprendente. No es la primera vez que en una novela de Galdós sean las mujeres las que acudan a darles densidad, profundidad, y las engrandezcan.

La novela está magistralmente contruida entre dos maneras de "prohibición": la que suponen las leyes civiles y otra, invencible, que emana de una ley de la Naturaleza. Ante ésta se quiebran, impotentes, todos los esfuerzos del seductor.

El crítico tiene que operar con racionalizaciones y esquemas si quiere hacerse comprensible. Pero bueno

es saber siempre que lo que de esta manera consigue es sólo aproximado, en ocasiones, no mucho. Galdós
ha dificultado en ocasiones la tarea porque su instinto de gran novelista lo llevaba a evitar en lo posible los conflictos más socorridos y mollares —¡él,
gran fotógrafo de lo corriente y vulgar, según los críticos avisados de hace medio siglo, más algunos de
nuestros días! Lo anormal tenía una doble atracción:
la que lo raro o inédito tiene siempre para el artista
que aspira a hacer obra nueva, y en él, particularmente, en don Benito, aquella afinidad electiva que lo llevaba siempre a Cervantes. Comprendía que esos casos
crepusculares de razón y sinrazón, de insania y cordura, además de dar a los personajes la misteriosa
corporeidad del mito, que los hace siempre fascinantes,
les presta una multiforme significación. Todo lo que
ahora se dice del Galdós simbolista —que ya se dijo
en vida suya, sobre todo en sus postrimerías, cuando
el decirlo no le hacía mucho honor— viene a veces
de esa su manera de escoger las figuras y de plantear
los conflictos. Se ha dicho también —y ello contiene
una verdad que es preciso matizar— que no hay personaje alguno en su obra novelesca al que no se pudiera dar un nombre legalmente inscrito en el padrón
vecinal; que todas sus criaturas eran hombres y mujeres que él había conocido y tratado. Es preciso que nos
enfrentemos con novelas como *Lo prohibido* para que
nos hagamos cargo de lo que hay de verdad en ese dicho.
El doctor Marañón, que tan íntimamente trató al novelista durante muchos años, hizo esa afirmación del
modo más rotundo, pero no sin añadirle modificativos
que pueden hacerla aceptable. El novelista conoce sus
personajes, pero los crea —y en fin de cuentas, los conoce porque los ha creado.

Todo lo que es secundario en *Lo prohibido* ha salido
sin duda de lo que, con implícita contradicción, suele
llamarse "historia anecdótica". La de la Restauración,
con sus abusos, sus desafueros, sus escándalos, fue inagotable. En aquel Madrid se sabía todo de todos; ate-
niéndonos a lo que en la novela se dice, para nadie
era un misterio, por ejemplo, el orígen de la fortuna
del Marqués de Fúcar, al que alude María Juana con
ferocidad femenina: "adefesio que había sido negrero

en Cuba, y contrabandista por alto en España, y que, por añadidura, se teñía la barba", crimen no menos grave para ella. El repugnante personaje que sólo conocemos como *El Sacamantecas* hubiera podido referir todo lo que habían hecho y dejado de hacer cuantas personas formaban la sociedad que daba el tono a España. Aquella oleada de chismes llegó necesariamente hasta Galdós, muy curioso, según creo, y no por malignidad, sino más bien por oficio. Es de suponer que todas esas gentes que tan antipáticas le son, el Marqués mismo, Sánchez Botín, su bestia negra, pues reune en sí cuanto de repulsivo contuvo aquella desquiciada España —añádanse a lo que aquí leemos los detalles de su vida que se encuentran en *La desheredada,* pues la pobre Isidora también tuvo que sufrirlo— se adornen en la novela con hazañas realizadas por otros. ¿Cuántas especies llegaron a oídos de Galdós semejantes en todo a las hazañas de Eloísa; de cuántas altas damas no oiría hablar en las que concurrían los mismos defectos: el desapoderado afán de posesión, la frivolidad, la falta absoluta de escrúpulos, una morbosa necesidad de figurar como reinas de belleza y elegancia, aunque todo estuviese mantenido por una corrupción repugnante, y nada fuese misterio para nadie? Pero la Eloísa de *Lo prohibido,* que compendia todo eso, ya no es así, es mucho más, criatura compleja, riquísima de matices; la ha redimido la creación del novelista, que ha hecho de ella una "mujer galdosiana" inconfundible —y, no podía ser menos, muy afín de otras, buenas y malas, con las cuales la unimisma el sentido del amor y del sacrificio —sacrificio ofrecido al hombre al que debe su capacidad de sentirse mujer—, del que no podrá ya separarse en espíritu y al que siempre vuelve, sea una perdis, como Joaquinito Pez, un botarate irritante como Juanito Santa Cruz, un experimentador sin conciencia de placeres tanto más deseables cuanto más fuera de su alcance están, como este José María Bueno. Mujeres en las que, bajo apariencias engañosas, el novelista sabe ver la Mujer. La que él concibe cada vez y recrea en cada una de las otras; ésa que él sabe analizar tan bien.

Pero aún hay las otras, no menos galdosianas, que el novelista descubrió mucho más tarde. Las descubrió en su propio espíritu, como una necesidad del arte novelesco que fue perfilando a última hora. Se trata de un tipo de mujer elemental que por nada del mundo quiere dejar de serlo. En *Lo prohibido,* esta mujer se llama Camila. En mis notas sobre la novela incluídas en mi tantas veces citado estudio, escribí algo sobre la diferente manera cómo Galdós enfoca los caracteres de Eloísa y de Camila, y daba a entender que, mientras tenemos un análisis muy fino de la primera, de la segunda se nos da el "mito" (II, 153). Quisiera explicar este concepto mío un poco más de espacio que en ese otro lugar, pues no quisiera que el lector lo tomase por una frase retumbante y vacía —o por una afirmación sibilina y abstrusa, y tanto monta. Quería yo decir, y así lo creo, que mientras Eloísa, y en cierto modo María Juana, trazada del mismo modo, pero en más reducida escala, son el resultado de un estudio de lo que llega a ser la mujer en una sociedad determinada, la madrileña de hacia 1880, muy condicionadas ambas por su ambiente y circunstancias, Camila, la "mujer salvaje", está representada muy de otro modo: ser exento de todos los soportes que las otras deben a su tiempo, menos precisa y por lo mismo infinitamente más significativa —significativa, además, de nuevas inquietudes de su creador, cada vez más preocupado por otra dimensión del erotismo, rasgo acusadísimo de su última manera; erotismo que en ningún momento es recuesta de voluptuosidades extremadas o desconocidas, sino florecimiento pleno de vitalidad sana, personificado en la Mujer fecunda, orgullosa de serlo en potencia, ansiosa de llegar a serlo en acto. De aquí que mientras las hermanas, tal como aparecen en la novela, dan la impresión de haber sido el resultado de un detenido análisis, la "salvaje" se nos da, por decirlo así, en bloque. Por ello, porque no la puede analizar ni estudiar como a las otras, especies de un género que le es bien conocido, José María se equivoca en todo respecto a esta prima que tan gallardamente se prohibe a sí misma. Cuando nota el ascendiente que empieza a tener sobre él, se las promete muy felices; aquel primitivismo de Camila no le hace temer grandes recursos defensivos. Le repele lo que él llama "apetito de hijos", el ansia de maternidad, rasgo dominante de su carácter; lo atraen, como a otros hombres de su temple, sobre todo si van estando hartos de amores más refinados, aquello mismo que hace visible ese carácter. "...lo que principalmente me seducía en ella era su salud, la santa salud que viene a ser belleza en cierto modo. Aquella complexión de hierro, aquel gallardo desprecio de la intemperie, aquella incansable actividad..., su coloración sanguínea y caliente, su vida espléndida, su apetito mismo, emblema de las asimilaciones de la Naturaleza y garantía de fecundidad". "La conquista me parecía fácil", prosigue, sin hacerse cargo de que todo aquello, más aún que las leyes sociales, era lo que se la prohibía. Aquello, motivo de su cariño al gaznápiro del esposo, llevará a Camila a rechazar al "tísico pasado" que es su primo —aunque no sea tal. La voluntad de no ceder que manifiesta Camila es un dictado de la Naturaleza.

El libro está, pues, balanceado en esta línea: sociedad frente a Naturaleza; es decir, convenciones humanas, arbitrarias y antinaturales, contra la condición del ser elemental que tiene por segura guía el instinto. Todo ello fotográfico hasta más no poder, como ya habrá notado el lector. Entre esos dos polos, Galdós ha ingerido un incidente de cuya necesidad podríamos dudar. No lo culparemos de haberlo hecho, pues el resultado obtenido es tan de primer orden como todo lo demás. Es muy posible que el novelista, al introducirlo en la obra, haya querido evitar un escollo: el esquematismo que hubiera resultado de la confrontación de dos feminidades opuestas diametralmente, cada una de las cuales hubiera quitado veracidad a la otra. Después del estudio de cada cual esto era poco temible; Eloísa y Camila no hubieran perdido nada de su verdad, pero el conjunto tal vez sí; hubiera parecido algo artificial aquel contrastar opuestos. El nuevo incidente, al destruir hasta cierto punto la simetría, hace parecer la composición menos amañada.

Ese breve episodio a que me refiero no es muy atractivo y hace poco honor al que tan fría y despiadamente lo ha calculado y concluido. Por lo visto, éste considera sino suyo seducir a todas las mujeres de la familia, y no podía faltar la que de todas menos gracia le hace, no obstante ser muy guapa. Guapísima, pero poco simpática. Tenía la vanidad de la sensatez y era la sabia de la familia, cosas todas que producían al primo

terrible dentera, causa precipua de que se disponga a
su conquista. A todo ello se agrega el deseo de afrentar
al marido, maniobra inútil, puesto que éste no llega
a enterarse.

En ese episodio, don Benito ha estudiado, breve pero
genialmente, un tipo femenino no muy abundantemente
representado en su obra; en ella no faltan las casqui-
vanas, frívolas o hipócritas, pero no recuerdo ningún
caso de erotismo cerebral tan bien definido como éste.
Ese somero esbozo de carácter es uno de los triunfos
del Galdós psicólogo. Está trazado desde el punto de
vista de un testigo hostil en el que una gran sensibilidad
para todo lo humano y su animosidad misma determi-
nan un gran poder receptivo. Nunca se monta en ningún trípode y nunca ideologiza ni pontifica sobre este
caso moral —ni sobre ningún otro—, pero lo que im-
placablemente ve se nos impone como verdad.

María Juana es una mujer de mente bien equilibrada
—en apariencia; la chifladura de los Bueno de Guzmán
radica profundamente en ella—, de muy moderada sensualidad y la consecuente tendencia a cerebralizarlo
todo. Con el rigor de un psiquiatra, Galdós va expo-
niendo los datos necesarios para la comprensión de esa
mujer. Primeramente, su matrimonio. Está casada con
un hombre de negocios, sin duda excelente, pero no de
los que enloquecen a una mujer. Pequeñísimo de estatura y no muy atractivo de aspecto, tiene algo del castellano viejo de Larra y una inmerecida fama de mísero
porque en aquella sociedad de pródigos no es hombre
que guste de tirar el dinero. La sabia María Juana que
lo racionaliza todo, lo encuentra el marido ideal. Puesto
que es su marido, tiene que ser perfecto, modelo inaccesible de todas las virtudes imaginables. Lo que no
impide que lo engañe con el primo. ¿Por qué?

Es claro desde un principio que aquel matrimonio no
satisface sus ansias; es igualmente claro que en José
María ve un hombre extraordinariamente atractivo, pero
esa atracción se ejerce sobre ella de un modo, podríamos decir, inducido. María Juana, cerebral siempre, responde a una manera de feminidad que permitió a Lope
una creación maravillosa: es la mujer que quisiera amar
porque ve amar a otra.

Galdós intuye el caso con la misma claridad que Lope. (Las circunstancias son ciertamente muy diferentes, pero lo esencial se atiene al tema: amar por ver amar.) Son admirables todos aquellos momentos que indican la curiosidad de María Juana por los belenes galantes del primo; cómo olisquea por la casa todo cuanto recuerda el paso de Eloísa; cómo llega en ocasiones a deponer sus severidades de pitonisa y trata de adoptar los aires desenvueltos de Camila, y hasta aquel detalle de calzarse las botinas destinadas a ésta, tan buen indicio de cómo anda buscando lo que tuvieron las otras, o ella cree que tuvieron: todo manifiesta la índole de esa sensualidad inducida que, claro es, determina una racionalización en cuanto se hace consciente. Atraída como las otras, María Juana no puede hacer lo que las otras; su caso es distinto. Nunca se reconocerá verdaderamente adúltera. El primo, que va a ella con muy aviesa intención, se queda turulato ante todas aquellas filosofías de "amarlo por salvarlo", y otras así. Con lo que ella consigue lo contrario de lo que se propone, si se propone algo que no sea justificarse ante su propia consciencia.

Al cerebralizarse aquel afecto —ella no dejará de recordar el de Mme de Warens por Rousseau e incurrir a ese propósito en sorprendentes acrobacias mentales— se le exacerba una casuística que le es innata. Condenarla simplemente como una hipócrita sería demasiado sumario. Esa dialéctica suya es sobre todo una defensa, una añagaza que adopta para justificarse a sí misma —sobre todo ante sí misma. Como otras veces en estas novelas, Galdós tornasola la exposición, coloreada de una manera por el relato del protagonista, otra por la luz a que él la pone. Hipocresías no es el propio nombre de esos actos, aunque a la hipocresía se asemejen. En María Juana no hay nunca nada de cínico. Y el afecto que llega a sentir por el primo es muy sincero, si no muy fogoso, pues eso no puede ser. En aquella misma escena en que ella y José María se explican y riñen, después de la tremenda trapatiesta promovida por Eloísa y Camila (II, VIII), el ablandamiento de sus rigores después de la confesión de José María y la promesa de no abandonarlo nunca, otra vez envuelta en metafisiquerías, contienen pormenores muy bien vistos y muy bien contados. No se pierde nada de ellos: hasta ciertas

delatoras inflexiones de la voz constan (cap. IX, i).
Defensiva es también su obstinación en no querer
persuadirse de la inocencia de Camila. Todo admirable
de penetración psicológica.

* * *

Es una fatalidad de la crítica, repito, tener que reducir
a términos conceptuales impresiones muy de otro orden
—y aun yo creo esto preferible siempre a los aspavientos
y garatusas de los cultivadores del impresinismo, aparte
de que un impresionismo crítico sea una *contradictio in
adiecto*. En lo que ha venido diciendo me ha sido necesario esquematizar y enrigidecer una materia artística
muy viva y fluida, aprehensible sin grandes esfuerzos
por un lector atento y perceptivo. Este doble propósito
del novelista, inventar la fórmula vital de sus personajes, lo que es una tarea de inteligencia, y animarlos con
las impredictables fuerzas de la vida, rebelde a siste-
matizaciones rígidas, triunfa en las novelas de la plena
madurez de Galdós de un modo prodigioso. Sus personajes, inconfundible creación suya, parecen siempre la
vida misma. Galdós ha llegado a ese grado de autenticidad en sus pinturas que nos permite hoy reconocer
como "galdosianas" a gentes que se nos aparecen en
este mundo en que vivimos —no de otro modo que
podemos calificar de "quijotescos" a hombres y mujeres
que nos parecen aquejados de la sublime alteración
mental del Ingenioso Hidalgo.

No tema, pues, el lector encontrarse en esta novela
con ningunos "rollos", como se dice ahora, sobre las
lacras morales, extravíos políticos o económicos, faltas
y sobras de la Restauración, ni descubrir en las mociones
de los personajes ninguna rigidez amuñecada. Lo que
don Benito tuviera que decir de aquel mundo, lo dijo
por medio de los caracteres de su novela, pero siendo
éstos infinitamente significativos, el creador ya ha conseguido esa maestría superior, gracias a la cual sus
figuras parecen tener un libre albedrío. O si no lo tienen del todo, operante la doctrina naturalista, a su
herencia y a su medio deben el ser lo que son, no a
un indebido inmiscuirse en sus vidas el novelista.

La forma autobiográfica que Galdós emplea en *Lo prohibido,* azarosa como es por otras razones, le permite sortear peligrosas sirtes. El punto de vista adoptado es el de un hombre de mundo que da de través en los traicioneros bajíos de Madrid, arrastrada su voluntad por halagos que nada ni nadie le ayuda a contrarrestar. A ese personaje que tan amablemente nos refiere los sucesos de su vida son imputables posibles defectos... que, de este modo, se trasforman en perfecciones. Admirables de rigor en cuanto significa verosimilitud en el movimiento de los personajes y en la justificación de la conducta de éstos, las memorias no pueden dar cuenta de todo. Pero la cantidad de cosas que de aquel medio nos permite ver Galdós a través de su personaje es sorprendente. La locura suntuaria de Eloísa, aunada a un nativo buen gusto, le hace allegar muy buenas colecciones de objetos de arte. Además de algunos cuadros antiguos o modernos, de alguna estatueta, compra o se hace comprar antigüedades, curiosidades, todo aquello que se llamó *bric-a-brac* y tuvo su mayor culto por esos años en que pasa *Lo prohibido.* Aquella moda, tan caprichosa como todas y más confusa que ninguna, convirtió las casas ricas en verdaderas chamarilerías y entre todo lo almacenado en sus salones y gabinetes sólo una pequeña parte era de real interés. Pero eso no nos importa ahora; lo interesante es cómo Galdós ha ido recogiendo testimonios de aquellas predilecciones: la difusión de una pintura de género —de que don Benito no siempre gustaba, como puede apreciarse por algún curioso pasaje de *La familia de León Roch*—, la afirmación de aquel costumbrismo pintoresco, de honradísima factura en general, bien representado en la novela con los nombres de Emilio Sala (1856-1910) y Francisco Domingo (1842-1920), de los que Eloísa exhibe orgullosamente unos cuadritos en uno de sus "jueves". La descripción de las dos pinturas es de mucho interés y capta maravillosamente el espíritu de aquellos amantes en el que tan extrañamente se mezcla un snobismo inevitable, una cierta distinción, la fatuidad de ser poseedores de lo caro y para pocos... (I, xi, ii.) Pero lo más extraordinario a este respecto es la mención de aquel marco de porcelana barroco que casi pone enferma a la joven, imposibilitada de adquirirlo, y cuya adquisición por el primo franqueará a éste el camino de la conquista. Todo es notable en ese episodio; el entusiasmo por aquella extraña obra, sentimiento que no debía de ser muy común en aquellos años de gran desprestigio del barroco —esa misma designación todavía no era muy corriente—; la manera de asociar la obra plástica a otras maneras de arte ("Quedéme absorto contemplando obra tan bella, digna de que la describiera Calderón de la Barca"). Muy de notar es que, salvo este momento de exaltación, Bueno de Guzmán es muy parco en las descripciones. Se mencionan obras, nombres de artistas; ni el héroe ni su creador gustan de describir por describir y no lo hacen, y nada de lo que leemos puede compararse a los delirios descripcionistas de obras de arte en novela post-naturalista que cultivarán Oscar Wilde o Huysmans.

No, descripcionismo a palo seco puede decirse que no hay; Galdós aborrece el procedimiento, como lo aborreció Cervantes, como lo aborrecieron los clásicos en general. Ahora bien, cuando, por necesidad del relato, es preciso incluir en él una viñeta ilustrativa, nos llevamos la sorpresa del mundo, pues nada más fino se hizo por aquel entonces en este dominio, y los esfuerzos del incipiente noventa y ocho no llegan a tanto ni con mucho. Podría decirse que ocurre por aquellos años la paradoja de que el único pintor impresionista español es don Benito —que no hubiera sabido hacerlo con los pinceles, aunque ocasionalmente los manejase, pero que lo hacía maravillosamente con las palabras. Quiero llamar la atención del lector sobre dos breves pasajes que a mi juicio comprueban este aserto. El más importante es la descripción de una mañana de julio en el Retiro —nótese bien: se da, siguiendo la buena observancia impresionista, la estación y la hora— que es de lo más fino, de lo más acabado y sugestivo que a duras penas pueda hallarse en la literatura del tiempo. Es un trozo de antología. (En II, IX, v.) El otro fragmento es la notación de los ruídos de Recoletos y del tráfago del paseo sentidos desde la casa del protagonista, agudísima y precisa hasta lo increíble.

Nada quiero decir del estilo de la novela, cuyas posibles deficiencias quedan bien paliadas por el carácter de libro de memorias que Galdós adopta; como decía

Clarín en carta al autor, "recoge la fase actual de la *cháchara* con pulcritud". De notar son las observaciones que hace el autor sobre la lengua usada en los salones elegantes indicativas de lo mucho que le preocupa esta cuestión, en ella misma y en relación con el estilo novelesco (I, XI, i).

* * *

Fechada *La de Bringas* en mayo del 84, es más que posible que Galdós se diese pronto a la meditación, si no a la composición de *Lo prohibido,* obra más compleja que la anterior como estudio social y como buceo psicológico. He aquí otro caso en que lo del "estudio del natural" y lo de los "modelos vivos" no nos sirven para nada. Concediendo —y esta vez no sólo lo concedo, sino lo postulo— que el novelista tuviese ante sí docenas de tipos como Eloísa, José María, el Marqués de Fúcar, Sánchez Botín, el problema no era para él coordinar en un relato bien trabado un centón de anécdotas, sino reconstruir lo que pasaba por esos personajes en tal o cual momento, y ello exigía un esfuerzo de "experimentación" de cierto orden que, además de dotes geniales de parte del creador, necesitaba tiempo. Lo que me lleva a postular también que casi todo el año de 1884 y los comienzos del siguiente debieron de estar dedicados a imaginar *Lo prohibido.* Las fechas en que Galdós enmarca la creación de la obra deben de ser las de su redacción, redacción rápida en verdad.

JOSÉ F. MONTESINOS

BIBLIOGRAFÍA SELECTA

L A bibliografía de Galdós es inagotable; la cantidad de libros, folletos y artículos que sobre su vida y obra se han escrito llenarían ya muchísimas páginas. En el libro de Gullón que luego cito se registran 289 títulos de estudios galdosianos, cifra que, desde que apareció esa obra, ha crecido como la espuma. Renuncio a citar todo esto, con frecuencia excesivamente detallista y doy cuenta sólo de algunas publicaciones recientes en las cuales el lector curioso encontrará frecuentes referencias bibliográficas.

Berkowitz, H. Ch. *Pérez Galdós, Spanish Liberal Crusader,* Madison, 1948.

Casalduero, Joaquín. *Vida y obra de Galdós,* Madrid, 1919.

Gullón, Ricardo. *Galdós, novelista moderno,* Madrid, 1966.

Hinterhäuser, Hans. *Los "Episodios Nacionales" de Benito Pérez Galdós,* Madrid, 1963.

Montesinos, José F. *Galdós,* vol. I, II, IV, Madrid, 1968, 1969, 1971.

NOTA PREVIA

E S T A edición sigue en todo, hasta conservando lecciones poco satisfactorias que podrían ser descuidos, la primera, publicada en 1885, de cuya portada damos aquí un facsímile.

La imposibilidad de reunir las impresiones de la novela no ha permitido hacer un estudio detenido de las variantes, que no son muchas, si nos atenemos al texto publicado en la edición de Aguilar. Aunque no sabemos qué impresión sirvió de modelo a ésta, la tendremos provisionalmente por la vulgata del texto galdósiano —descontadas algunas patentes y muy desagradables erratas.

Por mucho tiempo, hasta que alguna institución de cultura comprenda el interés de ir reuniendo *todas* las ediciones de Galdós, será imposible un texto crítico de las obras del novelista, y por ello se frustrará cualquier tentativa de análisis estilísticos detenidos y precisos.

Las notas a esta edición se reducen a un mínimum. La gran cantidad de alusiones a personas y cosas muy olvidadas ya las requiere, pues la mayoría de los lectores no podrían dar con la intención del autor sin una frecuente consulta de enciclopedias. Sobre todo en la primera parte, cuando Galdós habla de objetos de arte o menciona a sus autores o sus procedencias.

Lo mismo digo de algunos recuerdos del viejo Madrid, de lugares y rincones desaparecidos por las recientes reformas urbanas. La Dra. Elena Catena me ha prestado una ayuda valiosísima en la determinación de estos extremos, y su nombre debe figurar aquí.

J. F. M.

LO PROHIBIDO

POR

B. PÉREZ GALDÓS

TOMO PRIMERO

MADRID

1885

Imprenta y litografía de LA GUIRNALDA

calle de las Pozas, núm. 12

PARTE PRIMERA

I

I

E N septiembre del 80, pocos meses después del falle-
cimiento de mi padre, resolví apartarme de los negocios, cediéndolos a otra casa extractora de Jerez tan
acreditada como la mía; realicé los créditos que pude,
arrendé los predios, traspasé las bodegas y sus existencias, y me fui a vivir a Madrid. Mi tío (primo carnal
de mi padre), don Rafael Bueno de Guzmán y Ataide,
quiso albergarme en su casa; mas yo me resistí a ello,
por no perder mi independencia. Por fin supe hallar
un término de conciliación, combinando mi cómoda
libertad con el hospitalario deseo de mi pariente; y
alquilando un cuarto próximo a su vivienda, me puse
en la situación más propia para estar solo cuando quisiese o gozar del calor de la familia cuando lo hubiese
menester. Vivía el buen señor, quiero decir, vivíamos en
el barrio que se ha construido donde antes estuvo el
Pósito. [1] El cuarto de mi tío era un principal de diez y

---

[1] El Pósito de la Villa, construido en 1745, estaba situado entre
lo que hoy es la Cibeles y la Puerta de Alcalá. Después de su de-
rribo comenzaron en estos terrenos las reformas que transformaron
toda aquella zona de Madrid.

ocho mil reales, hermoso y alegre, si bien no muy holgado para tanta familia. Yo tomé el bajo, poco menos grande que el principal, pero sobradamente espacioso para mí solo, y lo decoré con lujo, y puse en él todas las comodidades a que estaba acostumbrado. Mi fortuna gracias a Dios, me lo permitía con exceso.

Mis primeras impresiones fueron de grata sorpresa en lo referente al aspecto de Madrid, donde yo no había estado desde los tiempos de González Bravo. [2] Causábanme asombro la hermosura y amplitud de las nuevas barriadas, los expeditivos medios de comunicación, la evidente mejora en el cariz de los edificios, de las calles y aun de las personas, los bonitísimos jardines plantados en las antes polvorosas plazuelas, las gallardas construcciones de los ricos, las variadas y aparatosas tiendas, no inferiores, por lo que desde la calle se ve, a las de París o Londres, y, por fin, los muchos y elegantes teatros para todas las clases, gustos y fortunas. Esto y otras cosas que observé después en sociedad, hiciéronme comprender los bruscos adelantos que nuestra capital había realizado desde el 68, adelantos más parecidos a saltos caprichosos que al andar progresivo y firme de los que saben adónde van; mas no eran por eso menos reales. En una palabra, me daba en la nariz cierto tufillo de cultura europea, de bienestar y aun de riqueza y trabajo.

Mi tío es un agente de negocios muy conocido en Madrid. En otros tiempos desempeñó cargos de importancia en la Administración: fue primero cónsul; después, agregado de Embajada; más tarde, el matrimonio le obligó a fijarse en la Corte; sirvió algún tiempo en Hacienda, protegido y alentado por Bravo Murillo, [3] y al fin las necesidades de su familia le estimularon a trocar la mezquina seguridad de un sueldo por las aventuras y esperanzas del trabajo libre. Tenía moderada ambición, rectitud, actividad, inteligencia, muchas relaciones; dedicóse a agenciar asuntos diver-

    [2] Don Luis González Bravo (1811-1871) presidió el último Gobierno de Isabel II. De lo que luego se dice que esos "tiempos" suyos son ios inmediatamente anteriores a la Revolución de Setiembre de 1868.
    [3] Don Juan Bravo Murillo (1803-1873) fue ministro de Hacienda en 1849 y Presidente del Consejo en 1851. Representó una tendencia muy conservadora.

sos, y al poco tiempo de andar en estos trotes se
felicitaba de ello y de haber dado carpetazo a los expedientes. De ellos vivía, no obstante, despertando los
que dormían en los archivos, impulsando a los que se
estacionaban en las mesas, enderezando como podía el
camino de algunos que iban algo descarriados. Favore-
cíanle sus amistades con gente de este y el otro partido,
y la vara alta que tenía en todas las dependencias del
Estado. No había puerta cerrada para él. Podría creerse
que los porteros de los ministerios le debían el destino,
pues le saludaban con cierto afecto filial y le franquea-
ban las entradas considerándole como de casa. Oí contar que, en ciertas épocas había ganado mucho dinero
poniendo su mano activa en afamados expedientes de
minas y ferrocarriles; pero que en otras su tímida honradez le había sido desfavorable. Cuando me establecí
en Madrid, su posición debía de ser, por las apariencias, holgada sin sobrantes. No carecía de nada, pero
no tenía ahorros, lo que en verdad era poco lisonjero
para un hombre que, después de trabajar tanto, se acercaba al término de la vida y apenas tenía tiempo ya
de ganar el terreno perdido.

Era entonces un señor menos viejo de lo que parecía, vestido siempre como los jóvenes elegantes, pulcro
y distinguidísimo. Se afeitaba toda la cara, siendo esto
como un alarde de fidelidad a la generación anterior,
de la que procedía. Su finura y jovialidad, sostenidas
en el fiel de balanza, jamás caían del lado de la familiaridad impertinente ni del de la petulancia. En la
conversación estaba su principal mérito y también su
defecto, pues sabiendo lo que valía hablando, dejábase
vencer del prurito de dar pormenores y de diluir fatigosamente sus relatos. Alguna vez los tomaba tan desde el principio, y adornábalos con tan pueriles minu-
ciosidades, que era preciso suplicarle por Dios que
fuese breve. Cuando refería un incidente de caza (ejercicio por el cual tenía gran pasión), pasaba tanto tiempo desde el exordio hasta el momento de salir el tiro,
que al oyente se le iba el santo al cielo distrayéndose
del asunto, y en sonando el *pum*, llevábase un mediano
susto. No sé si apuntar como defecto físico su irrita-
ción crónica del aparato lagrimal, que a veces, principalmente en invierno, le ponía los ojos tan húmedos

y encendidos como si estuviera llorando a moco y baba. No he conocido hombre que tuviera mayor ni más rico surtido de pañuelos de hilo. Por esto y su costumbre de ostentar a cada instante el blanco lienzo en la mano derecha o en ambas manos, un amigo mío, andaluz, zumbón y buena persona, de quien hablaré después, llamaba a mi tío *la Verónica*.

Mostrábame afecto sincero, y en los primeros días de mi residencia en Madrid no se apartaba de mí, para asesorarme en todo lo relativo a mi instalación y ayudarme en mil cosas. Cuando hablábamos de la familia y sacaba yo a relucir recuerdos de mi infancia o anécdotas de mi padre, entrábale al buen tío como una desazón nerviosa, un entusiasmo febril por las grandes personalidades que ilustraron el apellido de Bueno de Guzmán, y sacando el pañuelo, me refería historias que no tenían término. Conceptuábame como el último representante masculino de una raza fecunda en caracteres, y me acariciaba y mimaba como a un chiquillo, a pesar de mis treinta y seis años. ¡Pobre tío! En estas demostraciones afectuosas, que aumentaban considerablemente el manantial de sus ojos, descubría yo una pena secreta y agudísima, espina clavada en el corazón de aquel excelente hombre. No sé cómo pude hacer este descubrimiento; pero tenía certidumbre de la disimulada herida cual si la hubiera visto con mis ojos y tocado con mis dedos. Era un desconsuelo profundo, abrumador, el sentimiento de no verme casado con una de sus tres hijas; contrariedad irremediable, porque sus tres hijas, ¡ay dolor!, estaban ya casadas.

II

En la primera ocasión que se presentó, mi tío habló de sus tres yernos con muy poco miramiento. El uno era egoísta; el otro pobre y vanidoso; el tercero, una mala persona. De confidencia en confidencia llegó hasta las más íntimas y delicadas, acusando a su esposa de precipitación en el casorio de las hijas. De esto colegí que mi tía Pilar, señora indolentísima y de cortos alcances, por quedarse libre y descansar del enfadoso papel de mamá casamentera, había entregado a sus niñas al primer hombre que se presentó, llovido en paseos y teatros. También pudo ser que ellas se sobrepusieran a la disciplina paterna, apegándose al primer novio que les deparó la ilusión juvenil.

No habían pasado quince días de mi instalación cuando me puse malo. Desde niño padecía yo ciertos achaquillos de hipocondría,. desórdenes nerviosos, que con los años habían perdido algo de su intensidad. Consistían en la ausencia completa del apetito y del sueño, en una perturbación inexplicable que más parecía moral que física, y cuyo principal síntoma era el terror angustioso, como cuando nos hallamos en presencia de inevitable y cercado peligro. Con intervalos de descanso melancólico, mi espíritu experimentaba aquel acceso de miedo inmenso que la razón no podía atenuar, ni la realidad visible combatir; miedo semejante al que sentiría el que, cayéndose sobre la vía férrea y no pudiendo levantarse, viera que el pesado tren se acercaba, le iba a pasar por encima... Cuando me ponía así, la vista de personas extrañas me excitaba más. Dábanme ganas de pegar a alguien o de injuriar por lo menos a los que me visitaban, y padecía mucho conteniéndome. Por esta razón no quería recibir a nadie, y mi criado, que ya conoce bien este flaco mío y otros, no dejaba que llegase a mi presencia ni una mosca. Difícil era en Madrid extremar la consigna. Ni valían estos rigores con mi tío, el cual, atropellando la guardia, se colaba de rondón en mi gabinete. Y era que creía de buena fe llevarme en sus largos discursos la mejor medicina de mi mal; jactábase de conocerlo a fondo, y en vez de hablarme de cosas que engañosamente llevaran mi espíritu a esfera distinta de mi padecer, estimaba más eficaz encararlo con éste, hacerle meter la cabeza en él valientemente, como se corrige a los caballos espantadizos, acercándolos a los mismos objetos de que huyen. Díjome primero en su festivo exordio que aquello era el mal del siglo, el cual, forzando la actividad cerebral, creaba una diátesis neuropática constitutiva en toda la humanidad. Esto se lo había dicho Augusto Miquis la noche antes. Por eso lo sabía y lo repetía como papagayo, sin entender una jota de medicina. En lo que principalmente hacía hincapié mi tío Rafael era en dar a mi dolencia la importancia histórica de un mal de familia, que se perpetuaba y transmitía en ella como en otras el herpetismo o la tisis hereditaria.

—Todos padecemos, en mayor o menor grado —me dijo, amplificando mucho la relación que voy a extractar—, los efectos de una imperfeccioncilla nerviosa cuyo origen se pierde en la crónica obscura de los primeros Buenos de Guzmán de que tengo noticia. En nuestra familia ha habido individuos dotados de cualidades eminentes, hombres de gran talento y virtudes; pero todos han tenido una flaqueza; llámala, si quieres, chifladura; bien pasión invencible que les ha descarrilado la vida, bien manía más o menos rara que no afectaba a la conducta. A unos les ha tocado el daño en el cerebro, a otros en el corazón. En algunos se ha visto que tenían una organización admirable, pero que les faltaba, como se suele decir, la catalina. [4] Por esto, abundando tanto en nuestra familia las altas prendas de entendimiento y de carácter, ha habido en ella tantos hombres desgraciados. No han faltado en la raza tragedias lastimosas, ni enfermedades crónicas graves, ni los manicomios han carecido en sus listas del apellido que llevamos. En cuanto a las mujeres, las ha habido ilustrísimas por la virtud, algunas heroicas; pero también las hemos tenido de temperamentos tan exaltados, que más vale no hablar de ellas.

Parecíame algo fantástico lo que me contaba aquel hablador sempiterno, que, por lucir el ingenio, era capaz de alimentar su facundia con materiales de invención.

—Usted hubiera sido un gran novelador —le dije; y él, acercándose más a mí, prosiguió de este modo:

—Recorre la historia de la familia en los individuos más cercanos, y verás cómo hay en ella una singularidad constitutiva que viene reproduciéndose de generación en generación, debilitándose al fin, pero sin extinguirse nunca. ¡Ah!, nosotros, los Buenos de Guzmán, somos muy *célebres*. Si contara lo que sé de

---

[4] *la catalina*, la "rueda catalina" o "de Santa Catalina", "la de dientes menudos y oblicuos que hace mover el volante de cierta clase de relojes", como dice el Diccionario académico. Quiere decir, pues, Don Rafael que lo tenían todo menos una pieza necesaria para regular el mecanismo.

todos, no acabaría en tres meses. Sólo diré que mi abuelo, bisabuelo tuyo, era un hombre que a lo mejor se envolvía en una sábana y andaba de noche por las calles de Ronda, haciendo de fantasma para asustar al pueblo.

Tu abuelo, hermano de mi padre, se hizo construir un panteón magnífico para él solo, quiero decir, que ninguna otra persona de la familia se había de enterrar en él. Pero en el testamento dispuso que le fueran poniendo al lado los cuerpos de todos los niños pobres que se murieran en Ronda. Y así se hizo. En treinta años fueron sepultados allí más de doscientos cadáveres de ángeles. El tal tenía pasión por los niños ajenos. Acusábasele de haber aumentado considerablemente la raza humana, pues fue el primer galanteador de su tiempo.

Tu tío Paco, hermano también de mi padre, no tuvo otra manía que criar gallinas y encuadernar. Coleccionaba papeletas de entierro, y hacía libros con ellas.

Tu papaíto, hijo del del panteón, merece capítulo aparte. Fue el hombre más guapo de Andalucía. A él has salido tú, y llevas su retrato en la cara. Fue también el primer enamorado de su tiempo, y jamás puso defecto a ninguna mujer, porque le gustaban todas, y en todas encontraba algún *incitativo melindre,* [5] que dijo el otro. Cuando se casó con la inglesa, tu madre, creímos que se corregiría; pero, ¡quia!, tu mamá pasó muchas amarguras. Demasiado lo sabes.

Vamos ahora a mi rama. Mi padre se sabía el *Quijote* de memoria, y hacía con aquel texto incomparable las citas más oportunas. No había refrán de Sancho ni sentencia de su ilustre amo que él no sacase a relucir oportuna y gallardamente, poniéndolos en la conversación, como ponen los pintores un toque de luz en sus cuadros. Cito esto porque también corrobora lo que voy contando. Hacía excelentes cometas, y compuso una obra sobre los alfajores de la tierra.

De mis hermanos algo sabes tú; pero algo puedo añadir a tus noticias. Javier fue la esperanza de mi padre. Era precocísimo; tuvo, como tú, esas melancolías, ese temor de que se le caía encima un monte.

---

5 *incitativo melindre* parece estar aquí en el sentido de *atractivo erótico.* El "otro" es Cervantes. La frase se halla en el *Quijote,* II, XLVIII, donde significa más bien "incitación al pecado".

De pronto, le entró la manía mística, dando en la flor de tener éxtasis y visiones. Mi padre, que quería fuese marino, se disgustó. No había más remedio que meterle en la Iglesia. Estudió en el Seminario de Baeza, cuatro años, hasta que... Ya sabes que se fugó del Seminario y se casó con una aldeana. Fue dichoso, tuvo después mucha salud y no padecía más que unos fuertes ataques de dentera, que le hacían sufrir mucho. Su mujer paría siempre gemelos.

Mi hermano Enrique tenía un carácter grave, prodigiosa habilidad mecánica, delicadezas de mujer y un horror invencible a las aceitunas. Sólo de verlas se ponía malo. Hizo, de corcho, el famoso Tajo y el Puente de Ronda. Mi padre quería que fuese a estudiar a Sevilla, pero repugnábanle los libros. Enamoróse perdidamente de una joven de buena familia. Eran novios, y no había inconveniente en que se casaran. Pero de la noche a la mañana, Enrique empezó a caer en melancolías. Le acometió la idea de que no podía casarse, por carecer de facultades varoniles. ¡Pobre Enrique! Acabó en el manicomio de Sevilla a fines del 54.

Mi hermana Rosario no dio más señales de la infección hereditaria que el tener toda su vida violentísimo odio a los perros. No los podía ver, y lo mismo era oír un ladrido que ponerse a temblar. Casó con Delgado, y en su hijo Jesús aparece pujante el mal. Tú no le has visto. Es un ser inocentísimo, que se pasa la vida escribiéndose cartas a sí mismo.

De mis hermanos sólo quedamos Serafín y yo. Serafín fue siempre el más robusto de todos. Era un mocetón, la gala de Ronda y el primer alborotador de sus calles de noche y de día. Por su vigorosa salud y su constante buen humor, parecía tener completos los tornillos de la cabeza. Pusiéronle a estudiar Marina en San Fernando, y se distinguió por su aplicación y laboriosidad. Salió a oficial el 43, y su carrera ha sido muy brillante. Estuvo en Abtao, en el desembarco de África, en el Pacífico. [6] Hoy es brigadier retirado y vive

---

[6] *Abtao*, combate librado el 7 de febrero de 1866 por dos fragatas españolas con otras dos chilenas durante la guerra del Pacífico. No sé por qué destaca Galdós esta acción y habla luego en general de aquella campaña. El desembarco de África fue el que tuvo lugar

en Madrid, donde no hace más que pasearse. Tú le conoces. Pero ¿a que no sabes todavía en qué consiste y de qué manera tan extraña se ha manifestado en él, al cabo de la vejez, esa maldita quisicosa que no ha perdonado a ningún Bueno de Guzmán? Te lo diré en confianza. Cuando le trates más, verás en Serafín el hombre más completo que puedes figurarte, el tipo del caballero atento, discreto y cumplido, el veterano valiente y pundonoroso, y seguirás teniéndolo en el más elevado concepto hasta que descubras su flaco, el cual es de tal naturaleza, que casi me da vergüenza hablar de él. Pues Serafín ha adquirido la maña..., no me atrevo a llamarla de otro modo..., de coger con disimulo tal o cual objeto que ve en las casas de visita, metérselo en el bolsillo... ¡y llevárselo! No sabes los disgustos que hemos tenido... Nada; no te lo explicas, ni yo tampoco, ni él mismo sabe dar cuenta de cómo lo hace y por qué lo hace. Es un misterio de la Naturaleza, una aberración cerebral... Veo que te pasmas... Pues, nada: entra mi hombre en una librería, acecha el momento en que los dependientes están distraídos, agarra un libro, se lo guarda en el bolsillo del *carrik*, [2] y abur. En varias casas ha cogido chucherías de esas que ahora se estila poner sobre los muebles, y hasta perillas de picaportes, aldabas de puertas, tapones de botellas. Me ha confesado que siente un placer inmenso en esto; que no sabe por qué lo hace; que es cosa de las manos..., qué sé yo..., mil desatinos que no entiendo.

Bien podría ser la relación de mi tío, como he dicho antes, puramente fantástica, una de esas improvisaciones que acreditan el numen de los grandes habladores; pero fuese verdad o mentira, a mí me entretenía y agradaba en extremo. Pendiente de sus palabras, sentía yo que éstas se acabasen, y con ellas, la historia, cuyos

---

durante la guerra de 1859-60. Sobre estos acontecimientos escribió Galdós dos episodios, *Aita Tettauen*, y *La vuelta al mundo en la "Numancia"*.

7 *carrik* (o *carric*), "especie de gabán o levitón muy holgado, con varias esclavinas superpuestas de menor a mayor. Estuvo en uso en la primera mitad del siglo XIX" *(Dicc. acad.)*. Lo que quiere decir que Don Serafín vestía según la moda de la generación, que era la suya.

pormenores referentes a dolencias ajenas eran eficaz bálsamo de la mía. Parecíame que faltaba aún lo más interesante, esto es, saber en qué grado estaban mi propio tío y su descendencia tocados del mal de familia, o si por ventura se habían librado ya de tan pertinaz enemigo. Echóse a reír llorando cuando le manifesté esta curiosidad, y prosiguió de este modo:

III

—Me parece, querido, que soy yo, entre todos los Buenos de Guzmán, el que menor lote ha sacado de esa condenada maleza. La actividad de mi vida, el afán diario de los negocios, la aplicación constante del espíritu a cosas reales, me han preservado de graves desórdenes. Sin embargo, sin embargo, no ha sido todo rosas. En ciertas ocasiones críticas, a raíz de un trabajo excesivo o de un disgusto, he sentido..., así como si me suspendieran en el aire. No lo entenderás, ni lo entiende nadie más que yo. Voy por la calle, y se me figura que no veo el suelo por donde ando; pongo los pies en el vacío... Al mismo tiempo experimento la ansiedad del que busca una base sin encontrarla... Pero, ando, ando, y aunque creo a cada instante que me voy a caer, ello es que no me caigo. La *suspensión,* como yo llamo a esto, me dura tres o cuatro días, durante los cuales no como ni duermo; luego pasa, y como si tal cosa.

En mis hijos he observado fenómenos diferentes. Raimundo tiene indudablemente un gran desequilibrio en su organismo. No puedo menos de relacionar su carácter con el de otros Buenos de Guzmán, que habiendo tenido, como él, imaginación vivísima, gran aptitud teórica para todas las ramas del saber humano, no han servido para maldita cosa ni supieron hacer nada de provecho. Así es mi hijo Raimundo: un pasmoso talento improductivo, un árbol hermosísimo, cuya pingüe cosecha de flores se pudre antes de ser fruto. De niño era el prodigio de la casa. Híceme la ilusión de tener un hijo que llegaría a los puestos más altos de la Nación. Pero creció, y me encontré con un soñador, con un enfermo de hidropesía imaginativa. No le falta un tornillo: yo creo que le sobra. En aquella cabeza

hay algo de más. Tres o cuatro cerebros dentro de un
cráneo no pueden funcionar sin estorbarse y producir
un zipizape de todos los demonios.

Paso a mis tres hijas. En ellas observo el maleficio
de familia tan gastado ya, que es como un agente
químico, cuyas propiedades se extinguen y acaban con
el mucho uso. Y eso que son mujeres, y en opinión
mía (que será un disparate fisiológico, pero es una
opinión) las mujeres tienen más nervios que los hombres. Ninguna de las tres ha presentado hasta ahora
desconciertos nerviosos que me pongan en cuidado,
a excepción de aquellos que vienen a ser como de
rúbrica en el bello sexo, y sin los cuales hasta parece que perdería parte de sus encantos. María Juana,
mi primogénita, es una mujer como hay pocas. ¡Qué
buen juicio, qué seriedad de carácter, qué vigor de
creencias y opiniones! Te digo que me tiene orgulloso.
De cuando en cuando le entran misantropías, cefalal-
gias, y sufre la inexplicable molestia de cerrar fuertemente la boca por un movimiento instintivo que no
puede vencer. Ha tratado de dar explicaciones de lo
que siente; pero lo único que le he podido entender
es que se figura tener un pedazo de paño entre los
dientes, y que se ve obligada, por una fuerza superior
a su voluntad, a masticarlo y triturarlo hasta deshacer
el tejido y tragarse la lana. Fíjate bien, y verás que es
un suplicio horrible. Desde que se casó, estos ataques
son poco frecuentes.

La complexión de Eloísa es menos vigorosa que la
de su hermana mayor. Guapa como pocas, cariñosísi-
ma, dulce, sensible hasta no más, por la menor cosa
se altera. Se apasiona pronto y con vehemencia, y en
sus afectos no hay nunca tibieza. Era de niña tan
accesible al entusiasmo, que no la llevábamos nunca
al teatro, porque siempre la traíamos a casa con fiebre.
Gustaba de coleccionar cachivaches, y cuando un objeto cualquiera caía en sus manos, lo guardaba bajo
siete llaves. Reunía trapos de colores, estampitas, juguetes. Cuando ambicionaba poseer alguna chuchería
y no se la dábamos, por la noche le entraba delirio.
Sufría la privación en silencio; pero el anhelo de su
pobre almita se pintaba en sus lánguidos ojos. De mujer nos ha sorprendido con una simpleza que a veces

me parece ridícula, a veces digna de la más viva compasión. Tiene horror a las plumas, no a las de escribir, sino a las de las aves, y, por tanto, horror a todo lo volátil. Pregúntale sobre esto, y te dirá que la acompaña casi constantemente, pero unos días más que otros, la penosa sensación de tener una pluma atravesada en la garganta sin poder tragarla ni expulsarla. Es terrible, ¿verdad? Se pone nerviosísima a la vista de un canario. En la mesa no hay quien le haga comer de un ave, por bien asada que esté. Hasta las plumas con que se adornan los sombreros le hacen mal efecto, y como pueda las destierra de su cabeza... A veces nos reímos de ella por esto, a veces la compadecemos. Es un ángel de bondad, y su marido (a ti te lo digo en confianza) no merece tal joya.

Por último, mi hija Camila, la menor de las tres, es la menos favorecida en dotes morales. No es esto decir que sea mala. ¡Oh!, no, no la juzgues por la apariencia. Como era la más pequeña, la hemos mimado más de la cuenta, y nos ha salido mal educada. Parece una loca, parece más bien casquivana y superficial; pero yo sé que hay en ella un gran fondo de rectitud. No puedes figurarte la pena que siento cuando oigo decir que Camila acabará en un manicomio. ¡Qué injusticia! Los que tal dicen no la conocen como la conozco yo. Esas prontitudes suyas, esas extravagancias, esas sinceridades tan chocantes y a veces de tan mal gusto, no son más que chiquilladas que se le irán curando con la edad. Tres meses ha que se nos casó. Creo que este matrimonio ha sido algo prematuro; pero se puso la niña en tales términos, que una mañana me espeluznó Pilar contándome que la había sorprendido preparando una toma de fósforos disueltos en agua... Ya sentará la cabeza. Si es forzoso que también descubra y señale en Camila una puntada de neurosis, no encuentro otra más merecedora de tal nombre que querer a ese bruto...

Al llegar aquí, la facundia de aquel gran hablador, engolosinada por la sangre de uno de sus yernos, a quien acababa de morder, la emprendió con los tres a un tiempo, dejándolos al fin bastante magullados. Hizo luego de mí, sin venir a cuento, elogios que me avergonzaron. Yo era, según él, un hombre como se ven pocos en el mundo, por las dotes físicas y por las morales. De todo este panegírico saqué otra vez en limpio, leyendo en la intención y en el desconsuelo de mi tío, que éste habría deseado que sus tres hijas fuesen una sola, y que esta hija única suya hubiera sido mi mujer.

Fenómeno singular, que recomiendo a los médicos para que se acuerden de él cuando les caiga un caso de neurosis: lo mismo fue acabar mi tío aquel prolijo cuento, historia o pliego de aleluyas de la calamidad que te aflige, ¡oh perínclita raza de los Buenos de Guzmán!, me sentí aliviadísimo de la parte que me correspondía por fuero de familia, y este alivio fue creciendo en términos que un rato después me encontraba completamente bien. El ataque había pasado como nube arrastrada por el viento.

IV

Ratos muy buenos pasaba yo en casa de mi tío, donde nunca faltaba animación. Eloísa vivía con sus padres; Camila, en un tercero de la misma casa, pero todo el santo día lo pasaba en el principal; María Juana, que habitaba en el barrio de Salamanca, hacía largas visitas a la casa de Recoletos. Viéndolas allí a todas horas alrededor de su madre, charla que charla, unas veces riendo, otras disputando sobre cualquier tema de actualidad, se habría podido creer que eran solteras, si la presencia de los respectivos consortes no lo desmintiese.

Pocas mujeres he visto más arrogantes que María Juana. Era una belleza estatuaria, diosa falsificada, clasicismo vestido, si los mármoles admitieran el corsé de ballenas y las telas modernas. Desde que la conocí, inspiróme más admiración que estima, pues algo va de escultura a persona. Su airecillo presuntuoso no fue nunca de mi agrado. Por aquellos días no había empezado a engordar todavía, y así su engreimiento no tenía la encarnación monumental que ha tomado después. Su marido me fue más simpático. Parecióme un hombre de gran rectitud, veraz, sencillo, con cierta tosquedad no bien tapada por el barniz que le daba su riqueza; callado, prudente, modesto en todo, y muy principalmente en la estatura, pues era uno de los hombres más pequeños que yo había visto. Cuando paseaba con su mujer, por cada dos pasos que ella daba, él tenía que dar tres. Después supe que no era ambicioso, que no aspiraba a ser padre de la patria, ni a fatigar a los órganos de la publicidad con la repetición de su nombre; lo que me sorprendió, pues es de hombres chicos el apetecer cosas altas. Gustaba de la vida obscura, arreglada y cómoda, y sus ideas, poco brillantes, giraban dentro del círculo estrecho del ya anticuado criterio progresista; pero siendo el tal una de las personas que con más sinceridad deploraban los males del país, no tenía la petulancia de creerse llamado, como otros campeones del vulgo, a remediarlos por sí mismo. Contáronme que su origen era humilde. Su padre, que había hecho mucho dinero con los transportes en la primera guerra civil, usaba siempre en Madrid el pintoresco traje de Astorga.

Muerto su padre, Cristóbal Medina heredó con sus dos hermanos una pingüe fortuna. Casó con mi prima dos años antes de mi venida a Madrid, y hasta entonces no habían tenido sucesión, ni después la han tenido tampoco. Viviendo en plácida armonía, en su casa todo era orden y método. Gastaban mucho menos de lo que tenían, y no se señalaban por su generosidad. Así llegó la malicia a tacharlos de sordidez y del prurito de alambicar, apurar y retorcer demasiadamente los números. No sé si era ésta u otra la causa de que tuvieran algunos enemigos, gente quizás desgobernada y maldiciente que persigue con sátiras de mal gusto a los que no tiran el dinero por la ventana. Una señora muy conocida, que fue compañera de colegio de mi prima, y después, por ciertas cuestiones, ha trocado su cariño en odio implacable, le puso un apodo que por suerte no ha prevalecido sino en el círculo de los envidiosos. Recordando que al padre de Cristóbal se le conocía hace cuarenta años por *el ordinario de Astorga,* dio aquella mala lengua en llamar a María Juana *la ordinaria de Medina.*

En cuanto al mérito intelectual de ésta, bastaba tratarla un poco para descubrir en ella ideas muy juiciosas; por ejemplo: dar más valor a las satisfacciones de una conducta honrada que a los vanos éxitos de

la vida oficial; preferir los moderados goces de una
fortuna bien distribuida a los regocijos escandalosos
con que algunas casas ocultan sus trampas y su ruina.
De sus conversaciones se desprendía un tufillo puritano, una filosófica reprobación de las farsas sociales,
guerra sorda a los que suponen más de lo que son y
gastan más de lo que tienen. Pagaba su tributo a la
sátira corriente, que se ha hecho amanerada de tanto
pasar y repasar por labios españoles, quiero decir, que
daba curso a esas resobadas frases que parecen un
fenómeno atmosférico, porque las hallamos diluidas en
el aire de nuestro aliento y en las ondas sonoras que
nos rodean: "¡Oh!, si aquí se trabajara; si no hubiera tanto vago, tanto noble arruinado que vive del
juego, tanto abogadillo cesante o ambicioso que vive
de las intrigas políticas..." Debo añadir que María
Juana había adquirido, no sé si en libros o en algún
periódico, ciertas menudencias de saber político, religioso y literario, que eran la admiración mayor de
todas las admiraciones que su marido tenía por ella.
El amor de Medina principiaba en ternura y acababa
en veneración, motivada, sin duda, por la superioridad
de ella en todos los terrenos. Tenía este matrimonio
muchas y buenas relaciones. ¿Cómo no tenerlas si eran
ricos, cuando hasta los más necesitados y humildes se
codean aquí con los poderosos, con tal que sepan en-
volver su miseria en el paño negro de una levita?

V

Mi prima Eloísa era tan guapa como su hermana
mayor, y mucho, pero mucho más linda. María Juana
era una belleza marmórea; mas Eloísa parecióme obra
maestra de la carne mortal, pues en su perfección física
creí ver impresos los signos más hermosos del alma
humana: sentimiento, piedad, querer y soñar. Desde
que la vi me gustó mucho, y la tuve por mujer sin
par, lo que todos soñamos y no poseemos nunca, el
bien que encontramos tarde y cuando ya no podemos
cogerlo en una vuelta inesperada del camino. Cuando
vi aquella fruta sabrosa, otra la tenía ya en la mano
y le había hincado el diente.

Al poco tiempo de tratarla, mis simpatías se avivaron, y me confirmé en la idea de que sus hechizos personales eran simplemente el engaste de mil galas inestimables del orden espiritual. Figuréme hallar en su cara no sé qué expresión de dolor tranquilo, o bien cierto desconsuelo por verse condenada a la existencia terrestre. Parecía estar diciendo con los ojos: "¡Qué lástima que yo sea mortal!" Al menos así me lo hacía ver mi exaltada admiración. Pronto creí notar en ella un gusto exquisito, un discernimiento admirable para juzgar casi todas las cosas, sin pedantería ni sabiduría, tan natural y peregrinamente como cantan los pájaros, no entendiendo de música. Igual admiración me produjo el sentido práctico que a mi parecer mostraba en las cuestiones y disputas con su mamá y hermanas. Quizás estaba yo alucinado al creer que Eloísa tenía siempre razón.

La diligencia con que sabía atender al aseo, al arreglo y a la apropiada colocación de todas las cosas, me cautivaba más. A medida que iba yo teniendo más confianza con ella, mostrábame nuevas notas de su carácter, en consonancia con las armonías del mío. En su ropero y en una hermosa cómoda antigua tenía colecciones bonitísimas de encajes, de abanicos, de estampas y algunas alhajas de mérito artístico. Al enseñarme aquellos tesoros con tanto amor guardados, solía dejar entrever desconsuelo de que no fueran mejores y de no tener objetos sobresalientes por la riqueza del material y el primor de la obra. El "si yo fuera rica", esa expresión, esa queja universal que sale de los labios de toda persona de nuestros días (y de estos alientos se forma la atmósfera moral que respiramos), brotaba de los suyos con entonación tan patética, que me causaba pena. Por otras conversaciones que tuvimos, hube de atribuirle notable aptitud para apreciar el valor de las acciones humanas, teniendo, por lo tanto, andada la mitad del camino de la virtud. Todo esto pensaba yo en mi entusiasmo caballeresco y silencioso por aquella perla de las primas. Habríame parecido un ideal humanado, criatura superior a las realidades terrestres, si éstas no estuvieran por aquellos meses inscritas y como estampadas en su contextura mortal. Cuando aquella divinidad me fue cono-

cida, se hallaba en estado interesante. No sé decir si
me parecía que ganaba o perdía en ello su carácter
ideal. Creo que a ratos la rebajaba a mis ojos, y a
ratos la enaltecía, aquella prueba evidente de la repro-
ducción de sus gracias en otro ser.

Una mañana, a los cuatro meses de vivir yo en Madrid, mi criado, al despertarme, díjome que aquella
noche la señorita Eloísa había dado a luz un robusto
niño con toda felicidad. Grande alegría en la casa. Yo
también me alegré mucho. Sentía hacia la que ya era
mamá un cariño leal y respetuoso, verdadero cariño
de familia, sin mezcla de maldad alguna.

El marido de mi prima Eloísa era noble, quiero decir, aristócrata. Pertenecía a una de esas familias históricas que con los dispendios de tres generaciones han
concluido en punta. Pepe Carrillo (Carrillo de Albornoz) había venido haciendo momos a mi primita desde
que ella estaba en el colegio, y él en la Universidad.
Si se amaron o no formalmente, no lo sabía yo entonces. Sólo me consta que fueron novios más o menos
entusiasmados como unos ocho años, y que cumplie-
ron todo el programa de cartitas, soserías y de tele-
grafía pavisosa en teatros y paseos. Carrillo era pobre
por sí; pero tenía en perspectiva la herencia de su
tía materna, Angelita Caballero, marquesa de Cícero,
que era muy anciana y estaba ciega y medio baldada.
Esta condición de presunto heredero de un título y de
un capital le hizo interesante a los ojos de mis tíos.
Casó con Eloísa cuando ésta había cumplido veinti-
cuatro·años. Cuando le conocí estaba el infeliz atenido
a un triste sueldo en el ministerio de Estado; pero la
esperanza de la herencia le daba alientos para conlle-
var su vida obscura.

Tenía buena estampa, fisonomía agradable, maneras
distinguidísimas; pero una salud tan delicada y una
naturaleza tan quebradiza, que la mitad del año estaba
enfermo. Respecto a su saber intelectual y moral, debo
decir que mis primeras impresiones le fueron muy favorables. Carrillo era un joven estudioso, discreto, y
que anhelaba sin duda honrar la clase a que pertenecía. Quería contarse entre esa docena de personas titu-
ladas que, no satisfechas con saber leer y escribir, aspi-
ran a reconstituir la nobleza como una fuerza social

y a rehacer esta importante rueda para engranarla en la mecánica política de la Nación. Carrillo, en sus horas de soledad doliente, leía a Erskine May y a Macaulay, [8] deseando saciar en tan ricas fuentes su sed del conocimiento de un sistema admirable, que entre nosotros es pura comedia. Su conversación me declaraba un juicio claro, con pocas ideas propias, pero con aprovechada asimilación de las ajenas.

Pronto hube de observar contraste chocante entre aquel marido de una de mis primas y el marido de la otra, Cristóbal Medina. Éste mostraba simpatías hacia instituciones contrarias en absoluto a la humanidad de su origen, y dejaba entrever exagerados respetos hacia las clases históricas y castizamente conservadoras, mientras que Carrillo, aristócrata de sangre, no ocultaba su querencia a los sistemas cuyo verbo es la sanción popular. Su mujer le daba alas para esto, poniendo el sello simpático de la aprobación femenina a un orden de ideas que, aun fundadas más bien en lecturas recientes que en añeja convicción, siempre son generosas. Alguien afirmaba que aquel liberalismo del buen Carrillo era un fenómeno de pobreza y señal de lo mucho que tardaba en morirse la marquesa de Cícero, siendo muy probable que todo cambiaría cuando hubiera cuartos que conservar. En aquellos días yo no había podido juzgar aún por mí mismo de asunto tan importante.

VI

Voy ahora con mi prima Camila, la más joven de las tres. Desde que la vi me fue muy antipática. Creo que ella lo conocía y me pagaba en la misma moneda. A veces parecía una chiquilla sin pizca de juicio, a veces una mala mujer. Serían tal vez inocentes sus desfachateces, pero no lo parecían, y el parecer dicen que en achaque de moral no es menos importante que la moral misma. Era una escandalosa, una mal edu-

---

[8] Thomas Erskine May, Barón de Farnsborogh (1815-1886), eminente jurista, estudioso del derecho político especialmente en su conexión con las prácticas parlamentarias. El famosísimo Thomas Babington Macaulay, historiador y ensayista inglés (1800-1859) tuvo una muy activa vida política y fue uno de los grandes oradores del partido liberal.

cada, llena de mimos y resabios. No debo ocultar que a veces me hacía reír, no sólo porque tenía gracia, sino porque todo lo que sentía lo expresaba con la sinceridad más cruda. El disimulo, que es el pudor del espíritu, era para ella desconocido; y en cuanto a las leyes del otro pudor, venían a ser, si no enteramente letra muerta, poco menos. No podré pintar el asombro que me causó verla correr por los pasillos de su casa con el más ligero vestido que es posible imaginar. Un día se llegó a mí en paños, no diré menores, sino mínimos, y me estuvo hablando de su marido en los términos más irrespetuosos. A veces, después de correr tras las criadas y hacer mil travesuras, impropias de una mujer casada, se ponía a tocar el piano y a cantar canciones francesas y españolas, algunas tan picantes, que, la verdad, yo hacía como que no las entendía. A lo mejor, cuando parecía sosegada, se oía un gran estrépito. Estaba en la cocina jugando con las criadas. Su mamá la reñía sin enfadarse, consintiéndole todo, y aseguraba que era aquello pura inocencia y desconocimiento absoluto del mal. Otras veces dábale por ponerse triste y llorar sin motivo y decir cosas muy duras a su marido, a sus padres mismos, a sus hermanas, a mí, quejándose de que no la queríamos, de que la despreciábamos. Mi tía Pilar, alarmándose al verla así, mandaba preparar abundante ración de tila. Eran los nervios, los pícaros nervios.

Tenía la mala costumbre de hacer desaires a respetables amigos de la casa. Era por esto muy temible, y sus padres pasaron sonrojos por causa de ella. Tenía flexible talento de imitación; remedaba graciosamente la voz y el gesto de todos los de la casa, y de los parientes, amigos y allegados; sabía hablar como las chulas más descocadas y como las beatas más compungidas. Cuando estaba de vena, era una comedia oírla.

Era la menos guapa de las tres hermanas, bastante morena, esbeltísima, vigorosa, saludable como una aldeana, y se jactaba de que jamás un médico le había tomado el pulso. Su agilidad era tan notable como aquella coloración caliente, sanguínea, de su piel limpia y tostada, indicio de un gran poder físico. Sus ojos eran grandes, profundamente negros y flechadores, como algunos que solemos ver cuando visitamos un manicomio. Francamente, me pareció que si no era loca le faltaba muy poco. Yo sentía miedo al oírle conceptos y reticencias que nunca están bien en boca de una señora. No podía soportar aquel carácter, que era la negación de todo lo que constituye el encanto de la mujer. La discreción, la dulzura, el tacto social, el reposo del ánimo, el culto de las formas, éranle extraños. Considerábala como la mayor calamidad de una familia, y al hombre condenado a cargar semejante cruz, teníale por el más infeliz de los seres nacidos.

El nazareno de aquella cruz era un joven oficial de Caballería, llamado Constantino Miquis, de familia manchega, hermano de Augusto Miquis, médico de fama. Al tal le consideré, desde que le vi, destituido de todo mérito, de toda prenda seductora y de todo atractivo personal que pudieran encender el cariño de una joven. Por no tener nada, no tenía ni dinero, pues habiéndose casado a disgusto de su familia, ésta no le daba socorro alguno. Matrimonio más disparatado no creí yo que pudiera existir. Sin duda, en aquella extravagante prima mía las acciones debían de ser tan absurdas como las palabras y los modos. No podía explicarme su casamiento sino por un desvarío cerebral, por la falta absoluta del tornillo o tornillos que tan importante papel hacían, según mi tío, en la existencia de los Buenos de Guzmán. A poco de ver y oír al oficialete, preguntábame yo con asombro: "Pero esta condenada, ¿qué encontró en tal hombre para enamorarse de él?" Porque Constantino era feo, torpe, desmañado, grosero, puerco, holgazán, vicioso, pendenciero, brutal. Lo único que podía yo alegar en favor suyo, dudando mucho de que fuese un mérito, era su constitución, no menos vigorosa que la de mi prima, y la humildad con que se sometía a todos los caprichos de ella. No sabía nada de nada; sólo entendía de hacer planchas gimnásticas, tirar al florete y montar a caballo. El deseo que yo tenía de ver justificada de algún modo la ilusión de Camila, llevábame a dar a aquellas habilidades físicas más valor del que tienen como adorno de la persona; pero ni aun poniendo a los acróbatas y gandules de circo sobre todos los de más hombres, lograba yo motivar razonablemente la inclinación de mi prima. ¡Misterios del cariño humano, que a menudo va por sendas tan contrarias a las de la razón! Contáronme que mis tíos se opusieron al casamiento; pero que la niña manejó con tal arte el resorte de sus nervios, mimos, y de sus temibles espontaneidades, que los papás hubieron de ceder por miedo a que llegara el caso de llamar al doctor Esquerdo. [9] Cuando tuve confianza con ella, le decía yo:

—Vamos a ver, Camila, sé franca conmigo. ¿Por qué te enamoraste de Constantino? ¿Qué viste, qué hallaste, qué te gustó en él para distinguirle entre los demás y entregarle tu corazón?

Y ella, con naturalidad que me confundía, replicaba:

—Pues le quise porque me quiso, y le quiero porque me quiere.

Dijéronme que, después de casada, las rarezas de mi prima habían tenido alguna ligera modificación. "¡Pues buena sería antes!", pensaba yo. A su marido le trataba, delante de todo el mundo, con extremos y modales chocantes. Unas veces le daba besos y abrazos públicamente; otras le decía mil perrerías, tirábale del pelo y aun le pegaba, gritando:

—Quiero separarme de este bruto... ¡Que me lo quiten!...

Pero el estado pacífico era el más común, y las breves riñas paraban pronto en reconciliaciones empalagosas, con besuqueo y tonterías poco decentes a mi ver.

El oficialete era una alhaja. Quejábase con insolente amargura de estar muy atrasado en su carrera.

—Pero usted —le preguntaba yo—, ¿qué ha hecho? ¿En qué acciones de guerra se ha encontrado? ¿Cuáles son sus servicios?

Al oír esto un día, miróme de tal modo que pensé iba a sacar el sable y a pegarnos a todos los presentes. Pero lo que hizo fue soltar una andanada de groseras injurias contra toda la plana mayor del Ejército. Francamente, me daba tanto asco, que le volví la espalda sin decirle nada. No le creía merecedor ni aun de la

---

[9] José María Esquerdo, 1842-1912, famoso alienista, amigo y correligionario de Galdós. No sé por qué Galdós ortografía siempre *Ezquerdo.*

impugnación de sus estupideces. María Juana, que estaba allí, díjome aparte, con mal contenida ira:

—Siento no ser hombre..., para darle dos bofetadas.

II

INDISPENSABLES NOTICIAS DE MI FORTUNA, CON ALGUNAS PARTICULARIDADES ACERCA DE LA FAMILIA DE MI TÍO Y DE LAS CUATRO PAREDES DE ELOÍSA

I

V o y a hacer la declaración exacta de la fortuna que yo poseía cuando me establecí en Madrid. Este es un dato importante por todos conceptos y que debo exponer con la mayor claridad, aunque no sea sino para desmentir las absurdas consejas que corrían como dogma evangélico acerca de mi capital, y según las cuales (obra de la excitada fantasía de tanto hambriento), yo era puesto en la misma categoría rentística de los Larios, de Málaga; López, de Barcelona; Misas, de Jerez; Céspedes, Murgas y Urquijos, de Madrid.

Vais a ver lo que yo tenía.

Al desaparecer del mundo comercial la casa que giraba con mi firma, celebré un convenio con los *Hijos de Nefas,* que se hicieron cargo de todos mis negocios mercantiles, para unirlos a los de su casa, quedando, además, encargados de liquidar los asuntos pendientes. Según mi cuenta, la liquidación arrojaría unos cuarenta mil duros a mi favor, que los referidos *Hijos de Nefas* se reservarían, puesto que yo entraba a formar parte de la casa como socio comandatario.

Las viñas arrendadas podían capitalizarse en otros cuarenta mil duros. Lo que obtuve de las vendidas, de las existencias cedidas a diferentes casas y de créditos realizados, subía a más de cien mil, que iría recibiendo en Madrid, según convenio, en los plazos trimestrales y en letras sobre Londres. Pensaba emplear este dinero, conforme lo fuera cobrando, en valores públicos o en inmuebles urbanos.

Producto de ventas anteriores y de la legítima de mi madre, tenía yo en Londres diecisiete mil libras, parte

situadas en casa de Mildred Goyeneche, parte emplea-
das en renta inglesa del 3 por ciento. Estos setenta y
cinco mil duros, unidos a lo anterior, hacen ya doscientos cincuenta y cinco mil. Debo añadir un pico
que tenía en París en poder de Mitjans, y que le ordené empleara en renta francesa de 4'5 por ciento,
con el cual pico mi cuenta anda muy cerca ya de los
seis millones de reales.

Aún había más. En obligaciones de Banco y Tesoro,
3 por ciento consolidado, *Ferros,* obligaciones sobre
Aduanas, resguardos al portador de la Caja de Depósitos, tenía más de ochenta mil duros efectivos. Toda
esta diversidad de papeles la había comprado mi padre,
y yo la conservaba, esperando que se realizase la feliz
unificación que me había anunciado mi tío, y con la
cual cesaría el mareo que me producía tal balumba de
títulos y la desigualdad laberíntica de sus valores.

Item: Cuarenta acciones del Banco de España que
mi padre había comprado, por dicha mía, cuando estaban a tres mil reales, y que al fin del ochenta valían
cuatrocientos cincuenta duros, dándome un capital
efectivo de dieciocho mil duros. Añadiendo a lo expuesto varios créditos pequeños de seguro cobro y
existencias en metálico, salían, en cifras o más menos
redondas, unos nueve millones de reales, que bien ma-
nejados podían darme de treinta a treinta y cinco mil
duros de renta. Esta es la verdad de mi tan cacareada
riqueza, que algunos, especialmente los que deliran con
el dinero ajeno, no pudiendo delirar con el propio,
hacían subir a un par de millones de pesos. En esto
de apreciar el caudal de los ricos que viven con hol-
gura, he notado siempre una tendencia a la hipérbole
que produce grandes perturbaciones en la vida económica de la capital, por los grandes chascos que suelen
llevarse las industrias y los comercios nacidos al calor
de tan necio optimismo. No necesito encarecer lo bien
recibido que fui en toda clase de círculos. Los que esto
lean comprenderán al punto que teniendo yo lo que
en claros números queda dicho, y suponiéndome el
vulgo mucho más aún, no me habían de faltar relaciones. No necesitaba, ciertamente, buscarlas; ellas venían solas, me perseguían, me acosaban con descargas
de saludos, invitaciones y cortesanías. Prendas personales

de que no quiero hablar afianzaron y remataron mi éxito. Las amistades formaron pronto en derrredor mío espesa red, contribuyendo no poco a ello la familia de mi tío, muy conocida en la Corte y relacionada con lo mejor, así por el parentesco que mi tía Pilar tenía con familias ilustres, como por el roce constante de su marido con personas y personajes de todas las clases sociales.

II

En el principal de mi casa no reinaba siempre una paz perfecta. No pocas veces, al subir a casa del tío, asistí contra mi voluntad a escenas dramáticas. Un día vi a Eloísa llorando cual si le ocurriera una gran desgracia, y a su mamá tratando de calmarla con la aplicación simultánea de varios antiespasmódicos. Estaba en meses mayores y podría sobrevenir una catástrofe. No pude conseguir que me enterasen del motivo de semejante duelo, ¡tan afanadas parecían ambas! Pero Camila, que estaba en el comedor besando al gato y arañando a su marido, púsome al corriente de los trágicos sucesos. La noche antes, María Juana, Camila y el esposo de Eloísa habían tenido una discusión un poco agria sobre cosas políticas... Hubo algunas expresiones acaloradas... Pero el prudente Medina cortó la disputa con discretas y conciliadoras razones. Lo malo fue que al día siguiente la renovaron las dos mujeres. Palabra tras palabra, ambas hermanas se encendieron poco a poco en ira, y oyéronse conceptos un tanto vivos... "Los Carrillos eran unos hambrones aduladores..." "Los Medinas, unos tíos ordinarios de la Cava Baja..." "La marquesa de Cícero había sido una acá y una allá..." "Los maragatos, en cambio, vendían pescado..." "Los Carrillos eran revolucionarios porque no tenían una peseta..." "Los Medinas no eran nada porque no tenían entendimiento..." En fin, mil tonterías. Eloísa, menos fuerte que su hermana en la polémica, se embarullaba, tenía rasgos de ira infantil, concluyendo por echarse a llorar. Sentí mucho haber perdido la escena, pues llegué cuando la tempestad había pasado y sólo se oían truenos lejanos. En el gabinete de la derecha de la sala, la pobre Eloísa daba respiro a su corazón oprimido, diciendo entre sollozos:

—Me alegraría de que viniese una revolución... grande, grande, para ver patas arriba a tanto... idiota.

En el gabinete de la izquierda, María Juana, mal sentada en una silla, el manguito en una mano, el devocionario en otra, la cachemira cogida con imperdible y abierta como una cortina para mostrar su bien formado pecho, el velo echado atrás, las mejillas pálidas, la nariz un poco encendida a causa del frío, los quevedos (que empezaba a usar por ser algo miope) calados y temblorosos sobre la ternilla, los pies inquietos estrujando la lana de una piel de carnero, hacía constar la urgente necesidad de una revolución... grande, grande, que acabara de una vez para siempre con los..., me parece que dijo "los *mamalones* que viven a costa del prójimo".

—Pero, señoras —dije yo, interviniendo y pasando de un gabinete a otro para ponerlas en paz—, ¿qué piropos son ésos y qué furor de revoluciones ha entrado en esta casa?...

Por fin, después de que las aplaqué burlándome de sus antojillos demagógicos, les dije:

—Hoy es mi cumpleaños. Convido... Todo el mundo a almorzar en Lhardy.

(Gran sensación, tumulto, preparativos, sonrisas que brillaban tras un velo de lágrimas, gorjeos de Camila, alegría y reconciliaciones.)

Los móviles de estas domésticas jaranas no eran siempre políticos. Otro día Camila, después de llamar hipócrita a su hermana mayor, rompió a chillar como un ternero, jurando que no volvería a poner los pies en aquella casa. Averiguada la razón de este tumulto y de las contorsiones que mi primita hacía, resultaba ser celillos del papá. Sí; mi tío, al decir de Camila, quería más a María Juana que a sus demás hijos, distinguiendo comúnmente a aquélla con mil cariñosas preferencias; de donde se deducía que mi tío no era un modelo de imparcialidad paterna, como hasta entonces habíamos venido creyendo. Siempre que las hermanas altercaban sobre cualquier asunto, por nimio que fuera, como, por ejemplo, la elección de un color para vestido, cuál teatro era más bonito, si había llovido este año más que el pasado, el padre apoyaba ciegamente el partido de María Juana.

—Un padre debe querer a sus hijos por igual —decía Camila aquel día entre sollozos y lágrimas.

Más tarde vine a saber que todo aquel alboroto fue por un paquete de caramelos de La Pajarita. Otras veces la grave causa era "si tú me quitaste el periódico cuando yo lo estaba leyendo", o bien "que yo no fui quien dejó la puerta abierta, sino tú", o cosa por el estilo.

Debo decir, en honor de la verdad, que pasaban también semanas enteras sin que la paz se turbase, viviendo todos, padres, hijos, hermanas y yernos, en aparente concordia. Siempre habría sido lo mismo si mis tíos hubieran establecido en la casa, antes de que la prole creciera, una estrecha disciplina. Mas no lo hicieron así. Era mi tía Pilar una excelente señora; pero de tan flojo carácter, que sus hijos, y aun los criados, y hasta el gato, hacían de ella lo que querían. Mi tío no se cuidó nunca de sus hijos más que para comprarles dulces y llevarles un palco para que fueran al teatro algún domingo por la tarde. Todo el día estaba en la calle, y los festivos solía ir de caza al coto que en sociedad con varios amigos tenía arrendado.

Mi primo Raimundo, de quien no he hablado aún, vivía en completa paz con mis tres primas, pues había adoptado en todos los asuntos domésticos un temperamento flemático; y aunque su mamá tenía marcadas preferencias por su único varón, éste, que era insigne filósofo, como se verá más adelante, cuidaba de no hacerlas patentes delante de sus hermanas para aprovecharlas mejor.

III

He dicho que en enero del 81 dio a luz Eloísa el primer nieto que tuvieron mis tíos. El tal absorbía por completo la atención de toda la familia. Abuelos, tías y madre eran pocos para mimarle. Las funciones de su organismo nuevecito, al estrenar la vida y ensayarse en los procederes elementales del egoísmo humano, preocupaban hondamente a todos los de casa.

A las inocentes brutalidades de aquel cachorro de hombre se les daba la importancia de verdaderas acciones humanas. No hay para qué hablar de la fama que tenía. Había corrido la voz de que era *un rollo de manteca,* y, además, muy mala persona, es decir, que ya tenía sus malicias, y se valía de ingeniosas tretas para hacer su gusto. Todos los recién nacidos gozan de esta opinión desde que respiran; todos son guapos, robustos y muy pillos. Y, sin embargo, todos son lo mismo, feos, flácidos, colorados, más torpes que los niños de los animales y siempre mucho menos graciosos. Del de Eloísa se contaban maravillas. Era un granuja. A los dos meses ya protestaba contra las horas metódicas a que le daba el pecho el ama, y quería atracarse sin orden ni tasa. Era, pues, un gastrónomo y un libertino. A los cuatro meses mostraba su desagrado a algunas personas, y pataleaba cuando quería que le paseasen. Tenía la poca vergüenza de reírse de todo, y cuando le ponían un reloj en la oreja, se la echaba de listo, como diciendo: "Ya, ya sé lo que es eso: a mí no me la dan ustedes". A los cinco meses era realmente una preciosidad. Se parecía a su mamá. Salía a los Buenos de Guzmán en la figura y en el carácter. El ama relataba mil incidentes y malicias que indicaban el talento que iba a sacar. Algunas noches había conciertos, a que felizmente no asistía yo. Para impedirle que durmiera de día, le paseaban por la casa, le bajaban alguna que otra vez a la mía y procuraban entretenerle haciéndole fijar la vista en objetos de colores vivos. Cuando se cansaba, restregábase el hocico con los puños cerrados, que parecían dos rosas sin abrir, y a veces me obsequiaba con una sonata de las mejores suyas. Alguna vez le cogía yo en mis brazos y le paseaba, procurando que se fijara en una lámpara colgante, objeto al cual repetidas veces consagraba una atención profunda, como de persona inteligente. Parecía decir: "Vean ustedes..., éstas son las cosas que a mí me gustan...". No sé en qué consistía que en mis brazos se tranquilizaba casi siempre. Sin duda sentía hacia mí una respetuosa estimación que no le inspiraba el ama. Mirábame con atónita dulzura, mascando sosegadamente un aro de goma y arrojando sobre mi pecho las babas que no podía recoger su babero. Con aquella muda saliva me decía sin duda: "Estoy pensado, aquí para mis babas, que usted y yo vamos a ser muy buenos amigos".

Todos le querían mucho, y yo también, correspondiendo a la confianza y consideración que le merecía. Ved aquí cuán fácilmente me asimilaba los sentimientos de la familia, porque mi carácter fue siempre, salvo en las ocasiones de mal nervioso, refractario a la soledad. No me gustaba vivir en lo interior de aquella república, pero sí en sus agradables cercanías. Poco a poco fui acostumbrándome al calor lejano de aquel hogar. Así lo quería yo: bastante cerca para matar el frío, bastante lejos para que no me sofocara. Mis tíos, mis primas, los maridos de mis primas y el retoño aquel baboso me interesaban ya y eran necesarios en cierto grado a mi existencia.

Pero he de confesar que Eloísa era, de todos ellos, la que se llevaba la mejor parte de mis afectos. Solía consultarme sobre cosas de su exclusivo interés; y yo, que todo el invierno lo empleé en instalarme bien y cómodamente, pues era muy tardo y dificultoso en elegir los muebles, le pedía un día y otro el concurso de su buen juicio y de su gusto supremo para aquel fin. Entre paréntesis, diré que yo decoraba mi casa con lujo, adquiriendo todo lo bonito y elegante que encontraba en las tiendas, y haciendo traer directamente algunos objetos de París y Londres. Soltero, rico y sin obligaciones, bien podía darme el gusto de engalanar suntuosamente mi vivienda y ser, conforme lo exigía mi posición social, amparo de las artes y la industria. Desconfiando siempre de mí mismo en materia de gusto artístico, me sometía al parecer de Eloísa, y nada se ponía en las paredes de mi casa sin que antes pasase por la prueba de su entendida crítica. Comprendí que ella gozaba extraordinariamente en ello, y como había tela de donde cortar, yo adquiría, adquiría cada vez mejores y más escogidas cosas.

Mi afecto hacia ella era de una pureza intachable; tan así, que gozaba oyéndola elogiar a su marido. Díjome un día:

—El pobre Pepe vale bastante más de lo que creen papá... y los amigos de casa. Tiene inteligencia, pero la pobreza y su poca salud le acobardan mucho.

Otro día me dijo con acento bastante triste que estaba hastiada de vivir en casa de sus padres; que además de la idea de serles gravosa, le mortificaba la falta de independencia; que deseaba ardientemente tener su casa, casa propia, *sus cuatro paredes,* para vivir solita con su marido y con su hijo. Con la renta de Pepe no había que contar para este propósito tan honrado y tan legítimo, pues la paga del ministerio y el producto de unos foros gallegos que además disfrutaba, apenas eran suficientes para vestirse ambos y para el ama y algunas menudencias.

—Oye lo que ocurre —me dijo otro día, en ocasión que subí a su casa para que me hiciera el favor de elegirme unas alfombras. A ver qué opinas. El ministro de Ultramar que es muy amigo nuestro..., anoche comieron él y papá en casa de la de San Salomó..., ha ofrecido a Pepe un buen destino en Cuba. Dice papá que si tiene arreglo puede sacar en un par de años cien mil duros..., sin hacer cosas malas, se entiende. Otros han traído más en mucho menos tiempo. ¿Te parece que debe aceptar? En toda la noche no he podido dormir pensando en esto, pues si por un lado quisiera resolver este acertijo de nuestro modo de vivir, por otro no me haría maldita gracia separarme de mi marido... Y lo que es irme yo a América..., al pensarlo, no son plumas, sino nidos de avestruces lo que siento en mi garganta. El pobre Pepe no tiene salud para aquellos climas... Y al mismo tiempo no sé... ¡La idea de verle entrar en casa acompañado de cien mil duros!... Es terrible alternativa ésta, ¿no es verdad? Parece que la marquesa de Cícero está ahora muy fuerte. ¿Qué opinas tú? ¿Debemos aceptar el destino?

Esta inesperada consulta me puso en gran perplejidad. Pero mi buen juicio y mi conciencia, que, teóricamente al menos, estaba llena de rectitud, inspiráronme pronto la respuesta. No: Pepe no debía exponerse a los peligros de la fiebre amarilla..., no faltaba más. ¡Qué sería de su pobrecita mujer, sola y muerta de pena en Madrid¡... Por ningún caso. Estaría siempre en un puro afán, pensando si le daba o no le daba el vómito, y de correo en correo su vida sería un martirio de incertidumbre... Y todo ¿por qué? Por una riqueza

ilusoria... Pepe era decente y honrado, y no sabría
centuplicar, como otros, los gajes de su empleo.

—Ríete —le dije— de esas ganancias, sin hacer cosas
malas. Pepe se volverá a España con las manos tan
limpias como su conciencia, y los bolsillos más limpios
aún...

Añadí que la Providencia se encargaría de arreglar
aquel asunto mejor que el ministro de Ultramar. Por
más que dijeran, Angelita Caballero no podía ya vivir
mucho. Yo la había visto el día antes en su carruaje,
hecha una hoz, tan encorvada que parecía estar besán-
dose las rodillas... Paciencia, paciencia y calma.

Esto ocurría en mayo: lo recuerdo porque después
de aquella conferencia fuimos todos, Camila inclusive,
a casa de María Juana, a ver pasar la gran procesión
del Centenario de Calderón. Los prudentes consejos
que di a Eloísa fueron bien acogidos por ella y aceptados con alma. Aquel día y los siguientes estuve pensando cuán fácil me sería realizar el noble sueño de
mi prima, pues con parte de lo que yo gastaba en
superfluidades, habría bastado para que ella tuviese
aquellas *cuatro paredes suyas* que la traían tan desazo-
nada. Pero esto era tan irregular y contravenía de
tal modo las leyes sociales, que no era posible expre-
sarlo ni aun como un ofrecimiento de pura fórmula,
de esos que previamente sabemos no serán aceptados.
Hablar de tal cosa habría sido imperdonable falta de
delicadeza. Calléme, pues, repitiendo para mi sayo una
cosa que más de una vez había oído de labios de la
propia Eloísa en sus horas de tristeza, y era que los
bienes de la tierra están muy mal repartidos.

III

MI PRIMO RAIMUNDO, MI TÍO SERAFÍN
Y MIS AMIGOS

I

CON este Bueno de Guzmán había tenido yo trato
anteriormente, por haber pasado conmigo una larga
temporada en Jerez y Cádiz. Pocas personas poseen

como mi primo Raimundo el don envidiable de cautivar y agradar de primera intención, porque a pocos seres concedió Naturaleza tal caudal de prendas brillantes, calidades de esas que podríamos llamar ornamentales, porque no dan valor positivo a la persona, sino que lo fingen. Cuando le conocí en Andalucía, estaba Raimundo en todo su esplendor y en el apogeo de su deslumbradora originalidad. En Madrid ya le encontré algo decaído. Se me parecía a los artistas que, abusando de sus facultades, caen en el amaneramiento. En ocasiones, lo que antes hacía en él tanta gracia, principiaba a ser enfadoso. Sus excentricidades y paradojas, sus ráfagas de ingenio, eran para un rato nada más. Comenzaba a tener manías estrambóticas y a padecer lamentables descuidos en su conducta social y privada. No era ya el hombre entretenidísimo, ameno y simpático de otros tiempos; mejor dicho, tenía temporadas, días muy buenos, horas felices a las que seguían períodos en que se hacía de todo punto imposible.

En España son comunes los tipos como este primo mío. Creeríase que son producto del garbanzo, y que este vegetal ha ingerido en la raza los talentos decorativos. He conocido muchos que se le parecen, aunque en pocos he visto combinarse tan marcadamente como en él lo brillante con lo insubstancial. Había tenido Raimundo una educación muy incompleta; había leído poco, muy poco, y, no obstante, hablaba de todas las cosas, desde las más frívolas a las más serias, con un aplomo, con una facundia, con un espíritu que pasmaban. Los que por primera vez le oían y no le conocían se quedaban turulatos.

A este don de tratar bien de todo reunía mi primo otros muchos. Hablaba francés e italiano con rara perfección. El inglés no lo hablaba, pero lo traducía, y de alemán se le alcanzaba algo. Aprendía las lenguas con facilidad suma, sin esfuerzo, no se sabe cómo. Su memoria estupenda descollaba también en la música. Repetía las óperas del repertorio moderno, con recitados, coros y orquesta, y trozos difíciles de música sinfónica y de cámara. Cantaba lo mismito que Tamberlick y declamaba como Rossi, imitando también a los actores cómicos más en boga. En esto de remedar voces y de asimilarse todos los acentos humanos, superaba con mucho a su hermana Camila, que, igualmente, tenía dotes de actriz y habría lucido en las tablas si a ello se dedicara.

Mi primo no era pintor porque no se había puesto a pintar; pero buena prueba era de su aptitud lo que hacía con lápiz o pluma cuando, por entretenimiento, dibujaba cualquier figura. Hacía caricaturas deliciosas, frescas, fáciles, y a veces le vi trazar en serio, observando al natural, contornos de una verdad y elegancia que me pasmaban. "¿Por qué no te has dedicado a la pintura?" le preguntaba yo a veces; y él alzaba los hombros, como diciendo: "Si me hubiera dedicado a todo aquello para que tengo disposición, no me habrían bastado la vida ni el tiempo".

Porque también hacía versos, y tan buenos como los de otro cualquiera. Los componía serios y epigramáticos, burlescos y trágicos, según le daba. En la prosa también hacía primores. La escribía de todas las castas posibles, académica y periodística, atildada y pedestre, declamatoria y picaresca. Cuando estaba de humor literario, cogía la pluma y decía: "Voy a imitar a Víctor Hugo". Pues escribía un trozo que parecía arrancado de *Los miserables*. Otras veces imitaba a los clásicos de un modo que no había más que pedir, y como cogiera por su cuenta el estilo parlamentario y oficial que aquí priva, hacía cosas muy divertidas. También se las daba de crítico, y tenía un golpe de vista admirable para juzgar de todas las artes y descubrir en cada obra aspectos y fases que se ocultan a la generalidad.

Pues con tales disposiciones, las pocas veces que se vio en letras de molde no fue con lucimiento, porque pensar que hiciera y consumara un trabajo completo, regular, con principio y fin, era pensar lo imposible. A menudo, sus tareas literarias, empezadas con febril entusiasmo, se quedaban sin concluir. Cuando se le reprendía por su inconstancia, disculpábase con la carencia de estímulo, que es la asfixia del escritor en nuestro país: con la falta de editores. ¡Oh, si aquí se cobrara por escribir!... Esta era su muletilla, que iba siempre acompañada de la amarguísima exclamación de Larra: "El genio ha menester del eco, y no se produce eco entre las tumbas". [10]

Estoy convencido de que si hubiéramos tenido un editor espléndido y sabio detrás de cada esquina, Raimundo no habría compuesto libro alguno ni aun del tamaño de una lenteja. Es más: llegué a comprender que mi primo, dotado de aptitudes tan varias, no habría sido jamás poeta eminente, ni pintor de nota, ni músico, ni orador, ni cómico, ni crítico, aunque se dedicara exclusivamente a alguna de estas artes, porque carecía de fondo propio, de fuerza íntima, de esa impulsión moral, que es tan indispensable para los actos de creación artística como para las obras de la voluntad.

Elogiado desde la niñez por su feliz talento, mirado como gloria de la familia, defraudó las esperanzas de su padre, que no pudo sacar partido de él. A once carreras se aplicó. Empezaba con mucho brío; pero en el primer año se plantaba. Habíase preparado para Estado Mayor, Minas, Montes, Medicina, Telégrafos, Ayudante de Obras Públicas, y para no sé qué más. Oírle hablar de sus carreras y de sus estudios era como hojear una enciclopedia. Por fin, hízose abogado a fuerza de recomendaciones. "Mi camino al través de la Universidad —decía— ha sido una senda de tarjetas".

En los días de esta narración, Raimundo debía de tener treinta años (era el segundo hijo de mi tío) y representaba más de cuarenta. Su naturaleza febrilmente activa parecía haber burlado la ley del tiempo, madurándose con demasiada prisa. Vivía en un constante esfuerzo por huir de lo presente, hipotecando el porvenir y nutriéndose hoy por adelantado con la savia de mañana. Pródigo de su sangre, de todas las energías de su espíritu y de su cuerpo, devoraba el capital vital, como si la juventud fuera un estado que le estorbase y padeciera nostalgias de la vejez. Cuando le vi en Madrid, me asustó la extraordinaria flaqueza de su rostro. Comprendí que en aquella lámpara había

---

[10] La frase está tomada literalmente del artículo de Larra *Horas de invierno* (25-XII-1836), uno de los más desesperados que jamás escribiera Larra; v. el artículo, tan en la línea de este Galdós, patriota en carne viva, en las Obras de Fígaro, ed. Aguilar, 1961, 953.

ya poco aceite, por haber sido encendida muy pronto
y atizada constantemente; pero no le dije nada, porque supe que se había vuelto aprensivo. Su cara de
hombre guapo era como la de un Cristo viejo, muy
despintado, muy averiado de la carcoma y profanado
por las moscas Tenía la voz cavernosa, la mirada mortecina, los movimientos perezosos. Un día que estábamos solos en mi cuarto, le vi acomodarse en una butaca,
estirar las piernas sobre otra, buscar postura, hacer
muecas de dolor y hastío como el que padece gran
quebranto de huesos, cerrar luego los ojos y respirar
fatigosamente. A mis inquietas preguntas, respondió
levantándose de un salto, dando paseos por la habitación con las manos a la espalda y la barba sobre el
pecho.

—La inacción es lo que me mata —decía sin detenerse—. Me estoy atrofiando, me estoy enmoheciendo...

Luego se paró ante mí, y, mirándome con aquellos
ojazos que parecían muertos, díjome entre carrespeos:

—Tengo un principio de enfermedad grave. ¿Sabes
lo que es? Reblandecimiento de la médula.

—¿Has consultado algún médico?

—No; no es preciso. He estudiado esa enfermedad,
y conozco bien su proceso, sus síntomas y su tratamiento.

Diome una lección de fisiología, en la cual habló de
la *pia mater,* del *canal raquídeo,* de la *sustancia gris,*
de las *perturbaciones vasomotoras,* con otros termina-
chos que no recuerdo. Debía de ser su atropellado
discurso un tejido de disparates; pero tenía todo el
aparato de lucubración científica, y para los legos en
medicina, como yo, era un asombro. Sentose luego, y
tras aquellas sabidurías, dio en afirmar vulgaridades de
curandero. Después le oí pronunciar en voz baja y con
precipitación maniática sílabas oscuras.

—¿Sabes —me dijo de súbito, contestando a mis preguntas— cuál es uno de los principales síntomas del
reblandecimiento? La *afasia,* o sea pérdida de la palabra. Empieza por inseguridad, por torpeza en la emisión de algunas sílabas. Las que primero se resisten a
ser pronunciadas fácilmente y de un golpe son las de *r*
líquida después de *t,* es decir, las sílabas *tra, tre, tri,
tro, tru...*

Observé que Raimundo, haciendo visajes como los tartamudos, se expresaba con dificultad. Tenía su rostro palidez cadavérica. De súbito se marchó sin decirme adiós, pronunciando entre dientes no sé qué conceptos oscuros de una jerga ininteligible. Acostumbrado ya a sus extravagancias, no me ocupé más de él. Al día siguiente entró en mi cuarto con apariencia de estar muy avergonzado. Se frotaba las manos y su semblante tenía mucha animación.

—Hoy estoy muy bien, muy bien..., al pelo —me dijo—. Mira, para probar el estado de los músculos de mi lengua y cerciorarme de que funcionan bien, he compuesto un trozo gimnástico-lingüístico. Recitándolo, puedo sintomatizar la *afasia,* y también prevenirla, porque fortalezco el órgano con el ejercicio. Si lo digo con dificultad, es que estoy malo; si lo digo bien... Escucha.

Y con la seriedad más cómica del mundo, con asombrosa rapidez y seguridad de dicción, cual si estuviera imitando el chisporroteo de una rueda de fuegos artificiales, me lanzó de un tirón, de un resuello, este incalificable trozo literario:

—Sobre el triple trapecio de Trípoli trabajaban trigonométricamente trastrocados tres tristes triunviros trogloditas tropezando atribulados contra trípodes triclinios y otros trastos triturados por el tremendo Tetrarca trapense.

Y lo volvió a decir una vez y otra, sin poner punto ni coma, hasta que, cansado de reírme y de oír aquel traqueteo insufrible, le rogué por Dios que se callara.

Raimundo se apegó a mi persona con tenacidad cariñosa. Era mi primer amigo y me acompañaba y entretenía mucho. Había en él algo del parásito que adula a los ricos por recoger sus sobras, y un poquillo del bufón que divierte a los poderosos. Me hacía pasar ratos agradables, charlando de cosas diferentes, ya por lo campanudo, ya por lo familiar; hacía la crítica de la obra que habíamos visto estrenar la noche antes; remedaba a los oradores del Congreso, y me contaba anécdotas políticas y sociales de las que jamás por su índole personal trascienden a la Prensa. Todo iba bien mientras no le entraba la murria del reblandecimiento, pues entonces no se le podía aguantar. Así, desde que empezaba con el *triple trapecio de Trípoli,* ya estaba yo tomando mis medidas para echarle de mi cuarto.

No sólo era mi amigo sino mi huésped, pues desde el parto de Eloísa se bajó a dormir a mi casa.

—Arriba no se cabe —me dijo un día—. Me han ido acorralando poco a poco, y por fin me han metido en un *triclinio,* en que estoy *trigonométricamente trastrocado.* Si quieres, puesto que tienes casa de sobra, me vengo a vivir contigo, y así estaré más divertido y tú más acompañado.

Tomóse para sí la holgada habitación interior que yo no necesitaba, y en las últimas horas de la noche, como en las primeras de la mañana, le tenía siempre junto a mí, como mi sombra.

Desde que perdió la esperanza de hacer carrera de él, su padre le proporcionó un empleíllo en Fomento, el cual respetaban todos los gobiernos, considerándolo como sagrado tributo que la Patria pagaba a mi tío. Raimundo no iba al Ministerio más que el día de cobrar. "Yo —decía— no reconozco más jefes que el habilitado." Desde el 20 del mes, o antes, se le acababan los fondos, fenómeno que se traducía al punto en síntomas de reblandecimiento y en la matraca insufrible de los *triunviros trogloditas.*

—No me marees —le decía yo—. Si no tienes dinero, pídelo en castellano.

A él se le encendían los espíritus con esto.

—¿Es verdad o no que no hay *guita?...* ¡Oh, si tengo yo un ojo médico!...

—Puesto que me pones una pistola al pecho para que lo confiese —exclamaba con solemnidad cómica—, cierto es.

—¿Por qué no te clareabas?

—¡Ah! porque yo digo como Fontenelle, que si tuviera la mano llena de verdades, no las soltaría sino una a una.

II

De los amigos de fuera de casa, los más fieles y constantes y los que más quería yo eran Severiano Rodríguez y Jacinto María Villalonga, el primero andaluz neto, el segundo, casado con una parienta mía, ambos

excelentes muchachos de buena posición, muy cariñosos conmigo. A Severiano Rodríguez le trataba yo desde la niñez; a Villalonga le conocí en Madrid. El
primero era diputado ministerial y el segundo de oposición, lo cual no impedía que viviesen en armonía
perfecta, y que en la confianza de los coloquios priva-
dos se riesen de las batallas del Congreso y de los
antagonismos de partido. Representantes ambos de una
misma provincia, habían celebrado un pacto muy ingenioso: cuando el uno estaba en la oposición el otro
estaba en el poder, y alternando de este modo, aseguraban y perpetuaban de mancomún su influencia en
los distritos. Su rivalidad política era sólo aparente,
una fácil comedia para esclavizar y tener por suya la
provincia, que si se ha de decir la verdad, no. salía
mil librada de esta tutela, pues para conseguir carreteras, repartir bien los destinos y hacer que no se examinara la gestión municipal, no había otros más pilli-
nes. Ellos aseguraban que la provincia era feliz bajo
su combinado feudalismo. Por supuesto, el pobrecito
que cogían en medio, ya podía encomendarse a Dios...
A mí me metieron más adelante en aquel fregado, y
sin saber cómo hiciéronme también padre de la Patria
por otro distrito de la misma dichosa región. Para esto
no tuve que ocuparme de nada, ni decir una palabra
a mis desconocidos electores. Mis amigos lo arreglaron
todo en Gobernación, y yo con decir *sí* o *no* en el
Congreso, según lo que ellos me indicaban, cumpla.

Manolito Peña, diputado también, muy decidor e inquieto, fue uno de mis íntimos. Por la amistad que
tenía con mi tío y por haberle tratado con motivo de
un pequeño negocio, vino también a ser mi amigo el
marqués de Fúcar, viejo que tenía el prurito de remo-
zarse y reverdecerse más de lo que consentían sus años
y su respetabilidad. Raro era el día que no almorzaban conmigo Severiano Rodríguez y mi primo Raimundo. Los domingos almorzaban los que he citado, y
también Pepe Carrillo, el marido de Eloísa. Luego solíamos ir todos a los toros, donde yo tenía palco y
Fúcar también. De otros amigos hablaré más adelante.

No quiero dejar de decir algo de mi excelso pariente,
el tío Serafín, brigadier de marina retirado, que me
visitaba con frecuencia. Era un solterón viejo que se

pasaba la vida paseando. Todas las mañanas, infaliblemente, lloviera o venteara, iba al relevo de la Guardia de Palacio; después daba un vistazo a los mercados y se corría hacia la calle de Sevilla para arreglar su *remontoir* por la hora del reloj de Ganter; daba dos o tres vueltas a la Puerta del Sol, iba a almorzar a su casa, tomaba café en el Suizo nuevo, [11] y por la tarde, después de andar un poco a pie, inspeccionando las obras de las casas en construcción, hacía en cualquier tranvía un recorrido de diez o doce kilómetros, de pie en la plataforma delantera. Por las noches iba al Círculo de la Juventud, del cual era socio, y después se le veía invariablemente en la primera o segunda pieza de Eslava.

Pocos hombres existen de presencia más noble que mi tío Serafín, de un aspecto más venerable y al mismo tiempo más simpático. Conserva admirablemente la urbanidad atildada de la generación anterior, y tiene cierto empeño en inculcar los preceptos de ella a los jóvenes con quienes trata. Es enemigo declarado de la grosería y de las malas formas. Es muy pulcro, pero un poco anticuado en el vestir. La moda no ha tenido influjo en él para hacerle abandonar un inmenso y pesado *carrik* que le acompaña desde noviembre a mayo, ni la bufanda espesa que le da dos vueltas al cuello, sirviendo de base a aquella hermosísima cabeza de Cristóbal Colón, siempre echada atrás, cual si el hábito de mirar al cielo, para tomar alturas con el sextante, le hubiera deformado el pescuezo.

Las visitas de mi tío fueron al principio muy gratas. Tenía unos modos tan afables, respiraba todo él tanta nobleza y caballerosidad, que habría deseado tenerle siempre en mi casa. Pero cuando empecé a advertir el pícaro defecto de aquel excelente hombre, ya me daba tristeza verle entrar. Su hermano Rafael me había dado noticias de aquella maña feísima de sustraer disimuladamente los objetos que le gustaban y guardárselos en los bolsillos del *carrik*. Creo que él mismo no se daba cuenta de lo que hacía; que sus hurtos eran un fenómeno neuropático, un acto irresponsable, independiente de toda idea moral. En la época en que le daba

---

11 El *Suizo Nuevo* estaba en la calle de Sevilla esquina a Alcalá donde se construyó después la central madrileña del Banco de Bilbao.

por visitarme, cada día echaba yo de menos algo, bien un libro, bien un pequeño bronce, un cenicero, arandela o cualquier otra fruslería. Por nada del mundo le hubiera yo dado a entender que conocía al ladrón. Lo que hacía era vigilarle y estar muy atento a sus manos, pues él, cuando se sentía observado, no hacía de las suyas. ¡Pobre don Serafín Bueno de Guzmán! ¡Que así se envileciera un hombre que había realizado actos de heroísmo en la vida militar, y en la privada otros no menos dignos de alabanza; un hombre que tenía ideas tan puras y hermosas sobre la justicia, sobre el derecho, y que había sabido darlas a conocer con algo más que con palabras! Otras chifladuras de mi tío no me maravillaban por ser propias de solterones viejos. El que en edad madura había sido un galanteador de alto vuelo, en la vejez perseguía a las criadas bonitas, o que a él le parecían tales, pues debemos creer que las aberraciones del gusto andarían a la par con la afición senil. Sus paseos matinales y crepusculares eran una cacería activa, febril, casi siempre infructuosa. Decía Raimundo que cuando se lo encontraba en la calle, al anochecer, camino de su casa, tarareando entre dientes y con las manos a la espalda, era señal de que la jornada había sido mala y de que el incansable ojeador no había descubierto ninguna de aquellas reses bravas que perseguía.

IV

DEBILIDAD

I

Llegó el verano y con él la desbandada. Yo me fui al extranjero. Estuve en Hamburgo con el marqués de Fúcar, que iba a hacer contratas de tabacos, y después en Londres, con Jacinto María Villalonga, a quien el ministro de Fomento había encargado la compra de algunas máquinas de agricultura y de caballos para mejorar las castas de la Península. En Inglaterra recibía yo frecuentes noticias de la familia, que veraneaba en Biarritz, ya por el tío, que me escribía algunas veces, ya por Raimundo, que lo hacía casi todas las semanas. Sus cartas eran muy divertidas; escribíalas en estilo espeluznante cuando me contaba alguna trivialidad, y en el más ligero cuando me transmitía noticias de importancia. Usaba en unas la forma víctorhuguesca, y en otras el tosco lenguaje de los cuentos de baturros. "Me ha salido un grano en la nariz —decía—. ¿Qué es esto? Es la madurez de lo insondable. Es el alerta de la sangre, la espuma roja del naufragio interior. Hay tempestades en las venas". No escribía así por burla del gran poeta, sino como una especial manera de admirarle. A la semana siguiente me decía en una posdata: "¡Otra que Dios! Chico, ya los Carrillos heredaron. Reventó la tía Cícero..." Esta noticia diome que pensar.

Creí encontrar a la familia en Biarritz cuando pasé por allí a mediados de septiembre; pero habían apresurado su regreso a Madrid con motivo de la herencia de Carrillo. Comprendí la impaciencia de Eloísa y, francamente, alegrábame de verla ya en posesión de un bienestar al cual me parecía tan acreedora. Sobre la dichosa herencia corrían en la colonia de Biarritz voces que me parecieron absurdas. Algunos la hacían subir a un caudal fabuloso. Angelita Caballero había dejado a su sobrino catorce dehesas, veinticinco casas y gruesas sumas en valores del Estado. Se decía que en un cuarto inmediato a la alcoba de la buena señora se habían encontrado enormes sacos llenos de metálico acuñado, en plata y oro, consolidación avariciosa de las rentas de los últimos años. La plata labrada era también de una riqueza fenomenal. Oía yo estas cosas, y en mi mente quitaba dehesas, quitaba casas, reducía a su mínima expresión los sacos de dinero, seguro de no equivocarme. Ya he dicho algo del afán concupiscente con que agrandan e hiperbolizan la riqueza ajena los que no tienen ninguna. Creeríase que se meten algo en el bolsillo, o que se les vuelve dinero la saliva que gastan en aumentar el de los demás.

En Madrid, la verdad confirmó mis conjeturas. Por mi tío y el padre de Jacinto Villalonga, ambos testamentarios, supe que la herencia no era, ni con mucho, fabulosa. Lo de los talegos (y en esto se aferraba más que en ningún otro detalle el crédulo vulgo) era pura

fantasía; la plata labrada, escasísima y de baja ley, y
los predios y valores públicos suponían, descontados
los gastos de traslación de dominio, un capital de ciento
veinte mil duros. Con esto bien podrían Pepe y Eloísa
ser felices, y vivir, no sólo con desahogo, sino con
cierta esplendidez. Tal fortuna era lo que llena y sacia
las ambiciones del hombre modesto, apartándole tanto
de la escasez como de los desvanecimientos y peligros de la opulencia; era la fortuna discreta y templada que invita a disfrutar algo de los placeres del lujo
sazonándolos con los de la sobriedad, y combinando
dos cosas tan opuestas y al mismo tiempo tan solubles
la una en la otra, como son el goce y la continencia.

Llegué a Madrid a principios de octubre. ¡Qué gusto
ver mi casa, el semblante amigo de mis muebles y
entregarme a la rutina de aquellas comodidades adqui-
ridas con mi dinero, y que tanta parte tenían en mis
propias costumbres! Eran las costras, digámoslo así, de
mi carácter. Como a ciertos moluscos, se nos puede
clasificar a los humanos por el hueco de nuestras vi-
viendas, molde infalible de nuestras personas.

Nada nuevo encontré en la familia como no lo fuera
la febril diligencia de Eloísa por instalarse en la casa
que fue de Angelita Caballero. Entre paréntesis, diré que
el título no estaba comprendido en la herencia. Pasaba
a un señor, tío también de Pepe, a quien yo no trataba
todavía; pero como después le conocí y traté bastante,
he de traerle a este relato, agarrado por sus grandes
bigotes, cuando sea ocasión de hacerlo. Hasta el falle-
cimiento del tal no disfrutaría Pepe, según el testamento
de la anciana, el título de marqués de Cícero. Eloísa
no parecía dar importancia a esto; y en cuanto a Carrillo, si tenía pesadumbre por el marquesado, lo disimulaba con buen juicio.

Pues decía que hallé a mi prima entregada en cuerpo
y alma a la faena deliciosa de poner su casa. Al fin
le había deparado Dios aquellas cuatro paredes tan
honradamente deseadas. Radicaban en la calle del
Olmo, que no es alegre, ni vistosa, ni céntrica; pero
¿qué importaba? Por allí cerca vivían familias de la
más empingorotada alcurnia, y el edificio era espacioso. En repararlo y modernizarlo ponía mi prima sus
cinco sentidos, con aquella habilidad organizadora,

aquel altísimo ingenio suntuario y artístico que la distinguía. Diariamente se asesoraba de mí sobre el color de una alfombra, sobre la forma de un juego de cortinas, sobre la elección de un cuadro de tal o cual artista. ¡Ella, que era la propia musa del Buen Gusto, si me es permitido decirlo así, consultaba conmigo, el más lego de los hombres en estas materias, y que no sabía sino lo que ella me había enseñado! Pero, en fin, como Dios me daba a entender, yo le aconsejaba, distinguiéndome particularmente en lo tocante a precios y en fijarle límites prudentes a los gastos que hacía.

II

Pronto hube de suspender estas funciones de asesor, porque caí enfermo... No sé qué fue aquello. Mi médico sostenía que había en mi mal algo de paludismo, y que ya lo traía de los Pirineos. Pero la fiebre fue poco intensa, si bien tan rebelde a la quinina, que hubo de pasar un mes antes de que el termómetro me indicara la temperatura normal. La convalecencia fue el cuento de nunca acabar. A los días de alivio sucedían otros de alarmante recaída; pero Moreno Rubio [12] estaba tranquilo y me recetaba dosis de paciencia. Según Raimundo, que en todo metía su cucharada, las lentitudes de mi restablecimiento eran, lo mismo que mi enfermedad, una manifestación del estado *adinámico,* carácter patológico del siglo XIX en las grandes poblaciones. Poca fuerza febril primero, poca fuerza reparatriz después, debilidad siempre: tal era mi naturaleza en la enfermedad y en la convalecencia. Molestábame sobre todo al recobrar a sorbos la salud, mi lamentable estado nervioso, la pícara desazón crónica, que apareció con sus síntomas castizos. ¡Otra vez en mí aquel terror inexplicable, aquel azoramiento, aquella previsión fatigosa de peligros irremediables! ¡Qué esfuerzos hacían mi

---

[12] José Moreno Rubio es "el médico serio" en las novelas de Galdós —como el regocijado, amigo de todos, es Augusto Miquis. En muchísimas de aquéllas aparece, casi siempre, como aquí, de pasada, en breves alusiones. Sus actuaciones más importantes, por tanto la presentación más demorada del personaje, ocurre quizá en *La familia de León Roch,* cuando asiste y salva a Monina, la hija de Pepa Fúcar, y en *El Doctor Centeno,* donde cuida a Alejandro Miquis en su última enfermedad.

voluntad y mi razón para vencer esta tontería! "Pero
¿a qué tengo yo miedo, a qué, vamos a ver?", me
decía, tratando de corregirme y aun de avergonzar-
me como si hablara con un chiquillo. Nada conseguía
con este sermoneo de maestro de escuela. No era la
razón, según el médico, sino la nutrición la que debía
equilibrarme. No discurriendo, sino digiriendo, debía recobrar yo mi estado normal; mas el bergante de mi
estómago se había declarado en huelga y hacía todo
lo que le daba su real gana. Casi tanto como aquel
indefinible temor me mortificaba otro fenómeno, una
tontería también, pero tontería que me sacaba de quicio, llevándome al abatimiento, a la desesperación. Era
un pertinaz ruido de oídos que no me dejaba un momento y que resistía a toda medicación. Dijéronme que
era efecto de la quinina; mas yo no lo creía, pues de
muy antiguo había observado en mí aquel zumbar del
cerebro, una veces a consecuencia de debilitación, otras
sin causa conocida. Es en mí un mal constitutivo que
aparece caprichosa y traidoramente para mi martirio, y
que yo juzgaba entonces compensación de los muchos
beneficios que me había concedido el Cielo. En cuanto
me siento atacado de esta desazón importante, me entra
un desasosiego tal, que no sé lo que me pasa. En aquella ocasión padecí tanto, que necesitaba del auxilio de
mi dignidad para no llorar. El zumbido no cesaba un
instante, haciendo tristísimas mis horas todas del día
y de la noche. En mi cerebro se anidaba un insecto
que batía sus alas sin descansar un punto, y si algunos
ratos parecía más tranquilo, pronto volvía a su trabajo
infame. A veces el rumor formidable crecía hasta tal
punto, que se me figuraba estar junto al mar irritado.
Otras veces era el estridente, insufrible ruido que se
arma en un muelle donde están descargando carriles,
vibración monstruosa de las grandes piezas de acero, en
cierto modo semejante al vértigo acústico que produce
en nuestros oídos una racha del Nordeste frío, continuo
y penetrante. Creía librarme de aquel martirio poniéndome un turbante a lo moro y rodeándome de almohadas; pero cuanto más me tapaba, más oía. El insomnio era la consecuencia de semejante estado, y pasaba unas noches crueles, oyendo, oyendo sin cesar. Por
fin, no eran runrunes de insectos ni ecos del profundo

mar, sino voces humanas, a veces un extraño coro, del cual nada podía sacar en claro, a veces un solo acento, tan limpio, sonoro y expresivo, que llegaba a producirme alucinación de la realidad.

Excuso decir que en las horas tristes de aquella larga convalecencia me acompañaban mis amigos y la familia de mi tío. Mi estado débil habíame llevado a aquel grado de impertinencia en el cual recibimos de un modo parcial y caprichoso las atenciones de nuestros íntimos; quiero decir que no todas las personas que iban a hacerme compañía me eran igualmente gratas. Sin saber por qué, algunas despertaban en mí vehementes antipatías que procuraba disimular. Su presencia irritaba mis males. Ni Camila ni María Juana me hacían maldita la gracia, y lo mismo digo de mi amigo Manolito Peña, cuya suficiencia y desparpajo me encocoraban. Pero la persona cuya presencia me molestaba más era Carrillo, el marido de Eloísa. Y no porque él fuese poco amable o enfadoso. Al contrario, mostrándose cariñosísimo, atento y grandemente interesado por mi salud, parecía recomendarse más que ningún otro a mi benevolencia. Y, sin embargo, yo no le podía sufrir. No era antipatía, era algo más, era como un respeto cargante. Me cohibía, me azoraba. Lo mismo era verle entrar, que se agravaban considerablemente los fenómenos de mi dolencia. Aumentaba el ruido, aquel pavor estúpido, y el estruendo de mi tímpano crecía de un modo desesperante.

Raimundo y Severiano me entretenían mucho, éste contándome realidades graciosas, aquél con los juegos malabares de su ingenio. Imitaba a Martos [13] y a Castelar con tal perfección que no cabía más. Después nos contaba, con deliciosa ingenuidad, los grandes consuelos que obtenía de la fuerza de su imaginación y de la vida artificial que por este medio se labraba, contrarrestando así las miserias de la vida efectiva.

—Cada noche —nos decía— me acuesto pensando en una cosa con tanta energía, y me caldeo tanto el cerebro, que llego a figurarme que es verdad lo que

---

[13] Don Cristino Martos (1830-1893), político adscrito al liberalismo más avanzado, fue uno de los oradores más destacados de la época revolucionaria y de la Restauración. Como orador, tendría tics y amaneramientos, que sería lo que tan bien imitaba Raimundo.

pienso. Gracias que me duermo, que si no, haría mil
disparates. Anteanoche me acosté pensando que era
presidente del Consejo de Ministros. A eso de la una
ya había resuelto en el Congreso, charla que te charla,
una cuestión grave. Los decretos me salían a docenas...
Y conferencia va, conferencia viene, con el Nuncio,
con el embajador de Francia, con el Gobernador, con
mis compañeros de Gabinete... Luego iba a la firma
con Su Majestad, mandaba sueltos a los periódicos, y...
Por fin, me dormí cuando estaba hablando por teléfono con el ministro de la Guerra para ver de sofocar
una sublevación militar. Anoche me dio por ser director de orquesta del Teatro Real. Cuando me quitaba
la ropa para acostarme, estaban los oboes comenzando
detrás de mí el preludio de *Los hugonotes,* el gran
coral protestante. A mi izquierda los primeros violines,
a mi derecha los segundos, a un extremo el metal, a
otro las arpas... *Ñi, ñi...* ¡Qué bien! En aquel rifirrafe
de la cuerda no se me escapó una nota... En fin, que
dijeron el preludio admirablemente. Luego, al arrebu-
jarme en las sábanas, tiré del timbre, empezó a subir
lento y majestuoso el telón. Nevers y el coro aparecieron delante de mí... después Raúl, que por ser debu-
tante, venía muy turbado. Pusimos gran cuidado en la
romanza... Más tarde, cuando me dormía, ya no era
yo el director: yo era Marcello, y estaba cantando el
pif-paf... El director era el señor de Meyerbeer, buena
persona, que había resucitado para oírme cantar...

Y por aquí seguía. ¡Pobre Raimundo!

III

Mi tío me acompañaba poco, porque sus ocupaciones
se lo impedían, pero siempre, al entrar y salir, pasaba
a decirme alguna palabra consoladora. Mi tía Pilar bajaba algunas veces a inspeccionar mi casa y criados,
cuidando de que no me faltase nada. Mas como la
pobre señora estaba muy obesa y bastante torpe de
las piernas, sus visitas fueron menos frecuentes en el
período de mi convalecencia, y su hija Eloísa la sus-
tituía en aquella cariñosa obligación, que tan vivamente
agradecía yo. Aún no había mi prima arreglado su casa
y continuaba viviendo en la de sus padres: érale, pues,

fácil vigilar la mía, mantener en ella el orden y la limpieza y no perder de vista a mis criados. La casa de un soltero enfermo exige solicitudes y vigilancias extremadas para que no se convierta en una leonera, y gracias a Eloísa, todo marchó en la mía con el orden más perfecto. Verdad que mi prima tenía, a mi parecer, dotes singulares para disponer y arreglar todo lo concerniente a una casa en las circunstancias difíciles como en las ordinarias. Ella era quien gobernaba la morada de sus padres. Desde el salón a la cocina, todo estaba bajo su mando; era, si así puede decirse, el alma de la casa, la autoridad, el poder ejecutivo, y lo mismo en lo referente a la compra y a los ínfimos detalles de la cocina y despensa que a las más altas determinaciones de la etiqueta y del mueblaje.

—El día en que yo falte de aquí —me decía—, ya se conocerá mi ausencia.

La compañía de Eloísa era la más agradable de todas para mí; digo mal, érame en altísimo grado consoladora. Por las noches, cuando mis amigos estaban presentes, yo les decía: "me voy a dormir", para que se fueran y me dejaran solo con la familia, generalmente representada por mi prima, su madre y el pequeñuelo con el ama. Eloísa me animaba con su sola presencia, y hablándome seriamente de cualquier asunto trivial, me hacía más feliz que Raimundo con sus agudezas. Gracias también a su bondad y a su saber doméstico, mi rebelde estómago iba poco a poco entrando en caja. Valíase ella para esto de esas mañas que sólo puede usar quien posee secretos culinarios y la suficiente delicadeza de paladar para entender el caprichoso apetito de un enfermo. Del principal me enviaban cositas raras, sabrosas y al mismo tiempo sanas, de cuya invención no era capaz el talento rutinario, aunque sólido, de mi cocinera. Otras veces, las frioleras se condimentaban en mi propia casa, entre risas y discusiones de cocina. Bastaba que Eloísa tomase parte en ellas y pusiera sus manos en la obra, para que a mí me pareciese de perlas, y me gustaba más aún si era ella quien me lo servía.

Aún me parece estar en aquel mi gabinete bajo, con ventana al paseo. No me apartaba del sillón colocado junto a los cristales, y cuando no tenía vistas leía pe-

riódicos y novelas. Los ruidos de la calle, lejos de
molestarme, me distraían, apagando en cierto modo la
música doliente de mi propio cerebro. Me agradaba
ver pasar cada cinco minutos el tranvía, siempre de
derecha a izquierda, con las plataformas llenas de gente; me gustaba ver las hojas secas arrancadas de los
árboles por el viento y esparcidas por todo el paseo,
barridas luego por los operarios de la Villa y hacina-
das en el hueco de los alcorques. Me acompañaban
los carros que a todas horas pasaban, y el grito de los
carreteros, aquel incomprensible ¡ues... que!, de extraño acento y significación desconocida. Me entretenían
los simones, [14] la gente dominguera que por las tardes
invadía la acera de enfrente, pollería de ambos sexos,
alquiladores varios de las sillas de hierro. Pasaba ratos
buenos observando el público especial de los puestos
de agua; público sobrio, compuesto de los bebedores
más inofensivos, y las tertulias que se forman en aquellos bancos, colocados a manera de estrado entre los
evónimos del paseo. Observaba también las conjuncio-
nes de personas diversas en las distintas horas del día,
la aguadora y el barrendero de la Villa, el manguero
y la beata que sale de la iglesia, el sargento y el ama
de cría, la niñera y el mozo de tienda, y otros grupos de difícil clasificación. Las fiestas religiosas de San
Pascual, animaban por las tardes el paseo. Al mediodía, la comida de los albañiles que trabajaban en diferentes obras, en un pintoresco cuadro. Yo envidiaba
su apetito, y habría dado quizás mi posición por poder
comer con ellos, sentado al sol, aquel cocido de color
de canario y aquel racimo de tintillo aragonés.

Por las noches disminuía el bullicio. Desde las cinco
estaba yo esperando al que enciende los faroles para
verle dar luz a los mecheros, corriendo de uno a otro
y tocándolos con un palo. Poco a poco se iba estre-
llando el suelo, formando una constelación, cuyo hor-
migueo lejano se perdía en la polvorosa soledad del
Prado. Los ruidos eran menos variados que por el día.
Cada cinco minutos, trepidación sorda anunciaba el
tranvía, y toda la noche un monólogo de vapor, con
resoplidos de válvula y vértigo de volante, acusaba la

14 *simones.* Así se llamaron en Madrid, hasta tiempos muy recientes, mientras hubo coches de caballos, los de alquiler.

máquina instalada en el ministerio de la Guerra para producir la luz eléctrica. Los toques canónicos de las monjas rompían a ciertas horas este uniforme canto llano de la noche con notas metálicas, claras, frías, que agujereaban el oído como un estilete de acero. Un pobre hombre que pregonaba café hasta muy tarde con perezosa y oscura voz, me hacía pensar en la enorme diversidad de los destinos humanos.

Mi tía Pilar tenía la bendita costumbre de apoltronares en un sillón y quedarse dormida, después de protestar enérgicamente contra la suposición de que pudiera tener algo de sueño. Eloísa tomaba el *barbián* (yo le llamaba así) de manos del ama (la cual se iba adentro a charlar con Juliana, mi cocinera, y con Ramón, mi ayuda de cámara), y poniéndomele delante le excitaba a repetir en mi presencia todas las gracias que sabía. Estas eran muchas. La más mona era estornudar. Pero cuando se le mandaba hacer el estornudito, no había medio de que obedeciera. Verdadero artista, no quería quitar al arte su condición primera, que es la espontaneidad. Por el mismo principio negábase a saludar con la mano, a repetir los *cinco lobitos* y la pandereta. No hacía más que asombrarse de todo, besarme, llenarme de hilos de saliva, abrazarse a mi cuello, cogerme la nariz, tirarme de la barba y echar unas carcajadas locas, mostrándome su bocaza encendida, húmeda, gelatinosa, y sus tumefactas encías, en las cuales empezaban a retoñar esos huesos que, al decir de un chusco, son como los cuernos, pues *duelen cuando nacen y después se come con ellos.*

IV

El *barbián* solía dormirse, y el ama se lo llevaba. Acostábanle a veces en mi lecho, y lo cubrían con mi tapabocas. Con ser tan pequeño en la superficie de mi ancha cama, parecía que llenaba la casa, pues todas las miradas fijábanse con respeto y cariño en aquel bulto que respiraba. Se le sentía como se siente un reloj, y en el momento de despertar parecía que iba a dar las horas.

Eloísa me hablaba de sus proyectos, de lo que pensaba hacer en su nueva casa, de las personas a quienes recibiría, de sus criados, de sus coches, de su servicio, montado con tanta inteligencia como orden. Dábame por admirar cuanto decía, fuera lo que fuese, y por buscar nuevos aspectos al tema de nuestra conversación para ver cómo los trataba y hasta dónde iban los vuelos de un talento que se me antojaba superior. Empezando por hablar de una sillería o del presupuesto de cocheras, de lo que cuesta una buena planchadora, o de lo que valen doce docenas de botellas de Château-Lafitte, concluíamos por tratar de cosas hondas, como política, religión. Eloísa hablaba con sencillez, sin pretensiones ni aun de buen sentido, pues el buen sentido, cuando quiere aguzarse mucho, tiene pedanterías tan insufribles como las de la erudición; expresaba lo que sentía, claro, sincero, y con gracia. Y lo que ella decía parecíame trasunto fiel del sentimiento general; no chocaba por su originalidad ni por su vulgaridad. Observé que sus ideas religiosas venían a ser poco más o menos como las mías, débiles, tornadizas, convencionales y completamente adaptadas al temperamento tolerante, a este pacto provisional en que vivimos para poder vivir. Sobre otros temas mostróme pensamientos más originales, de los cuales hablaré a su tiempo.

Una noche me pasó una cosa muy rara, digo mal, no fue cosa rara; antes bien lo considero natural, atendidas las circunstancias. Es el caso que aquel maldito Raimundo me contaba todos los días un nuevo desenfreno de su imaginación violentada. Su vida artificial y sonambulesca le ofrecía a cada momento ratos de soñado placer y aun satisfacciones de amor propio.

—Mira, chico, anoche me acosté pensando que era alcalde de Madrid, no un alcalde del tres al cuarto, sino un auténtico barón Haussmann. [15] Me quité de cuentos. Madrid necesita grandes reformas. Como disponía de mucha guita, mandé abrir la Gran Vía de Norte a Sur, que está reclamando hace tiempo esta apelmazada Villa. ¿Ves lo que se ha hecho en la calle de Sevilla? Pues lo mismito se hizo en la calle del Príncipe, es decir, demolición completa de todo el lado de los pares. Después, rompimiento de la misma calle hasta la de Atocha..., hasta la de la Magdalena... Por el otro

---

15 Georges Eugène, Barón de Haussmann, el reformador del casco urbano de París en tiempos del Segundo Imperio.

lado varié la dirección de la calle de Sevilla, y enfrente, en la casa donde está el Veloz-Club, hice otro rompimiento hasta la Red de San Luis. El desnivel es muy poca cosa... Siguieron luego los derribos: ¡qué nube de polvo! Siete mil obreros..., aire, luz, higiene... En fin, cuando me dormí ya estaba abierta la magnífica vía de 30 metros de anchura, desde la calle del Ave María hasta el Hospicio...

Y cuando no entraba con esta monserga de la urbanización, venía con otra semejante.

—Mira, chico, anoche me acosté pensando que era yo Sullivan. [16] Venía del teatro, de verlo representar.

O bien:

—Me acosté pensando que había descubierto la dirección de los globos...

En mi estado de debilidad, nada tenía de extraño que estos ajetreos de la mente, este vivir imaginativo fuera contagioso; es decir, que se me pegó la maña de pensar y de figurarme cosas y sucesos ideales, si bien nunca completamente absurdos. Yo no estaba, como el pobre Raimundo, *trigonométricamente trastrocado*; quiero decir, que mi imaginación no iba, ni con mucho, tan lejos como la de mi primo, en quien el imaginar era una especie de vicio solitario, nacido de la flojera orgánica, fomentado por la holganza y convertido por la costumbre en imperiosa necesidad. Las tonterías que yo pensaba, las acciones y fábulas que forjaba mi mente, harto parecidas a los argumentos de las novelas más sosas, aburrirían al que esto lee, si tuviera yo la humorada de contarlas aquí. Carecían de aquel encanto pintoresco y de aquel viso de realidad que tenían las volteretas cerebrales de mi primo, atleta eminente, trabajando sin cesar en el *triple trapecio* del vacío.

Como una media hora estuve aquella noche hablando con Eloísa. Después creo que me quedé aletargado en el sillón. Escasa luz había en mi gabinete, no sé por qué. Paréceme recordar que llevaron la lámpara a la alcoba, donde estaba el pequeñuelo. Medio dormido, oí la voz del ama y la de Juliana. Eloísa hablaba también, siendo el tono de las tres como de personas que te-

<hr>

[16]   Supongo que se trata de Barry Sullivan (1821-1891), actor entonces muy famoso.

nían muchas ganas de reírse. Creí comprender que
estaban mudando la ropa de mi cama mojada por el
barbián, y alguna de ellas le reprendió graciosamente
por su falta de respeto al lugar en que reposaba. A
mi lado, una respiración arrastrada y penosa hacíame
comprender que mi tía Pilar estaba más profundamente
dormida que yo.

Veía yo la alcoba iluminada y mi cama de nogal,
grande como las de matrimonio; oía las voces de las
tres mujeres, que se reían quedito como si me supieran
dormido; luego los rebullicios y cacareos del chiquillo,
protestando contra las malas intenciones que se le atri-
buían. Por último, el ama le tapaba la boca con el
biberón vivo y se oían sus chupidos... después, silencio
profundo. Todo esto se presentaba a mi mente como
la cosa más natural del mundo, sin causarle ninguna
extrañeza, cual si fuera suceso común y rutinario que
había ocurrido el día anterior y que ocurriría también
en el venidero. Del fondo de mi alma salían dos fenómenos espirituales: aprobación afectuosa de lo que veía
y certidumbre de que lo que pasaba debía pasar y no
podía ser de otra manera. Cada persona estaba en su
sitio y yo también en el mío.

Un ratito después, creo que me hundí un poco en el
sueño. Pero resurgí pronto viendo a Eloísa que entraba
por la puerta de la alcoba. Vestía de color claro, bata
de seda o no sé qué. Acercábase acompañada de un
rumorcillo muy bonito, de un *tin-tin* gracioso que me
daba en el corazón, causándome embriaguez de júbilo.
Traía en la mano izquierda una taza de té y en la
derecha una cucharilla, con la cual agitaba el líquido
caliente para disolver el azúcar. Ved aquí el origen de
tan linda música. Avanzó, pues, a lo largo de mi gabinete, que estaba, como he dicho, medio a oscuras, y
se acercó a mi persona inclinándose para ver si dormía... Pues bien, en aquel instante, hallándome tan
despierto como ahora y en el pleno uso de mis facultades, creí firmemente que Eloísa era mi mujer.

Y no fue tan corto aquel momento. El craso error
tardó algún tiempo en desvanecerse, y la desilusión me
hizo lanzar una queja. Eloísa se reía de mi aturdimiento
y de mi torpeza para coger la taza y beber del contenido de ella. A mí me embargaba el temor de haber

dicho alguna tontería en el medio minuto aquel de mi engaño. Temía que el poder de la idea hubiera sido bastante grande para mover la lengua, y que ésta, sin encomendarse a Dios ni al Diablo, hubiera pronunciado dos o tres palabras contrarias a todo razonable discurso. Dudaba yo de mi propia discreción en aquel breve lapso de irresponsabilidad, y me atormentaba la sospecha de haberme puesto en ridículo o de haber ofendido a mi prima en su dignidad, que conceptuaba quisquillosa. Y como la veía reírse de mí, le preguntaba azorado, al tomar de sus manos la taza:

—Pero ¿he dicho algo, he dicho algo?

—Pero ¿qué tienes, qué te pasa? Eres como mamá, que se enfada cuando suponemos que tiene sueño.

—No, no es eso. Háblame con franqueza. ¿He dicho algún disparate?... Es que, la verdad, temo haber dicho alguna majadería, alguna estupidez hace un momento, cuando...

—No has hecho más que dar un suspiro tan grande, que... (¡cómo se reía!), tan grande, que creí caerme de espaldas. En cuanto a la majadería, no dudo que la habrás pensado; pero ten por cierto que no la has dicho.

V

A la noche siguiente fue también Camila y cantó, para entretenerme, peteneras, malagueñas, la canción de la bata [17] y, por último, trozos de ópera. Todo lo

[17] Copio aquí, por ser tan curioso y tan olvidado el texto de la "Canción de la bata", que me comunica la Dra. Elena Catena:

La bata porque sí
la bata porque no
la bata me la pongo
porque quiero yo.

Me están haciendo una bata
del color del limón verde
cada vez que me la pongo
me sale un novio y no vuelve
    Estribillo.

Me están haciendo una bata
del color del caramelo
cada vez que me la pongo
me sale un novio torero
    Estribillo.

desempeñaba a·la perfección, con gracia inimitable en
la música nacional, con patético acento en la dramática. Su voz era bonita y robusta. Con igual maestría
tocaba el piano y la guitarra. Del mango de ésta colgaba espesa moña de cintas rojas y amarillas que parecía un trofeo, la melena del león de España conver-
tida en emblema de la dulzura indolente de nuestros
cantos populares. La figura, morena, esbelta y gitanes-
ca de Camila era digna de ser pintada en aquella facha
de cantadora, con estremecimientos epilépticos, ojos en
blanco, gemidos de placer que duele y mil visajes y
donaires en su boca grande, fresca y sin vergüenza. En
el piano (un mediacola de Pleyel con caja de palisandro
y meple), [18] Camila sabía tomar luego la actitud elegante y sentimental de una concertista inglesa, hasta el
momento en que, rompiendo la etiqueta y dejándose
llevar de su natural bullanguero, empezaba a hacer los
mayores desatinos y a mezclar lo clásico con lo flamenco. Mi pobre piano la obedecía estremecido, y ella,
más loca a cada instante, hería las teclas como una
furia, sacando del instrumento expresiones de ternura
profunda o carcajadas picantes. Su marido la contemplaba embobado, y era como el director del concierto.
No quería que ninguna habilidad de su mujer fuese
desconocida, y sin dejarla descansar, decía: "Ahora,
Camililla, tócanos el *Testamento,* el *Vorrei morir,* de
Tosti; los *couplets* de *Boccaccio* y del *Petit Duc.*" Todos los presentes estaban admirados y entretenidísi-
mos; pero yo, aunque en mi obsequio se hacían tales
gracias, me aburría, me aburría sin poderlo manifestar.
No se me ocultaba el mérito de Camila, y agradecía

Me están haciendo una bata·
del color del chocolate
cada vez que me la pongo
me sale un novio estudiante
        Estribillo.

No he podido averiguar en cambio qué fueron esos couplets de
Boccaccio y del *Petit* que se citan más adelante.
[18] *meple.* Es curioso este anglicismo, que la Academia no recoge,
aunque figura en algún diccionario manual hispano-inglés, como
el de Cuyás. Reproduce en español la palabra inglesa *maple,* "arce",
y ha debido de ser recibido como un tecnicismo, ya que este árbol,
eminentemente maderable, es muy usado en ebanistería, sobre todo
en América.

mucho su buena intención. Mas, aplaudiéndola sin cesar, deseaba con toda mi alma que se callara y se fuera a su casa. Sus amables aptitudes no me la hacían simpática. Aquel descaro con que besaba en presencia nuestra al feo, al gaznápiro de Constantino, me atacaba los nervios. Cuando se ponía a jugar a la *bésigue* con Carrillo y con mi tía Pilar y Severiano, armaba unos líos, enredaba de tal modo el juego y hacía tales trampas, que ninguno de los cuatro se entendía. Era éste motivo de diversión para todos, menos para mí, pues tanta informalidad me enfadaba lo que no es decible. Casi prefería oírla tocar y cantar, aunque me molestara. Realmente, el principal fastidio para mí era tener que aclamar y palmotear a la artista a cada momento, mientras hacía votos en mi interior por que se fuera con su música a otra parte. Era que mi espíritu estaba en una situación muy particular, y la música lo chapuzaba en un mar de tristezas. Más me alegraba el *tin-tin* de Eloísa, la cucharilla de plata cantando en la taza de té, que cuantas maravillas hacía su hermana con el gran Beethoven crucificado sobre el atril.

A última hora, cuando las mujeres se retiraban con sus respectivos esposos, entraba mi tío... Dábame un ratito de tertulia en mi alcoba, cuando ya me entregaba yo al brazo secular de Ramón, mi ayuda de cámara. Principiaba por decirme dónde había comido, lo que se había hablado... Cánovas había dicho tal o cual frase ingeniosa, afilada como una navaja de afeitar... Pero en lo que don Rafael Bueno de Guzmán tenía particular empeño por aquellos días, poniendo en ello todos los recursos persuasivos de su locuacidad inagotable, era en informarme de la famosa conversión de nuestra Deuda. Por enero del 82 me daba unos solos que me partían. Al fin teníamos un ministro de Hacienda de pensamientos altos; al fin había planes verdaderos y profundos en la casa de la calle de Alcalá; al fin iba a pasar a la Historia la multiplicidad laberíntica de nuestros valores. Y con prolijos detalles me enteraba mi tío de aquellos asuntos, que no dejaban de interesarme por mi afición a los negocios. La turbamulta de papeles diversos llamados Obligaciones del Banco y Tesoro, de Aduanas, Bonos, Resguardos al portador de la Caja de Depósitos, Acciones de carreteras, Deuda del personal, se estaban convirtiendo en un 4 por 100 amortizable en cuarenta años por sorteos trimestrales, y emitido al tipo de 85. Se habían fijado las bases, entre el ministro y los comisionados de la Deuda, para el arreglo de los otros valores. El 3 por 100 y los *Ferros* se convertirían en un 4 por 100 Perpetuo. El tipo de emisión del primero sería de 43'75 y el de los segundos de 87'50, y los nuevos títulos saldrían al mercado en mayo. Jamás en un cerebro de ministro español se engendró y realizó proyecto tan vasto... Las *Cubas* no se convertían... ¡Ah! Si quería yo emplear en acciones del Banco de España el dinero que tenía en papel inglés sin más producto que un escuálido 2 por 100, bien podía apresurarme, pues las acciones andaban alrededor de 495. Mi tío creía firmemente que se plantarían en 500, tipo del cual no era fácil que pasaran... Yo oía estas cosas con bastante interés al principio; mas tanta charla, exacerbando al fin el ruido en mis oídos, producíame aturdimiento y unas ganas vivísimas de que el buen señor se retirara. Dejábame al fin medio dormido, delirando en cosas de amor y proyectos bursátiles, viendo cómo los viejos *Ferros* y las obligaciones de Aduanas se despedían del mundo financiero, con lágrimas y jipidos, antes de ser absorbidos por los novísimos títulos; viendo al veterano y decrépito Consolidado expirar sobre un lecho de números, para dar vida, de sus cenizas, al flamante 4 Perpetuo. Los Bonos del Tesoro protestaban de aquella muerte airada y amenazaban al señor Camacho [19] con una pistola cargada de cupones. Las acciones del Banco de España se paseaban orgullosas, diciendo a todo el que las quisiera oír que ellas treparían a 500, a 600, ¡a 1.000...! La idea de que subían y subían siempre no me abandonaba en toda la noche. Yo les tiraba de los pies para que no subieran tanto.

---

[19] Don Juan Francisco Camacho (1817-1896), gran hacendista, ministro de Hacienda entonces y autor de la conversión de la Deuda de que Galdós da bastantes detalles para hacerse cargo de lo que fue.

V

I

M I enfermedad había empezado en noviembre, cuando los alcarreños vestidos de paño pardo pregonaban por Madrid *buena castaña, buena nuez*. No estuve en situación de salir de casa hasta los días precursores de la Pascua, cuando el mazapán atarugaba las tiendas y andaban ya los niños tocando tambores por las calles. Navidad, la familiar, alegre y cristiana fiesta, se acercaba. Pasé buenos ratos discurriendo los regalos que haría. Hice tantos, que sólo en dulces y vinos gasté un dineral. Yo quería que todos participasen de la dicha de mi restablecimiento, y la mejor manera de conseguirlo era hacer emisarios de mi buena nueva a los respetables pavos, enviándolos a todas partes para que los sacrificaran en honor mío. María Juana nos dio una excelente cena en la noche del 25. Eramos unos quince, todos de la familia de Bueno de Guzmán y de Medina. Los dueños de la casa estuvieron muy amables conmigo, prodigándome los cuidados que mi endeble estómago exigía. Todo lo que sirvieron parecióme excelente; pero Eloísa, que era un tanto criticona, me habló en confianza al día siguiente de la *abundancia ordinaria* que reinaba en la mesa y de las maneras excesivamente campechanas de Cristóbal Medina, en quien ella no podía menos de ver el tipo de castellano viejo que puso Larra en uno de sus admirables artículos de costumbres. Nada ocurrió en la cena digno de contarse, como no sea que Carrillo se puso malo y tuvo su mujer que llevárselo a casa antes de concluir. Venía padeciendo el infeliz de una enfermedad no bien diagnosticada por los médicos. Debía de ser alguna perturbación nutritiva, algo como albuminuria, diabetes o cosa tal. Sufría horribles cólicos nefríticos. Al día siguiente, cuando fui a verle, ya estaba mejor, y me dio un solo de política sobre la feliz aproximación de la democracia a la monarquía, cosa que, en verdad, como otras muchas de este jaez, me tenían a mí sin cuidado. Carrillo parecía vivir en cuerpo y alma para fin tan glorioso; había entrado en relaciones estrechas con diferentes hombres políticos de medianas vitolas, y probablemente sería senador muy pronto. Gustaba de trabajar y de leer autores ingleses, traducidos al francés, porque era de los que se entusiasman con las instituciones británicas, creyendo que las vamos a imitar de sopetón y a implantarlas aquí en menos que canta un gallo.

Eloísa, en confianza, me había manifestado cierto disgusto pocos días antes, porque lo primerito que se le había ocurrido a su marido, al tener dinero, era contribuir a la fundación de un periodicazo que iba a salir pronto. ¿No era esto una tontería? Las cosas que Carrillo me hablaba, su manía anglopolítica, la creación del diario destinado a casamentar la Democracia con el Trono y fundir en el molde de las ideas lo tradicional y lo revolucionario, hiciéronme comprender que tenía ambición. Confieso que lo sentí. Parece que la ambición implica facultades, y siempre que Pepe me manifestaba tenerlas, bien por su conversación, bien por sus acciones, yo me entristecía. Habría deseado que aquel hombre careciese de mérito. Y, sin embargo, este anhelo mío era defraudado a cada instante, porque el marido de Eloísa me revelaba un día y otro, al mostrarme sus pensamientos, calidades que yo no creía tener. Cuando hablaba de asuntos políticos; cuando diagnosticaba las lepras de nuestra Nación, y los remedios (ingleses se entiende) que a gritos pide nuestra sociedad política, hallábale yo tan elocuente, tan razonable, tan talentudo, que me llenaba de tristeza. ¿Valía o no valía? Severiano sostenía que no. Yo, triste, me figuraba que sí. En mi mente le daba valor, sólo por el hecho de envidiarle, y razonaba así: "Es imposible que el dueño de Eloísa haya llegado a la posesión de ella sin merecerla".

Yo... ¿para qué andar con rodeos? válgame mi sinceridad... yo estaba enamorado de mi prima. Entróme aquella desazón del espíritu, aquella enfermedad terrible, no sé cómo, por su belleza, por su gracia, por mi flaqueza; ello es que me atacó de firme, embargándome de tal modo que no me dejaba vivir. Se apoderó de mis sentidos, de mi espíritu y de mis pensamientos con fuerza irresistible. No había razón ni voluntad contra mal tan grande. Lo hacían doblemente grave lo criminal del objeto y lo divino del origen. Diré las cosas claras, así es mejor. Aquella prima mía me gustaba tanto, tanto, que por el simple hecho de gustarme extraordinariamente la consideraba mía. El ser de otro era un desafuero, una equivocación de los hombres, nacida de una trastada del tiempo. ¿Por qué no vine yo a Madrid dos años antes? ¿Por qué no se podía deshacer lo hecho atropellada y neciamente? Con este modo de razonar cohonestaba yo mi criminal inclinación, apoyándola en el fuero de la Naturaleza y dando de lado a las leyes sociales y eclesiásticas.

Desde que el diente aquel invisible empezó a roerme las entrañas, el objeto principal de mis cavilaciones era el siguiente: "¿Valía Carrillo más que yo? ¿Valía yo más que él?" Para mayor desgracia mía, cuando movido de un cierto espíritu de reparación, le consideraba yo adornado de grandes méritos y, por ende superior a mí por los cuatro costados, los demás se inclinaban a la opinión contraria; de lo que resultaba que, enalteciendo mi bondad, estimulaban mi maldad. ¡Qué espantosa confusión!

Y debo decirlo sin inmodestia. La opinión de la familia era unánime en favor mío. La misma Eloísa, hablando conmigo una noche, me había llenado el alma de fatuidad. Medio en serio, medio en burla, tratábamos del carácter de diversas personas, y el mío no se quedó en el tintero. Parecía que había un empeño particular en acribillarme con chanzas inocentes. Por fin, en un tonillo de broma, de esa broma que es la quinta esencia de la seriedad, Eloísa me dijo:

—Pues mira: si hubiera en casa una hermana soltera, te la endosaríamos... No tendrías más remedio que cargar con ella.

Mi tía Pilar, sin faltar a la discreción, me había hecho comprender varias veces, hablando conmigo de asuntos de familia, que el casamiento de su hija con Carrillo había sido una precipitación, uno de esos desaciertos que no se explican. La herencia era una mezquindad, y Eloísa merecía más. Mi tío había sido, como se recordará, algo más explícito, y echaba la culpa de tal precipitación a su mujer. En resumen: la opinión más favorable a Carrillo en aquella casa era siempre la mía.

Lo que no estorbaba que yo estuviese prendado de mi prima con una vehemencia romántica, con una ilusión de mozalbete y de principiante que decía mal con mis treinta y siete años. Yo pensaba lo que es de cajón pensar en tales casos, es decir, que ella y yo éramos el uno para el otro, que habíamos nacido para unirnos, para ser dos piezas inseparables de un solo instrumento, y que la disgregación fatal en que vivíamos era uno de los mayores absurdos del Universo, un tropiezo en la marcha de la sociedad. Y al mismo tiempo que esto pensaba, la idea de tener relaciones ilícitas con ella me causaba pena, porque de este modo habría descendido del trono de nubes en que mi loca imaginación la ponía. Si yo hubiera manifestado estos escrúpulos a cualquiera de mis amigos, a Severiano Rodríguez, por ejemplo, se habría estado riendo de mí dos semanas seguidas, pues no merecía otra cosa un quijotismo tan contrario a mi época y al medio ambiente en que vivíamos. Mi ilusión era vivir con ella en vida regular, legal y religiosa. De otra manera, tanto ella como yo valdríamos menos de lo que valíamos. Por esto se verá que yo tenía buenas ideas, o, lo que es lo mismo, que yo era moral en principio. Serlo de hecho es lo difícil, que teóricamente todos lo somos.

Este quijotismo, esta moral de catecismo había sido uno de los principales ornatos de mi juventud, cuando la vida serena, regular, pacífica, no me había presentado ocasiones de desplegar mis energías iniciales propias. Yo era, pues, como un soldado que ha estado sirviendo mucho tiempo sin ver jamás un campo de batalla, y para quien el valor es aún fórmula consignada en la hoja de servicios, persuasión vaga de la dignidad, no comprobada aún por los hechos. Por fin, cuando menos lo pensaba, el humo de la batalla me envolvía. Pronto se vería quién era yo y cuál era el valor de mi valor, o, dejando a un lado el símil, qué realidad tenían mis convicciones.

Para mejor inteligencia de estas páginas, dictadas por la sinceridad, quiero referir ciertos antecedentes de mi persona. Alguno de los que esto leen los habrá echado de menos, y no quiero que se diga que no me manifiesto de cuerpo entero, tal cual soy en todas mis partes y tiempos.

II

Nací en Cádiz. Mi madre era inglesa, católica, perteneciente a una de esas familias anglomalagueñas, tan conocidas en el comercio de vinos, de pasas y en la importación de hilados y de hierros. El apellido de mi madre había sido una de las primeras firmas de Gibraltar, plaza inglesa con tierra y luz españolas, donde se hermanan y confunden, aunque parezca imposible, el cecear andaluz y los chicheos de la pronunciación inglesa. Pasé mi niñez en un colegio de Gibraltar, dirigido por el obispo católico. Después me llevaron a otro en las inmediaciones de Londres. Cuando vine a España, a los quince años, tuve que aprender el castellano, que había olvidado completamente. Más tarde volví a Inglaterra con mi madre, y viví con la familia de ésta en un sitio muy ameno que llaman Forest Hill, a poca distancia de Sydenham y del Palacio de Cristal. La familia de mi madre era muy rigorista. Adondequiera que volvía yo los ojos, lo mismo dentro de la casa que en nuestras relaciones, no hallaba más que ejemplos de intachable rectitud, la *propiedad* más pura en todas las acciones, la regularidad, la urbanidad y las buenas formas casi erigidas en religión. El que no conozca la vida inglesa, apenas entenderá esto. Murió mi buena madre cuando yo tenía veinticinco años, y entonces me vine a Jerez, donde estaba establecido mi padre.

Era yo, pues, intachable en cuanto a principios. Los ejemplos que había visto en Inglaterra, aquella rigidez sajona que se traduce en los escrúpulos de la conversación y en los repulgos de un idioma riquísimo, cual ninguno, en fórmulas de buena crianza; aquel puritanismo en las costumbres, la sencillez cultísima, la libertad basada en el respeto mutuo, hicieron de mí uno de los jóvenes más juiciosos y comedidos que era posible hallar. Tenía yo cierta timidez que en España era tomada por hipocresía.

Mi padre era un hombre de pasiones caprichosas, todo sinceridad, indiscreto a veces, de genio vivísimo y bastante opuesto a lo que él llamaba los *remilgos británicos*. Se reía de la perífrasis de la conversación inglesa, y hacía alarde de soltar las franquezas crudas del idioma español en medio de una tertulia de gente de Albión. A veces sus palabras eran como un petardo, y las señoras salían despavoridas. Al poco tiempo de vivir con él noté que sus costumbres distaban mucho de acomodarse a mis principios. Mi padre tenía una querida en la propia vivienda. Un año después tenía tres: una en casa, otra en la ciudad y la tercera en Cádiz, adonde iba dos veces por semana. Debo decir que en vida de mi madre había sido muy hábil y decoroso mi padre en sus trapicheos, y por esta razón los disgustos que dio a su señora no fueron extremados.

Sin faltarle al respeto, emprendí una campaña contra aquellos desafueros paternos. Si no logré todo lo que pretendía, al menos conseguí que rindiera culto a las apariencias. La mujer que vivía en su casa se trasladó a otra parte. Esto era un principio de reforma. Lo demás lo trajeron la vejez del delincuente y su invalidez para la galantería. En tanto, yo daba viajes a Inglaterra, haciendo allí vida de soltero por espacio de tres o cuatro meses. Sólo dos veces por semana iba a comer a Forest Hill, donde seguían viviendo las hermanas y sobrinas de mi madre, y el resto del tiempo lo pasaba bonitamente entre los amigos que tenía en el City y en el West. Me alojaba en Langham Hotel y pasaba los días y noches muy entretenido. Frecuentaba la sociedad ligera, sin abandonar la regular, y al volver a mi patria notaba en mí síntomas de decadencia física que me alarmaban. Puesto que mis ideas eran siempre buenas, hacía propósito firme de practicarlas fundando una familia y volviendo la hoja a aquella soltería estéril, infructuosa y malsana.

Cuando mi padre se retiró de los negocios, dejando todo a mi cargo, mis viajes a Inglaterra fueron menos frecuentes y muy breves. En quince días o veinte entraba por Dover y salía por Liverpool o viceversa. Murió repentinamente mi padre cuando ya empezaba a curarse de sus funestas manías mujeriegas, y entonces, falto de todo calor en Jerez, sin familia, con pocos amigos, y viendo también que entraba en un período

de gran decadencia el tráfico de vinos, realicé, como
he dicho al principio, y me establecí en Madrid.

Pero aún falta un dato que, por ser muy principal,
he dejado para lo último. Tuve una novia. Acaeció
esto en la época en que, por cansancio de mi padre, estaba yo al frente de la casa. Era también de raza mestiza, como yo; española por el lado materno, inglesa
católica por su padre, el cual había tenido comercio
en Tánger y a la sazón era dueño de los grandes depósitos de carbón de Gibraltar. Además, recibía órdenes
de casas de Málaga y trabajaba en la Banca. Llamábase mi novia Catalina. Le decían Kitty. Habíase criado en Inglaterra, con lo cual dicho se está que su
educación era perfecta, sus maneras distinguidísimas.
Prendéme de ella rápida y calurosamente un día en
que, hallándome de paso en Gibraltar, me convidó a
comer su padre. Su belleza no era notable; pero tenía
una dulzura, una tristeza angelical que me enamoraban. La pedí y me la concedieron. Mi padre y el suyo
se congratulaban de nuestra unión...

¡Maldita sea mi suerte! Aquel verano, cuando Kitty
volvió con su padre de una breve excursión a Londres,
la encontré desmejorada. La pobrecilla luchaba con un
mal profundo que el régimen y la ciencia disimulaban
sin curarlo. Octubre la vio decaer día por día. Noviembre la llamaba a la fría tierra con susurro de hojas
caídas y secas. Yo iba todas las semanas a Gibraltar.
Un lunes, cuando más descuidado estaba, porque el
viernes precedente la había visto mejor, recibí un te-
legrama alarmante. Corrí a Cádiz; el vapor había salido; fleté uno, y cuando me dirigía al muelle para
embarcarme, un amigo de la casa salióme al encuentro
en Puerta de Mar y, echándome su brazo por encima
del hombro, me dijo, con mucho cariño y tono muy
lúgubre, que no fuera a Gibraltar. Comprendí que la
pobre Kitty había muerto. Se me representó fría y
marmórea, su mirar triste, apagado para siempre. Mi
dolor fue inmenso. Tuve horribles tristezas, dolencias
que me agobiaron, ruidos de oídos que me enloquecie-
ron. El tiempo me fue curando con la pausada sucesión
de los días, con el rodar de las ocupaciones y de los
negocios. Cuando vine a Madrid habían pasado cinco
años de esta desgracia, que truncó mis soberbios planes

domésticos, dio a mi vida giros inesperados y a mi conciencia direcciones nuevas.

Eloísa no se parecía nada a Kitty. La pobre inglesa difunta era graciosa, modesta, descolorida, de voz tenue y ojos claros que revelaban ingenuidad y delicadeza; mi prima era arrogante, hermosa, tenía coloración enérgica de la tez y el cabello y sus ojos quemaban. No obstante esta radical diferencia, yo había dado en creer que el alma de Kitty se había colado en el cuerpo de Eloísa y se asomaba a los ojos de ésta para mirarme. ¡Qué simpleza la mía! Era esto quizás una nueva manifestación de las manías de nuestra raza, tan bien monografiadas por mi tío, porque bien me sabía yo que las almas no juegan a la gallina ciega, y mis ideas respecto a la transmigración eran tan juiciosas como las de cualquier contemporáneo. Pero no lo podía remediar. Echaba la vista sobre Eloísa y veía en sus ojos el cariño apacible y confiado de Kitty. Era ella, la mismísima, reencarnada, como las diosas a quien los antiguos suponían persiguiendo un fin humano entre los mortales, y asomada a la expresión de aquel semblante y de aquellos ojos, me decía: "Aquí estoy otra vez: soy yo, tu pobrecita Kitty. Pero ahora tampoco me tendrás. Antes te lo vedó la muerte; ahora la ley".

VI

LAS CUATRO PAREDES DE ELOÍSA

I

DE tal modo se fijaron en mi mente los peligros de aquella inclinación, que pensé en marcharme de Madrid. Es lo que se le ocurre a cualquiera en casos como aquél. Pero una cosa tan lógica y razonable ¡era tan difícil de ejecutar!... ¿Cuándo me iba? ¿Mañana, la semana que entra, el mes próximo? En mi pensamiento estaba acordada la partida con esa seguridad pedantesca que tiene todo lo que se acuerda... en principio. Tal determinación era prueba admirable de las energías de mi conciencia. Pero faltaba un detalle: el cuándo, y este detalle era el que me hacía cosquillas en el cerebro, no dejándose coger. Se me escapaba, se me deslizaba como un reptil de piel viscosa resbala entre los dedos.

La cosa no era tan baladí. Levantar casa; deshacer aquel inmenso domicilio que representaba tantos quebraderos de cabeza, tanto dinero y los puros goces de las compras pagadas... ¿Y dónde demonios me iba? ¿A Jerez? La situación comercial y agraria de aquel país era muy alarmante. Bueno estaría que me cogieran los de la *Mano Negra* y me degollaran. ¿A Londres? Sólo el recuerdo de las nieblas y de aquel sol como una oblea amarilla, me causaba tristeza y escalofríos... Nada, la necesidad de huir de Madrid era tan imperiosa, estaba tan claramente indicada por la moral, por las conveniencias sociales, que poquito a poco, sin darme cuenta de ello, fui tomando la heroica resolución de quedarme. Aquí de mis sofismas. Era una cobardía huir del peligro; se me presentaba la ocasión de vencer o morir. O yo tenía principios o no los tenía.

Diferentes veces había contado a mi prima lo de Kitty, y cada vez lo hacía en términos más patéticos y recargando el cuadro todo lo posible. Un día de enero que paseábamos a pie por el Retiro con Carrillo, una tía de éste y Raimundo, dije a Eloísa (en un rato que nos adelantamos como unos cuarenta pasos) que por motivos reservados había pensado marcharme de Madrid. A lo que respondió ella con risas y burlas, diciendo que lo de la marcha o era locura romántica o santidad hipócrita. Otra tarde, en su casa, hablábamos de tristezas mías, y sin saber cómo, se me vinieron a la boca sinceridades que la hicieron palidecer. Ella me dijo que alguien me tenía trastornado el seso, y entonces, quitándome de cuentos, respondíle que quien me trastornaba el seso era ella... Tomándolo a broma, trajo al *barbián* y se puso a saltarle delante de mí y a decirle: "Llámale tonto, llámale majadero". Con sus risas inocentes creo que me lo llamaba.

Seguía viviendo mi prima en la casa de sus padres; pues aunque estaban casi terminadas las reformas de la suya, como habían derribado tabiques y hecho obra de albañilería, temía la humedad. Diariamente iba a inspeccionar la obra, acompañada de su madre o de Camila. Usaba para esta excursión el hermoso landó de cinco luces que había adquirido; mas algunas tardes, para no privar a Carrillo del paseo que daba por el Retiro y Atocha, le prestaba yo mi berlina.

La casa en que había vivido y muerto Angelita Caballero era grandísima, tristona y estaba enclavada en un barrio mísero y antipático. Su aspecto exterior era muy feo; pero interiormente revelaba ya el soberano arreglo de su nueva dueña. Contóme Eloísa que lo primero que tuvo que hacer fue despejar el terreno, deshacerse de aquellas horribles sillerías *botón de oro* y esconder los *biscuits* y los *entredoses* de bazar y las arañas de pedacitos de vidrio donde nadie los viera. Porque la tal Angelita era notable por la perversidad de su gusto. Fuera de un buen bargueño y de un Cristo de bronce, no tenía en su casa ninguna antigüedad notable: todo el ajuar era moderno, de la época del 40 al 60, y se componía de artículos de exportación francesa de la peor calidad. "Calcula —me dijo Eloísa— si habrá sido difícil el despejo". La transformación del palacio era, en verdad, grandiosa. Sorprendióme ver en su gabinete dos países de un artista que acostumbra cobrar bien sus obras. En el salón vi además un cuadrito de Palmaroli; una acuarela de Morelli, preciosísima; un cardenal, de Villegas, también hermoso, y en el tocador de mi prima había tres lienzos que me parecieron de subidísimo precio: una cabeza inglesa, de De Nittis; otra, holandesa, de Román Ribera, y una graciosa vista de azoteas granadinas, de Martín Rico. Pregunté a Eloísa cuánto le había costado aquel principio de museo, y díjome, en tono vacilante, que muy poco, por haber adquirido los cuadros en la almoneda de un hotel que acababa de desmoronarse.

Cada día que visitábamos la casa, hallaba yo algo nuevo y de valor. En la antesala vi dos enormes vasos japoneses de Imaris, hermosísimos, los mejores que había visto en mi vida. Las parejas de platos Hissen y Kiotto no valían menos. Vi también tapices franceses, imitación de gobelinos viejos, que debían de haber costado bastante. Dos terracotas, firmadas la una Maubach y la otra Carpeaux, [20] acabaron de pasmarme. Bronces

<hr />

[20] La colección de arte de Eloísa representa, según creo, el gusto internacional creado por marchantes y chamarileros. Quizá en lo referente a cuadros españoles se hacía valer más el suyo propio; lo

parisienses no faltaban, ni esos muebles ingleses de capricho que sirven para hacer exhibición de preciosas chucherías y que tienen algo de los antiguos chineros y de los modernos aparadores. Eloísa gozaba con mi sorpresa y con mis alabanzas tanto como con la posesión de aquellas preciosidades. Júbilo vanidoso animaba su semblante; sus ojos brillaban; entrábale inquietud espasmódica, y su charlar rápido, sus observaciones, los términos atropellados con que encomiaba todo, señalándolo a mi admiración, decíanme bien claro el dominio que tales cosas tenían en su alma. Poníase al cabo tan nerviosa, que creía sentir amenazas de la diátesis de familia en el cosquilleo de garganta producido por la interposición imaginaria de una pluma. Tragando mucha saliva, procuraba serenarse.

Solos ella y yo, mientras su mamá ordenaba en el comedor los montones de manteles y servilletas aún sin estrenar, recorríamos el salón primero, el segundo, la sala grande, los dos gabinetes, el tocador, la alcoba, el despacho, el cuarto del niño y todas las piezas de la casa. Aquí, colgándose de mi brazo, me detenía cuando no quería que fuese tan aprisa, y me incitaba con cierto tono de queja a ver las cosas más atentamente. Allí me empujaba, atrayéndome hacia un objeto obscurecido entre las vitrinas. En otra parte me oprimía el cuello suavemente para que me inclinara y pudiera mirar de cerca un cuadrito de estilo muy concluido. A veces su alegría se expresaba humorísticamente. Estaba yo contemplando un delicado estantillo japonés, de esos

---

demás parece caprichoso. Los españoles, Vicente Palmaroli (1834-1896), Martín Rico (1835-1908), Román Ribera (1848-?), José Villegas (1848-1921), que fue director del Museo del Prado, nunca rayaron muy alto. Los italianos D. Morelli (1826-1901) y G. de Nittis creo que fueron artistas de menos relieve aún. Quizá el más importante entre estos era el escultor francés J. B. Carpeaux (1827-1875) que además de los relieves monumentales que modeló para la Ópera de París y el Louvre hizo muchos bustos y figurillas que los marchantes cotizaban bien. En lo referente a objetos de arte, lo prevalente es lo japonés: porcelanas de Imaris y Kioto (sobra una t en este nombre); en otra ocasión, pág. 134, se habla de tibores de Sachsuma.

No he podido identificar a Maubach; por lo visto, su boga fue efímera. No sería imposible que se trate de una errata y que Galdós aluda a A. Kaulbach, el más famoso de los pintores alemanes de aquella época.

que no parecen hechos por manos de hombres, y ella, repentina y graciosamente, sacaba su pañuelo y me lo pasaba por la boca.

—¿Qué? —decía yo, sorprendido de este movimiento.

—Es que se te cae la baba.

Al fin, cansados de andar, nos sentábamos.

—Una casa bien puesta —me decía— es para mí la mayor delicia del mundo. Siempre tuve el mismo gusto. Cuando era chiquitina, más que las muñecas, me gustaban los muebles de muñecas. Si alguna vez los tenía, me entraba fiebre por las noches, pensando en cómo los había de colocar al día siguiente. Todavía no era yo polla, y me atontaba delante de los escaparates de Baudevin y de Prevost. Cuando íbamos a paseo con papá y pasábamos por allí, me pegaba al cristal y como se empañaba con mi aliento, habías de verme limpiándolo con el pañuelo para poder mirar. Papá tenía que tirarme del brazo y llevarme a la fuerza. Gracias a Dios, hoy puedo proporcionarme algunas satisfacciones que de niña me parecían realizables, porque sí... Yo soñaba que sería muy rica y que tendría una cosa como la que ves, mejor aún, mucho mejor... Pero no vayas a creerte, en medio de estas satisfacciones soy razonable. Dios ha querido que antes de ser rica fuera pobre, y esto me ha valido de mucho; he aprendido a contener los deseos, a estirar los cuartitos y a defenderlos contra esta pícara imaginación, que es la que se entusiasma. Sí, hay que tener mucho cuidado con esto... Porque yo lo he dicho siempre: el infierno está empedrado de entusiasmos... ¡Qué lástima no poseer muchísimos millones para comprar todo lo que me gusta! Se ha dado el caso de tener, durante tres o cuatro días, el pensamiento fijo, clavado en un par de vasos japoneses o en un medallón Capo di Monte, [21] y sentir dentro de mí una verdadera batalla por si lo compraba o no lo compraba... Gracias a Dios, he sabido refrenarme, ir despacito, hacer muchos números, y decir al fin: "No, no más; bastante tengo ya..." Los números son la mejor agua bendita para exorcizar estas tentaciones; convéncete... Yo sumaba, restaba y... vencía. No vayas a figurarte: también he

21 Capo di Monte, nombre dado a la porcelana fabricada en aquel palacio, próximo a Nápoles, entre 1743 y 1759.

pasado malos ratos. Después de comprar en casa de
Bach un bronce, veía otro en casa de Eguía que me
gustaba más... ¡Qué marimorena entonces en mi cabeza! ¿Lo compro también? Sí... No... Sí otra vez...
Pues no... Que dale, que toma, que vira. Nada, hijo,
que he tenido que vencerme. A poco más, me doy
disciplinazos. Por las noches me acostaba pensando en
la soberbia pieza. ¿Qué crees? He pasado noches crueles, delirando con un tapiz chino, con un cofrecito de
bronce esmaltado, con una colección de mayólicas...
Pero me decía yo: "Todas las cosas han de tener un
límite. Pues bueno fuera que... Me conformo con lo
que poseo, que es bonito, variado, elegante, rico, hasta
cierto punto". ¿No es verdad? ¿No crees lo mismo?

Díjele que su casa era preciosa; que debía detenerse
allí y no aspirar a más, pues si se dejaba llevar del
fanatismo de las compras, podría comprometer su fortuna y quedarse por puertas. En números tenía yo
mucha más experiencia que ella, y la imaginación no
me engañaba jamás, mixticándome el valor de las cifras. "Yo te dirigiré —añadí. Prométeme no entrar en
una tienda sin previa consulta conmigo, y marcharás
bien". Eloísa se entusiasmó con esto, dio palmadas, hizo
mil monerías, y entre ellas expresó conceptos muy sen-
satos, mezclados con otros que revelaban ciertas extravagancias del espíritu.

—Porque verás —me dijo, juntando los dedos de entrambas manos como quien se pone en oración—: yo
sé contenerme, sé consolarme cuando esas bribonadas
de la aritmética me privan de hacer mi gusto. ¿Sabes
lo que me consuela? Pues lo mismo que me atormenta: la imaginación. Nada, que cuando me siento to-
cada, dejo a esa loca que salte y brinque todo lo que
quiera, la suelto, le doy cuerda, y ella, al fin, acaba
por hacerme ver todo lo que poseo como superior, muy
superior a lo que es realmente. Soy como mi hermano,
que se acuesta pensando que es presidente del Consejo,
y al fin se lo cree... Yo me acuesto pensando que soy
la señora de Rothschild. Vas a ver... ¿Tengo un cuadrito cualquiera, antiguo, de mediano mérito? Pues, sin
saber cómo, llego a persuadirme de que es del propio
Velázquez. ¿Tengo un tapiz de imitación? Pues lo miro
como si fuera un ejemplar sustraído a las colecciones

de Palacio... ¿Un cacharrito? Pues no creas; es del propio Palissy... [22] ¿Tal mueble? Me lo hizo el señor de Berruguete. Y así me voy engañando, así me voy entreteniendo, así voy narcotizando el vicio..., el vicio, sí. ¿Para qué darle otro nombre?

II

Yo me reí; pero en mi interior estaba triste. Quince años de trabajo en un escritorio me habían dado la costumbre de apreciar fácilmente las cantidades, y con esta experiencia y mi saber del precio de las cosas, pude hacer una cuenta mental. Los señores de Carrillo se habían gastado en poner casa la cuarta parte, y quizás el tercio de lo que habían heredado. Tal desproporción debía traer sus consecuencias más o menos tarde. Amonesté segunda vez a Eloísa, quien se mostró asombrada primero, ensimismada después, y me prometió ser, en lo sucesivo, no ya económica, sino cicatera... "Vas a ver...".

Carrillo fue a buscarnos al volver de su paseo. Antes de ir a casa hicimos escala en la tienda de Eguía, donde Pepe tenía en trato un busto de Shakespeare para su despacho. ¡Qué lástima no encontrar el de Macaulay! Pero éste, por más que lo buscó afanosamente, en ninguna parte lo había. Su apetito angloparlamentario no pudo saciarse sino con un velador muy cursi, maqueado, chillón, que ostentaba la vista del palacio y puente de Westminster. Eloísa me indicó, cuando recorríamos la tienda, que había hecho juramento de no entrar más allí, porque se le iba la cabeza. [23] Vimos muchos objetos de mérito y alto precio.

—Hay aquí una cosa —me dijo después mi prima en voz baja, tapándose la boca con el manguito— que la semana pasada me produjo dos noches de fiebre, con escalofríos, amargor de boca, calambres, cefalalgia, y cuantos males nerviosos te puedes figurar. No era pluma

---

[22] Bernard de Palissy (1500-1590), gran ceramista francés. De Alonso Berruguete (1490-1561), no sé que hiciera muebles precisamente, pero sí magníficas sillerías de coro, que pudieron dar a Eloísa esa idea.

[23] En la ed. original se lee: "se me iba...".

lo que yo tenía en mi garganta, sino un palomar entero y vedadero.

Señalaba con la mano y el manguito a uno de los extremos de la tienda. Carrillo y su suegra examinaban una vajilla. Yo miré.

—No mires, no mires. Esto trastorna, esto deslumbra, esto ciega. No es para nosotros. Este señor Eguía se ha figurado que aquí hay lores ingleses y trae cosas que no venderá nunca.

Era un espejo horizontal, biselado, grande, como de metro y medio, con soberbio marco de porcelana barroca imitando grupos y trenzado de flores que eran una maravilla. Quedéme absorto contemplando obra tan bella, digna de que la describiera Calderón de la Barca. Las flores, interpretadas decorativamente, eran más hermosas que si fueran copia de la realidad. Había capullos que concluían en ángeles; ninfas que salían de los tallos, perdiendo sus brazos en retorceduras de mariscos; ramilletes que se confundían con los crustáceos y corolas que acababan en rejos de pulpo. En el color dominaban los esmaltes metálicos de rosa y verde nacarino, multiplicándose en los declivios del puro cristal. Hacían juego con esta soberana pieza dos candelabros que eran los monstruos más arrogantes, más hermosos que se podían ver, grifos que parecían producto de la flora animalizada, pues tenían uñas y guedejas como pistilos de oro, enroscadas lenguas de plata. Un reloj...

—Vamos —ordenó Eloísa, impaciente, desconcertada, sin dejarme acabar de ver aquello.

Y agarrando el brazo de su marido, se lo llevó hacia el coche, diciendo:

—¿Has tomado el *Séspir*?...

—La vajilla es preciosa —declaró mi tía Pilar, como queriendo que yo me convenciera de ello por mis propios ojos.

Pero Eloísa, ya en la puerta, repetía:

—Vámonos, vámonos; no más compras. Esta tienda es la sucursal del Infierno.

A su imperioso deseo nadie pudo resistir, y nos fuimos a casa. Al día siguiente volví a la sucursal, y compré las cuatro piezas aquellas: espejo, pareja de candelabros y reloj. Costáronme unos 45.000 reales.

Pero ¿qué significaba esto para mí? Yo tenía a la sazón en caja unos cuantos miles de duros, producto de letras que inopinadamente recibí de Jerez, y no sabía qué hacer de ellos. Había estado dudando si incorporar aquel dinero a mi cuenta corriente del Banco o reservármelo para caprichos y gastos imprevistos. Opté al fin por dejarlo en casa, pues la cuenta corriente me garantizaba todos mis gastos del semestre por excesivos que fuesen. Pocas veces he hecho una compra más a mi gusto. Pensaba en la sorpresa que tendría Eloísa al recibir aquel presente. Mandé que se lo llevaran a su palacio, y esperé a que ella misma me diese cuenta de la impresión que le causaba.

Cuando la vi entrar en mi casa, temblé de emoción. Venía con su hermana Camila, la cual, hablando del espejo y elogiándolo con reservas, se mostró celosa. Era ella tan prima mía como Eloísa, y tenía el mismo derecho a mis obsequios de pariente ricacho. Sí: yo era un ricacho sin conciencia, un vulgarote que no me acordaba de los pobres. Ella tenía su casa muy mal puesta, y a mí, al primo millonario, no se me había ocurrido mandar allá ni aun media docena de sillas de madera encorvada. Esta filípica, dicha con el desparpajo que usaba siempre aquella mujer inconveniente, me llegó al alma. No tuve reparo en reconocer y lamentar la preterición, y prometí que los señores de Miquis tendrían pronto noticias mías.

A Eloísa, contra lo que esperaba, la encontré triste Puso cara de Dolorosa, y dio a sus ojos la expresión de dulce reprimenda para decirme:

—¡Qué tonterías haces!... ¡Un gasto tan enorme! Vaya, que ahora se han trocado los papeles: soy yo la aritmética y tú el entusiasmo... De veras te lo digo: si repites esas calaveradas, no te volveré a dirigir la palabra.

Camila y yo nos reíamos. Eloísa no hacía más que mirarnos con tristeza.

—Tu boca será medida. Cuenta con la media docenita de sillas —manifesté a Camila, que me respondió a gritos:

—Ha sido una broma. No me hacen falta tus obsequios. Formal, formal, te lo digo formalmente. Si me mandas las sillas, te las devuelvo.

Estaba rabiosa. Por la tarde, siguiendo la chanza en casa de mi tío, le dije:

—¿Las quieres blancas o negras? Elígelas a tu gusto y que me manden la cuenta.

Me tiró a la cara su manguito, diciéndome:

—¡Toma..., cochino!

Mi tía Pilar, secreteando en mi oído, hízome la pintura más lastimosa de la casa de su hija Camila. Tenían una salita regular, alcoba decente; pero comedor..., Dios lo diera. Ponían los platos encima de un velador, y como Constantino tenía la mala costumbre de empinar las sillas para sentarse, descargando todo el peso sobre las dos patas de atrás, de la media docena que compraron no quedaban útiles más que dos. Esta pintura hizo desbordar en mi corazón los sentimientos caritativos. Regalé a Camila un comedor completo de nogal, con aparador, trinchero, doce sillas y mesa, todo bonito, de medio lujo, sólido y elegante.

Vino a darme las gracias una mañana. Detrás de su máscara de risa y burla, advertí mal encubierta la emoción. Le temblaban los labios. Hizo mil muecas, me dio las gracias, me pegó con un bastón mío, me llamó generoso, pillo, grande hombre y gatera, demostrando en todo su incorregible extravagancia. Era, más que una cabeza destornillada, una salvaje, una fierecilla indócil criada dentro de la sociedad como para ofrecernos una muestra de todo lo incivil que la civilización contiene. Concluyó diciendo que su marido y ella habían acordado dar un banquete en honor mío y como inauguración del comedor... "Una gran comida, no te creas: verás qué cosa más buena y más *chic*... Rigurosa etiqueta, ya sabes. Habrá diplomáticos, algún ministro, toda la *jilife*... Mi cuñado Augusto, el primo de Constantino, que estudia Farmacia, Veterinaria o no sé qué; en fin, lo más escogido... Frac y condecoraciones. Mi marido estará en mangas de camisa; pero eso no importa. El amo de la casa, ya ves... Te daremos nidos de avestruz, fideos escarchados, pechugas de rinoceronte, jabalí en su tinta y *Chateau-Peleón*".

Nunca oí más disparates.

Eloísa, Raimundo y Pepe éramos los invitados. Fui con mi primo poco antes de la hora señalada. Los señores de Carrillo no habían llegado aún.

VII

LA COMIDA EN CASA DE CAMILA

L A casa de Camila era digna de estudio por el desorden que en ella reinaba. *Sicut domus homo,* se podía decir allí con más razón que en parte alguna. Todas las cosas, en aquella vivienda, estaban fuera de su sitio; todo revelaba manos locas, entendimientos caprichosos. Para honrar mis muebles habían hecho de la sala comedor; en la alcoba, a más de la cama de matrimonio, había una pajarera, y lo que antes había sido comedor estaba convertido en balneario, pues Camila, que aun en invierno tenía calor, se chapuzaba todos los días. La sala había sido llevada a un cuartucho insignificante, próximo a la entrada, arreglo que por excepción me parecía laudable, pues contravenía la mala costumbre de adornar suntuosamente para visitas lo mejor de la casa, reservando para vivir lo más estrecho, lóbrego y malsano. Fuera de este rasgo de buen sentido, el conjunto de aquel domicilio no tenía pies ni cabeza. Lo más culminante en la sala era una mesa de caoba de las que llaman de ministro, y una cómoda antigua que Constantino había heredado de su tía doña Isabel Godoy. El piano se había ido a la alcoba, creyérase que por su pie, pues no se concebía que ninguna ama de casa dispusiera los muebles tan mal.

En los pasillos, Constantino había tapizado la pared con enormes y abigarrados carteles de las corridas de toros de Zaragoza y San Sebastián, y en el gabinete ocupaba lugar muy conspicuo un trofeo de esgrima compuesto de floretes, caretas, manoplas, con más una espada de torero y una cabeza de toro perfectamente disecada. Veíase por allí, así como en el comedor, algún otro mamotreto procedente de la testamentaría de la señora Godoy. Constantino tenía en su casa todas las cómodas que no cabían en la de su hermano Augusto. Los muebles regalados por mí hacían papel brillantísimo en medio de tanta fealdad y confusión, y cuando, después de recorrer su casa, se entraba en el comedor, parecía que se visitaba una ciudad europea después de viajar por pueblos de salvajes. Lo único que hablaba en favor de Camila era la limpieza, pues todo lo demás la condenaba. Algunas de las láminas de la historia de Matilde y Malek-Adhel tenían el cristal roto. No vi una silla que no cojeara, ni mueble que no tuviera la chapa de caoba saltada en diferentes partes. Muchos de estos siniestros lastimosos, así como la decapitación de una ninfa de porcelana, y las excoriaciones de la nariz que afeaban el retrato del abuelo de Constantino, eran triste resultado de la afición de éste a la esgrima y de los asaltos que daba un día sí y otro no, yéndose a fondo y acalorándose, sin reparar que su contrario era indefenso mueble o bien un cuadro al óleo, al cual no se podía acusar de crimen alguno, como no fuera artístico.

Y a propósito de láminas, alcancé a ver, no recuerdo bien dónde, una buena fotografía de Constantino, retratado como suelen hacerlo los que presumen de atletas, esto es, con sencillez estatuaria, el cuerpo a lo gimnasta, con almilla y grueso cinturón, cruzados los brazos para que se le viera bien el desarrollo del bíceps y de los músculos del tórax, y con un empaque y mirar arrogante que movían a risa. Camila estaba retratada, de cuerpo entero, y se había puesto ante la máquina, violentando su temperamento para *salir formal*; de modo que, a más de salir fea, no tenía el retrato ningún parecido.

—Habías de ver esta casa —me dijo Raimundo al oído— cuando mi hermanita se pone a tocar frenéticamente el piano, en camisa, y el mulo de su marido a dar estocadas en todo lo que encuentra al paso.

Yo no había visto nada de esto, pero lo comprendía por los efectos.

Camila nos había recibido muy al desgaire, vistiendo una batilla ligera, el pelo medio suelto, el pecho tan mal cubierto que recordaba la inocencia de los tiempos bíblicos, los pies arrastrando zapatillas bordadas de oro. Nos acompañó un momento para enseñarnos la casa, diciéndonos:

—Acabo de bañarme. No les esperaba a ustedes tan pronto.

—Esta hermana mía —indicó Raimundo, tiritando— siempre tiene calor. Se baña en agua fría en pleno invierno. Jamás enciende una chimenea, y es la vestal

encargada de conservar el frío sagrado... ¡Demonio!
La casa es una sorbetera... ¡Que me voy!

Camila nos empujó a Raimundo y a mí fuera de la
alcoba, donde a la sazón estábamos, y dijo a su marido:

—Entretenme a esos tipos un rato, que me voy a
arreglar.

Nos llevó Miquis al comedor, donde al punto se personaron dos perros: el uno, grande, de lanas; el otro,
pequeño y tan feo como su amo. Ambos hicieron diferentes habilidades, distinguiéndose el feo, que marchaba
en dos pies con un bastón cogido al modo de fusil, y
hacía también el cojito. De repente veíamos a mi prima
pasar, medio vestida, como exhalación. Iba a la cocina
Oíamos su voz en vivo altercado con la criada... Después la sentíamos regresar a su cuarto... Llamaba a
su marido con gritos que atronaban la casa.

—Será para que le alcance algo... —decía él sin
mostrar mal humor. Esto de no tener más que una
criada es cargante. Si al menos estuviera yo en activo,
me darían un asistente... ¡Allá voy!

Camila volvía corriendo a la cocina. Necesitaba estar
en todo. Aun así, temía que aquella jirafa de Gumersinda echase a perder la comida. Al poco rato, vuelta a
correr hacia la alcoba. Ya estaba peinada; pero aún
no se había puesto el vestido ni las botas. De pronto
oímos la argentina voz de la señora de la casa, que
decía con cierto acento trágico:

—Constantino, traidor..., qué, ¿no pones la mesa?

El tal, dándome una prueba de confianza, me rogó
que le auxiliara en el desempeño de aquella obligación
doméstica. "Amigo José María, así irá usted aprendiendo para cuando se case...".

Risueño y compadecido, le ayudé de buena gana.
Antes había solicitado Constantino el auxilio de mi
primo; pero éste, agobiado por el frío, no se apartaba
del balcón por donde entraban los rayos del sol. Pronto quedó puesta la dichosa mesa. En la loza y cristalería no vi dos piezas iguales. Parecía un museo, en el
cual ninguna muestra de la industria cerámica dejaba
de tener representación. El mantel y las servilletas, regalo de la tía Pilar, eran lo único en que resplandecía
el principio de unidad. No así los cubiertos, en cuyos

mangos se echaba de ver que cada uno procedía de
fábrica distinta.

No habíamos concluido, cuando entró Eloísa. Al
sonar la campanilla díjome el corazón que era ella.
Raimundo abrió la puerta, y antes de que mi prima
llegara al comedor le oí estas gratas palabras:

—Pepe no puede venir. Ha tenido miedo al frío...
Yo me alegro de que no salga en un día tan malo,
porque puede coger un pasmo.

—Yo sí que voy a pillar una pulmonía en esta maldita casa, donde no se encienden chimeneas —dijo Raimundo, cogiendo su capa y embozándose en ella.

—No viene Pepe —repitió Eloísa, mirándome a los
ojos; y al reparar en mi ocupación, echóse a reír. Eso,
eso te conviene... ¿Y esa loca...?

—Su Majestad está en sus habitaciones —dijo el manchego—, con la camarera mayor, que es ella misma.

—Constantino —gritó Camila, asomándose a la puerta—, traidor, ¿en dónde me has puesto mi alfiler?

—¡Ah!, perdona, hija; me lo puse en la corbata;
tómalo y no te enfades.

—¡Que siempre has de ser loca! —dijo Eloísa, pasando al cuarto de su hermana para dejar abrigo y
sombrero.

Al poco rato vimos aparecer a la señora de la casa
vestida con elegante traje de raso negro, bastante guapa, luciendo su hermosa garganta por el cuadrado escote. Su pecho alto y redondo, su cintura delgada, sus
anchas caderas dábanle airosa estampa. Podría parecer
bella, pero nunca parecería una señora.

—¡Mujer, cómo te pones!... —exclamó Eloísa, alu-
diendo sin duda a la escasez de tela en la región torácica. Pero ¿estás tonta? ¿A qué viene ese escote? No
he visto cabeza más destornillada. Y lo que es hoy
no llorarás por polvos.

Lo más característico de Camila era su tez morena.
Tenía a veces el mal gusto de corregir torpemente con
polvos y otras drogas aquel aire gitanesco que daba
tan salada gracia a su persona. Y fue tan sin tasa en
aquel día la carga de polvos, que a todos nos pareció
estatua de yeso, y como teníamos confianza con ella,
se lo dijimos en coro.

—Pero, Camila..., pareces una tahonera.

—¿Sí? —replicó ella, riendo con nosotros. Ahora veréis.

Desapareció, y al poco rato presentósenos en su color y tez naturales. Sólo las orejas quedaron un poco empolvadas.

—Si me quieren negrucha, aquí estoy con toda mi poca vergüenza.

Sin esperar a oír nuestros aplausos, pegó un brinco y echó a correr otra vez hacia lo interior de la casa. Pronto reapareció para decir a su marido:

—Nos sobra el cubierto de Pepe. ¿Por qué no avisas a tu hermano Augusto, de paso que vas por el postre?

—Yo, no... Ya sabes que no puede venir —replicó el marido, tomando su capa para salir.

—Pues déjalo: así tocaremos a más.

Después, vuelta a la cocina, donde la oímos disputar a gritos con la jirafa. Constantino no tardó en regresar trayendo el postre en un papel, que se engrasó de la bollería a la casa. Mientras yo le abría la puerta, oí la voz de Camila que desde la cocina clamaba:

—Váyanse sentando... Allá va la sopa.

El convite fue digno de los anfitriones. Por la hora debía de ser almuerzo; por la calidad de los platos era almuerzo y comida; por la manera de estar condimentados y el desorden e incongruencia que reinaban en todo, no tenía clasificación posible. Sirviéronnos un asado, el cual para ser tal debió permanecer media hora más en el fuego. "Ustedes dispensarán que esto esté un poco crudo", nos decía Camila. En cambio, el pescado *al gratin* se había tostado y estaba seco y amargo. A los riñones había echado tal cantidad de sal, que no se podían comer. Por vía de compensación, otro plato que apenas probé no tenía ni pizca...

—Pero, hija —dijo Eloísa, riendo—, tu cocinera es una alhaja.

—Dispensa por hoy... —replicaba la hermana—. Se hace lo que se puede. No me critiquen, porque no los volveré a convidar.

—Descuida, que ya tendremos nosotros buen cuidado de no caer en la red otra vez —le contestó Raimundo.

Se había sentado a la mesa embozado en su capa, quejándose de un frío mortal, renegando de los dueños de la casa y jurando que no volvería a poner los pies en ella sin hacerse preceder de una carga de leña. Al servir el segundo plato, se cayó en la cuenta de que no había vino en la mesa, de cuyo descubrimiento resultó un gran altercado entre Constantino y su mujer.

—Tú tienes la culpa... tú... que tú... Siempre eres lo mismo. Así salen las cosas cuando tú te encargas de ellas... ¡Tonta!... ¡Cabeza de chorlito!

—¡Ni fuego ni vino —exclamó mi primo, subiéndose el embozo y poniendo una cara que daba compasión. Parecía que iba a llorar.

—Que salga inmediatamente Gumersinda a buscarlo.

—No, ve tú.

—Como no vaya yo... Hubiéraslo dicho antes.

—¡Ay! ¡Qué hombre tan inútil...!

—¡Qué tempestad de mujer!

—Lo mejor —dijo la señora de la casa, serenándose después de meditar un rato— es que Gumersinda vaya al cuarto de al lado a pedir dos botellas prestadas a los señores de Torres. Son muy amables y no las negarán.

Por fin trajeron el vino, y con él templó sus espíritus y su cuerpo mi primo Raimundo, decidiéndose a soltar la capa.

Camila, a cuya derecha estaba yo, me obsequiaba, valga la verdad, todo lo que permitía lo estrafalario de la comida. Su amabilidad echaba un velo, como suelen decir, sobre los innúmeros defectos del servicio. Repetidas veces tuvo que levantarse para sacar de un mal paso a la que servía, que era una chiquilla muy torpe, hermana de la cocinera. Había venido aquel día con tal objeto, y más valiera que se quedara en su casa, pues no hacía más que disparates. En los breves intervalos de sosiego, Camila nos hablaba de lo feliz que era, ¡cosa singular! ¡Feliz en aquel desbarajuste, en compañía del más inútil de los hombres! Indudablemente, Dios hace milagros todavía. Para ponderarnos su dicha, mi primita no cesaba de hacer alusiones a un cierto estado en que ella creía encontrarse, y por cierto que sus indicaciones traspasaban a veces los límites de la decencia. Ya nos contaba que pronto tendría que ensanchar los vestidos; ya que había sentido pataditas... Luego rompía a reír con carcajadas locas, infantiles. Yo me confirmaba en mi opinión. No tenía seso ni tampoco decoro.

Debo decir con toda imparcialidad que Constantino me pareció un poco reformado en la tosquedad de sus modos y palabras. Ya no hablaba de sus superiores jerárquicos con tan poco respeto; ya no decía, como cuando le conocí: "Me parece que pronto la armamos..." Creyérase que había sentado la cabeza y adquirido cierto aplomo y discreción que no se avenían mal con su creciente robustez corpórea. Parecióme que su mujer le dominaba, cosa en verdad extraña, pues quien no tuvo ninguna clase de educación, ¿cómo podía educar y domar a un gaznápiro semejante? La Naturaleza permite, sin duda, que dos energías negativas se amparen y beneficien mutuamente.

Al fin de la comida, Raimundo bebía más de la cuenta: bien claro lo denotaba, no sólo la merma del contenido de las botellas, sino la verbosidad alarmante de mi buen primo. Constantino, no queriendo ser menos, se había desatado de lengua más de lo regular. El uno contaba anécdotas, pronunciaba discursos, repetía versos y tartamudeaba penosamente las sílabas *tra, tro, tru,* mientras el otro decía cosas saladas y amorosas a su mujer, echándole requiebros en ese lenguaje flamenco que tiene picor de cebolla y tufo de cuadra. La discreción relativa, de que hablé antes, se la había llevado la trampa. Tal espectáculo empezaba a disgustarme.

El café, hecho por la cocinera, era tan malo, que se decidió mandarlo traer de fuera. Vino, pues, el café, mal colado, frío, oliendo a cocimiento; pero nos lo tomamos porque no había otro. Raimundo y Constantino se pusieron a tirar al florete. Mi primo no podía tenerse. La casa parecía un manicomio. Eloísa, su hermana y yo nos fuimos a la alcoba, donde Camila, sentada junto a mí, hacía mil monerías, que llamaba nerviosidades. Se recostaba, cerraba los ojos, dejaba ver la mejor parte de su seno; luego se erguía de un salto, cantaba escalas y vocalizaciones difíciles, nos azotaba a su hermana y a mí, y concluía por sacar a relucir aquel su estado que la hacía tan dichosa.

—Ahora sí que va de veras —nos decía—. ¡Y este bruto se ríe, y no lo quiere creer!

De pronto le entraba como una exaltación o más bien delirio de tonterías, y cruzando las manos gritaba: "¡Ay! ¡qué hijín tan rico voy a tener!... Más mono que el tuyo, más, más. Me parece que le estoy viendo... No os riáis... ¡Qué sabes tú lo que es esto, egoísta! Si fueras padre, verías. Y di: ¿por qué no te casas? ¿Para qué quieres esos millones? Para gastarlos con cualquier querindanga... ¡Qué hombres! Francamente, eres asqueroso. Eso, eso, da tu dinero a las tías. Me alegraré de que te desplumen".

De aquí volvía la conversación a las dulces esperanzas maternas. Hasta me parecía que lloraba de satisfacción.

—Vaya, ¿a que no me prometes ser padrino?

—Sí que te lo prometo.

Y se rompía las manos en un aplauso.

—¿Y le harás un regalo como de millonario? ¿Me dejas escoger lo que yo quiera en casa de *Capdeville*?

—Sí; puedes empezar.

—Bien, bien... ¡*Currí*..., *Currí!*

El perro pequeño entró, obedeciendo a las voces de su ama. Puso las patas en su falda, luego en la cintura, por fin en aquel seno hermosísimo. Ella le daba besos, le agasajaba, dejábase lamer por él.

—Ven acá, tesoro de tu madre, rico, alegría de la casa.

—Yo no puedo ver esto —decía Eloísa con enfado, levantándose para retirarse—. Me voy.

—No, no, hermanita; no te vayas... Lárgate, *Currí, Currí*... Largo, y no parezcas más por aquí.

—No, no me beses —chillaba Eloísa, apartando su cara—; no pongas sobre mí esa boca con que has estado hociqueando al perro. Tonta, loca, ¿cuándo sentarás la cabeza?... José María está estupefacto de verte hacer tonterías.

—José María no se enfada, ¿verdad? Y ahora que caigo en ello, ¿por qué no me convidas esta noche al teatro?

—Otra más fresca...

—¿Pues por qué no? Después de que hemos echado la casa por la ventana para obsequiarle... El día de hoy nos arruina para todo el mes. Sí, dile que sí. José María, esta noche...

—Te mandaré un palco para el teatro que quieras. Elige tú.

—Constantino —gritó Camila, cantando la Marcha Real—, esta noche vamos al teatro. Mira, tú, mi maridillo irá por el palco. Dame a mí los cuartitos.

Yo decía para mí: "No tiene decoro, ni vergüenza, ni delicadeza tampoco. Es completa. Si me obligaran a vivir con un tipo así, al tercer día me enterraban."

Eloísa estaba disgustada y deseaba marcharse. Yo también. Busqué a Raimundo para salir con él; pero mi primo se había dormido profundamente sobre el sofá de gutapercha del comedor... Camila le cubrió con la capa para que no se enfriase.

—Ve pronto por el palco —decía la señora de Miquis a su marido—, que es noche de moda, y si tardas no habrá localidades. Vamos..., menea esas zancas. ¿A qué aguardas?

El manchego no se hizo de rogar. Pronto le sentimos bajar la escalera, saltando los escalones de cuatro en cuatro.

—Iré luego a casa de mamá —dijo Camila, poniendo a su hermana el sombrero y el abrigo—. Adiós, *comparito*.

Le di la mano, y ella me la apretó mucho.

VIII

[EN QUE SE ACLARAN COSAS EXPUESTAS EN EL ANTERIOR] [24]

CUANDO bajábamos, Eloísa me dijo: "¿Vas a venir a acompañarme?" En el tono con que esto fue dicho, conocí su deseo de que no la acompañara. Yo tampoco tenía intención de hacerlo. Aquel recelo de no aparecer juntos en público al mismo tiempo nos acometía a entrambos, revelando, no sólo la conformidad, sino también la poca rectitud de nuestros pensamientos. Ella entró en su coche y fue a la calle del Olmo; yo me bajé a pie a la Castellana para dar una vuelta. Volví a la casa al anochecer, y a poco sentía llegar el carruaje de mi prima. Obedeciendo a instintivo movimiento y a una curiosidad tonta, salí a mi

---

[24] Este epígrafe falta en la edición original.

puerta. Tuve el pueril antojo de atisbar por el ventanillo para verla subir sin que ella me viese. Siéndome fácil hablar con ella a todas horas, ¿qué significaba aquel acecho? Nada más que el ansia del misterio, la necesidad de poner en mi pasión la sal del incidente. Aquel mirar furtivo por la rejilla de cobre era ya un paso interesante y que rompía los términos rutinarios de la vida formal para ponernos en la esfera de las travesuras, más sabrosas cuanto más anormales... La vi subir. Noté que al pasar por mi puerta la miró como deseando que estuviese abierta, o que el azar le proporcionase un pretexto para colarse dentro. El lacayo subía tras ella con un montón de paquetes de compras.

Nos vimos aquella noche en su casa. Hablé con todo el mundo menos con ella. Ambos temíamos dar a conocer nuestra conciencia, no turbada aún más que por pensamientos. Presagiábamos las peligrosas resultas de ellos, mas no se nos ocurría extirparlos, sino simplemente evitar que nos salieran a la cara. Con Carrillo, que había cogido un pasmo, hablé de todas las clases de constipaciones posibles; describí el proceso patológico de los míos y de los de mi padre, y mi tía Pilar vino en buena hora a dar nuevos horizontes a mi erudición con preciosos datos catarrales referentes a otras personas de la familia. Hicimos luego una ensalada inglesa. Hablé de los *whigs* y los *tories,* de la reforma electoral de 1834, del *Habeas corpus,* de la Liga de Manchester y del *bill* de cereales. Sir Roberto Peel quedó hecho trizas de tanto como le manoseamos Carrillo y yo, y no salieron mejor librados lord Chatam, Cobden, Russell, Palmerston y los modernos Disraeli y Gladstone. [25] Nos volvíamos ingleses sin saberlo, y esto

---

[25]   *whigs* y *tories,* en un comienzo motes despectivos, son los nombres con que generalmente se designa a los liberales y conservadores ingleses, respectivamente. El "habeas corpus" es el principio que hace imposible la detención de un ciudadano, sin formación de causa, después de un breve período. La "liga de Manchester" y el "bill de cereales" se refieren a una misma cosa: el movimiento promovido en Manchester (1839: *anti-corn Law League*) para conseguir la derogación de la ley sobre cereales entonces vigente. Cabeza de este movimiento fueron Richard Cobden (1804-1865) y John Bright, del que aún se habla más adelante, Sir Robert Peel (1788-1850) y William Pitt, Lord Chatham (1759-1806) fueron grandes parlamentarios ingleses, como Lord John Russell. Lord Palmerston (1784-1865) fue dos veces primer ministro desde 1855 hasta su muerte. De Cobden, Dis-

precisamente cuando mi sangre andaluza, y la savia paterna, oscurecía y anonadaba en mí lo que yo había recibido del ser británico de mi madre.

Cuando me retiré, despedíme de todos menos de Eloísa, que al verme en pie se marchó al cuarto de su hijo. Y me la llevaba conmigo a mi casa, *in mente,* la robaba como hacía mi tío Serafín con las baratijas de su gusto; y me la guardaba en mi corazón, como en un bolsillo, reducida a impalpable esencia, cuando no la subía al entrecejo para darle allí vida febril, haciéndola compañera de mis soledades. Las noches de insomnio, las madrugadas de inquieto sueño, los días tristes alambicaban mi querencia poniéndome en estado de hacer tonterías de mozalbete si se hubiera presentado ocasión de ello. No las hice, porque Dios no quiso. Pero estaba dispuesto a todo, hasta a volverme romántico y *wertheriano,* a pesar de que los tiempos son tan poco propicios para que un hombre se ponga en semejante estado.

Una tarde del mes de marzo nos encontramos casualmente en la calle. Ambos nos turbamos. Nos veíamos diariamente en la casa sin experimentar turbación, y en la calle, solos, al darnos las manos, parecía que temblábamos por tal encuentro y que habríamos deseado evitarlo. Iba yo hacia el Banco de España; ella, a casa de una amiga. Nos separamos. Sin darnos cuenta de ello, por medio de una sencilla pregunta semejante a esas que se hacen por decir algo y de una respuesta más sencilla aún, nos dimos cita para aquella tarde en la casa de la calle del Olmo. Vinieron los sucesos impensada y tontamente, con ese canon fatal que equipara en el orden de la realidad las cosas más triviales a las más graves y de más peligrosa trascendencia. Las cuatro serían cuando entré en la casa. No había nadie de la familia más que Eloísa. No tuve que llamar. La puerta estaba abierta, y un operario arreglaba la entrada del gas. Sentí martilleo en las habitaciones interiores, y al pasar junto a una puerta, oí la conversación de unas mujeres que, sentadas en el suelo, estaban cosiendo alfombras. Parecióme que

raeli (Lord Beaconsfield), Gladstone se habla en otros lugares, donde queda nota.

yo me introducía invisible, como el gas, pasando por escondidos, angostos y callados tubos.

Avancé. Bien sabía yo adónde iba. Tan seguro estaba de encontrarla como de la luz del día. Después de atravesar dos salones, vi a Eloísa de espaldas. Estaba repasando una colección de estampas puestas en voluminosa carpeta. Acerquéme a ella de puntillas; mas aún no estaba a dos pasos de su hermosa figura, cuando sin volverse dijo esto: "Sí, ya te siento; no creas que me asustas…"

IX

MUCHO AMOR (¡OH PARIS, PARIS!), MUCHOS NUMEROS y
LA LEYENDA DE LAS CUENTAS DE VIDRIO

I

A la semana siguiente instalóse mi prima en su nueva casa. Un día antes de mudarse, estuvo en la mía por la tarde, en ocasión que yo me encontraba solo. Hablamos atropellada y nerviosamente de las dificultades que nos cercaban; ella temía el escándalo, parecía muy cuidadosa de su reputación y aun dispuesta a sacrificar el amor que me tenía por el decoro de la familia. Manifestaba también escrúpulos religiosos y de conciencia, que yo acallé como pude con los argumentos socorridos que nunca faltan para casos tales. En ninguna de las conversaciones de aquellos días nombrábamos jamás a Carrillo. Únicamente hizo Eloísa alguna tímida referencia a la equivocación lamentable de su casamiento. Fue, más que una ceguera de ella, terquedad de su mamá y tontería de su papá… No tenía ella, no, toda la culpa de su falta. ¡Pícaro mundo! ¿Por qué no vine yo antes a Madrid? Y ya que no vine antes, cuando hubiera sido ocasión de casarnos, ¿por qué vine después, cuando ya el conocerme la había de hacer tan desgraciada? En resumidas cuentas, yo tenía toda la culpa… Pero ya, ¿qué remedio…? La atracción que a entrambos nos había unido era más fuerte que todas las demás cosas del alma. Imposible luchar contra ella… Pero ¡el escándalo, la pérdida de la reputación, el murmullo de la gente, su hijo..., el pobre *barbián,* que cuando creciera oiría decir que su mamita no había sido buena, como deben serlo todas las mamás!... Las delicias de amar por vez primera y única eran acibaradas por aquella zozobra punzante, por aquel miedo al qué dirán, por el presentimiento de catástrofes y desventuras que es la sombra fatídica que se hace a sí misma la vida ilegal.

Y otra cosa... ¿Cómo, dónde y cuándo nos veríamos?... Porque pensar que podría transcurrir una semana sin vernos a solas, era pensar en la eternidad de la desdicha humana. Sobre esto hablamos largamente y con cierto ahogo, sin que yo pueda precisar ahora cuáles conceptos salieron de su boca, cuáles de la mía, cuáles de entrambas a la vez y como en un solo aliento. "Nos veríamos en su casa..." "No, no; en la mía..." "No, no; en otra..." "¿Dónde?..." "Pues nos daríamos cita en tal o cual parte..." "Yo arreglaría una casita muy cuca..."

La felicidad que me embargaba y que juntamente significaba amor, idealismo y satisfacción del amor propio, era demasiado grande para que yo pudiera encerrarla en el secreto de mi alma. No quería yo el escándalo; mi moral era aún bastante remilgada para enseñarme lo que debemos al decoro; la publicidad érame antipática; pero, con todo, mi aventura me ahogaba, hinchándome el pecho, sin duda por la parte que la vanidad tenía en ella. Erame forzoso mostrar a alguien mis bien ganados laureles; yo buscaba tal vez, sin darme cuenta de ello, un aplauso a la secreta aventura. Con nadie podía tener una confianza delicada como con Severiano Rodríguez, amigo mío muy querido de toda la vida. Conocía su discreción. El me guardaría mi secreto como yo le guardaba los suyos. También Severiano estaba enredado con una señora casada; sólo que esto era tan público en Madrid como la Bula. Contéle, pues, todo, y no se sorprendió. Se lo temía el muy pillo. Díjome, con aquel su estilo figurativo y genuinamente andaluz, que era inútil quisiera yo hacer el *niño del mérito,* guardando una reserva que era lo mismo que poner persianas al viento; que no intentara trastear al público, que es animal de mucho *quinqué,* y, por fin, que los tiempos de notoriedad que corremos hacen imposible el tapujito, lo que viene a ser una ventaja de nuestra edad sobre las precedentes.

Razón tenía mi amigo. Dos meses después advertí que mi secreto había dejado de serlo para muchas personas, aunque las conveniencias seguían guardándose con la mayor escrupulosidad. El amor por una parte, con la dulzura de sus goces prohibidos; la vanidad victoriosa por otra, mantenían mi espíritu en estado de tensión incesante. Yo no cabía en mí de gozo. Me sentía ya capaz no sólo de locuras románticas, sino aun de las mayores violencias, si alguien osara disputarme aquel bien que consideraba eternamente mío. Eloísa me esclavizaba con fuerza irresistible. Su tenaz cariño era pagado liberalmente por mí con exaltada pasión, con estimación, hasta con respeto, con todo lo que el corazón humano puede dar de sí en su variada florescencia afectiva. Y en cierto modo me recreaba en ella como si fuera algo, no sólo perteneciente a mí, sino hechura de mi propia pasión. Porque sí: Eloísa era más hermosa desde que estaba en relaciones conmigo; como mujer valía más, mucho más que antes. Su elegancia superaba a los encomios que hacía de ella la lisonja. Desde que se instaló en su nueva y primorosa vivienda, parecía que había subido de golpe al último grado de esa nobleza del vestir, que no tiene nombre en castellano. Todas las seducciones se reunían en ella. Y yo... ¡para que vean ustedes cómo me puse!..., la miraba como miraría el artista su obra maestra. No es esto, no, lo que quiero decir: mirábala como una planta que - yo había regado con mi aliento, abrigado con mi calor y fertilizado con mi dinero, criándola para goce mío y recreo de la vista de los demás.

Francamente, en mi cerebro había algo anormal, un tornillo roto, como gráficamente decía mi tío al descubrir las variadas chifladuras de la familia. Yo no estaba en mí en aquella época; yo andaba desquiciado, ido, con movimientos irregulares y violentos, como una máquina a la cual se le ha caído una pieza importante. De tal modo estaba alterado mi equilibrio, que a cada momento lo daba a conocer. Si no hacía cosas ridículas, era porque conservaba muy vivo el respeto exterior de mí mismo; pero decía majaderías, como las

que antes, en boca de otros, me habían hecho reír
mucho.

Con la familia me hallaba algo cohibido. Temía que
el tío se enfadase, que mi tía Pilar me echase los tiempos por la situación poco decorosa en que yo había
puesto a su hija. Pero ninguno se dio por entendido.
O no lo sabían, o lo disimulaban. Raimundo y María
Juana tampoco chistaban. Sólo Camila se permitió algunas reticencias, de que no hice caso. Toda la familia
me trataba de la misma manera, con el mismo afecto
y cortesía, y yo, agradecido a esta condescendencia natural o estudiada, les correspondía redoblando con respeto a ellos mi generosidad. Era ésta en mí como una
corruptela para comprar su tolerancia, o subvención
otorgada a su silencio. No cesaba, pues, de hacer regalitos a mi tía, algunos de consideración; daba cigarros y dinero a Raimundo; compré un piano a Camila, pues el que tenía estaba ya asmático, y a todos
los obsequiaba un día y otro con palcos o butacas
en los principales teatros.

Pero mis arranques más costosos eran para Eloísa,
a quien constantemente daba sorpresas, añadiendo a
sus colecciones objetos diversos, ya un cuadrito de buena firma, ya un caprichoso mueble, antigüedad de mérito o primorosa alhaja de moda. Grande era mi gozo
cuando observaba el suyo al recibir el presente. A veces me reñía, ponía morros por aquel afán mío de
gastar el dinero tan sin sustancia. Nunca me pedía
nada; pero muy a menudo la observé como atontada
pensando en algún objeto recientemente exhibido en
las tiendas de lujo. Tenía momentos de entusiasmo su-
poniéndose poseedora de él, ratos de tristeza conside-
rándose incapaz de poseerlo. Precisaba calmar esta
exaltación con la única medicina eficaz, la compra del
pícaro objeto. Éste era, bien un jarrón japonés de la
fábrica imperial, con la pátina antigua, o un par de
tibores de Sachsuma. Era a veces el motivo de sus
ansias una delicada pieza de Wedgwood o una creden-
cia de ébano y marfil. A esto añadí, por mayo, una
berlina de Binder y un piano media cola de Erard;
pero ningún capítulo subía tanto como el de alhajas,
pues por el collar de perlas, la *rivière* de brillantes,

una pulsera de *ojos* de gato, una rosa [26] suelta y varias chucherías, me dejé en casa de Marabini quince mil duritos.

II

Llegó el verano. La familia de mi tío tenía casa tomada en San Juan de Luz. Eloísa fue con su marido a Biarritz, de donde pasarían a París a consulta de médicos. En París me planté yo, para esperarlos, y no tuve tiempo de impacientarme, pues mi prima acudió puntual a la cita. El pobre Pepe estaba delicadísimo y no podía invertir su tiempo más que en dejarse ver y examinar de las eminencias médicas, en someterse a tratamientos fastidiosos y en pasear algún rato, absteniéndose de salir de noche y de todo regalo en las comidas. Vivían en el hotel de la calle de Scribe. Yo estaba, como siempre, en el de Helder. Fácil nos era a mi prima y a mí vernos y citarnos en la ilimitada libertad parisiense y aun hacer algunas excursiones cortas a las inmediaciones. En los cuatro días que Carrillo estuvo sin más compañía que la de un camarero, en los baños de Enghien, disfrutamos los pecadores de una independencia que hasta entonces no habíamos conocido. Eloísa iba a mi hotel. Estábamos como en nuestra casa, libres, solos, haciendo lo que se nos antojaba, almorzando en la mesilla de mi gabinete, ella sin peinarse, a medio vestir, yo vestido también con el mayor abandono; ambos irreflexivos, indolentes, gozando de la vida como los seres más autónomos y más enamorados de la creación. En nuestros coloquios, amenizados por constante reír, nos comparábamos con las dichosas parejas del barrio latino, el estudiante y la griseta, el pintor y su modelo, viviendo al día con dos o tres francos y una ración inmensa de amor sin cuidados. Nosotros éramos mucho más felices porque teníamos dinero y podríamos paladear mejor tanta dicha. Para gozar a nuestras anchas de la

---

[26] *Sachsuma*, porcelana japonesa que se hacía en la isla de Kiushu desde el siglo XVI. *Wedgwood* es también una porcelana, inglesa, fabricada por Josiah Wedgwood (1730-1793); la *rivière*, es un "collier de diamants montés en chatons", y de ella aún se habla en la pág. 153; *rosa* quiere decir "diamante rosa", "el que está labrado por el haz y queda plano por el envés" (*Dicc. acad.*).

libertad parisiense, tomábamos el tren en San Lázaro
y nos íbamos a San Germán, almorzábamos en la Te-
rraza, paseábamos por el bosque, corríamos, nos acos-
tábamos sobre la yerba... ¡Qué horas tan dulces! Como
quien se contempla en un espejo, nos recreábamos en
las muchas parejas que veíamos semejantes a nosotros.
Componíanse de algún extranjero, ávido de echar una
cana al aire, y de alguna *bulevardista,* por lo general
de buen parecer y modales un tanto desenvueltos. En
otras parejas se advertía una confianza, una intimidad
que no son propias de las relaciones de un día. Eran
amantes, como nosotros, que hacían una escapatoria
como la nuestra, para burlar con delirante satisfacción
la insoportable vigilancia de las leyes divinas y humanas. Veíamos hombres de semblante inquieto y fatigado; mujeres guapas, guapísimas, vestidas con una
elegancia que cautivaba a Eloísa. Ésta se fijaba en la
manera de vestir de aquella gente y en la originalidad
de sus atavíos. Eran como anuncio vivo de los modistos,
que por tal procedimiento hacían público reclamo de
las novedades de la estación próxima.

Por la noche nos metíamos en los teatros y cafés
cantantes más depravados. Era preciso verlo todo, sin
perjuicio de ir por la mañana a las misas aristocráticas
de la Magdalena y de la Capilla Expiatoria... El resto del día lo empleábamos en las tiendas. Eloísa quería
surtirse con tiempo de muchas cosas que en Madrid
habían de costarle el doble. Compraba, pues, por economía. Los grandes almacenes y los establecimientos
más de moda recibían nuestra visita. También solía
llevarme a casa de los célebres anticuarios de la calle
Real, y a los depósitos de artículos de China, Persia,
Japón y Siam. Lo japonés abundaba poco en Madrid
todavía, mientras que en París estaba al alcance de
todas las fortunas. ¿Cómo no apresurarse a llevar un
surtido de telas, vasos, estantillos, dos o tres biombos,
lacas, y hasta las ínfimas baratijas de papel y cartón
que declaran el maravilloso sentimiento artístico de
aquella gente asiática, sólo igualada por la clásica Gre-
cia? Al propio tiempo, la señora de Carrillo no podía,
ya que felizmente estaba en la capital de la moda,
dejar de equiparse para el próximo invierno. Su amor
propio pedíale no ser de las últimas en la introducción

de las novedades, mejor dicho, la incitaba a ser la primera. En casa de Wort se encontró a la de San Salomó; adondequiera que iba, tropezaba con la siempre inquieta y bulliciosa marquesa, y esto mismo estimulaba en mi prima los deseos de superarla. Cada una quería hacer pinitos sobre la otra, anticipándose a llevar a Madrid lo mejor, lo más bonito y nuevo... Pronto perdí la cuenta de las cajas que mi primita expidió para Irún en los últimos días de septiembre.

Pero a falta de este dato, otros más exactos me permitían apreciar numéricamente los entusiasmos de Eloísa. En la primavera anterior había ordenado yo a mi banquero de París que me vendiera los títulos de 4,5 por ciento que tenía en su poder, cuyo valor ascendía aproximadamente a unos ciento setenta y cinco mil francos. Era mi intención traer a España aquel dinero para emplearlo, con otras sumas, en inmuebles urbanos o en los títulos creados por Camacho. [27] Cuando fui a París, Mitjáns había hecho la venta, y tenía en su caja, a disposición mía, el líquido de la realización. Díjele que lo retuviese en su casa, que yo tomaría para mis gastos lo que necesitara, y el resto me lo daría en letras sobre Madrid a la conclusión de la temporada. Tales sangrías di a aquel depósito, que cuando fui a liquidar, sólo me restaban siete mil francos, que Mitjáns me dio en una carta-orden. Y no paró aquí mi desgracia, pues el día de la marcha sobrevinieron no sé qué olvidadas cuentas de mi prima Eloísa, y tuve que ir a última hora, echando los bofes, a casa de Mitjáns a pedirle un préstamo de cuatro mil francos para poder volver a España.

Este acontecimiento causóme sobresalto. Era la primera vez en mi vida que me sorprendía en flagrante delito contra las augustas leyes de la aritmética. Hasta entonces mi mente no había sufrido una distracción tan profunda y sostenida. En las ocasiones de mayor ceguera había percibido siempre la salvadora claridad de los números; que de algo ¡vive Dios!, habían de valerme los quince años pasados en el saludable ejer-

---

27 Don José Francisco Camacho (1817-1896), político liberal, fue ministro en el Gabinete de Sagasta de 1881-82 y realizó una famosa conversión de la Deuda, que dio origen a los nuevos títulos a que aquí se alude.

cicio mental de un escritorio. ¿Y unos cuantos meses
de loco desatino podían destruir los efectos de mi educación económica? No, seguramente, no. Mi espíritu,
habituado a la contabilidad, resurgía valiente, sacudía
la modorra, trataba de romper la nube de la ofusca-
ción que lo envolvía con efectos semejantes a los de
un narcótico. Vi la clara imagen de la diosa Cantidad,
alta, severa, con una luz en la mano que, al modo de
faro, me alumbraba para que no naufragase.

Fui educado en los negocios y respiré en mi niñez
el aire espeso, sombrío de la práctica Inglaterra, que
con el humo que introduce en nuestros pulmones parece que nos infiltra en el cuerpo la costumbre de la
exactitud en todas las cosas. Mi juventud desarrollóse
también en la gimnasia de la cantidad, así como la de
otros crece en los placeres frívolos. Yo tenía, pues, en
mí una virtualidad redentora, el *tanto,* el verbo inglés,
dócil a las órdenes de mi razón, el número, sí, no menos grande y fecundo que la idea, como energía aní-
mica. Al verificarse en mí aquel despertamiento, halléme
en terreno firme, y dije con resolución: "No, niña mía,
esto no puede seguir así."

III

En Madrid traté de poner orden en mis asuntos. A
fines de octubre pasóme el Banco el extracto de mi
cuenta corriente, y vi que apenas me quedaban unas
dos mil pesetas. Había gastado ya toda mi renta del
año, cuando en los precedentes apenas había llegado a
la mitad, y con la otra mitad aumentaba mi capital.
En aquellos días recibí de Jerez varias letras y algún
papel de Londres.

Eran el tercer plazo anual de mis arrendamientos y
un residuo de la venta de existencias. Había pensado
yo destinar este dinero a consolidación del capital;
pero no pudo ser, porque tuve que enviarlo a mi cuenta corriente del Banco para los gastos del último trimestre del 82. Una breve operación me dio a conocer
que mi fortuna había disminuído aquel año en muy
cerca de noventa mil duros. ¡Cosa singular! Yo tenía
durante las embriagueces de aquel año vagas nociones
de esta cifra negativa; pero no me causó temor hasta
que la vi salir de la punta de la pluma en infalibles

guarismos. Me parecía mentira que tal suma hubiera sido espolvoreada por mí en diversas tiendas de París y Madrid; y no obstante, bien cierto era. Lo hice sin darme cuenta de ello, ciego y alucinado, olvidando esa admirable función del espíritu que llamamos sumar, y atento sólo a los aguijonazos de la voluptuosidad y del amor propio.

A lo hecho, pecho. Aunque felizmente había abierto los ojos al *tanto,* reintegrándome en el equilibrio de mi ser, por un lado concupiscente, por otro positivista, mi desvarío por Eloísa no había mermado en lo más leve. Más prendado de ella cada día, pensé en llevar procedimientos de regularidad económica a lo que moralmente era tan irregular. El orden parecíame digno de ser implantado en los dominios del vicio, y yo me imponía el deber de intentarlo y me hacía la dulce ilusión de conseguirlo. Cavilaciones numéricas entristecían mis noches y mis mañanas, pues da hondo interés que me inspiraba Eloísa hacíame ver nubes muy negras en el porvenir de la casa de Carrillo. En cuanto a mi fortuna, que hasta entonces había sido pingüe, sólida y muy saneada, hice propósito firmísimo de defenderla a todo trance de los lazos que mi propia pasión le tendía. A pesar de lo firme del propósito, vivas inquietudes me atormentaban en presencia de aquel querido edificio económico, al cual se le acababan de abrir grietas muy profundas.

Pensando siempre en mi prima, no cesaba de hacer cálculos sobre el presupuesto de su casa, que me parecía muy desconcertado. Con aquella exactitud que debía a mis hábitos de contabilidad, aprecié lo que había importado la instalación, los ricos muebles y costosos caprichos de Eloísa. Sin escribir un guarismo, calculé el gasto aproximado de la casa, alimentación, cocheras, servidumbre, teatros, modistas, viajes de verano, menudencias e imprevistos. No, no: no cabía estar dentro de la cifra de veinte mil duros anuales. Para cerciorarme, levanté columnas de números, y no, no salía. El pasivo del primer año era enorme, abrumador, y unido a la instalación me daba el resultado tristísimo de que los señores de Carrillo se habían comido ya la cuarta parte del capital heredado. Por mucho que estirara yo los ingresos sobre el papel, forzando los productos de la dehesa de Navalagamella y Barco de Ávila, engrosando los alquileres de las tres casas de Madrid, y añadiendo a todo el cupón de las obligaciones de Banco y Tesoro, no podía pasar de tristes siete mil duros. ¡Y tan tristes!... Como que lloraban por los míos, y me los querían llevar.

Lo peor de todo fue que en aquel otoño, Eloísa, montó la casa con más lujo, tomó más criados, hizo reformas en el edificio, anunciando que iba a dar comidas todos los jueves. Era preciso hablarle claramente y arrancar aquella mordaza que el amor me ponía. Una tarde, solos en nuestro escondite, le hablé el lenguaje sincero y leal de los números. ¡Cómo esquivaba el tema la muy pícara; cómo se escapaba, culebrosa y resbaladiza, cuando ya la creía tener bien cogida! Por fin se mostró conforme con mis ideas, y penetrada del buen sentido de las cosas. Sí, era preciso moderarse, porque el porvenir... Invirtióse la tarde en cálculos, en proyectos de economía y reducción de inútiles gastos. A los pocos días volví a mi fiscalización con nuevo empeño. No pude obtener que me expusiera en términos exactos su presupuesto. Siempre embrollaba las cifras y las desfiguraba, haciendo un lamentable abuso de la aplicación de los ceros. Por fin, tras pesadas insinuaciones mías, me confesó que tenía algunas deudas.

—Te las pago todas —le dije con efusión— si me juras que no volverás a contraerlas y que serás juiciosa y arreglada.

Y el juramento se hacía poniendo por testigo a Dios; y se celebraba el convenio con abrazos y ternuras; y las deudas se pagaban y se volvían a contraer, como árbol que más vigorosamente retoña cuanto más se le poda.

—Ahora no me echarás la culpa a mí —me dijo una tarde—. Es Pepe el que gasta. Ayer he tenido que sacarle de un gran apuro. Sin que yo lo supiera, ha tomado seis mil duros, dando en fianza la casa de la calle de Relatores... No, no me mires así, con esos ojos de terror... Pepe es muy bueno, y no le puedo contrariar. Desde que es senador no ha vuelto a poner

los pies en el *Veloz*. [28] No tiene ningún vicio, no juega,
no mantiene queridas; ni siquiera fuma. Pocos hombres hay tan ejemplares como él. Preguntarás que en
qué se le va tanto dinero; voy a contestarte inmediatamente. Primero, el periódico, ese dichoso órgano del
partido, que yo leo para combatir los insomnios. No
sé cómo Pepe, que tiene talento, emplea su dinero en
hacer de Galeoto entre la Democracia y el Trono, sabiendo que esa señora y ese caballero no se han de
casar, y lo más, lo más, harán lo que hacemos nosotros, quererse a espaldas de la Ley... Segundo, Pepe
se me ha vuelto tan benéfico, que no sabes lo que me
gasta en socorro de emigrados, en la *Sociedad de Niños*. Te aseguro que es un dolor...

Para mí lo era, y no flojo, pues por la concatena-
ción de las cosas me dolían horriblemente los bolsillos
cada vez que el marido de aquella señora ganaba un
nuevo título para la bienaventuranza eterna.

Otras veces, en las horas de criminal soledad, nuestras lucubraciones económicas tomaban un giro fantástico y extravagante. Como el líquido puesto al fuego
hierve y crece, yo, sometido a las altas temperaturas
del amor, deliraba. Pero no era mi delirio, como el de
los poetas, visión de flores, nubecillas y formas helénicas. Era más bien una fermentación de los números
que tenía metidos en la cabeza. Las cifras de reales,
francos y libras que pasaron por mi mente en quince
años, volvían todas juntas, agrupándose como en las
cerradas columnas de los libros de partida doble, se-
parándose y revolviéndose como las cantidades desgarradas en la cesta de papeles rotos. ¡Poseer millones
de millones!... ¡Que mis reales se me volvieran libras
esterlinas de la noche a la mañana!... ¡Que los ceros
se agruparan junto a las unidades formando esas filas
nutridas, cuya vista ensancha el alma! "Entonces, gata
bonita, tendrías un palacio mejor que el de Fernán-
Núñez y el de Anglada juntos; tendrías un lecho de
plata, como el de la esposa de un rajá; tendrías un
yate para viajar por el Mediterráneo y un tren *pullman*

---

28   El *Veloz-Club* fue fundado en 1874 por varios aristócratas al-
fonsinos —Alba, Medinaceli, Tamames—. Primeramente estuvo insta-
lado en la Plaza de las Cortes frente al lugar que hoy ocupa el
Hotel Palace.

para recorrer el Continente. Te compraría el Rembrandt, el Murillo, el Veronés que salieran a la venta al deshacerse la galería de algún principote alemán; y para ti trabajarían Meissonier, Pradilla, Alma Tadema, Domingo, Muncaksy [29] y lo más granadito de Europa. Aprovechando las buenas ocasiones, te compraría los vestigios de las grandes casas, la armadura que llevó el duque de Alba, la espada de Boabdil, los tapices de los Reyes Católicos con el *tanto monta* y los yugos y flechas, y esas casullas de catedral que van a parar en forros de sillas, y esos libros de vitela cuyas hojas se convierten en abanicos, y cajas de oro y Cristos de marfil como el que tiene Rothschild, y el jarrón de Fortuny, y la espada de Bernardo, y la Biblia de María Estuardo, y el vaso de plata de Napoleón. El arte más sublime, la industria más hábil y los objetos de valor histórico, despojos que se le caen a la Historia en su marcha, serían para que tú jugaras con ellos y te relamieras de gusto mirándolos... Serías más rica que la duquesa de Westminster, la cual lo es más que la reina Victoria, emperatriz de las Indias".

Como en esta dirección el desvarío no podía ir más allá, Eloísa, para hacer juego, deliraba en sentido contrario. ¡Ser pobre! No tener nada; vivir juntos y solos, completamente exentos de necesidades sociales, en un país apartado, fértil, bonito, donde no hubiera frío ni calor, ni ciudades, ni civilización... No tener más que un albergue rústico, y que nuestra despensa estuviera colgada de los árboles... No beber más que agua clara... Vestirse sencillamente, tan sencillamente que todo el guardarropa quedara reducido a un simple túnico talar... Nada de calzado, nada de sombrero, nada de

---

[29] J. L. E. Meissonier (1815-1891) fue el pintor francés más famoso quizá por estos tiempos entre una cierta burguesía rica, como Sir L. Alma-Tadema (1836-1912) fue el pintor de moda de la Inglaterra victoriana —aunque flamenco de nación.

Francisco Pradilla (1847-1921) dejó fama como pintor de historia —recuérdese su cuadro *Doña Juana la Loca*—, pero hizo también pintura de género. Sobre Francisco Domingo Marqués (1842-1920) aún veremos un significativo párrafo más adelante, pág. 154.

Miguel Munkacsy, pintor húngaro hoy muy olvidado, se dio a conocer en París en el Salón de Otoño de 1870 y obtuvo un gran Premio de Honor en 1878 en la Exposición Universal. En la *Ilustración Española y Americana* de estos años de 1880-1885 figuran varias reproducciones de obras suyas.

esos horrores que llaman guantes, corbatas y alfileres...
No gozar de más espectáculos que los del cielo y la
vegetación; no oír más música que la de los pájaros;
no ver más espejos que la corriente de los ríos; no
tener idea de lo que es un coche, ni una tarjeta de
visita, ni una esquela de invitación, ni una cuenta
de modista... Desconocer la escritura y la lectura; y
en cuanto a religión, celebrar la misa con una hoguera,
un par de cánticos, un haz de flores, delante de los
panoramas preciosísimos de la Naturaleza... Y en
medio de esto, el amor, mucho amor, muchísimo amor;
ella y yo siempre juntos, siempre solos, siempre jóvenes
y nunca cansados de mirarnos y de querernos...

Creo que mis carcajadas se oían desde la calle. El
delirio de Eloísa, que era el rebote del mío, me produjo
una hilaridad tal, que ella se apresuró a taparme la
boca, alarmada de mis gritos.

—Calla tonto... No escandalices.

No sé si lo soñé o lo pensé. Debí de quedarme dormido, y ver a Eloísa en aquel pergeño rústico y salvaje, hecha una señora Eva, en el país del abanico más
relamido que se podía imaginar. Ella era feliz con su
túnico, no sé si de verdes lampazos o de alguna tela
inconsútil. No conocía la ambición ni el lujo; era toda
inocencia, salud, dicha. Sus diamantes eran las estrellas, sus galas las flores, sus espejos los lagos, su palacio
la bóveda azul de los cielos... Pero un día la señora
Eva alcanza a ver a un ser extraño y desconocido que
se aparece en aquel delicioso rincón del mundo donde
sólo habitamos ella y yo. Esta tercera persona es el
demonio, la tentación, el elemento dramático que viene
a emporcar nuestro idilio. No se ofrece a las miradas
de la señora Eva en forma de serpiente, ni usa para
perderla el ardid aquel de la manzana. ¡Quia! Es un
viajero, un náufrago que acaba de arribar a aquellas
playas, y para trastornar el seso a mi mujer, le muestra
una sarta de cuentas de vidrio. Las ganas de adornarse
con ella desarrollan en su alma formidable apetito, y
se conmueve, se ofusca, se vuelve toda nervios, pierde
su ser inocente, como si dijéramos, la chaveta, y adiós
idilio, adiós Naturaleza, adiós sencillez, adiós paz sabrosa, adiós festín de yerbas, adiós enaguas de hojas,

adiós amor... Cae mi Eva en la tentación, se vende por las cuentas de vidrio, y el demonio carga con ella.

X

CARRILLO VALÍA MÁS QUE YO

A Q U E L hombre que me inspiraba una compasión profunda y un temor supersticioso, aquel Carrillo, amigo vendido, pariente vilipendiado, valía más que yo. Al menos así lo promulgaba a todas horas mi pensamiento en los soliloquios de su confusión constante. Idea fija era esto de mi inferioridad, y ni con sofismas ni con razones la podía echar de mí. Quizás yo me equivocaba, quizás las sombras de mi conducta me permitían ver en aquel desgraciado una luz que no tenía, o dicha luz era un simple fenómeno retiniano. Sí, yo era un ser negativo, un vago, una carga de la sociedad, mientras el otro parecíame una de las personas más útiles y laboriosas que se podían ver. Sobreponiéndose a sus dolencias, siempre estaba ocupado. No entré una vez en su despacho que no le hallara trabajando, afanadísimo, poniendo su alma y toda su poca salud al servicio de una idea o de una institución. Dábase por entero a diversos objetos benéficos, políticos y morales, y su vehemencia era tal, que si la empleara en sus asuntos propios habría sido el hombre modelo y la más perfecta encarnación del ciudadano y del jefe de familia.

Carrillo era presidente de una *Sociedad* formada para amparar niños desvalidos, recogerlos de la vía pública y emanciparlos de la mendicidad y de la miseria. Tan a pechos había tomado su cargo, y tan humanitario ardor ponía en desempeñarlo, que a él se le debían los eficaces triunfos alcanzados por la *Sociedad*. Más de quinientas criaturas le debían pan y abrigo. Inocentes niñas se habían salvado de la prostitución; chiquillos graciosos habían sido curados de las precocidades del crimen al dar el primer paso en la senda que conduce al presidio. La *Sociedad* hacía ya mucho; pero su ilustre presidente aspiraba siempre a más. Todos los esfuerzos eran pocos en pro de los párvulos indigentes. No bastaba recogerlos en las calles; era preciso ir a buscarlos en los tugurios de la mendicidad emparentada con el crimen, y arrancarlos al poder de crueles padres que los martirizan o de infames madres postizas que los envilecen. Y Pepe, imprimiendo a esta caritativa obra impulso colosal, pasaba largas horas en su despacho con el secretario, revisando notas, coordinando informes, extendiendo y firmando recibos de suscripción de socios, poniendo cartas al cardenal, al patriarca, a la infanta Isabel, al primer ministro, a los presidentes del Ayuntamiento y de la Diputación para allegar el auxilio de todo lo valioso y útil. Ningún recurso se desperdiciaba, ninguna ocasión se perdía. A este trabajo titánico había que añadir el de organizar fiestas y funciones teatrales para aumentar los fondos de la *Sociedad*. ¡Qué laberinto, y qué entrar y salir de empresarios y concertistas y cómicos! No se eximían de esta febril contradanza los poetas, a los cuales se les rogaba que leyeran versos, ni los oradores, a quienes se pedía óbolo de sus floreados discursos.

Mientras Carrillo empleaba en servicio de la humanidad su inteligencia, yo ¿qué hacía? Corromper la familia, abrir escuelas de escándalo y dar malos ejemplos. Aún podía llevar mucho más lejos la comparación, siempre en perjuicio mío. Yo era diputado cunero, y no me cuidaba ni poco ni mucho de cumplir los deberes de mi cargo. Jamás hablaba en las Cortes, asistía poco a las sesiones, no formaba parte de ninguna Comisión de importancia, no servía más que para sumarme con la mayoría en las ocasiones de apuro. Tenía nociones geográficas muy incompletas acerca de mi distrito, y hacía el mismo caso de mis electores que de los negros de Angola. Ellos gruñían, escribíanme cartas llenas de quejas; pero yo las arrojaba a la cesta de los papeles rotos, diciendo: "A mí me ha hecho diputado el ministro de la Gobernación, nadie más. Vayan ustedes muy enhoramala". Francamente, el Congreso me parecía una comedia, y no tenía ganas de mezclarme en ella. En cambio, Pepe, que era senador, tomaba muy en serio su cargo, se debía al país, miraba a la patria con ojos paternales, considerándola como uno de aquellos infelices niños que la *Sociedad* recogía en las calles. Asistía puntualmente a la Cámara, y figuraba en muchas comisiones. Con frecuencia se levantaba de su banco, sin aliento, ahogándose, y pro-

Retrato de Don Benito Pérez Galdós

Ilustración Española y Americana, 1883

La Historia de España, mientras hubo
guerras, es una Historia que pone los pelos
de punta; pero la que en la paz escriben
ahora estos decadentes su pone los pelos
de ninguna manera porque es una Historia
Cuba que es muy feliz. Yo que quiere usted que le diga, entre una y otra prefiero la
primera... me repugnan [?] los pelos que tira —

B. Pérez Galdós —

Autógrafo de Galdós, 1903

Album de Españoles ilustres de principios del siglo XX. Blanco y Negro nunciaba pequeños discursos discretísimos en pro de los intereses generales. La enseñanza primaria, la extinción de la langosta, la necesidad de dar salida a *nuestros caldos,* el establecimiento de gimnasios en los colegios, los bancos agrícolas, la supresión de la lotería, de los toros y del cuarto del cartero, las cajas de previsión, la conducción de presos por ferrocarril, los talleres de los presidios y otras muchas reformas, le tenían por órgano valiente, aunque asmático, en los rojos asientos del Senado. El *Diario de las Sesiones* estaba por aquella época salpicado de breves piezas oratorias en que se abogaba con entusiasmo por todas aquellas menudencias, por todos aquellos pasitos del progreso que, realizados, habrían equivalido a un salto grande hacia la cultura.

Era verdaderamente infatigable, pues además de esto, había fundado, con otros señores que no nombro, el periódico, órgano de un partidillo que se acababa de formar. Como el tal partido era muy tierno y recién cortado del tronco, necesitaba prolijos cuidados para aclimatarse, echar raíces y crecer. Y crecía, convocando bajo sus débiles ramas a muchos cesantes, a no pocos descontentos y a algunos que no están bien si no se separan de alguien. No sólo ayudaba Carrillo con su dinero al sostenimiento del diario, sino que escribía en él articulitos sanos y juiciosos, defendiendo siempre la buena fe en política, el respeto de la opinión, la sencillez administrativa, las economías, la moralidad, y, sobre todo, la independencia electoral, raíz y fundamento de todo bien político.

Por fin, también llevaba Pepe su cooperación a las grandes campañas de caridad pública, y lo hacía con modestia, por impulsos del alma. Así, desde que ocurrían esas catástrofes que excitan profundamente el sentimiento general, ya se apresuraba él a organizar cuestaciones, a buscar auxilios por todos los medios que permiten los varios recursos de nuestra época. Volviendo a la comparación, repito que cualquiera que sea el valor que se dé a esta manera de practicar el bien, siempre resultaba el otro superior a mí. Mientras él empleaba tan bien y con tanto fruto su tiempo, yo ¿qué hacía? Vivir alegremente, gozar de la vida, divertirme, gastar mi dinero sin socorrer a nadie, y otras cosas peores. Yo era un egoísta, mientras Carrillo tenía la manía del *otroísmo,* y consagraba toda su actividad al bien ajeno. Precisamente en la falta de egoísmo, que era su gran cualidad, estaba el *quid* del defecto que en parte obscurecía aquellas prendas eminentes, pues siempre se cuidaba mucho más de lo ajeno que de lo propio, y poniendo desmedida atención en la humanidad y en la patria, apartaba sus ojos de la familia y del gobierno de su casa. Dueña y directora de todo era Eloísa. Pepe ignoraba los detalles más importantes del régimen doméstico, y no daba jamás una disposición. Tanto celo fuera, y tanta indolencia y descuido dentro, eran, indudablemente, falta muy grande. Cuánto me complacía yo en considerarlo así, no hay para decirlo. Aquella superioridad que me mortificaba no era, quizás, más que figuración mía, y el pobre Carrillo, al remontarse a lo que yo estimaba perfecciones, caía por tierra, poniéndose al nivel mío, que era el de la vulgar muchedumbre.

Por su poca salud excitaba el tal la compasión de todos. Sus males se repetían y se complicaban, presentando cada año nuevos y temibles aspectos, ofreciendo como un campo clínico a los ensayos de la medicina. Para los médicos era ya, más que un enfermo, un tratado de Patología interna escrito en lengua que no podían traducir. Los síntomas de hoy desmentían los de ayer, y los tratamientos variaban cada mes. Ya, suponiendo desórdenes en la nutrición se combatían en él los principios de una diabetes; ya, observando graves fenómenos cardíacos, se atacaba el mal en el terreno de la circulación. Declaróse luego la nefritis, y más tarde vino a manifestarse la hemoptisis con lesión grave en el vértice del pulmón derecho. Cualquiera que la causa fuese, ello es que Pepe se desmejoraba de día en día. Su rostro era terroso, sus fuerzas inferiores a las de un niño, su voz cavernosa, las manos le temblaban, y se fatigaba extraordinariamente al andar. En él sólo tenía vigor el espíritu, siempre despierto, ágil y diligente en las varias faenas a que se entregaba. Bien podíamos creer que el mismo entusiasmo de que se poseía prestábale vida artificial, sosteniendo y enderezando su cansado organismo, como si lo embalsamaran en vida.

Fáltame contar lo más importante, lo más extraordinario y anómalo en el carácter de aquel hombre. Lo que voy a decir era una aberración moral, indefinible excepción de cuanto han instituido la Naturaleza y la sociedad, pero tan cierto, tan evidente como es sol este que me alumbra. Carrillo me mostraba un afecto cordial. La confusión que esto producía en mis ideas no puede ser expresada por mí. No sé si agradecía su estimación o si me repugnaba; no sé si me apoyaba en ella como una salvaguardia de mi falta, o si la maldecía como indigna de los dos, y como si a entrambos nos degradara de la misma manera.

Ignoro por qué me quería tanto Carrillo, qué motivos de simpatía encontró en mí. Algo debía de influir en ello la insistencia benévola con que yo acaloraba su manía anglo-política, refiriéndole anécdotas parlamentarias, describiéndole las sesiones de los Pares y Comunes, el local, las costumbres, la manera especial de discutir de aquella gente; hablándole de la peluca del *speaker,* del modo de votar, del familiar tono que usan, y haciéndole, por fin, semblanzas tan exactas como podía de lord Beaconsfield, Brigth y otros afamados oradores. ¡Cuántas veces, después de una crisis de dolores horribles, extenuado de fatiga, mas sin poder dormir, no tenía el infeliz otro consuelo que conversar conmigo de aquellas cosas tan de su gusto! Su mano en mi mano, sus ojos en mi cara, hacíame preguntas, y jamás se hartaba de mis respuestas. Yo hacía un gran sacrificio de tiempo y de humor por agradarle, y me estaba las horas muertas, charla que te charla, viéndome obligado a sacar algo de mi cabeza, pues la verdad se me iba agotando. ¡Cómo saboreaba él las preciosas noticias! El banquete del lord Corregidor fue de las cosas que le conté con todos sus pelos y señales, pues tuve el honor de asistir al de 1877. Y después, ¡cuánto detalle! Gladstone, en la sesión de los Comunes, se sonaba con estrépito en un gran pañuelo de colores. Disraeli no cesaba de meterse pastillas en la boca. Parnell usaba siempre un gabán color de pasa y sombrero blanco de castor... [30] Luego tirábamos a lo sublime.

---

[30] El *speaker* a que se refiere es el personaje que preside las sesiones de la Cámara de los Comunes. Se mencionan en esta página los nombres de varios de los más conocidos políticos ingleses de la

¡Qué país aquél! ¡Y pensar que allí no había constitución escrita, en forma una y doctrinal, sino leyes sueltas y usajes, algunos del tiempo de los normandos! En cambio aquí salimos a constitución por barba, y somos casi salvajes, parlamentariamente hablando... Yo me cansaba al fin de tanto anglicanismo; pero él no, y me retenía con dulzura siempre que hacía propósito de marcharme.

Hablando con toda la verdad, diré que yo no deseaba su muerte. No sé lo que habría ocurrido si su existencia me hubiera ofrecido verdaderos obstáculos. Pero si no deseaba su muerte, contaba con ella, teníala por inevitable dentro de un plazo más o menos largo. Cuando Eloísa y yo, en el rodar vagabundo de nuestras conversaciones íntimas, nos encontrábamos enfrente de los males de Pepe, pasábamos, como sobre ascuas, sobre tema tan delicado. Inquietos ambos, nos evadíamos en busca de otro asunto, cada cual por su lado. Ninguno de los dos habló nunca de su muerte, aunque la considerábamos indudable. Y le compadecíamos con toda sinceridad por su sufrimiento, y si hubiera estado en nuestra mano darle salud y robustez, quizás se la habríamos dado.

Pero la idea de la disolución del matrimonio por muerte del marido estaba fija en la mente de uno y otro, aunque ninguno de los dos lo declarase. Tal idea salía a relucir de improviso cuando hablábamos de alguna cosa completamente extraña a la dolencia de Carrillo. Más de una vez se le escaparon a Eloísa frases en las cuales, refiriéndose a días venideros, iba envuelta la persuasión de ser para entonces mi mujer. Hablando una noche de reformas en la casa, se dejó decir:

—Porque, mira, yo te podré hacer una gran habitación en el piso bajo, comunicándolo con el alto por medio de una magnífica escalera de nogal como la que hay en casa de Fernán-Núñez para bajar al cuarto del duque y a la famosa estufa.

época victoriana: Benjamín Disraeli (Lord Beaconsfield) (1804-1881), uno de los creadores del Imperio inglés; John Bright (1811-1889) célebre orador; W. E. Gladstone, el jefe de los liberales ingleses, una de las más importantes figuras de la época; Ch. S. Parnell, famoso propugnador de la autonomía irlandesa.

XI

LOS JUEVES DE ELOÍSA

I

UNA vez por semana, Eloísa daba gran comida, a la que asistían dieciocho o veinte personas, pocas señoras, generalmente dos o tres nada más, a veces ninguna. No gustaba mi prima de que a sus gracias hicieran sombra las gracias de otra mujer, inocente aprensión de la hermosura, pues la competencia que temía era muy difícil. La etiqueta que en los llamados *jueves de Eloísa* reinaba, era un eclecticismo, una transacción entre el ceremonioso trato importado y esta franqueza nacional que tanto nos envanece, no sé si con fundamento. Eran más distinguidas las maneras que las palabras. El ingenio resplandecía en los dichos; mas a veces, con ser copioso y chispeante, no bastaba a encubrir la grosería de la intención. Allí se podían observar, con respecto a lenguaje, los esfuerzos de un idioma que, careciendo de propiedades para la conversación escogida, se atormenta por buscarlas, exprime y retuerce las delicadas fórmulas de la cortesía francesa, y no adelantando mucho por este lado, se refugia en los elementos castizos de la confianza castellana, limándoles, en lo posible, las asperezas que le dan carácter. Esta admirable lengua nuestra, órgano de una raza de poetas, oradores y pícaros, sólo por estos tres grupos o estamentos ha sido hablada con absoluta propiedad y elegancia. Las remesas de ideas que anualmente traemos en nuestro afán de igualarnos a las nacionalidades maduras, no han encontrado todavía fácil expresión en aquel instrumento armoniosísimo, pero que no tiene más que tres cuerdas.

Hice esta observación en casa de mi prima, oyendo hablar de tan distintas maneras, pues unos arrastraban y descoyuntaban las frases de estirpe francesa, impotentes para darles vida dentro de la sintaxis castellana; otros, despreocupados, lanzaban a boca llena las picantes frases castizas que, por arte incomprensible, nacen hoy en el populacho y se aristocratizan mañana. Ciertas

bocas las pulen, las redondean, como hace el mar con
los pedazos de roca; otras las endulzan o confitan, y
ya parecen menos rudas sin haber perdido su gracia.
De este lento trabajo se va formando en el arpa de
nuestra lengua la cuarta cuerda, o sea la de la conversación fina, que hoy suena un poco ronca, pero que
sonará bien cuando el tiempo y el uso la templen.

Tengo tan presentes los detalles todos de aquellas
reuniones, que bien podría describirlos minuciosamente
si quisiera. Pero por no aburrir a mis lectores con lo
que no les importa, seré breve, escogiendo, entre todo
lo que revive en mi mente, lo más adecuado a la inteligencia de los casos que refiero. De las comidas, reten-
go todo con pasmosa frescura. Paréceme que respiro
aquella atmósfera tibia, en la cual fluctuaban las miradas de la mujer querida y sus movimientos y el timbre
de su voz seductora, fenómenos que hasta el otro día
se prolongaban en mi espíritu como la sensación grata
de un sueño feliz. Paréceme estar viendo las paredes
y las personas y la alfombra y las luces en el rato
aquel de impaciencia y expectación en que es la hora
y faltan aún cuatro o cinco convidados. Carrillo, mirando impaciente su reloj, deja escapar alguna frase
con la cual al mismo tiempo recrimina suavemente a
los que tardan y pide excusas a los que esperan.

"Este general siempre se atrasa media hora... Sánchez
Botín no puede tardar. Se separó de mí a las siete para
subir un momento a casa de su suegra". Eloísa, sentada
junto a la chimenea del primer salón, atisba fácilmente
a los que van llegando, sin interrumpir su palique con
el marqués de Fúcar o con la marquesa de San Salomó.
Como la puerta que va del primer salón a la sala de
juego está enfrente de la que comunica ésta con la antesala, siempre que se oye el suave gemido de la mampara
de cristales con visillos rojos mi prima echa ligeramente
hacia atrás el cuerpo contra el respaldo del sillón, vuelve la cabeza y ve quién entra.

Por fin, Carrillo transmite sus órdenes por el timbre
eléctrico. Al poco rato aparece en la puerta del comedor, poniéndose con oficiosidad los guantes de hilo, el
maestresala monsieur Petit, aquel ingenioso francés, que
después de haber rodado durante el verano por las
fondas de todos los establecimientos balnearios y de

haber lucido su estampa en el mostrador de algún comedero de ferrocarril, se pasa el invierno sirviendo temporalmente en las grandes comidas de las casas ricas de Madrid, o que lo aparentan, y pronunciando el sacramental *madame est servie,* comienza el desfile. Eloísa se agarra al brazo del marqués de Fúcar (por ejemplo) y rompe plaza...

Se me figura estar oyendo el bullebulle de las ochenta patas de sillas rascando ligeramente la alfombra gris perla, y ver a los criados ajustarse apresuradamente los guantes, mientras desfilamos y ocupamos nuestros asientos. Aquel primer envite de la comida, que se acerca como un monstruo que viene a apoderarse de nuestro organismo; aquel vaho de la sopa *bisque,* picante como un demonio, ¡qué felices anuncios traen de la sesión gastronómica! Presentes tengo los incidentes de la conversación que empieza grave, se anima, se fracciona, es a cada instante más viva, menos culta y aseñorada; aspiro la fragancia de los ramos y ramitos que adornan la mesa y nuestras solapas, olor de vegetal flácido que se aja por momentos entre el vapor de la comida y bajo aquella lluvia de luz que desciende de los mecheros de gas; oigo a mi espalda el chillar de las botas de los criados que nos sirven, y me mareo de aquel escamoteo de platos delante de mí, del rielar de copas, de lo que hablamos, de las bromas, ya cultas e inocentes, ya galanas en la forma y groserísimas en el fondo. Las caras aquellas de dieciocho o veinte cabezas, ¿cómo se pueden olvidar? Figúrome que las veo todavía en su inquietud discreta, ojos que nos miran y se vuelven y llevan la idea de una persona a otra, el hilo de la conversación rompiéndose y anudándose a cada instante, las sonrisas disimulando las contracciones de la gula. Respecto a los dichos, yo no cesaba de recordar la rigidez de las comidas inglesas, en las cuales todo lo que se habla podía figurar en el Catecismo. En los festines que refiero, mi primo Raimundo hallaba medio de contar cuentos indecentes, con una delicadeza de forma y unas perífrasis que hacen de él un verdadero maestro en arte tan difícil.

En lo que sí se parecen estas comidas a las inglesas es en que las señoras hacen del pleonasmo del escote una pragmática indispensable. Eloísa, en sus jueves famosos, no se paraba en barras, quiero decir, en carne de más o de menos. Generalmente vestía con sencillez, siempre que por sencillez se entienda poca tela de medio cuerpo para arriba. La originalidad era su fuerte. Un jueves me sorprendió a mí y a todos con el traje más lindo, más caprichoso y temerario que se podría imaginar... Pero recuerdo ahora que no fue en su casa, sino en un gran sarao del Palacio de Gravelinas, donde se nos presentó vestida totalmente de encarnado, el cuerpo de terciopelo, la falda de raso, medias y zapatos también de color de sangre fresca, y para que nada faltara, mitones de púrpura. Sólo una belleza de primer orden, de esas que dominan todo lo que se ponen, habría podido salir triunfante de tal prueba, envolviéndose en ascuas de los pies a la cabeza. Fue general la admiración, y yo no fui el menos sorprendido, porque aquella misma mañana me había dicho que no pensaba estrenar más vestidos ni inventar rarezas. Dejando a un lado esta contradicción, diré que Eloísa deslumbraba: no se la podía mirar sin plegar ligeramente los ojos. Su hermosura, sometida a la prueba de aquella calcinación en crisol ardiente, triunfaba de las llamaradas del rojo y aparecía sublimada y purificada. Su mirar era como un extracto sutil, alcohol dulcísimo que se subía a la cabeza y hacía en ella mil diabluras. No quiero decir nada del escote, a quien la coloración chillona del rojo daba más realce. En su ridículo entusiasmo, un revistero de salones me decía que aquella carne de Paros, aquel mármol vivo, no tenía semejante, y que Fidias y el Hacedor Supremo habrían disputado sobre cuál de los dos lo había hecho. Vamos, que reñían y se tiraban a la cabeza los trastos de crear... Yo, como dueño de aquella carnicería marmórea, no la veía con gusto tan publicada. Pero el maldito revistero no cesaba de hacer paradojas, que al día siguiente ponía en los periódicos: "Era un demonio celestial, el *ángel del asesinato,* serafín que había encargado a Worth un vestido hecho con brasas del Infierno... ¿Para qué? Para divertir a los santos en el Carnaval del Cielo... Su cuello ostentaba una constelación..." A esto de la constelación démosle su nombre verdadero.

Era una hermosa *rivière* de treinta y seis *chatones* [31] que yo había regalado a Eloísa, y que me ocasionó (todo se ha de decir) una disminución de cinco mil duros en mi cuenta corriente del Banco de España.

Volvamos a mis jueves, quiero decir a los jueves de la otra. Todos los amigos de la casa admiraban a Eloísa, y aun diré que se pirraban por ella. La atmósfera caldeada de la galantería que todos, hombres y mujeres, respiran en tal género de vida; el constante incitativo del mucho y refinado comer y beber; el efecto de narcotización que en el espíritu van produciendo a la larga las mentiras de la cortesía, todas estas causas, y aun la obsesión material de la seda y el oro y el arte suntuario, embotan el sentido moral del individuo y le inutilizan para apreciar clara y derechamente el valor de las acciones humanas. En tal ambiente, hasta los más sanos concluyen por acomodarse al principio de que las buenas formas redimen los malos actos. No había, pues, entre los amigos de la casa, uno solo que no codiciara lo que me pertenecía de hecho. No había uno tal vez que no soñara con el ideal delicioso de pegársela al amigo y suplantarle. Robar lo robado nunca se consideró delito. Eloísa y yo no teníamos derecho a quejarnos de este asalto general de intenciones que nos amenazaba sin tregua. La falsedad de mi terreno me tenía en ascuas. Inquieto y receloso, vigilaba con cien ojos, y tomaba acta de las más leves cosas, suponiéndolas indicios de que alguien ganaba un palmo de terreno que yo perdía.

Pero, en realidad, no tenía motivos de queja. Mi prima, entre aquella turba de amigos entusiastas y apasionados, guardábame una fidelidad que habría sido virtud muy hermosa, si la tal fidelidad no viniera a ser una medalla en cuyo reverso estaba la traición.

Eloísa los trataba con arte admirable, siempre dulce y cariñosa, empleando reservas delicadas que olían a virtud, imitándola, como los artículos de perfumería imitan la fragancia de las flores. Para todos tenía una

---

31 Por la definición de "rivière" que he copiado en la pág. 134, si no se diera el número de las piedras esta frase parecería pleonástica. El "chatón", según el Diccionario académico, es una "piedra preciosa gruesa engastada en una sortija u otra alhaja". Estos galicismos de moda debieron de expresar representaciones no muy claras en la mente de los que los usaban.

palabra bonita; era jovial o seria, según los casos; compadecía al enamorado, paraba los pies al atrevido, mostrando constantemente cierta dignidad y señorío que me encantaban.

II

Ningún día de gran comida dejó Eloísa de sorprendernos con alguna novedad, añadida a las riquezas de su bien puesta casa. Aquella noche (una de tantas), al entrar en el segundo salón, vi dos personas, cuyo rostro, facha y traje parecían completamente anómalos en tal sitio. Eran dos pinturas, la una de Domingo, la otra de Sala. [32] Mi prima las había adquirido aquella semana, y no me había dicho nada para darme la gran sorpresa en la noche del jueves. Habíalas colocado a los dos lados de la puerta que comunicaba el salón con su gabinete, y puso ante cada una un reflector con vivísima luz, que, iluminando de lleno las figuras, las hacía parecer verdaderas personas. Ambas eran de tamaño natural y de más de medio cuerpo. La de Domingo era un viejo, un pobre, quizás un cesante, vestido de tela gris, arrugado el rostro, plegados los ojos. Creeríase que la luz del reflector ofendía su cansada vista, y que nos miraba con displicente miopía, ofendido y cargado de nuestro asombro. Porque no vi jamás pintura moderna en que el Arte suplantara a la Naturaleza con más gallardía. El toque era allí perfecto símil de la superficie de las cosas, y se veía que sin esfuerzo alguno, el pincel, convertido en poder fisiológico, había hecho la carne, la epidermis, el músculo, los cañones de la mal rapada barba, el pelo inerte, y por fin el destello y la intención de la mirada. Aquel mismo toque habilísimo era luego la lana y el algodón de la ropa, la seda mugrienta del fondo.

---

[32] Este paso es importante y de gran curiosidad. En general, no puede asegurarse que los gustos que reflejan las colecciones de Eloísa, cosa de moda, reunidas con el inocente esnobismo de los ricos, aficionados a adquirir cosas caras, sean los de Galdós, pero en estas líneas sí parece convencido de la importancia de las piezas que describe. De Francisco Domingo ya se habló antes, pág. 141. Emilio Sala (1856-1910), autor de una pintura colorista, alegre, vistosa, fue uno de los pintores españoles más populares de los últimos decenios del siglo XIX y de los principios de éste; muy influyente también por haber sido el maestro de varios artistas de renombre.

—Esto ya no es pintar —decía Eloísa, sacando las cosas de quicio—: es hacer milagros.

La figura de Sala era una chula. Contemplándola, todos nos reíamos, y a todos se nos avispaban los ojos. Los suyos parece que bebían de un sorbo la luz del reflector y nos la devolvían en una mirada dulce y llena, significando con ella un *atrévanse ustedes*. Su tez pura, su entrecejo irónico, indicaban tal vez que era una gran señora disfrazada. El traje, el pañuelo por la cabeza y mantón de Manila podrían suponerse antojo de un momento para *encaprichar* la hermosura noble revistiéndola de las gracias populares. No era una ficción, era la vida misma. Sin duda iba a dirigirnos la palabra. Nos sonreíamos con su sonrisa; nos sentíamos mirados por ella, la conocíamos y la tratábamos. ¡Que una superficie cubierta de colores viva y aliente así!... Eloísa no cesaba de decir, gozando en nuestra admiración:

—¡Qué alma tiene!

La dama enchulada y el viejo pobre fueron el éxito de aquel jueves, como en el precedente lo habían sido los tapices antiguos, cartones de Brueghel, [33] que decoraban el comedor. Pero dejemos las cosas que parecían personas y vamos a las personas que parecían cosas. Uno de los principales devotos de mi prima era el marqués de Fúcar. A cada lado de la chimenea del segundo salón había tres sillones, uno de los cuales ocupaba Eloísa. El inmediato se le reservaba al marqués, y respetando este derecho consuetudinario, cualquiera que lo ocupara se lo cedía en cuanto él entraba. Era Fúcar bastante viejo; pero se defendía bien de los años y los disimulaba con todo el arte posible. Era abotagado, patilludo, de cuello corto, y parecía un cuerpo relleno de paja por su tiesura y la rigidez de sus movimientos. Se teñía las barbas; y como los tiempos no consienten la ridiculez de la peluca, lucía una calva pontifical. Demostraba Fúcar a la señora de Carrillo una como adhesión caballeresca. A veces, la edad caduca pesaba en su ánimo lo bastante para convertir aquella devoción en una especie de cariño paternal, traduciéndose en consejos galantes antes que en

---

33 Pieter Brueguel, o Bruegel, pintor flamenco, 1525-1569.

galanterías. Muy a menudo y cuando parecían más interesados en una conversación frívola, trataban de negocios. Eloísa, que empezaba a pensar mucho en los fabulosos aumentos que ciertos hombres de pesquis dan a su capital en poco tiempo, arrastraba la conversación de Fúcar hacia aquel terreno.

—Diga usted, Marqués, ¿venderé las *Cubas* para comprar ese amortizable que ha inventado Camacho?

Esta y otras cláusulas parecidas sorprendí más de una vez al acercarme al grupo.

Fúcar se reía, y después de bromear un poco le aconsejaba lo que creía más conveniente.

—Oiga usted, marqués: ¿quiere usted hacerme *dobles* por cinco o seis millones nominales? ¿Quién es su agente de Bolsa?... Este tonto —dirigiéndose a mí— no quiere ir a la Bolsa. Quita allá... No tienes iniciativa, no tienes ambición. Podrías duplicar tu capital en poco tiempo si fueras otro.

El marqués echábase a reír, y mirándome...

—Aprenda usted, niño —de decía. Esto se llama navegar en golfos mayores.

—Marqués —proseguía ella—, me voy a tomar la libertad de hacerme su socio. ¿Quiere usted que le dé diez mil duritos para que me los ponga en las contratas de tabacos? ¿Qué rédito me dará?

—¡María Santísima! ¡Qué mujer! —exclamaba Fúcar con alarma jocosa. Eloísa, me compromete usted...

—O si no, me los pone en un préstamo del Tesoro.

—Si el Tesoro no pide ya prestado, hija mía. Eso cuando tengamos otra guerra civil.

—Pues en las contratas de tabacos. A ver, ¿qué rédito?

—Creerá usted que las contratas... —gruñía el marqués fluctuando entre las bromas y las veras.

—No haga usted caso, marqués —indiqué yo. Estas mujeres ven todo con la imaginación. Desconocen la aritmética: lo único que saben de ella es multiplicar.

—Sí, las contratas dan muchos millones.

—¿Qué le parece a usted? —decíame Fúcar, sin poder contener la risa. Me va a descubrir. Me saca los colores a la cara. Aprenda usted, niño, aprenda. ¡Contratas de tabaco!... Corriente: al año le devuelvo a usted los diez mil duritos duplicados... Pero me ha de prometer usted que con ese dinero fundará un hospital para fumadores desahuciados.

La risa del prócer llenaba el salón. Aun los que no podían oír lo que decía celebraban su gracia. Fúcar era allí muy popular; y envanecido de ello, gustaba de oírse, hablando, y se enojaba cuando le contradecían. Conmigo tenía deferencias cariñosas. Una noche, apartándome de un corrillo de los que allí se formaban, me acorraló contra un mueble para decirme en secreto:

—*Traviatito,* es preciso que se dedique usted a los negocios para tener contenta a la señora. No se fíe usted del amor puro. La señora tiene los espíritus muy metalizados. Me ha preguntado lo que es *comprar a plazo,* en *voluntad* y en *firme.* He tenido que darle una lección de cosas de Bolsa sin olvidar las triquiñuelas del oficio... Mucho ojo, que la señora piensa demasiado en el dinero. No se envanezca usted, y créame: aumente su capital, si puede, no sea que alguno le desbanque. Usted vale mucho; pero no hay que fiarse, pues se dan casos...

Otro de los asiduos era el general Morla, hombre muy ameno, verdadera enciclopedia histórico-anecdótica de Madrid desde el año 34 hasta nuestros días. Tenía la memoria más prodigiosa que cabe en lo humano: recordaba la primera guerra civil, toda la historia política y parlamentaria y toda la chismografía del siglo. Había sido ayudante del general don Luis de Córdova, luego compañero íntimo de Narváez, y por fin inseparable amigo de don José Salamanca, cuyos arranques geniales elogiaba a cada instante. Los motivos secretos de los cambios políticos en el anterior reinado los sabía al dedillo, y las paredes de Palacio eran para él de una transparencia absoluta. De las infinitas trapisondas privadas que amenizan la vida de Madrid, ninguna se le había escapado. No necesitaba esforzarse para satisfacer todas las dudas, pues el archivo de su memoria, admirablemente catalogado, le suministraba sin demora el dato, la noticia o enredo que se le pedía. Cuando nos contaba algún lío, hacía mención de la calle, el número de la casa, el piso, nombraba a las personas todas de la familia, y si no le cortaban el hilo, refería los belenes del padre o de la madre en la

generación anterior. Este narrador entretenidísimo era
quizás el maestro más grande del arte de la conversación que he visto en España. Cuando se muera no quedará nada de él, pues jamás ha escrito cosa alguna. Le
incitamos a escribir sus memorias, que serían el más
sabroso y quizás el más instructivo libro de la época
presente; pero él se excusa de hacerlo con la pereza y
con su poca habilidad de escritor. En efecto, los grandes conversacionistas rara vez aciertan a interesar cuando escriben.

Eloísa atendía y agasajaba mucho al anciano general, uno de los primeros favoritos de la casa. El jueves
que faltaba era un jueves soso y desgraciado. A menudo se formaba en torno a él, en la sala de juego, corrillo
de hombres solos, que era un verdadero festín de la
más alta comidilla. Salía uno de allí con la cabeza dul-
cemente mareada, como cuando se ha bebido mucho
y bueno, y se adquiría de la humanidad idea semejante
a la que tenemos de la salud después de haber hojeado
un diccionario de medicina.

La chismografía del general Morla era puramente
histórica. Rara vez despellejaba a las personas que estaban aún en activo. Otro amigo de la casa, a quien
no nombro, tenía la especialidad de cebarse en la carne
viva, prefiriendo la de los allegados y presentes. Severiano Rodríguez le llamaba *el Sacamantecas,* porque se
sorbía las reputaciones crudas. Era persona de intacha-
bles formas. En la conversación general, bromeando
con Eloísa o sus amigas, daba mucho juego. Su galantería exquisita y refinada encantaba a las damas. Había
tenido buena figura, y aún conservaba restos de ella,
presumiendo de ojos vivaces, de un busto airoso y de
pie pequeño. Sin duda daba mucha importancia a su
bigote y su mosca, que, con las canas, habían venido
a ser de un rubio ceniciento. Lo que más me cargaba
de aquel hombre era que, al entrar en cualquier local,
echaba miradas furtivas a los espejos para verse y ad-
mirarse. Gozaba fama de afortunado en faldas; pero
tenía ya un par de desventajas casi insuperables: su
edad, que frisaba en la vejez, y su falta de dinero. Era
uno de los hombres más entrampados de la creación,
y vivía perseguido sin tregua por diferentes espectros en

forma de cobradores de tiendas. Oí contar que sólo
en el ramo de perfumería debía sumas fabulosas.

Cuando hacía corrillo no perdonaba nada. Más de
una vez hizo disección horrorosa de la pobre marquesa
de San Salomó, que no distaba veinte pasos del lugar de la hecatombe. De Eloísa y de mí, ¿qué no
diría? Severiano me contaba horrores, vomitados por
el Sacamantecas a poca distancia de nosotros. Tales
cosas, por la exagerada malicia y la mentira que en-
trañaban, no ofendían como cualquier verdad secreteada
con palabras ambiguas. "Que yo estaba ya tronado; que
Fúcar era el que pagaba; que Manolito Peña estaba
en camino de ser mi sucesor en la plaza de amante de corazón..." Tales majaderías sólo merecían desprecio. Lo más gracioso era que *el Sacamantecas* había
hecho el amor a Eloísa, habíala acosado, durante una
temporadilla, con declaraciones ardientes, en las cuales
lo rebuscado de las cláusulas no ocultaba lo repugnante del desvarío senil. Últimamente, el despecho le había
vuelto un tanto fosco. Se hacía el interesante, presen-
tándose con cara de hastío. Saludaba ceremoniosamente
a Eloísa, al entrar, dándole la mano con brazo muy
corto. Jugaba al juego del desdén el muy mamarracho.
Bien lo conocía ella y bien se reía de él. Cuando Severiano o algún otro amigo interrogaban al *Sacamantecas* sobre su actitud displicente, respondía, inflándose
mucho:

—Es que yo me he vuelto ya antidinástico.

¡Y para dar lugar a tales anomalías, para vivir constantemente acechada, escarnecida, solicitada y requeri-
da, se sacrificaba mi prima a una etiqueta que no vacilo
en llamar cursi, pues era una mala imitación de la
ceremoniosa, natural y no estudiada etiqueta de las
pocas grandes casas que tenemos! ¡Y se gastaba tontamente su caudal, aparentando un bienestar que no
poseía, ostentando un lujo prestado y mentiroso! ¡Y
todo por tener una corte de aduladores y parásitos!
¡Comedia, o mejor, aristocrático sainete! Yo lo presenciaba aquellos días, y aún no me daba cuenta, por
la embriaguez que narcotizaba mi espíritu, de lo absurdo, de lo peligroso, de lo infame que era.

He dado a conocer algunas de las principales figuras
de aquellos dichosos jueves. Aún faltan bastantes. Entre

éstas no merece preterición una que, como sombra
errante, iba de aquí para allí, atendiendo a todos, diciendo a cada cual una palabra agradable, jovial con
éste, con aquél grave, tocando las distintas cuerdas de
la conversación según el diferente ritmo de cada uno.
Era un hombre enfermo, consumido, lastimoso; era
Carrillo, el dueño de la casa, tan atento a sus deberes
y tan esclavo de las reglas de la etiqueta, que se le
veía luchando angustiado con su debilidad para estar
en todo y cumplir correctamente hasta la hora del desfile. Y tan rápida era su decadencia, que cada jueves
parecía estar peor que el jueves precedente. Daba lástima verle. Un sudor se le iba y otro se le venía. Sin
voz ni aun fuerzas para tenerse en pie, quería obsequiar
a Fúcar con un dicho de negocios, a otro con una frase
política, a éste con una indicación literaria, a aquél
con un tema de *sport*. Sus propias aficiones no se le
quedaban en el tintero, y le veíamos sacar del pecho
con fatiga jirones de aliento para explicar los triunfos
de la *Sociedad de Niños*.

Cuando ya era tarde y se le veía, ¡pobrecito!, haciendo los imposibles por sostenerse en su terreno, Eloísa se iba hacia él, cariñosa, y le hacía mimos de mamá,
incitándole al descanso.

—Retírate, Pepe, no te fatigues. Estás haciéndote el
valiente, y no puedes, hijo mío, no puedes. El calor te
hace daño, la conversación te marea. Te conozco que
tienes dolor de cabeza y que lo disimulas. ¿Por qué eres
así? A mí no me engañas: tú padeces y callas. Retírate. José María y yo iremos después a hacerte compañía si estás desvelado.

Pepe no obedecía. Aun se enojaba un poco, no queriendo que su mujer ni nadie dudasen de las fuerzas
que no tenía. Era como los ciegos que se empeñan en
ver y se amoscan cuando alguien sospecha que ven
poco. Era como los sordos que no confiesan nunca que
oyen mal y equivocan todas las palabras. Contra las
advertencias de Eloísa, quería estar en su puesto hasta
el fin, ser obsequioso con todos y oponerse enérgicamente a que alguno se aburriera. Siempre estaba dispuesto a hacer la partida de *whist* o tresillo, o bien a
aguantar el chorretazo de ciencias sociales con que se

desahogaba un sabio impertinente de quien todo el
mundo huía como de la peste.

Una noche Fúcar me tocó en ambos brazos, y aco-
rralándome, como de costumbre, contra la pared, me
dijo:

—Hola, *traviatito*. Escúcheme usted un momento.
¿Sabe usted que el pobre Pepe está muy malo? Ese
hombre no llega al verano... Pero voy a otra cosa.
Temo mucho que el *crac* de esta casa venga más pronto
de lo que creíamos... Lo he sabido hoy por una casualidad. Han tomado dinero, no sé bien la cifra, hipotecando *La Encomienda*, esa hermosa finca del Barco
de Ávila. No podía ser de otra manera. Esta gente no
ha podido apartarse de la corriente general y gasta
el doble o triple de lo que tiene. Es el eterno *quiero*
y *no puedo*, el lema de Madrid, que no sé cómo no
lo graban en el escudo, para explicar la postura del
oso, sí, del pobre oso que *quiere* comerse los madro-
ños, y por más que se estira, no *puede*, ¿qué ha de
poder?... Porque verá usted. Estas juergas de los jueves
cuestan mucho dinero. Ojo al oso, niño, que, al paso
que vamos, la *débâcle* no tardará.

Sentí escalofríos al oír esto. Yo lo sospechaba, mejor dicho, lo sabía; pero en el atontamiento estúpido
en que me tenían el amor y la vanidad, no paraba
mientes en ello. La idea de que Eloísa hablase más
o menos afablemente con el general Chapa (otro tipo
de quien hablaré pronto) absorbía por entero mi atención. Mucho extrañaba que la pícara no me hubiera
dicho nada del préstamo con hipoteca de *La Encomienda*. Era preciso hablar de esto... Pero sigamos con los
jueves.

III

Al siguiente nos sorprendió Eloísa con otra novedad
(pues cada uno de estos interesantes días traía su sorpresa): un proyecto hermoso, una colosal reforma que
iba a emprender en su palacio para ensancharlo y
mejorarlo. Por los planos que enseñaba a todos los
amigos, se veía que la obra era tan sencilla como grandiosa. Vais a verla. Consistía en poner al patio una cubierta de cristales, haciendo de él un salón espléndido,

algo como la famosa estufa de Fernán-Núñez. La imitación de las grandes casas y el afán de rivalizar con ellas era la demencia de mi prima... Sigamos con la reforma. Cubierto de cristales el patio, lo llenaría de plantas soberbias, latanias, rododendros, azaleas, araucarias, helechos arborescentes; cubriría las paredes con tapices, y para remate y coronamiento de tan bella obra, había discurrido llamar en su auxilio a uno de nuestros artistas más ingeniosos y originales. Sí, Arturo Mélida [34] le pintaría la escocia, una escocia monumental, una obra no vista, lo más elegante, lo más inspirado que se podría imaginar. Eloísa daba cuenta de ella como si la estuviera viendo. El día anterior había convidado a comer al célebre arquitecto, pintor, escultor y dibujante, el cual le había explicado su idea. Sería una procesión de figuras helénicas representando todos los ideales del mundo antiguo y los prodigios del moderno: la Filosofía peripatética y el Teléfono de Edison, las Matemáticas de Euclides y la Educación Física de Spencer, el Osirios egipcio y la Vacuna de Jenner, la Geografía de Herodoto y el Cosmos de Humboldt, el Barco de Jason y el Acorazado de Zamuda, los Vedas y el Darwinismo, Euterpe y Wagner...

Eloísa daba cuenta de la obra cual si la estuviese viendo, aunque equivocaba las citas por no ser muy fuerte su erudición. Se me figuró que echaba chispas como un cuerpo electrizado. Le tomé el pulso, y..., pueden creerme, tenía calentura. La pluma misteriosa se le atravesaba en la garganta, haciéndole tragar mucha saliva. En toda la noche no habló de otra cosa. Hubiera deseado hacer la reforma en un día, y que el gran artista se la pintara en unas cuantas horas por arte mágico.

—Será una maravilla —dijo Manolito Peña. Veremos aquí *Las mil y pico de noches.*

Este Manolito Peña era de los constantes. Al principio llevaba a su mujer; pero después iba solo. Bien sabéis que es muy listo, charlatán y que con su palabra fácil se ha hecho un puesto en la política, porque sabe

---

[34] Arturo Mélida, gran amigo de Galdós, en cuya edición ilustrada de los *Episodios* tomó parte, fue arquitecto, escultor y pintor decorador. A él se deben los medallones alegóricos del Salón de Sesiones del Ateneo de Madrid.

hablar de todo, y saca unas figurillas y unas monadas retóricas que entusiasman a las señoras de la tribuna de *idem*. Él y Gustavo Tellería eran los dos oradores de la reunión, los que hablaban más alto, cediéndose el turno de los párrafos estrepitosos y afectados. Gustavo, militante en el partido católico, no estaba tan adelantado en su carrera política como Peña; pero, al fin, harto de desgañitarse platónicamente, empezaba a mirar la consecuencia como una virtud que no da de comer. Ya con un pie metido en el partido conservador, estaba resuelto a meter los dos cuando Cánovas volviese al Poder. Había reñido con la marquesa de San Salomó, cada vez más intransigente y más encastillada en la integridad de su ideal católico-monárquico; pero se trataban como amigos. Manuel Peña tenía ideas políticas más radicales que las que profesara en su propio partido, y no las ocultaba en su conversación. Esto no impedía que la de San Salomó tuviera por él preferencias que hacían poner el paño en el púlpito al *Sacamantecas*.

El general Chapa era muy joven. ¡Dos entorchados antes de los cuarenta años! Para desvanecer la confusión que esto pudiera ocasionar, me apresuro a decir que era general en el campo y corte de don Carlos; entre los españoles, caballero particular, capitán de Ejército en 1870, prófugo después, y afortunadísimo en la guerra civil. Gozaba fama de muy valiente y arrojado. Era simpático, bella persona, guapo, caballeresco, alegre, instruido, de mucho mundo, mucha labia y de muy buena sombra en amores. Hablaba pestes de los curas y sostenía que por culpa de ellos no había triunfado la causa. Sus proezas militares no eran tan famosas como las mujeriles. Se le señaló durante algún tiempo como amante de la duquesa de Gravelinas; pero él, procediendo con delicadeza, nos lo negaba hasta a los más íntimos. De otras conquistas no hacía misterio. Yo le quería mucho; solíamos pasear, ir al teatro y almorzar juntos. Por unos días me molestaron ciertas aproximaciones que noté; tuve celos; él los desvaneció con lealtad; nos explicamos e hicimos el trato de respetarnos mutuamente nuestros dominios, pues a su vez él tenía de mí la infundada queja de que yo obsequiaba demasiado a la marquesita de Casa Bojío.

El gracioso de la reunión era mi primo Raimundo, que no faltaba ningún jueves. Su hermana subvencionaba su puntualidad, atendiendo a veces a sus gastos menudos. No todas las noches estaba de humor para divertir a la gente, y cuando la aprensión del reblandecimiento dominaba en su espíritu, no había medio de sacarle una palabra. Mas por lo general, la vanidad y el gusto de verse aplaudido podían en él más que todo. Sus teorías ingeniosas amenizaban las comidas; la atención sonriente de su escogido público le inspiraba, y aguzaba el ingenio para que las paradojas salieran cada vez más sutiles y enrevesadas. En medio de aquel fárrago de ideas sacadas de quicio, brillaba comúnmente un rayo de perspicacia que, penetrando en lo más oscuro del cuerpo social, lo esclarecía con luz muy parecida a la de la verdad. Su inteligencia despedía una claridad fosforescente, que fantaseaba las cosas, sí; pero con ella se veía siempre algo, a veces mucho.

Dábale por las vindicaciones. Gustaba de ir contra la corriente general, defendiendo lo que todo el mundo atacaba, redimiendo el sentido común de la cautividad filosófica y retórica. Hacía el panegírico de Nerón, de los Borgias y de Mesalina; levantaba a Felipe II y a Enrique VIII de Inglaterra; sostenía que don Opas fue una buena persona, y hasta para Caín tenía una frase de indulgencia. Una noche hizo la defensa de lo más calumniado, de lo más escarnecido y vilipendiado en los siglos que llevamos de civilización: el dinero. ¡María Santísima, las pestes que se habían dicho del dinero desde los principios, desde el balbucir de la literatura y de la historia! Sólo con lo que los poetas han escrito en escarnio del más precioso de los metales, había para llenar una biblioteca. Es que los poetas tenían al dinero una ojeriza especial de raza. ¡Ah, sí! Al contrario de ciertos perros, que enseñan los dientes al mendigo harapiento, los poetas ladran siempre a los ricos. ¡Llamar vil al oro!... El orador pasó revista a las comedias en que se pone de vuelta y media a los que tienen cuartos, ensalzando a los pobres.

—Porque, fijarse bien —decía—: en la conciencia
general se asocian las ideas de pobreza y honradez.
Vamos a ver: si yo hiciera una comedia en que pro-
bara, y lo probaría, que los que tienen dinero, sea
por herencia, sea por ganancia, están en situación de
ser más honrados que el pobre, me la patearían, ¿no
es cierto? ¡Buena pita me esperaba! Por eso no la
quiero escribir... Después ponía la cuestión en un terreno en que la manejaba a su antojo con la destreza
de un jugador malabar. Atención: la causa de nuestro
decaimiento nacional era el falso idealismo y el desprecio de las cosas terrenas. El misticismo nos mató
en la fuente de la vida, que es el estómago. Desde que
el comer se consideró función despreciable, la mala
alimentación trajo la degeneración de la raza. El estómago es la base de la pirámide en cuya cúspide está
el pensamiento. Sobre base liviana no puede elevarse
un edificio sólido. Desde el siglo XIII viene haciéndose
entre nosotros una propaganda cargantísima contra el
comer. La caballería andante primero y el misticismo
después han sido la religión del ayuno, el desprecio
de los intereses materiales. Ya tenéis aquí un principio de muerte; ya tenéis atrofiado uno de los principales nervios del poder de una nación: la propiedad.
No dicen *la propiedad es un robo*, como los socialistas
modernos, pero les falta poco para decir que es pecado. La caballería funda la gloria en no tener camisa, y
el misticismo dice al hombre: "La mayor riqueza es
ser pobre... Desnúdate, y yo te vestiré de luz". En
fin, estupideces, y, por añadidura, guerra sin cuartel
al agua. Lo que entonces se llamaba el *demonio*, es lo
que nosotros llamamos *jabón*. Todos los desprecios
acumulados sobre la propiedad, sobre el buen comer
y la cómoda satisfacción de las necesidades de la vida,
vienen a reunirse sobre la infeliz moneda, a quien se
mira como el origen de todos los males, Los que durante una vida de trabajo se han hecho ricos, concluyen
por arrepentirse, y dedican su dinero a fundaciones
pías. El orgullo está en vivir a la cuarta pregunta y
en pedir limosna. Jamás se ofrecen como ejemplo ni
el ingenio ni el trabajo, sino la miseria, el desaseo y
la sarna. No hay un santo en los altares que no haya
ido allí por haber cambiado el oro por las chinches.

—Por Dios, Raimundo, ¡qué figuras tan naturalistas!

Risas, escándalo, movimiento de asco en el selecto auditorio.

—Sí, es la verdad. No hallo otra manera de decirlo. Durante siglos, los sobresalientes de una raza noble han estado educándola en la suciedad, en la pobreza, en el ayuno. Y, claro, ¿cómo ha de haber agricultura, cómo ha de haber industria en un país así? En una palabra, comparemos la raza que ha tenido por maestros a Dominguito de Guzmán y a Teresita de Ávila con la que ha seguido a los dos Bacones, Rogerio y el Verulamo... Sí, señoras: los dos Bacones... ¿Ustedes no saben quiénes son estos caballeros? Lo explicaré otra noche. En cambio, conocen la vida de San Pedro Regalado y de otros tales que están en el Cielo por predicar que no debíamos comer más que tronchos de berza y algún pedazo de suela mojada en vinagre. Así estamos; así hemos venido a ser una raza de médula blanda, sin iniciativa, sin originalidad, sin energía moral ni intelectual, ni física; una raza ingobernable... Claro, con la tan ponderada sobriedad hemos llegado a no poder tenernos de pie. Nuestro imperio era grande; lo hemos ido perdiendo, y nosotros tan frescos. Despreciando el dinero, llamándolo vil, tomando el pelo a los ricos y arrojando sobre ellos tantas ignominias en verso y prosa, hemos dejado perder nuestras colonias. Viviendo en un mundo de fantasmas, perversa hechura de la caballería y la falsa santidad, hemos visto la extinción de nuestra industria. Por fin, al despertar en pleno siglo XIX, después de haber dormido la mona mística, nos encontramos con que los demás se nos han puesto por delante. Ellos viven bien; nosotros, mal. Viendo lo que ellos son, hemos caído en la cuenta de que el dinero es bueno, de que la propiedad es buena, de que el lavarse no es malo, de que el comer es excelente, y de que las materialidades de la vida son excelentísimas. Queremos seguir tras ellos, queremos comer también; pero ¡quia!... ¡si no tenemos dientes, si hemos perdido la fuerza digestiva!... Cinco siglos de sobriedad han despoblado nuestras encías y atrofiado nuestro estómago. Tanto empeño tenemos en mascar y digerir como los demás, que al fin y al cabo...,

como esto no exige largo aprendizaje, logramos vencer
las dificultades. Nos nace la dentadura, se nos arregla
el estómago; pero resulta que no tenemos qué llevar
a la boca, porque no trabajamos. Este hábito es algo
más difícil de adquirir. Tanto nos dijeron "no te cui-
des de las cosas terrenas" que llegamos a creerlo, y
la ociosidad dio a nuestras manos una torpeza que ya
no podemos vencer. Claro, sin el estímulo del oro, ¿qué
aliciente tiene el trabajo? Echen maldiciones al dinero,
santifiquen la mendicidad, y verán lo que sale. Una
raza mal alimentada, no me canso de repetirlo, mal
alimentada, que sólo digiere vegetales..., y ahora voy
a probar que la causa de todos nuestros males está en
el cocido.

Nuevo movimiento de horror festivo en el auditorio.

—Pero, Raimundo, ¡qué cosas saca usted!

—¡Naturalismo!

—Sí, se ha hecho tan naturalista que a veces hay
que coger con tenazas lo que dice.

Y otra noche, el infatigable divagador tomaba otro
tema y lo esclarecía con aquella lumbre de su cerebro
tan parecida a una llama de alcohol, vagorosa, azulada,
juguetona, y concluía porque se levantara contra él
protesta unánime de risas y escándalo "¡Naturalismo!
Dios, ¡qué naturalista, qué pornográfico se ha vuelto!"
Estos socorridos anatemas sirven para todo.

IV

Mi tío Rafael iba todos los jueves; pero no estaba
a sus anchas, porque, haciendo gala de conversacio-
nista, la competencia del general Morla, que hablaba
más que él y era oído con más atención, le abrumaba.
Cuando aquellas dos aptitudes se ponían frente a frente, era gracioso ver cómo se disputaban la palabra,
cómo discretamente corregía el uno las narraciones del
otro. Cada cual se jactaba de saber más que su contrario y de poder añadir un detalle estupendo a su relación. Mi tío Serafín fue, al principio, algunas veces. A
menudo se le encontraba dormido en el gabinete de
Eloísa. Se aburría, y, no teniendo allí el amparo de su
carrik, no podía hacer de las suyas. Como había adquirido el hábito de levantarse temprano para ir al

relevo de la guardia, el buen señor no podía prolongar sus veladas. Retirábase casi siempre a cosa de las once, a su casa de la calle de Capellanes, vivienda misteriosa y desconocida donde jamás había entrado ninguno de la familia, porque él no recibía a nadie ni se dejaba sorprender en su intimidad doméstica.

Puntual en las comidas era don Alejandro Sánchez Botín, persona antipática, entrometida y de una vanidad pedantesca. Decíase de él que no iba allí más que a comer, y que tenía distribuidos los días de la semana entre siete casas acreditadas por la habilidad de sus cocineros. De este gastrónomo se contaban mil historias ridículas. Llevaba en los faldones del frac bolsillos de hule para almacenar allí dulces, jamón fiambre y otras golosinas. Decían que jamás almorzaba, que al levantarse se tomaba un gran tazón de agua de malvas, preparándose así para el gran hartazgo de la noche. A nadie he visto comer con más estudio, ni poner en la comida una atención más respetuosa. Para él, la mesa era verdadera *misa,* el holocausto del estómago. Llegaba en esto hasta la mayor grosería, y cuando no ponían *menú* escrito, preguntaba a los criados qué había, con objeto de reservarse para lo más de su gusto. Muchas veces que le tuve a mi lado, me anticipé a su curiosidad, diciéndole, con afectada importancia:

—Hoy estamos de enhorabuena. Tenemos el famoso *poulard à la Regence* y las *bouchées à la Montglass.*

Era un vicioso, al decir de la gente; mujeriego de la peor especie, de un paladar sensorio tan estragado como lleno de caprichos. Vivía separado de su mujer y tenía muchos cuartos. Tres veces había desempeñado en Cuba pingües destinos, y cada vez que volvía con media isla entre las uñas, repetía la sagrada fórmula: "España derramará hasta la última gota de su sangre en defensa, etcétera...".

Me repugnaba aquel hombre, y más aún desde que Eloísa me dijo que le hacía el amor con hipócrita misterio y groseras ofertas de dádivas. Por no escandalizar no le puse en la calle cuando tal supe. No se me ocultaba el desprecio y el asco que mi prima sentía hacia un sujeto tan abominable por todos conceptos, y que se hacía además ridículo con sus pretensiones de

Figurín de *La moda elegante ilustrada,* 1890

Baile en el palacio de los Duques de Fernán Núñez.
(Aspecto de la "serre" donde se sirvió el buffet)

Dibujo del natural, por Comba.
Ilustración Española y Americana, 1885

guapeza. Era un viejo verde, que después de comer aparecía abotagado, pletórico; y sus ojos vidriosos, grandes, muy parecidos a los de los besugos y tan miopes que los corregía con cristales de número muy alto, decían que allí no había más que apetitos, usurpando el lugar del alma. Lo mismo Eloísa que yo resolvimos echarle, eliminándole con maña de las reuniones; pero él no entendía de indirectas, y se pegaba a la casa como una ostra.

Mi tía Pilar no iba nunca los jueves por la noche a casa de su hija. Su indolencia crecía diariamente con su torpeza muscular; aborrecía las ceremonias, y no se encontraba bien sino en su casa, después de haberse zarandeado dos o tres horas en coche. En su comedor pasaba las veladas, dormitando, cuando no iban a hacerle compañía las amigas vecinas: bien la de Torres, que vivía en el tercero; bien la de Bringas, que habitaba en la inmediata calle de Olózaga.

María Juana tampoco iba a las comidas ni a las tertulias de su hermana. No armonizaban aquellas dos cuerdas de son y ritmo tan diferente. A Medina sí le vi algunas noches, no en la comida, sino en la recepción. Jugaba al tresillo con mi tío, o charlaba con Sánchez Botín de cosas de política, de asuntos de ultramar y del poco dinero que iba quedando en la famosa Perla de las Antillas. Generalmente se le hacía poco caso, y su modestia y cortedad de genio eran tales, que más parecía agradecerlo que sentirlo. Hablando conmigo una noche en confianza, en un rincón donde nadie nos oía, la cabeza muy alzada para que las palabras franquearan mejor el gran espacio entre su pequeñez y mi buena estatura, los dos pulgares escondidos bajo las solapas del frac, y tocando el piano sobre el pecho con los ocho dedos restantes, el buen *ordinario de Medina* me dijo que no tenía palabras para hacerme comprender lo que le cargaban aquellas reuniones: que iba a ellas simplemente por hacer el gusto a María Juana, quien le mandaba asistir para que le contara todo lo que viese. Sí; al volver a casa, tenía que repetir cuanto había oído y hacer descripción circunstanciada de personas y cosas, y si se le olvidaba algo o lo confundía, su mujer se impacientaba. Érale odiosísima aquella vida de lisonja y mentira; aborrecía las comedias sociales, y adoraba lo positivo, el bienestar seguro y sin zozobra. Siendo su sistema gastar siempre menos de lo que se tiene, le daba rabia la ceguera estúpida de los que hacen todo lo contrario. Nunca le gustó a él *darse pisto,* ni aparecer como sabio o como elegante sin serlo, y se encontraba mal entre personas que están, sin cesar, representando lo que no son y haciendo un papel que no les corresponde. Por todas estas razones, pensaba decir a su mujer que, si quería saber lo que allí pasaba, fuera ella en persona, pues él se daba de baja, y no volvería a poner sus pies en los salones de Eloísa. Aquel hombre juicioso y modesto dejó de favorecernos desde el segundo o tercer jueves.

La pobre Camila no concurría a las fiestas de su hermana por varias razones. Importantísima era la de no tener vestidos; es decir, tenía uno; pero no era cosa de presentarse todos los jueves con los mismos trapitos de cristianar. Otra razón de peso era que, cumplidos los vaticinios que indecorosamente nos hiciera el día de la célebre comida, allá por octubre había dado a luz un muchachón, del cual fui padrino, y que tenía todas las trazas de ser tan bruto como su padre. Éste fue dos o tres noches a casa de Carrillo; pero se encontraba tan fuera de su centro, se parecía tan poco aquel recinto al grosero café donde él solía concurrir, que le faltó tiempo para desertar. Era un tagarote que no sabía dónde ponerse, ni hallaba con quien hablar, ni él hacía más que ir de un lado para otro, aburrido y desconcertado. Sólo en el marqués de Cícero hallaba de vez en cuando un punto de apoyo, por ser ambos manchegos, cazadores y tener más ancho el círculo de los perdigones que el de las ideas.

—¿Y tu mujer? —le preguntaba yo todas las noches.

—Bien—me respondía—. Sigue empeñada en no poner ama. Lo cría ella misma.

Yo sabía que estaban bastante mal de metálico. Aunque era medio loca, Camila me inspiraba algún interés y lástima; y habiendo notado en su casa ciertas privaciones, supe valerme de medios delicados para socorrer sus faltas y para que mi buen ahijado no estrenase la vida en medio del desamparo y la desnudez.

Réstame hablar del marqués de Cícero, tío de Carrillo. Era primo de Angelita Caballero, quien le había dejado dos casas y la corona, la cual, a su muerte, pasaría a exornar la frente de Pepe y sus herederos. Como figura decorativa pocos hombres he visto más notables que don Antonio Alvarez Tuñón y Caballero. Era lo que antes se llamaba un real mozo. Mas se podría ofrecer un buen premio a quien probase que existía un ser humano de menos sal en la mollera que aquel bendito marqués, a quien jamás sorprendió nadie en posesión de una idea. Lo más que hacía era repetir mal las ajenas y desfigurarlas. Las suyas versaban siempre sobre la adoración de su persona como hombre guapo, y se parecía al *Sacamantecas* en la fea maña de echar ojeadas a los espejos para gozarse y ponerse muy hueco. Tenía largos y lucidos bigotes, como los del general León, a quién sin duda tomaba por modelo. No he visto nunca una cabeza más hermosa. Era digna del cincel de Benvenuto y de las fábulas de Esopo, por su belleza y su falta de seso. Decía Severiano Rodríguez que cuando el marqués hablaba de algo que no fuera caza, *le crujía el cerebro*; tan violento esfuerzo tenía que hacer. En distintas épocas de su vida le dio por hacerse magníficos retratos que repartía a los amigos. En unos estaba con un vestido de caza muy majo; en otros, de caballero del tiempo de Felipe IV, también de caza, con el lebrel a un lado. En los escaparates de un célebre fotógrafo andaba en gran tarjeta iluminada y en traje de caballero de Calatrava, con birrete y catorce varas de manto blanco. Últimamente se retrató con un león a los pies. No hay que decir que el león era disecado. A todos los amigos dio un ejemplar, y recibí el mío con una expresiva dedicatoria. Mucho tiempo conservé en mi poder la imagen del prócer cinegético, con el fiero león a los pies, hasta que tuve la suerte de que mi tío Serafín me librara de ella. Fue la única expoliación de que me he felicitado siempre.

Lo bueno que tenía el marqués era que no murmuraba de nadie. Es que no se le ocurría nada que no fuera conversación de perros y de monterías antiguas y modernas. Mi tío, él y otro que tal, hacían a veces una insufrible trinca. Desde tiempos remotos gozaba de un empleo en el Ministerio de Estado. Hasta la muerte de

la Caballero había sido pobre y obscuro, uno de esos
aristócratas trasconejados que vegetan en una oficina y
no molestan a nadie, ni dan que hacer a los políticos,
ni meten ruido, ni alardean de linajudos, ni envidian ni
son envidiados. Aquel bendito debía su insignificancia
a la carencia absoluta de ideas, a su aspecto agradable
y a no tener más pasiones que las inofensivas de vertir-
se bien, cazar y retratarse.

Era muy puntual en las comidas, y no lo hacía mal.
Comía y callaba. ¿Qué diré de los demás aún no desig-
nados? Fáltanme espacio y ganas, aunque no memoria.
¿Hablaré de Pepito Trastamara, un hominicaco a quien
yo ponía por ejemplo cuando quería demostrar a Carrillo el vivo contraste de nuestra aristocracia con la
inglesa? ¡Y sobre el cimiento de Pepito Trastamara
quería edificar aquel soñador el organismo de los lores
españoles, el sólido estamento que, enlazado al poder
poular, forma el más admirable de los sistemas! Allá
por el cuarto o quinto jueves llevó Carrillo a un joven
redactor del periódico de su partido. Era un muchacho
listo, que pronto sería diputado y metería ruido. Hablaba por los codos siempre que encontraba quien le oye-
ra, y se sabía al dedillo, casi tan bien como Pepe, todo
lo concerniente al *Parlamento largo,* al *Bill de derechos,*
a las picardías que hizo Titus Oates [35] y otras muchas
cosas que traen siempre a mal traer los anglómanos.

Después de la comida iban tantos, tantos, que no
acertaría a contarlos. Vi literatos de varias castas, políticos muy grandes, de cola entera como los pianos, de
media cola y *piccolos.* Vi académicos que habían escrito cosas bellas, y otros que no habían escrito maldita
cosa ; militares en diferentes situaciones, varios artistas,
algún diplomático extranjero, ministros en activo, entre
ellos el de Fomento, amigo y paisano mío ; vi a Cimarra, que se había reconciliado con su suegro, el marqués
de Fúcar, y resignádose a que su mujer viviera [mari-
talmente] en Pau con León Roch ; ** vi tal cantidad

---

[35] El *Parlamento largo* (Long Parliament) fue el de la Revolución inglesa, elegido en 1640, en el que había de darse a conocer
Cromwell, y el *Bill de derechos* uno de sus logros. Titus Oates fue
un famoso conspirador y aventurero de la época de la Restauración
inglesa (1649-1705).

** Este pasaje es curiosísimo, pues indica la honda evolución
que experimenta la moral de Galdós en materias de vida sexual.

de personas y alimañas, que era aquello un museo matritense, mejor para apreciado en conjunto que para reproducido en sus múltiples, varias y pintorescas partes.

V

Supongo que los que esto lean estarán ya fatigados y aburridos de tanto y tanto jueves. Pues sepan que mucho más lo estaba yo. Dirélo con franqueza: los jueves me iban cargando. Aquel sacrificio continuo de la intimidad doméstica, de los afectos y la comodidad en aras de una farsa ceremoniosa, no se conformaba con mis ideas. Me gustaba el trato de mis amigos, la buena mesa en compañía de los escogidos de mi corazón, la sociabilidad compuesta de un poco de confianza amable y de un poco también de etiqueta, o sea lo familiar combinado con las buenas formas; pero aquel culto frío de la vanidad, quemando incienso en el altar del mundo, me lastimaba y aburría ya. Todo era viento, humo, y la estéril satisfacción de que se hablara de la casa y del trato de ella. En fin, a las diez o doce semanas ya tenía yo los jueves atravesados en el gaznate sin poderlos pasar.

Eloísa también se me manifestó algo cansada; pero el respeto al maldito *qué dirán* impedíale suspender repentinamente las grandes comidas. La idea de que se susurrase *que estaba tronada* la ponía en ascuas, quitándole el sueño. Y si mi orgullo se sentía halagado por la fidelidad suya, que en tal género de vida tenía un mérito mayor, de esta misma satisfacción se derivaba mi zozobra por el temor de sorprenderla infiel algún día. La idea de que Eloísa me suplantara a lo mejor con alguno de aquellos tipos que la rodeaban, incensándola como a un ídolo, me enardecía la sangre, me agriaba el carácter, me ponía de un humor de mil diablos, desequilibrando mi ser y quitándome el dominio de mí mismo y las dotes de buen sentido que me transmitió

En *La familia de León Roch* se dice que el protagonista se expatría solo, pues su moral no le permitiría un concubinato. V. mi *Galdós*, I, 281. En la ed. se lee *materialmente*, lo que ha de ser errata, pues "maritalmente" es lo que mejor cuadra a aquella relación a que tenía que "resignarse" Cimarra, el marido legal de Pepa.

mi madre. Pensando esto, yo descubría en mí no sé qué instintos de violencia y la disposición a ciertos actos que no sabía si calificar de locuras o de majaderías.

Ningún motivo real tenía yo para sospechar que Eloísa se aficionara a otro hombre, y no obstante, la vida aquella de galantería y de lisonja era para mí una vida de alarma angustiosa. Desgraciadamente, no podía apoyarme en el terreno de ningún derecho; no podía llamar en mi auxilio a la moral, y mis celos, impersonalizados todavía, debían luchar solos e inermes cuando el caso llegara. Ninguno de los amigos de la casa me inspiraba temores en particular; inspirábanmelos todos. La colectividad era mi aprensión, y aquel coro de aduladores, mosca que me zumbaba en los oídos, era mi pesadilla. Obedeciendo algunas veces a esa instintiva necesidad de atormentarnos que sentimos cuando el sistema nervioso se sale de sus casillas, me entretenía en concretar mi inquietud, suponiendo cómo sería lo que aún no era, imaginando lo verosímil y convirtiendo los fantasmas en personas. La juventud fogosa de Manolito Peña, la opulenta vejez de Fúcar, la virilidad legendaria de Chapa, la osadía del *Sacamantecas,* la fealdad misma de Botín, la insignificancia de otros, me eran igualmente sospechosas. Habría deseado perderlos a todos de vista, y que Eloísa, por amor a mí, se asimilase las antipatías que su corte me inspiraba y acabase por despedirla.

Verdaderamente, de ella no podía tener queja. Nunca fue más amante que en la época en que a mí se me despertó el santo horror a los malditos jueves. Su cariño se sutilizaba, se hacía más ardiente y hasta quisquilloso y suspicaz. ¡Cosa rara! También ella tenía celos. Nunca me he reído más que un día que se me enojó porque...; ¡vaya una simpleza!, "porque yo visitaba muy a menudo a su hermana Camila". Poco trabajo me costó desvanecer sus inquietudes mimosas. Nos desagraviábamos fácil y agradablemente, firmando paces que debían de ser eternas por lo apasionadas. ¡Qué mujer, qué vértigo, qué abismo de ilusión, dorado y sin fondo! Nuestras entrevistas nos parecían siempre cortas, y expresábamos el afán de no separarnos nunca, de empalmar las horas felices, pues cada fracción del tiempo que pasaba, marcando una pausa en nuestros goces, nos parecía algo que se nos había robado. La publicidad escandalosa de

aquel enredo y la ausencia de todo peligro habíannos
quitado la máscara. Ya no nos recatábamos, ya se nos
importaba un bledo la opinión de la gente, que, por otra
parte, no era severa con nosotros, pues nadie nos miraba mal, nadie extrañaba · nuestra conducta, ni jamás
oímos palabra o reticencia que nos acusase. Se nos veía
juntos en público; dábamos paseos matinales; yo iba
a su casa por mañana, tarde y noche, y entraba y salía
y andaba por todos los aposentos de ella como si fuera
mi propia vivienda.

En aquel período de embriaguez, mi salud se resintió
algo. Zumbáronme los oídos, como siempre que mis
nervios se encalabrinaban, y esta mortificación me entristecía lo que no es decible. Eloísa, siempre llena de
ternura, trataba de alegrarme con su sonrisa franca y
cariñosa. Su jovialidad, que tenía por órgano la boca
más fresca que era posible ver, declaraba la juventud y
lozanía de su temperamento, el cual se hallaba en su
plenitud, sin asomos de decadencia como el mío. Se
burlaba de mis males nerviosos y hacía propósitos de
curármelos; pero lo que hacían sus medicinas era ponerme peor.

Excuso decir que en esta temporada, que no sé si fue
dicha o tormento, o ambas cosas combinadas, la aptitud de los números se eclipsó en mí. Mi dualismo estaba desequilibrado; mi madre dormía, y la sangre andaluza de mi padre era la que mangoneaba entonces en
mí. El pícaro vicio había acorralado en obscuro rincón
del cerebro la energía educatriz de mis quince años de
escritorio.

De tiempo en tiempo había como una tentativa de
emancipación de la tal aptitud; pero el ruido de oídos
la sofocaba en medio del entumecimiento cerebral. Cierto que hice más de una vez apreciaciones mentales acerca de lo que debía de costar el estrepitoso boato de
Eloísa y la gala de sus celebrados jueves. Cierto que
Fúcar me hizo ver que en la casa de Carrillo se gastaba
más del triple de la renta del capital. Varias noches, al
retirarme a casa, iba pensando en esto; pero la excitación me impedía pensarlo con claridad y energía, y la
sedación venía luego a adormecerlo todo, números y
alarmas. Había además otra circunstancia digna de tenerse en cuenta para explicar mi pereza aritmética.

Transcurría el tiempo; llegaba febrero del 83, y Eloísa no me pedía nunca dinero. No parecía tener apuros ni ninguna clase de dificultades monetarias. Fuera del desembolso mensual de los regalitos, yo no tenía que dar tijeretazos en el talonario de mi cuenta corriente.

Ni ella me hablaba de intereses, ni yo a ella tampoco. Había quizás en ambos el temor de despertar un problema que dormía debajo de nuestras almohadas. Lo único que me permití fue hablar perrerías de los jueves, criticarlos bajo el doble aspecto moral y económico, y pedir que desapareciesen de la serie del tiempo.

—Pienso como tú—me dijo la muy mona—; pero yo digo lo que el Gobierno. Es preciso estudiar la reforma, porque si se hace de golpe y porrazo, podría ser inconveniente.

—Cuando los gobiernos no quieren hacer una reforma—le respondí—, dicen que la están estudiando. Pero si la reforma no consiste en establecer sino en suprimir, el mejor estudio es obrar con valentía... Tú temes que te saquen alguna tira de epidermis. Mira, de todos modos, con jueves o sin ellos, te la han de sacar. Conque así, no te esclavices.

Y esto lo decíamos media hora antes de la señalada para la comida. Aquel jueves, el pobre Carrillo estaba bastante mal y no se presentaría. Le vi en su cuarto, y la profundísima lástima que me inspiró estuvo por mucho tiempo como estampada en mi alma. Aún hacía el pobrecito violentos esfuerzos por vestirse; aún mandó a Celedonio, su ayuda de cámara, que le trajese el frac; pero no pudo ni meter el brazo derecho en la manga. Se desplomaba. En su lastimoso estado, lo que principalmente sentía era no poder hacer los honores de la casa aquella noche, como todas, y encargaba a su mujer que atendiese a los invitados y no hiciera caso de él. Eloísa estaba aturdidísima. De buena gana habría despedido a sus comensales. Mas no; era preciso hacer un esfuerzo supremo, presidir la mesa, estar en todo y recibir luego a cien o doscientas personas. ¡Tormento mayor!...

No tardaron en entrar Chapa, *el Sacamantecas,* Peña, el secretario de la Legación de Holanda, después el ministro de Fomento, luego Botín y el general Morla. Todos, conforme iban llegando, se creían en el deber de

poner una cara muy atribulada al enterarse de la indisposición del amo de la casa. Eloísa estaba realmente
triste. Su situación en lo que llamaré el terreno aflic-
tivo era bastante delicada; pues si aparecía muy afligida podrían dudar de su sinceridad, y si, por el contrario, se presentaba serena, las críticas serían más acer-
bas. Comprendí, oyéndola hablar del enfermo con los
convidados, que hacía esfuerzos para hallar el justo
medio sin poderlo conseguir. A veces iba muy lejos en
el camino del dolor, y conociéndolo, la reacción en el
sentido de la calma era demasiado fuerte. Nunca vi
lucha más horrible con las conveniencias sociales; y si
las palabras de los amigos eran perfectamente discretas,
sus miradas, al menos a mí me lo parecía, revelaban
una ironía despiadada. Y Eloísa estaba triste en realidad. Sólo que a veces se le antojaba que debía estar
más triste, y a veces que debía estarlo menos, resultando
de aquí que nunca acertaba con el tono exacto de la
nota que quería afinar.

La de San Salomó llegó a última hora. Era la única
señora que teníamos aquella noche. La comida empezó
silenciosa, y por una de esas fatalidades de la conversación, que no es posible vencer, sólo se hablaba de enfermedades, de médicos, de aguas minerales. De rato
en rato, un criado traía noticias del señor para tran-
quilizar a la señora. Estaba mejor, se le iba pasando el
ataque. Con esto se sosegaba Eloísa, y todos hacíamos
el papel de que se nos transmitía por arte mágico su
contento. Pepe estaba en su habitación, acompañado
del médico y de su ayuda de cámara. Sólo el marqués
de Cícero, como de la familia, había entrado a verle.
Después ocupó en la mesa la cabecera que al enfermo
correspondía, y entreveraba los bocados con suspiros.
El general Morla me tocó al lado, y hablamos de la
enfermedad de Pepe con la misma calma que si se tratara de lo buenas que estaban las codornices trufadas.

—Este hombre se va—me dijo—. He visto morir a
muchos de ese mismo mal, que debe de ser cosa del
hígado. Cuando menos lo piense, Eloísa se queda viuda.
Tal vez esta misma noche.

Después me contó la muerte de Narváez, la de Pastor
Díez, la del general Manso, la de Carlos Latorre, la del
marqués de Valdegamas. Aún no había dado fin a esta

fúnebre crónica, cuando se sintió en lo interior de la
casa un ruido extraño. Algo muy grave ocurría. Todos
nos quedamos fríos. Los tenedores, suspendidos sobre
los platos con el pedazo *de fond d'artichauts au suprê-
me,* aguardaban que se aclarase el angustioso misterio
para seguir hacia su destino. Sólo Botín oía mascando.
Levantóse Eloísa bruscamente y fue a la puerta antes
de que entrase el ayuda de cámara, a quien sentimos
venir a la carrera. Oímos cuchicheo de zozobra y ansiedad. Eloísa corrió hacia adentro, Celedonio también.

VI

Gran silencio en la mesa. Rompiólo al fin el general
con estas palabras:

—Cuando digo yo... Oye, Santiaguito, sírveme jerez.

Sánchez Botín no sabía disimular el furor que le dominaba por causa del maldito monsieur Petit, que no
puso aquel día en la mesa la lista de platos. Resultado
de esta preterición (que parecía una estratagema traidora) fue que mi hombre se atracó de *roastbeef* a la
inglesa, y cuando aparecieron las codornices ya no le
quedaba para ellas todo el hueco estomacal que merecían. Se podían leer en las serosidades lobulosas de su
frente sus irritados pensamientos. Estaba verde, y sus
gruesos labios engrasados se estremecían como los labios de los perros cuando van a ladrar. "Esto no pasa
más que aquí. Vale más ir a un mal *restaurant*", de seguro diría. Al través de las gafas de oro, sus ojos in-
yectados y como queriendo salirse del casco, arrojaban
destellos de odio contra el pobre monsieur Petit.

Poco a poco volvió a sonar el metal de cuchillos y
tenedores sobre la porcelana. Ligera oleada de animación, corriendo de una punta a otra de la mesa, agitó
la doble fila de cabezas. Cada cual comunicó a su vecino sus observaciones, unos en voz baja, otros en alta
voz. En aquella mesa rara vez se hablaba sin doble
sentido. Debajo de la conversación verbal, serpenteaba
la intencional, como la víbora entre hojas. Interpretarla
y devolverla era el encanto de los comensales. Las circunstancias no pudieron hacer que aquella conversación nuestra fuese lúgubre, aunque sólo se hablaba de
enfermedades y de la aterradora muerte. La marquesa

de San Salomó iba preguntando a todos, uno por uno,
si tenían miedo a la muerte y en qué forma se les presentaba al espíritu. Cada cual respondía cosas diferentes,
la mayor parte poco ingeniosas. Fue la misma Pilar
quien dijo.

—Yo soy cristiana católica y vivo preparada. A pesar
de esto, no me gusta ver entierros...

—Es que no tiene usted la conciencia tranquila—dijo
no sé quién, derivándose de esto un tiroteo de frases,
esmaltadas de discretas risas.

—Me parece que les estoy viendo a todos ustedes—
dijo Pilar—bajando de patitas al Infierno...

—Como la llevemos a usted por delante...

—¡A mí! Usted está mal de la cabeza. ¡A mí!...

—Sí, señora. Y si usted se empeña en no ir, elevar-
íamos una sentida exposición a Dios, pidiendo que la
destinara a usted a nuestro departamento...

—¡Aunque sólo fuera en comisión de servicio!

Siguió a esto un gran debate sobre si hay o no Infierno, si el Limbo es verdad o figuración teológica, y,
por último, hacia qué parte cae el Purgatorio.

Me parecía mentira que la comida se había de concluir. Cuando acabó, fui a enterarme por mí mismo del
estado de Carrillo. El ayuda de cámara, a quien encontré en el pasillo, díjome que habían metido al señor en
un baño caliente, y que ya estaba mejor. Parecióme,
en verdad, muy aliviado cuando le vi. Regresé al salón
donde estaban tomando té y café bajo los auspicios de
la marquesa. Ésta debió de conocer en mi cara que
llevaba noticias buenas, y me preguntó con mucho interés por el enfermo. Díjele lo que sabía, y ella, tomán-
do tonos de intimidad y de secreto, hablóme así:

—¡Qué noche para la pobre Eloísa! Dígale usted
que no se apure, que se esté por allá. Yo entretendré a
esta gente como pueda.

—Precisamente, me acaba de encargar dé a usted un
recado semejante.

—¿Y está mejor, es cierto?—me preguntó, mirándome de un modo que era nueva apelación a mi confianza.

—Diré a usted. Yo creo que esto es una remisión
pasajera. El pobre Pepe está muy malo: hace tiempo
que lo vengo diciendo...

—Yo también... Cuidado que pasarán ustedes malos ratos. Eloísa no es para cuidar enfermos. Usted tampoco... Y, la verdad, no hay cosa más triste que estar viendo padecer a una persona de la familia sin poder aliviarla. Vale más, mucho más, que acabe de una vez...

—Sin duda alguna—le contesté, por contestar algo.

—Dígame usted—añadió, arrimándose más a mí y acentuando el tono de confianza—, ¿Carrillo ha dejado intacta la fortuna que heredó de la marquesa de Cícero?...

—Señora, habla usted como si ya...—respondí espantado.

—¡Qué tonta!... Quiero decir *dejará*... Es verdad que todavía no ha concluido... ¡Pobrecillo!

—Creo que sí—contesté, mintiendo porque decirle la verdad era como mandar un comunicado a la Prensa—. Sí, su capital permanece intacto.

—¿Sí?... ¿De veras?—dijo, sonriendo y dando al *de veras* ese dejo de burla que es tan elocuente en el lenguaje popular—. O usted se ha caído de un nido, o piensa que me he caído yo. Voy a darle una taza de té para que se le aclaren las ideas.

—Gracias... Pues decía que el capital permanece intacto... Carrillo es un hombre prudente.

—Lo que es eso... Se pasa de prudente. Pero vamos al caso. Si lo que usted me ha dicho es cierto, seguramente ha hecho usted muchos números.

—Algunos he hecho.

—Con franqueza... Respóndame usted a lo que le pregunto. Cuando pase el luto, ¿seguirán los grandes jueves?

Esta pregunta me enfrió la sangre. Pero pronto supe amoldarme a la situación y a las conveniencias, y contesté decidido, como la cosa más natural del mundo:

—¡Quia!... ¿Por quién me toma usted, señora? Creo que el presente es el último de los jueves habidos y por haber.

—Así, así, energía... Me gustan a mí las personas de carácter... Pero el hombre propone y... nosotras disponemos. A Eloísa le gusta esto, y si pudiera, todos los días de la semana los volvería jueves... ¡Qué disparates digo..., ahora que está la pobre tan afligida! Me cortaría esta pícara lengua. Usted tiene la culpa, usted...

En aquel instante, el marqués de Fúcar, que no había venido a comer, ocupó su puesto frente a la marquesa. Seis personas más formaban la corte de ésta. Los que entraban a saludarla oían de su boca frases apropiadas al papel que hacía. Daba excusas por la ausencia de Eloísa, pintando con melancólicos colores las circunstancias en que estaba la casa. Su voz tomaba un tono patético, que habría hecho llorar a un cerrojo. Y cada persona que llegaba decía la indispensable formulilla de lástima y desconsuelo, echándola en el corrillo como se arroja la moneda de compromiso en la bandeja de plata de un petitorio. Suspiraba Pilar y daba las gracias en nombre de su amiga, añadiendo con religioso acento y expresivo arquear de cejas un *Sea lo que Dios quiera.*

Fue hacia donde estaban los fumadores, y después a la sala de juego, que parecía un verdadero casino. Algunos hablaban del suceso con entera libertad, y otros jugaban o reían, sin acordarse para nada del pobre amo de la casa. Severiano, que entró de los últimos, me dijo:

—En el casino corrió la voz de que Pepe había muerto de repente en la mesa, cayendo sobre ti y derrumbándote un hombro.

De pronto vi pasar a Eloísa, que venía de las habitaciones de Pepe. Todos se abalanzaron a saludarla. Su cara revelaba contrariedad y tristeza, y el traje de color rosa té, de sencillez arcadiana, le sentaba tan a maravilla que parecía una elegante pastora del pequeño Trianón llorando ausencias de algún pastor de peluca. Dio afables excusas por su ausencia... Gracias a Dios, el pobrecito Pepe estaba mejor. Un coro de pésames por la enfermedad y de felicitaciones por la mejoría demostró cuánto la querían sus amigos. Oía mi prima el coro con aturdimiento de actriz que no está muy fuerte en su papel. La desconcertaba el temor de parecer demasiado triste o demasiado consolada. Aprovechando una ocasión propicia, me dijo al oído:

—Ve allá... Quiere verte... No hace más que preguntar por ti.

Aunque tal visita me disgustaba, corrí al aposento de Carrillo, y al alejarme del tumulto de los salones sentí como un secreto miedo supersticioso. Fuerte olor de láudano denunciaba la pasada batalla entre la química y el dolor. Era el olor de la pólvora. Celedonio y el médico, dos combatientes valerosos, estaban de pie junto al lecho. Vi en éste el rostro amarillo de Pepe que me recordaba el *San Francisco*, de Alonso Cano, ma cerado, febril y exangüe. Su nariz era como el filo de un cuchillo. Sus ojos tenían un cerco morado, y las pupilas, atónitas, un no sé qué de espiritual, de soñador, avidez de martirios y apetitos de inmortalidad. Fija en las almohadas, aquella cabeza de santo no tenía vida más que en los ojos y en las arqueadas cejas. La boca, inmóvil y entreabierta, parecía endurecida por el pasado suplicio. Su corta barba, de un color sienoso, y el cabello negro, partido con natural elegancia en gruesas guedejas, daban al total de la cabeza el aspecto de antigua escultura en madera con la pátina del tiempo. En mitad de la pieza, el baño despedía un vapor tibio que me sofocaba, como si el dolor que se había disuelto en el agua se exhalara en ondas y viniera a mugir en mis oídos y a acariciarme la piel. En un ángulo, sobre el velador decorado con la vista del parlamento inglés, estaba la encendida lámpara de bronce, en figura de candilón, despidiendo, al través de la bomba esmerilada, claridad blanda y lechosa. El médico, con el sombrero puesto ya, se estaba envolviendo el cuello en un tapabocas, pronunciando las fórmulas de despedida:

—Ya no hago falta por esta noche. Mañana veremos. No hay cuidado.

Y llegándose a Pepe, le dirigió frases de cariño:

—Mucha quietud, que eso no es nada. Dentro de unos días volverá a su vida habitual.

Fui con él hasta la habitación próxima, y al despedirme, me dió a entender con un mohín de su expresiva cara que si por el momento no había peligro, la enfermedad marchaba a pasos de gigante.

VII

Fuime entonces derecho a Pepe, que me recibió con sus ojos fijos en la puerta por donde yo debía entrar. Como no se le veía más que la cabeza, hízome ésta el efecto de la de San Juan Bautista, la cabeza cortada que el arte religioso presenta siempre servida en bandeja como un manjar. Luego que me miró bien, sacó de entre las sábanas su mano, que era toda huesos, y en la cual la imaginación, a poco que lo intentara, podía ver una de las llagas del Seráfico, y buscó la mía. Cuando estrechó mi carne con aquel alicate de hueso, me corrió por el cuerpo un hielo mortal.

—¿Qué tal vamos?—le dije, inclinándome para verle mejor.

—Caro te vendes, hijo. Se muere uno aquí sin que los amigos vengan a echarle un vistazo.

—No quería molestarte. ¿Y cómo estás ahora?

—He pasado un rato muy malo—replicó, sacando difícilmente las palabras del pecho—. Pero después del baño me encuentro muy bien. Eloísa se ha asustado mucho. Estos trances no son para ella... ¿Quién ha venido?

Dile cuenta de todas las personas que había en la casa.

—Que no parezca que estoy enfermo—añadió con brío—; que se diviertan como si no ocurriera nada de particular. Y verdaderamente no estoy tan mal. Todo ha sido un cólico nefrítico, el paso de las arenillas de los riñones a la vejiga. Dolores espantosos; pero, en fin, nada más... Todavía...

Miróme con cierta intención compasiva, ¡extraña compasión!, y, haciendo un gran esfuerzo por emitir con toda claridad la voz, dijo:

—Todavía te has de morir tú primero que yo... Lo veo, lo conozco, no sé por qué... Me dijo mi mujer que estabas muy malo, que habías tenido vómitos de sangre.

—¿Sí?... ¿Te lo dijo?

Creí prudente no negarlo. Eloísa tenía la costumbre, cuando le veía muy malo, de contarle imaginarias enfermedades de otros. Le consolaba como se consuela a los niños.

—Y que todos los días tenías fiebre.

—Es verdad—afirmé—. No estoy bueno, ni mucho menos.

—Cuídate..., cuídate. Sentiría mucho que en lo mejor de la edad...

—Sí, sí, estoy decidido a curarme.

—Yo estaré en pie la semana que entra—añadió, galvanizándose con su espiritual fuerza—, y volveré a mis quehaceres de siempre. Tengo un gran proyecto. Pienso construir un edificio para albergue de huérfanos pobres; gran pensamiento, magnífico plan. Habrá hospital, clínica, consulta, talleres, escuelas, gimnasio. Se necesitan seis millones de reales. Cuento con tu cooperación, si no te perdemos antes. Eloísa se encargará de organizar, con sus amigas, funciones en los principales teatros. Yo solicitaré el auxilio del Gobierno y de la Familia Real. Tú harás lo que puedas entre tus amigos...

No sé hasta dónde habría llegado este coloquio si felizmente no entrara mi prima.

—¡Eh..., basta de conversación!—dijo poniendo su mano derecha en mi hombro y la izquierda sobre la frente ardorosa de Carrillo—. Lo primero que ha ordenado el médico es el reposo, y... punto en boca.

—Sí, hija; ya me callo, ya no diré una palabra más. Estábamos hablando de mi hospital de San Rafael. Llevará el nombre de mi hijo.

—Más vale que te duermas ahora. No pienses, no te acalores. Ya haremos un hospital, y dos si es necesario... José María y yo te ayudaremos... ¿Verdad? Los tres vamos a ocuparnos mucho de eso desde mañana. Vaya, basta de conversación. José María, aquí estás ya de más.

En la habitación que precedía a la alcoba volví a ver a Eloísa, que me habló así:

—¡Qué malos augurios ha hecho el médico! ¡Pobre Pepe!... La convalecencia de este ataque será cruel. ¡Qué días me esperan! ¿Vendrás mañana a acompañarme?

—¡Qué pregunta!

—¿Y no has visto al pequeño? Pasa —me dijo cariñosamente, empujándome hacia una puerta—. El pobrecito se despertó con los gritos de su padre; pero debe de haberse dormido otra vez... Pasa... Vengo al instante. ¡Cuánto deseo que se marche esa gente!

El pequeño dormía. Preguntóme el aya por el señor, y le dije lo que me pareció. De buena gana me habría quedado allí un buen rato, sin hacer otra cosa que contemplar el envidiable sueño de aquel ángel. Pero Eloísa entró a ver a su hijo, sacóme del éxtasis en que yo estaba, dejando volar mi pensamiento a las alturas de contemplaciones muy espirituales. La mano de mi prima se posó sobre mi hombro, y oí estas blandas palabras:

—Ve al salón. ¡Qué gente, qué pesadez! Extrañarán que no estés allí. El pobre Pepe está aletargado. Creo que pasará bien el resto de la noche.

Salimos juntos, y en el pasillo nos separamos. Echóme una mirada de tristeza, diciéndome con severidad dulce:

—Ya sé que ha habido mucho secreto con Pilar. No puedo descuidarme un momento.

—Pero ¿eres tan tonta que...?

Celos tan inoportunos me causaban hastío.

—Ni afirmo ni niego nada. No hago más que hacer constar un hecho—replicó, apretándome ligeramente el brazo con sus dedos.

En la reunión tuve que sostener conversaciones que me aburrían, contestar a preguntas que me incomodaban y resistir una lluvia de frases de doble sentido. Poco a poco se fueron aclarando los salones. La de San Salomó salió de las últimas, llevándose, como de costumbre, al general, que vivía cerca de su casa.

—¿Usted se queda aquí?—me dijo—. Velará usted. Cada cual, a su puesto de honor.

A última hora fui a enterarme del estado del enfermo. Eloísa me salió al encuentro en el pasillo. Se había quitado su vestido de sociedad y puéstose la bata de raso blanco. Como se apareció con una luz, creí ver a lady Macbeth cuando el paso aquel de las manos manchadas. Llevándose el dedo a la boca, dióme a entender que Carrillo dormía, y en palabras muy quedas me dijo:

—Está tranquilo. Mas, por lo que pueda suceder, me quedaré en el sofá de su cuarto. Voy al despacho a buscar una novela, porque de fijo no podré dormir.

Contesté que yo velaría; pero se opuso tenazmente, alegando lo quebrantado de mi salud, mis pocas fuerzas...

—Necesitas descansar—me dijo con el mayor cariño—. Duerme ocho horas si puedes... Aquí no haces falta. Celedonio y yo nos entenderemos. Esta noche, caballero, se va usted a su casita.

Empujóme suavemente hacia la antesala, después de susurrarme esto:

—¿Vendrás mañana? Mira que no faltes. Ven a almorzar. ¿Te espero? No me hagas rabiar. Si a las diez no estás aquí, te mando siete recados. Esta soledad es horrible. Esta noche, si duermo, voy a soñar veinte mil disparates.

Ella misma me lio el pañuelo a la garganta y alzóme el cuello del gabán:

—Abrígate bien, por Dios... Haz el favor de no constiparte ahora. ¿Hay ruidito de oídos? Voy a soñar que es verdad lo que te dijo Pepe, que arrojas sangre por la boca y tienes fiebre...

Cariñosa y amante me despidió, y yo salí pensativo.

XII

ESPASMOS DE ARITMÉTICA QUE ACABAN
CON CUENTAS DE AMOR

I

CARRILLO mejoró en los días sucesivos. Aquella vida desplomada se sostenía con un esfuerzo prestado por el espíritu para engañarse a sí mismo y a los demás. Salió de la terrible crisis por tregua de la muerte, y desde que pudo sentarse puso atención ardiente en las ocupaciones que tanto le entretenían. Admiraba yo aquel tesón, aquella esclavitud del deber, que en el heroísmo rayaba, y la indiferencia con que, pasada la fuerza del mal, miraba Carrillo sus insufribles martirios. No tenía aprensión ni afán de medicinarse. Figurábaseme ver en él, a veces, uno de esos hombres de temple superior y escogido que se desligan de todo lo que pertenece a la carne y sus miserias, para vivir sólo con interior vida, toda energía y llamas. A los ocho días atendía a sus múltiples tareas benéficas, sin salir de su alcoba, con la puntualidad de costumbre, y Eloísa estaba tranquila en lo concerniente a la enfermedad de su marido, si bien por otros motivos parecía haber perdido completamente todo sosiego. Una mañana me la encontré en un gabinete muy afanosa, con un lapicero en la mano, haciendo números y fijando alternativamente los ojos en el papel y en el techo, que era

un cielo azul con sus indispensables ninfas en paños
menores.

—¿Estás contando las estrellas? —le pregunté, sospechando lo que en realidad contaba.

—No, es que estoy calculando... —replicó algo turbada—. Me vuelvo loca, y esta pícara cuenta no sale.
No te lo quería decir por no disgustarte; pero me
pasan cosas graves.

Yo me senté, abrumado por el pensamiento de los
desastres aritméticos que Eloísa me iba a revelar. Ella
se sentó tan cerca de mí, que la mitad de su no muy
ligera persona gravitaba sobre la obra mitad de la mía.

—¿A ver ese papel? —dije, tomándole la mano en
que lo mostraba.

Pero no entendí nada. Era un mosaico de sumas y
restas, del cual no se podía sacar nada en claro.

—¿Y quién entiende este *maremagnum*? —indiqué
con desabrimiento.

El dulce peso, como suele decirse, cargó más sobre
mí, y la preciosa boca empezó a chorrear notas terro-
ríficas, mejor diré, conceptos erizados de cantidades.
La oí asustado. Expresábase con timidez, tendiendo a
menguar las cifras, comiéndose algunos ceros, señalando el remedio antes de mostrar la herida y respon-
diendo de antemano a las exclamaciones severas con
que yo la interrumpía. La estimulé a presentar el problema tal como era, en toda su desnudez abrumadora,
porque desfigurarlo era impedir su solución.

—Claridad, completa claridad es lo que quiero —le
dije—. Muéstrame hasta el fondo del cántaro vacío.

Animada con esto, fue más explícita, y desarrolló a
mis ojos el panorama completo de su situación económica, el cual era para poner miedo en el ánimo más
esforzado.

Los gastos enormes de los jueves, los de su guardarropa, las frecuentes compras de cuadros, porcelanas,
tapices y baratijas de arte, y por otro lado los dispendios inagotables de Carrillo en sus obras humanitarias,
llevaban la casa velozmente a una completa ruina. El
dinero que había tomado sobre la hipoteca de *La Encomienda* se les había ido en pago de varias facturas de Eguía y en abonar los brutales intereses de la
cantidad que Eloísa había tomado antes de un tal

Torquemada, * que prestaba a las señoras ricas. Después había necesitado tomar más dinero, más, más. Las rentas, apenas cobradas, se diluían en el mar inmenso de aquel presupuesto de príncipes... No me lo quiso decir antes, porque la idea de serme gravosa la aterraba. No me quería por mi riqueza; me quería por amor y no le gustaba recibir dinero de mis manos. Había pensado salir adelante, hacer economías, ir trampeando; pero la situación se agravaba repentinamente. Tenía que pagar algunas cuentas considerables... Luego la enfermedad de Pepe... Cerró la oración con oportunas lágrimas, y dejóse caer más sobre mí. Yo estaba sofocadísimo.

Poco después le manifesté mi opinión de un modo bastante enérgico. A sus caricias, a sus ruegos de que no la abandonase en aquel trance, contesté con retahilas de números despiadados. Érame forzoso ser cruel para evitar mayores males. Yo la sacaría del pantano; pero estableciendo un nuevo plan y presupuesto rigurosísimo, de modo que no se repitiera el conflicto. Aún había tiempo de salvar parte del capital de la casa y de asegurar el porvenir de Rafael. Lo más urgente era reducir los gastos. A esto me contestó que por ella no habría inconveniente. Estaba decidida a vestirse de hábito de la Soledad, como una cursi, si yo lo creía necesario. Pero ¿cómo privar a Carrillo de lo único que alegraba sus últimos días, de aquel inocente consuelo de su vida próxima a concluir? ¿Cómo cercenarle los fondos para la *Sociedad de Niños* y otras empresas humanitarias, que eran, para la casa, verdaderas calamidades?

—No enredes las cosas —le dije—; tus gastos son los que te hunden, no los de él. Yo haré un presupuesto en que pueda subsistir el entretenimiento de tu marido... Después, oye bien, se venderán todos los cuadros de buenas firmas, aunque sea por menos dinero

---

* Don Francisco Torquemada, el sórdido usurero, encarnación de aquel tipo humano que prolifera en Madrid a consecuencia del despilfarro de ricos que no lo eran tanto, o a los que su prodigalidad llevaba a la ruina. Galdós lo ha representado de manera inolvidable en *Torquemada en la hoguera* (1889) y en la impresionante trilogía que forman *Torquemada en la cruz*, *Torquemada en el Purgatorio*, *Torquemada y San Pedro* (1893-1895).

del que han costado. No será difícil encontrar compradores.

Eloísa hizo signos afirmativos con la cabeza. Volviendo la vista, vi sobre la chimenea un rollo de papeles. Eran los planos de la gran reforma para convertir el patio en salón, con techo de cristales, escocia de Mélida... Lo agarré con mano colérica y lo hice veinte mil pedazos.

—Mira qué pronto se ha hecho la obra —exclamé—: te he regalado cinco mil duros.

Ella se echó a reír, y no hablamos más del asunto, porque entró Raimundo. Fuimos a almorzar, y en la mesa, Eloísa parecía más tranquila. Raimundo, hablando del completo hundimiento de la casa de Tellería, [36] hubo de contar cosas muy chuscas, de las cuales se rio mucho su hermana, aunque a mí me hacían poca gracia. Según dijo mi primo, en los últimos años la familia se mantenía con lo que Gustavo sacaba de las queridas ricas, ¡abominación! Leopoldito, marqués de Casa Bojío, estaba también en las últimas, porque las fortunas cubanas habían bajado a cero. León Roch había suspendido la pensión que pasaba a Milagros. Ésta y el pobre marqués vivían separados y en la mayor miseria, cada cual dando sablazos y explotando al pobre que cogían debajo. Don Agustín de Sudre había dado en la flor de ir a contarle al Rey mismo sus miserias, logrando algunas veces pingües limosnas. Pero la regia munificencia se había agotado ya, y... "la semana pasada —concluyó Raimundo— fue el pobre señor a Palacio con el cuento de siempre. El Rey sacó cinco duros y, poniéndoselos en la mano, le volvió la

[36] Los Tellería, encarnación de los aristócratas de alcurnia degenerados, manirrotos y tramposos, que viven siempre de expedientes, incapaces de guardar una peseta, dan admirables momentos novelescos a *La familia de León Roch* y *La de Bringas*. La caracterización de todos ellos está muy bien hecha en la primera de estas novelas, I, caps. IX-XII; los enredos de la Marquesa, en *La de Bringas*, donde está a punto de arruinar a esta pobre tonta con su ejemplo y sus socaliñas. Leopoldito, que luego hace una boda ventajosa con una cubana muy rica, es el tipo del señorito achulado y del todo amente. Gustavo, con aspiraciones a fantasmón político, orador florido, hombre de cabeza hueca, fue amante de la Marquesa de San Salomó. Todos ellos son una sátira viva de lo que llegó a ser aquella clase. Lo de los cinco duros ofrecidos por el rey tiene todo el aire de ser un chisme referente a alguien, y que de la chismografía lo recogió Galdós.

espalda. ¡Y luego se espantan de que haya antidinásticos!"

Todo aquel día tuve el humor de mil diablos. En el Teatro Real, oyendo no recuerdo qué ópera, ni por un momento dejé de pensar en las cuentas de Eloísa. Retiréme a casa antes de que terminara la función y me acosté buscando en el sueño lenitivo a la pesadumbre que me abrumaba. Pero no podía dormir. Entróme fiebre, me zumbaban horriblemente los oídos y me tostaba en mi lecho como en una parrilla. La apreciación de los números despertaba en mí con fiera energía, proporcionada al largo tiempo de eclipse que había sufrido. En mí renacía de súbito el hijo de mi madre, el inglés, que llevaba en su cerebro, desde la cuna, gérmenes de la cantidad y los había cultivado más tarde en la práctica del comercio. Mi padre huía de mí como en el teatro echa a correr el diablo cuando se presenta el ángel. Y las benditas cifras, ahogadas temporalmente por la pasión, se sublevaban, vencían y se posesionaban de mí con un bullicio, con un jaleo que me tenían como loco. Salté de la cama a la madrugada, y vistiéndome aprisa, corrí hacia un mueble *secreter* que en mi alcoba tengo, y en el cual suelo escribir cartas. Cogí un papel, empecé a desgastar la fiebre que me devoraba, sumando y dividiendo. Sí, Eloísa, con haber dicho tanto, no me había dicho la verdad. Hice el cálculo aproximado de los gastos de la casa en el invierno último, comidas, coches, criados, extraordinarios. No resultaba que la casa hubiese consumido el tercio de su capital. Había consumido más..., ¡tal vez la mitad!... Y para apuntalar este edificio que venía a tierra, ¿qué era preciso hacer?... ¡Ah!, guarismos y más guarismos. La mañana me sorprendió en aquel trabajo calenturiento, semejante a la faena espantosa de las almas de los negociantes que vienen a penar a sus desiertos escritorios y se vuelven a sus tumbas cuando suena el canto del gallo. Así me volví yo a mi cama.

II

Continué por muchos días sintiendo en mí al inglés. Y no se circunscribía esta fecunda energía materna a la esfera de la economía doméstica, sino que penetraba impávida en el terreno moral, y allí me rebullía y alborotaba, ordenándome afrontar un cambio de vida, un rompimiento que resolviera de una vez para siempre todos los problemas del corazón y de la aritmética. Mas tan tímida era esta energía en lo moral, que no pudo acallar el tumulto de mi sensual egoísmo. ¡Eloísa perteneciente a otro! ¡Otras manos amasando aquella pasta suave y amorosa! ¡Otro paladar gustándola, y otra boca comiéndosela...! No, esto no sería, aunque lo pidiese y ordenara con su prosaica voz el enflaquecido bolsillo. Y de apoyar esta negativa se encargaba mi perturbada razón con sofismas tomados de aquel falso idealismo que Raimundo ponía en ridículo con tanta saña. La caballería, o, si se quiere, la caballerosidad, me vedaba aquel rompimiento. No era delicado ni decente que yo abandonase, por una mísera cuestión de dinero, a la que se había dado a mí su vida y su honor. El *todo por la dama* se metía en mi alma por la puerta falsa de la sensualidad y, una vez dentro, hacía un estrépito de mil demonios, echando unas retahilas calderonianas y volviéndome más loco de lo que estaba. ¡Abandonarla, cuando tal vez la causa de su ruina era agradarme, cuando su lujo no era quizás otra cosa que el afán de hacerme más envidiable a los demás y de dorar y engalanar el trono en que me había puesto! No, *¡todo por la dama!* Ante sus lágrimas, ante la ley que me tenía, superior y anterior a todas las contingencias, ¿qué significaba un *puñado de monedas?*

Verdad que el puñado, después de emborronar mucho papel, resultaba ser una friolerita así como sesenta mil duros, más bien más que menos. Era un trago demasiado fuerte para que pasase por el estrecho gaznate de la caballería; pero al fin pasó. Hice que la traidora me llevase a casa todos los datos del desastre, todos los papeles, apuntes y cuentas, y al fin logré poner orden en aquel caos de empréstitos para pagar intereses, de intereses acumulados al capital, de cuentas pendientes y facturas no abonadas. Era absolutamente indispensable quitar de en medio la voraz langosta de prestamistas, que en poco tiempo habrían devorado todo. Con esto, el puñado engrosaba más. ¡Dios misericordioso!

Me salían ochenta mil duros casi en cifra redonda.
¡Oh, con cuanto horror se me representaron entonces las
superfluidades que no podía menos de asociar a la
leyenda aquella de las cuentas de vidrio! Con el poder
de mi mente pulverizaba yo todo el personal de los
jueves famosos; los vestidos renovados tan a menudo;
aquel monsieur Petit, farsante, ladrón, que se embol-
saba cada semana tres o cuatro mil reales para gastos
de comedor; aquel cocinero jefe, a quien se daban
veinte mil reales al mes para el gasto de la plaza; los
tres pinches, los cuatro lacayos..., ¡ladrones, asesinos,
secuestradores! ¿A qué cuento venían el portero de
estrados, la doncella extranjera, la berlina de doble
suspensión y otros mil y mil despilfarros, ya del personal, ya del material de la casa?... Tarde era ya: mas
era tiempo. Degüello general y adelante.

Una vez decretado el degüello, quedéme más tranquilo. El pellizco dado a mi fortuna era un pellizco
de padre y muy señor mío; pero aún me dejaba rico.
Todo iría bien si Eloísa entraba con pie resuelto por
la senda de las economías. Eso sí, yo estaba decidido
a hacerla entrar de grado o por fuerza. Para esto me
sentía con ánimos. Por encima de todo, del amor mismo y de la vanidad, había de estar en lo sucesivo el
arreglo.

Perplejo estuve durante dos días sin saber qué vendería para salir del paso. ¿Me desprendería del Amortizable, de las acciones del Banco de España o de las
Cubas? Mi tío decía que no me deshiciera del Amortizable, cuya alza veía segura. Si continuaba en el Ministerio nuestro amigo y paisano señor Camacho, veríamos dicho papel a 65. Las acciones del Banco, después
del aumento de capital, andaban alrededor de 270. Mi
padre las había comprado a 479. Aun contando con
el dicho aumento, la venta me traía pérdidas. Por fin,
después de pensarlo mucho, resolví sacrificar las acciones y las Cubas. Este papel, según mi tío, iba en camino de valer muy poco, y con el reciente pánico de
la Bolsa de Barcelona, se había iniciado en él un des-
censo que sería mayor cada día. Vendí, pues, con pérdida, pues no podía ser de otra manera. Por aquellos
días se estrecharon mis relaciones con Gonzalo Torres,
amigo de mi tío y vecino de toda la familia. Vivía en

el tercero de mi casa, en el cuarto inmediato al de
Camila. Era jugador afortunadísimo, y a menudo me
proponía que me asociara a sus operaciones. Hícelo
algunas veces, y siempre con tal éxito que no me faltaban ganas de tomar más a pechos aquel negocio, y
lo habría hecho seguramente si el amor no me tuviera
preso y secuestrado, incapaz para todo lo que fuese
extraño a sus ardientes goces.

El agente de quien Torres y mi tío eran clientes, después de que realizó mi operación de venta de títulos,
propúsome la compra de una casa. Torres también me
lo había indicado, pues las condiciones en que se vendía la finca eran realmente buenas. Procedía de un
embargo de bienes y vendíase judicialmente con tasa-
ción demasiado baja. Hice mis cuentas y no me pareció mal el negocio. Deseaba afincarme, colocando en
sólido una parte de mi capital. Di órdenes de vender
más Amortizable, y el producto lo dividí en dos partes. Una, ¡ay dolor agudísimo, no inferior a los del
cólico nefrítico!, era el destinado a poner a flote la
concha de Venus, que estaba a punto de naufragar.
Con la otra parte compré la casa, que estaba en la
calle de Zurbano y era nueva y bonita. Me daría una
renta de 4 por 100, menos que el papel seguramente;
pero si he de decir verdad, la renta del Estado empezaba a inquietarme por la inseguridad de las cosas políticas, el malestar de Cuba y la anunciada operación
de crédito del Banco de España, el cual, habiendo tomado sobre sus hombros la inmensa carga de la colocación de los nuevos valores, comprometía quizás un
poco su porvenir.

El año 83 hallóme, pues, con una merma considerable en mi fortuna y con cierta tendencia a trocar la
condición de rentista por la de propietario. Mi cuenta
corriente no me recordaba, ni con mucho, el apólogo
de las vacas gordas, pues tanto la ordeñé, que hubo de
terminar el año en los puros huesos. No sólo contri-
buyeron a esto mis frecuentes regalos a Eloísa en cachivaches o joyas y la pasión que le entró por coleccionar *ojos de gato* de todos los matices, sino otras
obligaciones enfadosas de que no pude librarme. Entre éstas no fue la menos cargante el padrinazgo del
chiquillo de Camila. Habiéndome brindado a ser su

compadre, cuando lo del embarazo me parecía ridícula farsa, la muy loca se dio prisa en cogerme por la palabra, y allá por octubre del 82, como he dicho, descolgóse con un ternero, a quien todos celebraron por robusto y bonito, pero aue a mí me pareció dechado perfecto de la fealdad de los Miquis. Le tuve en la pila bautismal mientras el cura le lavaba la mancha que traía por el pecado de nuestros primeros padres, y después, como padrino generoso, tuve que darme yo un lavatorio de bolsillo, cuyo postrer chorretazo vino a fin de año con las cuentas de Capdeville. En verdad, no me pesaron estos derrames, porque los señores de Miquis no nadaban en la abundancia y ganaban mis afectos por el recogimiento en que vivían. Al chico le pusimos el nombre de Alejandro, por un hermano de Constantino que había muerto en Madrid algunos años antes. [37]

Sigamos. El día en que ultimé el arreglo de la deuda de mi prima, ésta se presentó en mi casa a las once de la mañana. Ya habían sido pagadas las cuentas; habíanse recogido los pagarés que estaban en poder de Torquemada. Sólo faltaban algunas menudencias, para las cuales destiné cierta suma que recogería la propia Eloísa. La cantidad aguardaba sobre la mesa en un paquete de billetes pequeños, y junto a la misma mesa estaba yo, algo fatigado de tanto sumar y restar, aunque sin otra molestia, gracias a Dios. Aún tenía en la mano la pluma, plectro infeliz de aquel poema de garabatos, cuando Eloísa llegó a mí pasito a pasito por la espalda, echóme los brazos al cuello, cruzó sus manos sobre mi corbata, oprimiéndome la garganta hasta cortarme la respiración, alborotándome el pelo y echándome atrás la cabeza para lavarme la frente con sus labios húmedos; a todas éstas, riendo, diciendo mil

---

[37] Este paso es muy bueno. "Algunos años" quiere decir aquí *diez y nueve*, pues Alejandro Miquis murió en el verano de 1864. Su agonía y muerte llenan los mejores capítulos de *El Doctor Centeno*, admirables en verdad. No es fácil coordinar la cronología de estos Miquis. Dado que Alejandro, agonizante, se imaginaba a su hermano Augusto muy niño, traveseando por la casa del Toboso, y que en *La desheredada* éste aparece como un estudiante de medicina a punto de terminar la carrera, luego como médico que empieza a ejercer la profesión, se impone imaginar que al morir su hermano Constantino no había nacido siquiera.

tonterías, llenándome de saliva los párpados y las mejillas y vertiendo en mi oído un filtro, un veneno de palabras cariñosas, que después, por maldita ley física, se había de convertir en zumbidos insoportables.

Dejé la pluma y me volví hacia ella. Nunca la vi vestida con más sencillez y al mismo tiempo con más elegancia. Venía en traje matutino y traía en la mano el libro de misa. Era domingo, y antes de ir a mi casa había entrado en las Calatravas, Sin duda prevalecían en su espíritu las ideas religiosas, porque me dijo que yo era un ángel, y, diciéndolo, arrojó sobre mi mesa el libro con tapas de nácar.

—¿Qué mujer no haría locuras por ti? —añadió luego—. Por ti, no digo locuras, sino verdaderas diabluras haría yo.

Ya me disponía a hablarle del contrato bilateral que habíamos celebrado, cuando ella, adelantándose a mi pensamiento con zalamera iniciativa y flexibilidad, me dijo:

—No, no tienes que predicarme. Ya lo sé, ya tengo la lección bien aprendida. Seré arreglada, económica; cambiaré de costumbres, haré desmoches espantosos, pero espantosos... En mí se ha verificado estos días una mudanza tal, que no me conozco. Tendrás que reñirme por las muchas vueltas que he de dar a un duro antes de cambiarlo. Te has de enfadar conmigo por los excesos, por las barbaridades que he de hacer en esto de gastar poco.

—Por Dios —indiqué asustado—, nada de celo excesivo.

—Déjame a mí. Tú me has abierto los ojos con tu talento de comerciante, y luego me has salvado con tu generosidad. Sería indigna de mirarte a la cara si no tuviera estos propósitos que tengo. ¡Si digo que te has de asustar cuando me veas hecha una pobre cursi, defendiendo el ochavo y apartada de todas esas farándulas que me han sido tan agradables y que han estado a punto de perderme...!

Tanto entusiasmo me alarmaba.

—No creas —prosiguió—, también hay algo de sacrificio; pero estos sacrificios y aun otros mayores se hacen con gusto, cuando median... lo mucho que te quiero y el porvenir de mi hijo... Verás, verás.

Y contando por los dedos, hizo un bosquejo de las estupendas economías que había de realizar. "Fuera los jueves. Que cada cual vaya a comer a su casa... Fuera monsieur Petit, fuera el jefe de cocina, que son capaces de tragarse el presupuesto de una nación... Fuera todos los criados, a quienes he estado dando doce duros y dos trajes... Abajo el portero de estrados, que no sirve más que para enamorar a las doncellas... Abajo la doncella-costurera... Las cocheras y cuadras quedan en la cuarta parte... El ramo de vestidos y novedades, suprimido por ahora... Vendo todos los zafiros, todos... Vendo la *riviere,* los cuadros de Sala y Domingo, el de Nittis, el Morelli, los cuatro grandes tapices, etc., etc... Liquidación del arte... Y para concluir, reduciré a su mínima expresión las beneficencias de mi marido, y haré por que se suprima la *Sociedad de Niños...*"

—¡Alto allá —dije yo, lastimado de ver cómo hería con su furibunda hacha económica la rama más sagrada del árbol de sus gastos.... Eso me parece una crueldad. Extremas mucho el programa. Al pobre Carrillo le quedan pocos días de vida, y es una infamia que se los amarguemos privándole de un entretenimiento que, por otra parte, es tan meritorio. Le anticiparíamos la muerte, le asesinaríamos. Señora, yo defiendo ese capítulo del antiguo presupuesto. Mis remordimientos votan porque subsista, y aun me atrevo a suponer que los de usted harán lo mismo.

Dije esto entre bromas y veras, y ella, comprendiendo mi delicadeza y asimilándosela, alabó muchísimo lo que acababa de oír y contribuyó al triunfo de mi enmienda, no tanto con el voto de sus remordimientos como con el de sus caricias.

III

Empezó a dar vueltas por mi cuarto como si estuviera en su casa, quitóse el manto y la cachemira y los tiró sobre el sofá. Luego, viendo que allí no estaban bien, pasó a mi alcoba para ponerlos sobre la cama. Se miró al espejo, y llevándose ambas manos a la cabeza, hizo un ligero arreglo de su peinado. Después volvió hacia mí.

—¿Y cómo está hoy Pepe? —le pregunté.

—Está muy animadito —replicó—. Tiene compañía para todo el día. No pienso volver hoy por allá. ¿Y tú?

Díjele que no tenía ganas de salir.

—Pues te acompañaré. Mando un recado a casa diciendo que almuerzo con mamá. Pero ¿vas a tener visitas de amigos? Entonces, señor mío, que usted se divierta... Lo mejor será que no recibas hoy a nadie.

Anticipándose a mis deseos y a mi pereza, llamó a mi criado y le dio órdenes. Yo no estaba en casa. El señorito no recibía a nadie..., ni al lucero del alba. Corriendo otra vez hacia mí, me dijo:

—¡Oh, si esto fuera París, qué buen día de campo pasaríamos juntos, solos, libres!... Pero ¿adónde iríamos en Madrid? ¡Si aquí se pudiera guardar el incógnito!... Créelo, tengo un capricho, un antojo de mujer pobre y humilde. Me gustaría que tú y yo pudiéramos ir solitos, de incógnito, de riguroso *inepto,* como dijo el del cuento, al Puente de Vallecas, y ponernos a retozar allí con las criadas y los artilleros, almorzando en un merendero y dando muchas vueltas en el tiovivo, muchas vueltas, muchas vueltas...

—No des tantas vueltas, que me mareo. Si quieres ir, por mí no hay inconveniente. Mira, almorzaremos aquí. Da tus órdenes a Juliana... Después, más tarde, a las cuatro o cuatro y media, nos iremos en mi coche a un teatro popular, a Madrid o a Novedades; tomaremos un palco y veremos representar un disparatón...

—Sí, sí —gritó, dando palmadas con júbilo infantil—. ¡Y cómo me gustan a mí los disparatones! Echarán *Candelas,* o quizás *El terremoto de la Martinica.*

—O *El pastor de Florencia,* o *Los perros del monte de San Bernardo.*

Echó a correr hacia lo interior de la casa para hablar con Juliana y darle órdenes referentes a nuestro almuerzo. Después subió al principal para dar un vistazo a su mamá y mandar desde allí el recado a su marido. Al volver a mi lado encontróme de un humor alegre, dispuesto a saborear las delicias de un día de libertad. Repetí a mi criado las órdenes. No estaba en casa absolutamente para nadie, ni para el *Sursum corda.* Felizmente, mi tío y Raimundo, con quien no rezaban nunca estas pragmáticas, estaban aquel día fuera de Madrid en una partida de caza.

Almorzamos. Híceme la ilusión de estar en París y en un hotel. Nadie nos turbaba. De la puerta afuera estaba la sociedad, ignorante de nuestras fechorías. Nosotros, de puertas adentro, nos creíamos seguros de su fiscalización, y veíamos en la débil pared de la casa una muralla chinesca que nos garantizaba la independencia. ¡Con qué desprecio oíamos, desde mi gabinete, el rumor del tranvía, las voces de personas y el rodar de coches! Y más tarde, cuando la turba dominguera se posesionó de la acera de Recoletos, nos divertimos arrojando sobre aquella considerable porción del mundo que nos parecía cursi, frases de burla y de desdén. ¡Valiente cuidado nos daba que toda aquella gente viniera a rondarnos! Lo que hacía la sociedad con aquel ruido de pasos, voces y ruedas era arrullarnos en nuestro nido.

Y atisbando detrás de la persiana de madera, veíamos pasar a muchos conocidos. Algunos iban por la acera de enfrente. Por la de mi casa vimos grupos de amigos: el general Morla, *el Sacamantecas* y Jacinto Villalonga, que andaban a buen paso y no pararían hasta el Hipódromo.

—Mira *la ordinaria de Medina* —me dijo Eloísa, llamándome la atención hacia su hermana, que pasó con su marido—. ¡Qué gorda se está poniendo! Han dejado el carruaje en la casa de Murga, y no podrá ir más allá de la Biblioteca.

Vimos también a Pepito Trastamara en un cochecillo que parecía una araña, y él era otra araña. Fuera de los caballos, que tenían aire de nobleza, y del lacayo, que era un hombre, todo lo demás era risible, grotesco. Chapa apareció en el coche de Casa Bojío, y Severiano a caballo. Poco antes había pasado su señora, que era legalmente señora de otro. ¡Qué lejos estaban todos de sospechar que los mirábamos desde aquella escondida atalaya, que nos reíamos de ellos y que los compadecíamos por no ser libres y felices como lo éramos nosotros!

La idea de ir al teatro perdió terreno. La pereza nos clavaba en donde estábamos. Mejor estaríamos allí que viendo los disparatones de los teatros populares. ¿Qué

disparatón más grato y entretenido que el nuestro? El
tiempo y nuestra languidez nos mecían y nos engaña-
ban, dándonos nociones muy oscuras acerca de la du-
ración de aquellos diálogos vivos o de los ratos de so-
por que les seguían.

En medio de tanta indolencia, una idea me inquietaba de vez en cuando, haciendo correr por mi cuerpo
vibraciones nerviosas. Era la idea de que el buen rato
que yo pasaba lo pudiera pasar otra persona; pues
aquel ramillete de gracias que me deleitaba era más
hermoso cada año, y con su creciente lozanía indicá-
bame que resistiría sin ajarse las caricias de muchas
manos. El mismo derecho que yo tuve teníanlo otros.
Todo estaba en que ella quisiese dejarse coger. Aunque
ya no me sentía tan entusiasmado como al principio,
la idea de que no fuese exclusiva para mí y sagrada
para los demás helábame la sangre. Pero ya, ya lo sería, porque en un plazo que pudiera ser breve nos ca-
saríamos y... ¿Y si después, cuando estuviese bien
pertrechado de derechos, algún mortal, tan afortunado
como yo lo era entonces, me robaba lo que yo robaba?... ¡Ah, buen cuidado tendría yo!... ¿Para qué
servían la energía y la autoridad?... Estos recelos no
se calmaban ni aun con el juramento dado entre mil
ternezas y tonterías, de una lealtad a prueba del tiempo, de una fidelidad que rayaba en el romanticismo
pedantesco por su elevación sobre todas las cosas humanas. Nuestro cuchicheo variaba de asunto y de tono.
No tratábamos de cosas exclusivamente ideales y vo-
luptuosas. La viva imaginación de Eloísa trajo al altar
de Cupido expresiones que no encajaban bien entre las
medias palabras del amor, y prosaísmos que no se en-
treveraban bien con las rosas; pero todo cuanto venía
de ella, si bien no ahondaba ya tanto en mi corazón,
me entretenía, me seducía, me deleitaba.

—Si tú quisieras —me dijo, después de un largo
silencio—, lograrías ser mucho más rico de lo que
eres. Con el capital que tienes y tu experiencia de los
negocios, podrías, trabajando... Quiero decir, que aquí
el que no dobla el capital en pocos años es porque
no quiere. Fúcar me lo ha dicho. ¿Te ríes? ¿Me preguntas el secreto? No es secreto: demasiado lo sabes.
El inconveniente que hay ahora es que el Tesoro está

desahogado y no hace ya empréstitos. Durante la guerra, Fúcar y otros como él triplicaron su fortuna en un par de años. No te rías, no abras esa bocaza. Yo siento en mí arrebatos de genio financiero. Me parece que sería un Pereire, un Salamanca [38] si me dejaran... Vamos a ver: ¿por qué tú, que tienes dinero y sabes manejarlo, no vas a la Bolsa a hacer *dobles*? ¿Por qué no te haces amigo, muy amigo, de los ministros, para ver si cae un empréstito de Cuba, ya que en la Península no se hacen ahora? Con que el ministro de Ultramar te encargara de hacer la suscripción, dándote el 1 por ciento de comisión, o siquiera el medio, ganarías una millonada. De este modo ha ganado Sánchez Botín muchos cuartos... Lo sé... Me lo contó Fúcar. Di que eres un perezoso, que no quieres molestarte. Eres diputado y no sabes sacar partido de tu posición. ¿Por qué no te quedas con una línea de ferrocarril, la construyes y después la traspasas a algún primo que cargue con la explotación? Te admiras de lo que sé. Qué quieres... me gustan estas cosas. Fúcar me habla galanterías, y yo le digo que la mejor flor con que me puede obsequiar es contarme cositas de éstas y decirme cómo se hacen los negocios. Si tú tuvieras empeño en ello, Fúcar te daría participación en sus contratas de tabaco. ¡Lástima que no hubiera guerra civil! pues si la hubiera, o te hacías contratista de víveres o perdíamos las amistades.

Cuando tan repentinamente saltó Eloísa con aquella perorata, quedéme perplejo, absorto, dudando de lo que oía; pero, pasada la primera impresión, me eché a reír, sí, me reía con toda mi alma, no comprendiendo aún la gravedad que entrañaba aquel insano entusiasmo por cosas tan contrarias a la condición espiritual de la mujer. Mirábalo yo como una gracia más, como un hechizo nuevo, hijo de la moda. Lejos

---

[38] *Pereire*. Debería decir los Pereire, pues fueron dos hermanos riquísimos. Creo que el más conocido, y que a éste se refiere Galdós, fue Isaac, fallecido en 1880. Por don José Salamanca, el gran financiero español (1811-1882) sentía Galdós una admiración muy viva, patente en muchas novelas y episodios. Fue una de las pocas cabezas españolas capaces de concebir planes en grande, a la europea. Emprendió negocios ferroviarios, fue banquero, hizo y deshizo fortunas. A su iniciativa se debe la construcción en Madrid del barrio que lleva su nombre.

de asustarme, mi ceguera era tal, que me reía viendo
los incipientes resoplidos del volcán en cuyo cráter dormía yo tan descuidado.

—¡Ah!, esto de las contratas es mi fuerte —proseguía ella con vehemencia humorística—. Fúcar me ha
contado cosas que pasman. Pregúntale a Cristóbal Medina lo que hacía su padre. Pues muy sencillo. Como
el Gobierno no tenía medios de transporte, el maragato
se iba al Ministerio de la Guerra y decía: "Yo pongo
a disposición del Gobierno dos mil carros, en tanto
tiempo, a razón de tanto". Luego no ponía más que
mil quinientos, y cuando se moría una mula vieja, o
veinte o doscientas (y no valía cada una diez duros),
el veterinario certificaba... "mula de primera", lo que
quiere decir cuatro mil reales por cadáver de mula.
Después, la Administración militar liquidaba, y allá te
van millones... Si digo que tú eres simple. Yo, a ser
tú, me daría mis trazas para saber cuándo iba a subir
el Amortizable y... ¡a comprar se ha dicho! Si yo pudiera seguir en mi tren de antes, invitaría al ministro
de Hacienda, a todos los ministros, y los embobaría
con cuatro palabras amables, y me haría dueña de
todos los secretos de la alta banca... ¿Y quién te dice,
bobo, que no podrías tú correr con el pago del cupón
en Londres, negociando letras?... También se procuraría que el Gobierno comprara acorazados para que
tú, como quien hace un favor, te encargaras de hacer
los pagos... Porque sí, hay que fomentar nuestra marina de guerra. O, si no, búscate comisiones en Fomento. ¿Con qué crees que ha pagado Villalonga sus
trampas sino con lo que va sacando de las compras de
máquinas en Inglaterra? ¡Oh!, yo sé mucho... Esa isla
de Cuba es todavía, aun de capa caída como está, una
verdadera mina que no se explota bien. ¡Ah!, se me
ocurre ahora que lo que debe hacer España es venderla. Y mira, nadie mejor que tú se podría encargar
de las negociaciones en los Estados Unidos, en Alemania o en el Infierno. Con que te dieran el medio por
ciento de corretaje...

Estaba yo tan alucinado, que tomaba estas cosas por
jovialidades sin sustancia... Con tales tonterías se pasaba el tiempo, y por fin la adusta hora de la separación
llegó. Hubo parodias grotescas de *Romeo y Julieta*.

—Esa claridad mortecina no es, como dices, la del gas, sino la del crepúsculo. El cielo, teñido de rojo, celebra con siniestro esplendor las exequias del día. Es la *pseudoaurora* que este año da tanto que hablar a la gente supersticiosa...

—No; es el gas, el gas. Ya el mensajero de la noche, corriendo de farol en farol con un palo en la mano, va colgando luces en las ramas de los árboles...

—Te digo que es la tarde...

—Te digo que es la noche...

—Un rato más...

—¡Horror de los horrores, las siete!

La vi disponerse aprisa, arreglarse el cabello ante el espejo. Su coche había venido a buscarla. Más tarde nos volveríamos a ver en su casa. Aunque parezca extraño y en contraposición a todas las leyes del sentimentalismo, yo deseaba ya que me dejase solo, pues me entraba súbitamente un tedio, un cansancio contra los cuales nada podía lo poco espiritual que en mí iba quedando.

—Abur, abur. ¡Qué tarde!

—¡Que se te olvida el libro de misa!

—¡Qué cabeza! No faltes esta noche. Hablaremos de negocios... El mejor negocio es ser pobre, no tener nada, no esperar nada. Déjame que me mire otra vez. ¿Qué tal cara tengo?...

—Así, así...

—Abur, abur. ¡Ay!, que se me traba la cachemira en la silla. Parece que los muebles me retienen y no quieren dejarme salir. Pillo, no faltes. Si no vas, te sacaré los ojos... Pues he de mirarme otra vez, Se me figura que llevo escrito en mi cara... Jesús, ¡qué tarde es!... ¿Y el otro guante?...

—Aquí está, sobre la silla...

—¡Ah!, mira, me llevaba tu pañuelo... El cuerpo del delito. ¡Cómo nos delatamos los grandes criminales! Merezco la horca. Bueno, me colgaré de tu cuello, así... ¿A que no me levantas? No puedes, no tienes fuerza. Abur, abur; tengo un hambre atroz. En cuanto llegue a casa, me haré servir la comida... Caballero...

—Señora...

—Encantada de conocer a usted... Me parece usted algo tímido. No se decide...

—Señora, usted se me antoja una sílfide, un hada sin consistencia corpórea, sin realidad física...

—¡Burlón!, otro abrazo. Tu amor o la muerte... Que te espero...

—¡Eh!, sinvergüenza, no pellizques.

—Te dejo ese cardenal para que te acuerdes de mí cuando mires a otra. Al fin me voy. ¿Por qué no vienes conmigo?...

—Tengo que vestirme...

—Si parece que has salido de un hospital... ¿Qué tal? ¿Estás malito?...

—Abur, abur... Largo de aquí...

—Feo, apunte, mamarracho, adiós.

XIII

VENTAJAS DE VIVIR EN CASA PROPIA. LA NOCHE TERRIBLE

I

CONSIDERANDO que era una tontería vivir en casa alquilada teniéndola propia, arreglé el principal de mi finca y me mudé a él. No me disgustaba alejarme del domicilio de mi señor tío, porque la familia empezaba a serme gravosa en una u otra forma. Aunque Raimundo volvió a dormir en casa de sus padres, en realidad no me despedí de él, porque por mañana y noche le tenía a mi lado. Era una adherencia sistemática, lealtad canina que a veces me causaba molestias. Cuando la manía del reblandecimiento no le permitía pronunciar la *tr,* se ponía el tal primo fastidioso, y era más pegadizo que en tiempos normales. Si estaba yo lavándome, él allí, describiendo con lúgubre tono los síntomas de su mal. Si almorzaba, él enfrente, bien participando del almuerzo, bien amenizándolo con un comentario de las palpitaciones cardíacas o de las sensaciones reflejas, todo ello en forma y estilo de *dies iræ* y con una cara patibularia que daba compasión. Si estaba yo en mi gabinete escribiendo cartas, él allí, arrojado sobre el sofá, como un perro vigilante y amigo, callado hasta que yo le decía algo. Si le encargaba algún pequeño trabajo, como copiarme una minuta, sumarme varias partidas, cortarme cupones y sacar nota de ellos, lo hacía venciendo su indolencia, dando a entender que el gusto de complacerme podía más que su enfermedad. Estas crisis de languidez solían parar en raptos espasmódicos. No sólo pronunciaba entonces con facilidad y rapidez el condenado ejercicio que le servía de gimnasia vocal, sino que su lenguaje todo era febril y de carretilla, cortado de trecho en trecho por pausas, en las cuales se quedaba el oyente más atento, esperando lo que había de venir después. Tales son las pausas que hace el ruido del viento en una mala noche. Durante ellas la expectación del ruido nos molesta más que el ruido mismo.

En semejante estado, la calenturienta habladuría de mi primo se refería siempre a cuestiones de dinero. Sin duda, éste se había condensado en el cerebro del pobre Raimundo, constituyendo su idea fija, que al mismo tiempo le espoleaba y atormentaba. Sus temas eran éstos: ¡si en Madrid se gasta más dinero del que existe; si la sociedad matritense está en perpetuo déficit, en perpetua bancarrota; si no se verifica una transacción, grande o pequeña, desde el gran negocio de la Bolsa a la insignificante compra en una tiendecilla, sin que en dicha transacción haya alguien que sea chasqueado...! Le ocurrían cosas bastante originales en la forma, otras muy extravagantes, pero que escondían algo de verdad.

—Sostengo —decía— que no existen, contantes y sonantes, más que veinte mil reales. Cuando uno los tiene, los demás están a cero. Pasan de mano en mano haciendo felices, sucesivamente, a éste, al otro, al de más allá. Lo que llaman *un buen año* es aquel en que los tales mil duros corren, corren, enriqueciendo momentáneamente a una larguísima serie de personas. Cuando se habla de paralización, de crisis metálica; cuando los tenderos se quejan y los industriales chillan y los bolsistas murmuran y los banqueros trinan, es que los milagrosos mil duros corren poco, estando mucho tiempo en una sola caja. La sociedad entonces se pone de mal humor. Lo bonito es verlos andar de una parte a otra, despertando el contento general. Creeríase que es el gracioso juego del *corre, corre, vivito te lo doy*. Viendo pasar por sus dedos el talismán, se creen dichosos, y lo son por un momento, el empleado, el tendero, el almacenista, el banquero, el agente de Bolsa, el prestamista, el propietario, el contratista, el habilitado, el casero. La piedra filosofal, por correrlo todo, hállase también en las manos del jugador; pasa rozando por los dedos de la entretenida; sube a las grandes casas de negocios; baja a las arcas apolilladas del usurero; taladra las cajas del regimiento; se mete en la Delegación de Contribuciones; sale bramando para ir al Tesoro; la arrebata de cien manos una; va a ser el encanto de la noche de festín; vuelve al comercio menudo, donde parece que se subdivide para juntarse al momento; la agarra otra vez la usura; la coge el propietario hipotecando una finca; vuelve a la Bolsa; la gana un afortunado bajista; la pierde por la noche a la ruleta un sietemesino; va a parar luego a un contratista; le echa el guante uno que suministra postes de telégrafos o cajas para tabacos; va de sopetón a servir de fianza en la Caja de Depósitos; la envían rápidamente de aquí para allá como una pelota de las distintas oficinas del Estado; corre, gira, pasa, rueda, y en este movimiento infinito va haciendo ricos a los que la poseen. ¡Venturosos los que, siquiera por un momento, se jactan de echarle el guante!... Ahora bien, queridísimo primo: pues los hechos han querido que en el actual minuto histórico la consabida pelota esté en tus manos, haz el favor de compartir conmigo tu felicidad prestándome dos mil reales.

Así concluían siempre sus humoradas económicas. Mientras viví en Recoletos, estos sablazos de familia se repetían mensualmente, y la verdad, yo los llevaba con paciencia y sin contrariedad grave. Mi buen primo no tenía más que su mezquino sueldo y alguna cosilla que su padre le daba. Yo era rico, y poco perdía, relativamente a mi fortuna, con los ataques de aquella divertida mendicidad. La compasión, el parentesco, la admiración del ingenio de Raimundo, obraban en mí para determinar mi liberalidad. Gozaba en su júbilo al tomar el dinero, y me parecía que echaba combustible a su temperamento para encenderlo y verle despedir las chispas de gracia con que me divertía tanto. ¡Pobre Raimundo! Si a él le denigraban sus sablazos, en mí eran medio indirecto de gratificar al bufón de mi opulencia, de pagarle la tertulia que me hacía y las adulaciones con que halagaba mi vanidad.

Pero las cosas cambiaron. Cuando me fui a vivir a mi casa de la calle de Zurbano, llevé conmigo, por razones que se comprenderán fácilmente, la idea de mirar mucho el dinero que salía de mi caja. Ya los golpes duros de aquel compañero de mis horas tristes empezaban a dolerme. Aquella fue la primera vez que Raimundo, al pedirme limosna, no vio la indulgencia y la generosidad pintadas en mi semblante.

—Toma mil reales —le dije, arrojándoselos desde lejos—; lárgate a la calle con viento fresco, y tarda todo el tiempo que puedas en gastarlos.

Generalmente, la recepción de las sumas que me pedía obraba con maravilloso poder terapéutico sobre la raquis de aquel hombre infeliz, porque su languidez cesaba al instante, su palabra era más expedita y clara, resplandecían sus ojos; en fin, era otro hombre. No tardaba en tomar calle y, por lo común, al día del sablazo sucedían mañanas y tardes que no parecía por mi casa. Estos eclipses me gustaban, aunque no eran baratos. Poco a poco se iba gastando la virtud medicatriz de mi bálsamo, y el hombre volvía a desmayar y a decaer como planta de tiesto a la que se le va secando la tierra; la lengua se le entorpecía, el temblor nervioso le hacía parecer tocado de idiotismo, hasta que su crisis tenía nuevamente alivio y término en otra sangría a mi bolsillo. Contra lo que manda la ciencia, el enfermo era la sanguijuela y el médico se la ponía.

Francamente, en aquellos días empezaron mis hombros a sentirse cansados bajo el peso de mi familia. Una mañana estaba yo vistiéndome, cuando entró el portero muy afanado y me dijo que la señorita Camila se estaba mudando al cuarto tercero de la derecha, el único que no se había alquilado todavía. Ni mi prima me había dicho una palabra acerca de tomar el cuarto, ni había cumplido con el portero, que me representaba para aquel caso, ninguna de las formalidades que la ley y la costumbre establecen para ocupar una casa ajena.

—No me he atrevido a decirle nada —manifestó el portero, sofocadísimo—. Arriba está colocando los mue-

bles con una bulla de cien mil demonios, y en el portal
han parado dos carros de mudanza. Yo hice presente a
la señorita que el señor no había dicho nada, ni se ha
hecho contrato, y me respondió que me fuera enhoramala, que ella se entendería con el señor y... que yo no soy
nadie. Conque vengo a ver...

No quise tomar una determinación ruidosa, y dejé
que mi prima ocupase el cuarto, resuelto a cantar muy
claro al feo de Miquis las obligaciones que contraía por
el hecho de ocupar mi propiedad. Más tarde se personó
en mi presencia la propia Camila, y me dijo:

—Perdona, primito, *comparito,* que hayamos tomado
tu casa por asalto. La vi ayer tarde, y me gustó tanto
que no he querido que pasase el día de hoy sin estar en
ella. No creas, te pagaremos religiosamente, te daremos
dos meses en fianza. ¿No bajas nada de los siete mil?
En fin, por ser compadre, te daremos seis mil quinientos,
y no resuelles, porque será peor. Te pagaremos cuando
tengamos dinero, que ojalá sea pronto... Y calla, hombre,
calla; ya sé lo que me vas a decir. Tienes razón, esto es
un abuso; pero por algo somos compadres. Nosotros, los
Buenos de Guzmán, tenemos así este genio pronto. Me
voy, que tengo que dar una mamada a mi cachorro.
¡Ah!, nuestra casa está a tu disposición. Puedes subir
cuando quieras y nos acompañaremos mutuamente. Estás muy solito, y te aburrirás en este caserón. Nosotros
no salimos, no vamos a ninguna parte. Estoy consagrada
a darte un ahijado gordo y rollizo. Sube y lo verás.

Subí aquella tarde. Camila, sin reparo alguno, sacó el
pecho en mi presencia y se puso a dar de mamar al inocente. Mi ahijado no era bonito, ni robusto, ni sano.
Cuando no tenía el pezón en la boca, estaba consagrado
exclusivamente a la ejecución de un interminable solo de
clarinete que atronaba la casa. En ésta no se podía dar
un paso. Ningún mueble estaba aún en su sitio, y el
gañán de Constantino no hacía más que clavar clavos
por todas partes, rasgándome el papel, descascarándome
el estuco y dando tanto porrazo, que parecía haberse
propuesto destrozarme todos los tabiques.

—La casa me gusta —díjome Camila, obligándome a
sentarme en una silla a su lado, después que me acercó a los labios la carátula roja de su feo muñeco para
que le besase—, me gusta mucho; pero tiene grandes

defectos, sí; defectos que me harás el favor de corregir inmediatamente.

—Conque inmediatamente... ¡Qué ejecutivo está el tiempo!

—Chitito, callando, y obedecer. Mira que tengo malas pulgas... Pues sí, es preciso que mandes acá tus albañiles mañana mismo. Necesito que me abras una puerta de comunicación en este tabique que está a mi espalda. No sé en qué estaba pensando el arquitecto cuando trazó la casa. No se les ocurre a esos tipos que todas las habitaciones de una crujía deben estar comunicadas. Necesito, además, que des luz al cuarto de la muchacha, bien por el patio, bien por la cocina, poniendo una vidriera alta, ¿entiendes? Fíjate bien; parece que no haces caso de lo que se te dice... Otra cosa: es preciso que me pongas una cañería desde el grifo de la cocina al cuarto de baño, para llenar cómodamente la tina. Y de paso me abrirán otra puerta de comunicación entre dicho cuartito del baño y el comedor. Harás que me pongan campanillas en todas las piezas, pues sólo dos las tienen, y en la sala quiero chimenea. Voy a hacer de la sala gabinete, y aunque yo no tengo frío, las visitas..., ya ves. Voy a dar *tes danzantes*.

—Di de una vez que mande contruir de nuevo la finca —repuse, tomando a broma sus reformas.

—No te hagas el tontito. ¡Ah!, desde que eres casero te has vuelto tacaño, antipático... Ya no eres el caballero de antes; ya no piensas más que en sacarle el jugo al pobre... Pues mira, tú te lo pierdes. Si no haces las obras que te he dicho, nos mudaremos, y se te quedará el cuarto vacío. Conque a ver qué te conviene más.

Iba a contestarle que prefería el vacío a un inquilinato tan exigente y que tenía todas las trazas de ser improductivo; pero en aquel instante mi ahijado, dejando el pecho de su madre, me miró, ¡pobrecillo!, con una singular expresión de súplica. Parecía que impetraba mi indugencia en pro de sus estrafalarios y míseros papás. Aquel infeliz niño, tan gordinflón que parecía hinchado, me inspiraba mucha lástima. Con su debilidad, con su inocencia y con aquel modo de mirar, atento y pasmado, ganaba mi voluntad, reconciliándome con mis inquilinos. En Camila me interesaba la solicitud con que se desvivía por el cuidado y la crianza de su hijo, sin hacer caso de

nada que no fuera este fin alto y noble, alejada de la
sociedad y de las diversiones. Por esta exaltación del sentimiento materno, que en ella surgía con los caracteres
de una virtud sólida, le perdonaba yo sus desfachateces
y tonterías, la falta de recato y formalidad que siempre
era lo más distintivo y visible de su extraño carácter.
Pero me quedaba la duda de que el sentimiento materno
fuera también caprichoso, como todas las vehemencias
maniáticas que sucesivamente privaban en su espíritu. El
tiempo me diría si aquello, que parecía mérito muy grande, resultaría después, como sus acciones todas, un entusiasmo efímero. Por fin, después de reírme mucho, contesté con un *veremos* a las peticiones de reforma en la
casa.

¡Cuál no sería mi sorpresa dos días después, cuando
Constantino, entrando inopinadamente en mi despacho,
me puso en la mano el importe de un mes adelantado y
dos meses de fianza!

—Dispense usted, señor casero —me dijo—, la demora.
Esperaba yo que mi mamá me mandase los cuartos. En
La Mancha ha habido malas cosechas, y por esta razón...
De aquí en adelante cumpliremos mejor. Me dijo ayer
Camila que usted creía que no le íbamos a pagar y que
nos habíamos metido en su casa para habitarla de bal-
de... ¿Apostamos a que se lo pensó así?

—No, hombre; no creí tal. Ideas de esa loca. No hagas caso. Sois las personas más formales que conozco.
A entrambos os aprecio mucho. Seré con vosotros un
casero indulgente. Seréis para mí los inquilinos más con-
siderados y los vecinos más queridos. Y cuando me en-
cuentre aburrido en esta soledad, subiré a haceros compañía, a buscar un poco de calor en el fuego de vuestra
felicidad.

El me instó a que subiera todas las noches para darnos
mutuamente tertulia. Camila no iba a ninguna parte; la
obligación de la teta y el cuidado del crío, que no parecía
estar bueno, la retenían constantemente en casa. El tampoco salía ya de noche, porque Camila, a fuerza de pre-
dicarle y de reñirle, unas veces tratándole por buenas,
otras por malas, había conseguido quitarle la mala costumbre de ir al café.

—Como somos pobres —añadió—, tenemos pocas visitas. Mi hermano y su mujer suelen ir algunas noches.

Suba usted, y jugaremos al tute, a la brisca, al burro y a las siete y media, que son los únicos juegos que Camila consiente. Ella, si usted sube, tocará el piano y cantará alguna cosa bonita de las muchas que sabe.

Di las gracias a aquel honrado cafre que me pareció haberse domesticado algo desde el tiempo en que nos conocimos, e hice propósito de no despreciar su invitación.

II

Porque en aquellos días tenía yo muy pocas ganas de andar por el mundo; sentía no sé qué secreto, abrumador hastío, y un indefinible anhelo de la vida de familia, de reposo moral y físico. No pudiendo satisfacerlo cumplidamente, compartía mi tiempo entre la casa de Eloísa y la de Camila, huyendo de círculos, teatros y reuniones mundanas o políticas que me aburrían soberanamente. En la primera de aquellas casas alternaban para mí las horas tristes con las horas entretenidas, pues si bien la fatiga y cierta tibieza del corazón hacíanme padecer, pasaba ratos agradables charlando con Eloísa de aquellos proyectos de pobreza que tanta gracia tenían en su boca, o poniendo en vigor, con rigurosa actividad el plan de economías que debía salvarla. Yo mandaba allí como si fuera el amo y disponía a mi antojo de todo. Hice un desmoche horrible de criados, y tuve el gusto de plantar en la calle al danzante de monsieur Petit y al jefe de cocina, con sus tres pinches. Una mujer bastante hábil, asistida de una *pincha*, se encargó de hacer de comer. Despedí también a la doncella camarera, que me parecía mujer de muchos enredos. Era italiana, de buen ver, llamábase Quinquina y había venido a España al servicio de una célebre artista del Real. Supe que había dado escándalo en la casa, dejándose requerir por los cocheros y lacayos, y que Pepito Trastamara la perseguía por los pasillos. Semejante trapisondista no debía seguir allí, y salió pitando, aunque Eloísa lo sintió porque la servía muy bien. De los mozos que lucían frac o librea en los grandes jueves, no quedó más que Evaristo, criado mío muy leal, a quien coloqué en la servidumbre de mi prima. Parecía estar en honestas relaciones con Micaela, la doncella de Rafaelito. Eloísa me aseguró que se casaban y que seguirían sirviéndola después de la boda. Agradábame que Evaristo permaneciera, porque me constaba de un modo absoluto su adhesión, y me convenía tener un perro de presa, un vigilante, un espía dentro de aquellos muros.

Entretanto, las cuadras y cocheras se reducían a un tiro nada más. Los lienzos gustaban al ministro de Holanda, que probablemente se quedaría con ellos por una cantidad alzada. Eloísa daba a su prendera los zafiros para que los *corriera,* y todo iba bien, perfectamente bien. Para descansar de estas tareas de gobierno, solía pasar algunos ratos con Rafaelito, el más mono y salado chiquitín que podría imaginarse. Tenía ya dos años, y los disparates de su preciosa boca me encantaban más que todas las cosas admirables que han dicho los poetas desde que hay poesía. Sus agudezas, feliz ensayo de la malicia humana, eran mi mayor diversión. Para gozar de aquel hermoso oriente de una vida provocaba yo y movía las manifestaciones rudas de su naciente carácter; le hurgaba para que se mostrara tal cual era, ya riendo como un loco, ya colérico; le sacaba de un modo capcioso las marrullerías, las astucias y los impulsos nobles del ánimo. Las horas muertas me pasaba a su lado, a veces tan chiquillo como él, a veces tan hombre él como yo. Componíale yo los juguetes, después de que entre los dos los habíamos roto.

También empleaba algunos ratos en acompañar al pobre Carrillo, que apenas salía de su cuarto. Figurándome que tenía con él una deuda enorme, se la pagaba con buenas palabras y con atenciones cariñosas. Nada agradecía él tanto como que se le diera cuerda en cualquier tema de los suyos y en su fervoroso entusiasmo por la política inglesa. Yo sabía herir siempre las fibras más sensibles de su amor propio de propagandista y de anglómano. Con mi conversación se animaba, ponía en olvido sus crueles dolores y lanzaba su fantasía al espacio inmenso de los grandes proyectos. Mientras platicábamos, solía estar con nosotros el pequeñuelo. Pero ocurría un caso muy particular, que a mí no me causaba asombro, por estar ya muy hecho a las cosas contrarias a la Naturaleza y a la razón. El pequeño se divertía poco con su papá, y esquivaba el estar en sus brazos. Pronto conocí que le tenía miedo,

y que el rostro demacrado de Carrillo, con su amari-
llez azafranosa, producía en el pobre niño un terror
que no sabía disimular. La verdad era que hasta entonces el infeliz padre, harto ocupado con los hijos ajenos, se había entretenido poco con el suyo. Rafael no
hallaba calor en los brazos de Pepe, y venía a buscarlo
en los míos. Ni dejaba perder ocasión el muy inocente
de preferirme al otro. Carrillo dijo un día con amarguísima tristeza: "Te quiere más que a mí", frase que
se clavó en mi conciencia como un dardo. Hubiérame
agradado que el pequeño no me acibarase el espíritu
con sus preferencias; trataba yo de volver por los fue-
ros de la Naturaleza ofendida; pero no lo podía conseguir. El chiquillo me adoraba. Viéndole desasirse
con gesto desabrido de los brazos de su padre, sentía
yo en mi alma un peso que me aplanaba. Le habría
dado azotes, si no temiera que este remedio trivial agra-
vase el daño. Y Carrillo me miraba como con envidia,
y me hacía volver los ojos a otra parte, sobrecogido
de inexplicable turbación. La imagen de aquel resto de
hombre, fijo en su asiento, inmóvil de medio cuerpo
abajo, flaco y consumido, de un color de cera virgen, con las manos temblonas y el aliento difícil, me
perseguía en todas partes de noche y de día. Imposible, imposible expresar el sentimiento que me inspiraba, mezcla imponente de lástima y miedo, de desdén
y respeto.

En casa de Camila pasaba yo algunos ratos por las
mañanas antes de almorzar. Confieso que la loca de
la familia me iba siendo menos antipática, y que en
su endiablado carácter empezaba yo a descubrir cualidades no despreciables que habrían lucido más entresa-
cadas de aquella broza que las envolvía. El cariño
ardiente y sincero que parecía tener al simplín de su
marido, era para mí una de las cosas más dignas de
admiración que había visto en mi vida. La sencillez
de sus costumbres y su alejamiento de las ostentaciones
de la vanidad también me agradaban. Pero estas dotes,
recién descubiertas, creía yo que no debían estimarse
como positivas hasta que las circunstancias no las
pusieran a prueba. Era cosa de verlo. Con quien yo
no congeniaba era con mi ahijado, el más ruidoso y
malhumorado cachorro que mamaba leche en el mun-

do. Muchas veces tuve que huir de la casa porque su clarinete me volvía loco. Era el tal de una robustez sospechosa, gordinflón, amoratado. No había equilibrio en aquella naturaleza, y su sangre, quizás viciada, se manifestaba en la epidermis con florescencias alarmantes. En vano, Camila tomaba grandes tragos de zarzaparrilla y otros depurativos. El pequeñuelo mostraba rubicundeces y granulaciones que parecían retoños vegetales. No debía de estar sano, porque su inquietud crecía con su sospechosa robustez. Lo peor de todo era que Camila bajaba con él a mi casa cuando menos falta tenía yo de música, y la una con sus cantos y el otro con sus chillidos me daban unos conciertos matutinos y nocturnos que me aburrían.

Vuelvo a la otra casa, donde inopinadamente ocurrieron sucesos en el breve espacio de una noche que dejaron indeleble recuerdo en mí. Si mil años vivo, no olvidaré aquellas horas terribles. Eloísa, que por instigación mía había dejado de renovar su abono en los teatros, fue invitada aquella noche por una de sus amigas a un estreno en la Comedia. Dudó si iría; pero Carrillo se encontraba mejor que nunca, él y yo la instamos a que fuera. No eran aún las nueve cuando Pepe se nos puso muy mal. Estábamos allí el ayuda de cámara, Villalonga y yo. Al punto comprendimos que el enfermo sufría una crisis de las más graves. Mandé inmediatamente por el médico y también quise mandar a buscar a Eloísa; pero Carrillo, en aquel paroxismo que parecía la agonía de la muerte, tuvo una palabra para oponerse a mi deseo, diciendo: "No, no, déjala que se divierta la pobre." En esta frase creí sorprender un desdén supremo; pero seguramente me equivocaba, y lo que había era un espíritu de condescendencia llevado a lo último.

El infeliz sufría horribles dolores. El cólico nefrítico se presentaba más espantoso que nunca, complicado con un gran aplanamiento. El médico auguró mal y se negó a administrar como inútiles las inyecciones hipodérmicas. El marqués de Cícero, a quien avisé, vino prontamente acompañado de su respetable y también insignificante hermana, y después de echar un vistazo al enfermo, salió de la alcoba, porque, según dijo, no tenía corazón para ver padecer. Fuese a las habitaciones más distantes, donde estuvo largo rato hablando con los criados, y después pasó al despacho. Le vi luego vagar por la antesala, echando ojeadas de admiración a los espejos y azotándose la pierna derecha con un bastoncillo. Cuando me tropezaba con él, pedíame noticias de su sobrino. Después se pasaba la mano por aquella frente hermosa, digna de encerrar talento; se la frotaba como quien acaricia una gran idea que le cosquillea debajo del cráneo, y decía con el tono misterioso que se da a los descubrimientos: "¿Sabe usted, amigo, que ya van creciendo mucho los días? Hoy, a las cinco, era completamente claro". Aquella noche, afortunadamente, no llevó ninguno de los perros que solían acompañarle. A veces me llamaba con gran aparato de manotadas y chicheos para decirme al oído: "La pobre Angelita no sospechaba que Pepe viviría menos que yo. Estoy muy fuerte. Si Pepe hubiera seguido yendo al monte conmigo todos los sábados para volver los lunes, no se vería como se ve".

Me lastimaba mucho, no puedo ocultarlo, que el marqués y su hermana advirtieran la ausencia de Eloísa en ocasión tan crítica. Ya me disponía a mandarle un recado... cuando la vi entrar. Eran las diez y media. ¿Cómo tan pronto si la función no podía haber concluido? No se ocupó ella de darme explicaciones, porque en el portal los criados la habían enterado de la gravedad del enfermo. Entró anhelante en la alcoba de éste, y pasándole la mano por la frente, díjole algunas palabras consoladoras y afectuosas. Después corrió a quitarse el vestido de sociedad, que era un sarcasmo en tan lastimosa escena. Fui tras ella a su tocador, y mientras se mudaba de traje, contóme en palabras breves el motivo de su temprana salida del teatro. La obra que se estrenó era muy inmoral, y todas las personas decentes se habían escandalizado; las señoras se salían, horrorizadas, de los palcos, y el público de butacas protestaba en murmullos. "Figúrate que el autor ha sacado allí unas *tías* elegantes, caracteres enteramente nuevos en nuestro teatro... Es un escándalo, una desvergüenza; es cosa que da asco... Lo único bueno de la obra son los trajes preciosísimos que han sacado las tales... ¡Qué lujo, qué novedad de telas, y qué cortes tan admirables!" La gravedad de lo que nos rodeaba

no le permitió darme más pormenores. "Pobre Pepe,
¡cuánto padece esta noche! —exclamó, abrochándose
la bata y mirándose en mi tristeza como en un espejo—.
¡Si le pudiéramos aliviar! Maldita medicina, que para
nada sirve. Esta noche no nos abandonarás. ¡Me es-
panta la idea de quedarme aquí sola!... Siento que
pases estos malos ratos; pero no hay más remedio,
hijito. Hazlo por mí, por él, por todos. En estos casos
se conocen los buenos amigos. Presumo que vamos a
tener una noche muy mala, muy mala".

Volví antes que ella al lado de Carrillo. Encontré-
mele acometido de espantosos dolores, doblándose por
la cintura como si quisiera partirse en dos, profiriendo
ayes profundos, roncos y guturales, que causaban horror. Parecía haber perdido el juicio. Sus gritos eran
la exclamación de la animalidad herida y en peligro,
sin ideas, sin nada de lo que distingue al hombre de
la fiera. Eloísa se puso a su lado, pero él no reparó en
ella; en mí, sí, pues habiéndole rodeado el cuello con
mi brazo para sostenerle en la postura que me parecía
menos penosa, se aferró con ambas manos a mi cuerpo
y me tuvo sujeto largo rato. Agarrábase a mí como
si al asegurarse bien, clavándome las uñas, se sintiera
aliviado. Últimamente reclinó la cabeza sobre mi pecho, dando un suspiro muy hondo. Mi prima se aterró
creyendo que se moría, pero tranquilizónos el médico asegurando que la sedación comenzaba y que las
arenillas habían pasado ya. El tal doctor no era una
notabilidad de la ciencia, a mi modo de ver, aunque
muy zalamero en su trato, razón por la cual muchas
familias de viso le preferían a otros. Si la misión del
facultativo es entretener a los enfermos y alegrar su
espíritu con ingeniosas palabras y aun con metáforas,
Zayas no tiene quien le eche el pie adelante. Por lo
demás, ni él curaba a nadie, ni Cristo que lo fundó.
Eloísa propuso aquella misma noche convocar junta
de médicos para el día siguiente, y el de cabecera citó
tres o cuatro nombres de los más ilustres. Después de
haber recetado un calmante, arrepintióse y recetó otro,
y por fin le vimos decidido a darle bromuro potásico.

—Debe de haber en esto una complicación grave
—le dije, razonando con el sentido común—. ¿Habrá
derrame cerebral?

—Quizás —replicó, lleno de dudas—. Lo indudable es la completa atonía del aparato vesical, y tal vez paralización de los centros nerviosos. Me temo mucho que haya bolsas arteriales, cuya rotura sería el desenlace funesto. Al principio se quejaba de frío en la espalda, y las fricciones le pusieron peor. El pulso acusa una circulación sumamente irregular.

. Nada concreto nos decía aquel sabio, que había estado tres años estudiando al paciente y aún no le conocía. Entre Celedonio y yo, con ayuda de Villalonga, acostamos a Pepe en su cama, vestido para no molestarle. No parecía sufrir dolores agudos; pero su cerebro estaba profundísimamente trastornado. Hablaba sin cesar con torpe lengua, entrecortando las frases con risas que nos causaban espanto. Sentóse mi prima por un lado del lecho y yo por otro. Zayas le contemplaba desde enfrente sin decir nada. Miraba Pepe a su mujer con estúpidos ojos; no la reconocía; tomábala por una persona extraña; se volvía a mí, y confundiéndome con Celedonio, decía: "Tú, Celedonio, y José María sois las únicas personas que me quieren y me cuidan en esta casa." Eloísa y yo nos mirábamos con azarosa inquietud, sin pronunciar palabra.

—¿Se ha ido José María? —preguntaba después el infeliz.

—Aquí estoy, ¿no me ves?...

—¡Ah!, sí; como estás vestido de sacerdote, no te había conocido... ¿De cuándo acá...?

De este modo llegó media noche. El delirio disminuía. El marido de mi prima parecía entrar lentamente en un período comático. Calló al fin, y su respiración anunciaba sosiego, quizás un sueño reparador. Por fin, el médico, asegurando que no había peligro inmediato, se despidió hasta la mañana siguiente. Villalonga se fue también. El marqués de Cícero, que estaba en el despacho leyendo periódicos delante del busto de Shakespeare, díjome que no tenía sueño, que se quedaría hasta las tres o las cuatro, si me quedaba yo, y poco después Eloísa invitaba a él y a su señora hermana a tomar un emparedado, un poco de burdeos y una taza de té. En el comedor les vi a eso de la una cenando silenciosos. Yo no tomé nada.

III

A pesar de las seguridades que dio el bueno de Zayas, yo no las tenía todas conmigo. Temía, más que la renovación del ataque de nefritis, un brusco estallide de las complicaciones vasculares y encefálicas. Aunque Eloísa me instó a que me acostase, no quise hacerlo. Ella también estaba inquieta. Acordamos velar ambos, cargando juntos aquella espantosa cruz, como nos lo ordenaba la fatalidad de los hechos. El marqués y su hermana se fueron al despacho, donde se entretenían, ella rezando el rosario, y él leyendo. Sería la una y media cuando Eloísa y yo volvimos a ponernos en triste centinela, cada cual a un lado del lecho del enfermo. Así estuvimos largo rato oyendo sólo el rumorcillo del reloj de la chimenea, que arrojaba los desmenuzados espacios de tiempo como la clepsidra chorrea las arenas que caen para siempre. Observábamos el cadencioso, reposado aliento de Pepe, y al menor sonido que se pareciese a la emisión de una sílaba, nos entraba sobresalto y azoramiento. Creíamos que nos iba a decir algo aterrador con la solemnidad que es propia de labios moribundos. De improviso abrió el infeliz los ojos, miró a su mujer cual si no estuviera seguro de quién era, volvióse después hacia mí, y en tono tranquilo que revelaba completa posesión de sus facultades intelectuales, me dijo estas palabras: "Haz el favor de mandar que venga un cura. Quiero confesarme". Dijímosle que su estado no era para tanto, y él insistió en que sí lo era con tal energía que no quisimos contrariarle.

—Esta noche me moriré —exclamó con una serenidad que nos dejó pasmados—. Esta noche se acabará esta vida que he deseado fuese útil, sin poderlo conseguir. Y no creáis que estoy afligido. Me muero resignado. ¿Qué soy yo en el mundo? Nada. Soy un cero que padece y nada más. La mayor parte de los que vivimos, ceros somos, y mientras más pronto se nos borre, mejor.

Le respondimos a dúo las primeras simplezas que se nos ocurrieron.

—¡Qué cosas tienes! No digas tonterías. Si estás bien...

—Que se te quite eso de la cabeza.

Y siempre más atento a mí que a los demás, ¡preferencia increíble!, repitió su demanda:

—José María, tú que eres tan amable, tan complaciente, tráeme un cura. Mira que esto va de veras, y tengo en mi conciencia cosas que quisiera dejar aquí. Si no me confieso, sobre tu conciencia va; y si me condeno, carga con la responsabilidad... Soy cristiano, deseo cumplir; José María, Eloísa, sed amables, traedme un confesor.

Estas palabras tenían una solemnidad que en vano queríamos quitarle, atribuyéndolas a delirio de enfermo. En las miradas de Eloísa conocí que ésta las interpretaba como desvarío de un cerebro alterado. A su vez, ella debió de conocer en las mías que yo entendía aquellos conceptos de otro modo, y pronto cambió la expresión de su rostro. La vi queriendo disimular alguna lágrima que se le saltaba de los ojos; y el marido, notando esta emoción, le dijo: "Ni tú, pobrecita, ni Celedonio, servís para estos lances. Más vale que os retiréis". Insistió luego en que le trajésemos al confesor; dijímosle que al día siguiente, y él contestó con cierto énfasis: "No, no, ahora mismo. Mañana ya no habrá tiempo". Serían las dos cuando enviamos el recado a la parroquia de San Lorenzo.

El cura tardó una hora en venir, y en este tiempo Carrillo siguió en el mismo estado, más bien con apariencias de mejoría. Hablaba alternativamente con su mujer, con Celedonio y conmigo, mostrándonos a los tres un cariño fraternal que, por la parte que me tocaba, no he podido explicarme nunca. La confesión fue larga. Mientras se verificaba, Eloísa y yo convinimos en que la ceremonia del Viático se celebraría al día siguiente con gran pompa, con asistencia de toda la familia y de los parientes y amigos de la casa. Acordamos en breve discusión algunos detalles. Se haría un bonito altar y se traería la mayor cantidad posible de hachas y plantas de salón. Tanto ella como yo queríamos que este acto piadoso tuviera muchísimo lucimiento. Ocurriósenos también impetrar la bendición papal, y yo indiqué que por mediación de mi tío y del general Chapa, que eran amigos del Nuncio, se podía conseguir, costara lo que costase.

Cuando salió el cura de la alcoba, le acompañé al comedor, donde estaba dispuesto un chocolate, que no quiso aceptar. Tenía que decir misa a las ocho. Fumamos un cigarrillo, y él, fijando en mí sus ojuelos sagaces (era viejo y muy curtido en aquellos lances), pronunció estas palabras que me parecieron impertinentes:

—Ese buen señor es un mártir...

—¡Un mártir, sí! —dije yo, como si dijera *amén*.

Aún me parecía poco, y lo remaché:

—¡Es un santo!

Entonces el clérigo, echándome una rociada de humo, y mirándome como si me atravesara de parte a parte con sus ojos, exclamó:

—¡Dichosos los que no temen la muerte, porque están puros!

Iba yo a soltar una sentencia análoga; pero creí más correcto no decir nada, y le devolví su humo mezclado con el mío. Después de una pausa, los ojuelos volvieron a flecharme. Creí sorprender no sé qué tremenda ironía en aquel intruso forrado de negro, cuando me dijo:

—¿Es usted hermano de la señora?

De buena gana le habría respondido: "¿Y a ti qué te importa, tontín, que yo sea hermano de la señora o lo que se me antoje ser de la señora?" Pero este terrible disparate no salió de mis labios.

—No, señor —le respondí, tragándome el humo—. Soy... de la familia.

Pronunció luego el dichoso clérigo algunas palabras consoladoras, de las de rúbrica, y se despidió. Le acompañé hasta la puerta. Ya tenía yo muchas ganas de perderle de vista.

Carrillo me mandó llamar. Estaba impaciente por tenerme a su lado, y tal vez quería decirme algo importante. En el gabinete que precedía a la alcoba vi a Eloísa sentada en una butaca, inclinada la cabeza y el rostro entre las manos. Lloraba en silencio. Creí de pronto que, durante el tiempo que yo estuve con el cura, mi prima y su marido habían cambiado algunas palabras; pero después supe por ella que no. La solemnidad y gravedad de las circunstancias, la compasión, el temor religioso, la importancia del acto que su marido acababa de realizar, habíanla impresionado enormemente. No se atrevía a franquear la puerta de la alcoba. Sentía pavor, respeto, vergüenza, no sabía qué.

Entré, y acercándome al lecho, advertí que el enfermo estaba sereno; sólo que tenía la voz tomada, y alrededor de los ojos, un cerco oscuro, muy oscuro

—Si vieras qué tranquilo estoy ahora —me dijo con cariño—. Tú no lo creerás, porque eres irreligioso. Tampoco creerás que tal como estoy no me cambiaría por ti.

Le contesté después de mucho vacilar y confundirme, que, en efecto, la vida humana era una broma pesada, y que cuanto más pronto se libre uno de ella, mejor. Él dijo que una hora de conciencia pura vale más que mil años de salud y de ventura, con lo que me mostré conforme, aunque sobre ello parecíame que había mucho que hablar. Le insté a que descansara, dejando las reflexiones morales para el día siguiente; pero él no quiso, y siguió hablándome del estado felicísimo en que se encontraba.

—Créeme, José María —me dijo dos o tres veces—, te tengo lástima como se la tengo a todos los que viven sin fe. Enmiéndate, corrígete. No des importancia a lo que no la tiene.

Y mirando al techo, exclamó después con expresión de indescriptible júbilo:

—¡Qué gusto poder decir ahora: "No he hecho mal a nadie"!

No le respondí. Pero los pensamientos me congestionaban el cerebro. Ocurriéronme tantas cosas, que habría necesitado una resma de papel si intentara escribirlas. Si por instantes admiraba aquella conformidad hermosa, a veces se me ocurría que Carrillo faltaba a la verdad al sostener que nunca hizo mal a nadie, pues se lo había causado a sí mismo en grado máximo; jamás tuvo la estimación de su propio ser, fundamento de la vida social: había sido un suicida civil, y no se redimía, no, echándoselas de místico a última hora. Protestaba yo de aquel estado de perfección en que se suponía, y me venían al pensamiento ideas crueles, despiadadas, absurdas quizás, en las cuales algo había de envidia, algo de venganza; pero que entonces me parecían fundadas en el criterio de la eterna justicia.

"No —decía yo para mí, inquieto y trastornado—, no te hagas el santo. No lo eres, porque no has combatido, porque no es virtud la falta absoluta de energía, tanto para el mal como para el bien. No nos hables de gozar la bienaventuranza eterna. Sí; para ti estaba el Cielo. Si quieres salvarte, di que me has aborrecido y que me perdonas... Matándome, nos habríamos condenado juntos. Pero no has tenido ni siquiera la intención de ello, y me estrechas la mano, y me llamas amigo... ¡Ah!, miserable cero; no me llevarás contigo al Limbo, que va a ser tu morada... ¿Qué casta de hombre eres? ¿Son así los ángeles? Pues reniego de ellos..."

Estos y otros desatinos me bullían en la mente. Para acabar de marearme, Carrillo me dijo: "Procura conducirte de modo que, cuando te mueras, estés tranquilo como yo ahora".

No pude vencerme, y se me escapó una sonrisa. Quise recogerla, pero las sonrisas, como las palabras, no se pueden recoger. Él la tomó por expresión de lástima, y afirmó que se sentía muy bien, mejor que yo, y, sobre todo, mucho más tranquilo. No le respondí sino con el pensamiento, diciéndole: "Esa tranquilidad desabrida para nada la quiero. ¡Morirme sin haber querido o sin haber odiado a alguien! ¡Morir sin despedirse de una pasión, sin tener alguien a quien perdonar, algo de que arrepentirse! ¡Sosa, incolora y tristísima muerte!".

Después pareció que escuchaba. Ponía su atención en los sollozos de Eloísa.

—Esa pobre —murmuró con afabilidad que me causaba pena— está pasando sin necesidad una mala noche. Dile que se acueste. Acompáñala, consuélala; no la dejes que se entregue al dolor.

Salí para cumplir este encargo. Pero ella no me hizo caso, y continuaba en el mismo sitio. Al poco rato, Carrillo empezó a mostrar gran inquietud. Me alarmé. Entre Celedonio y yo le incorporamos en el lecho. Quiso hablar y no pudo; llevóse una mano a los ojos... Gemidos roncos salían de su garganta. Acudió su mujer, afanada, secando sus lágrimas. Entonces, de la boca del desdichado vi salir alguna sangre, después, más, más. Ni él hacía esfuerzos para lanzarla fuera, ni

parecía experimentar dolor. No la arrojaba él; ella se
salía serenamente, como el agua que afluye hilo a hilo
del manantial. ¡Momento de consternación en las tres
personas que presenciábamos aquel fin de una vida!
Fue tan rápida y tan grande la descomposición del rostro de Pepe, que Eloísa se impresionó mucho. La vi
aterrada, próxima a perder el conocimiento. "Vete —le
dije—, vete de aquí". Pero su propio terror la clavaba
en aquel triste lugar. Entró Micaela y le ordené que
se llevara a su señora. La doncella le rodeó la cintura
con su brazo, y la que muy pronto iba a ser viuda
salió, tapándose los ojos. El marqués de Cícero, que
había entrado de puntillas, huyó despavorido, con las
manos en la cabeza.

Cuando Celedonio y yo nos quedamos solos con el
moribundo, éste me echó los brazos, uno al cuello, otro
por delante del pecho, y apretóme tan fuertemente que
me sentí mal. Me hacía daño. ¿Qué fuerza era aquella
que le entraba en el instante último, al extinguirse la
vida?... Pasó por mi mente una idea, como pasan las
estrellas volantes por el cielo. "¡Ah! —pensé—, aquí
está al fin ese odio que te rehabilita a mis ojos. La
última contracción del organismo que se desploma es
para expresarme que eres, que debes ser mi enemigo..." Luego oprimió su rostro contra mí, y de su
boca salió un bramido fuerte, profundo, que parecía
tener filo como una espada... Creí sentir un dardo que
me atravesaba el pecho. Con aquel gemido se acabó
su desdichada vida... Le miré la cara, y en sus ojos
vidriosos vi cuajada y congelada la misma expresión
de amistad leal que me había mostrado siempre... No,
¡pobre cordero!, no me odiaba... Costóme trabajo des-
asirme del brazo de aquel inocente que quería sin duda
llevarme consigo al Limbo.

IV

¡Qué noche! Cuando todo concluyó, salí de la alcoba, deseando quitarme pronto la ropa, que estaba man-
chada de sangre. En el pasillo me vi a la claridad del
día, que entraba ya por las ventanas del patio, y sentí
un horror de mí mismo que no puedo explicar ahora.
Parecía un asesino, un carnicero, qué sé yo... Salióme

al encuentro Micaela, la doncella de Rafael, que me
tuvo miedo y echó a correr dando gritos. La llamé;
preguntéle por su ama. Díjome que estaba en el cuarto
del niño. En tanto, Celedonio, los ojos llenos de lágrimas, me hacía señas para que volviese al gabinete, y
me dijo entre sollozos que me sacaría ropa de su amo
para que me mudase. La idea de ponerme sus vestidos
me causaba un sentimiento muy extraño, no sé qué
era; mas hallábame tan horrible con la mía, que acepté.
Púsome a toda prisa una camisa, un chaleco de abrigo
y una bata corta del muerto. Pero deseando vestirme
con mi ropa, mandé a Evaristo a casa para que me
la trajera.

Dejando a Celedonio con los restos aún no fríos de
su amo, fui en busca de Eloísa, cuya situación de ánimo me alarmaba. No la encontré en el cuarto del niño,
que dormía profundamente, sino en el suyo, acometida
de un fuerte trastorno nervioso, manifestando, ya sentimiento, ya terror. Al verme con el traje de su marido
se puso tan mal que creí que se desvanecía. Fijábansele
los síntomas espasmódicos en la garganta, como de
costumbre, y con sus manos hacía un dogal para opri-
mírsela. "La pluma, la pluma —murmuraba con cierto
desvarío—. ¡No la puedo pasar!" Le rogué que se
acostara; pero negábase a ello. Micaela y yo quisimos
acostarla a la fuerza, pero nos hizo resistencia. Estaba
convulsa, fría y húmeda la piel, los ojos muy abiertos.
"No vayas tú a ponerte mala también —dije con la
mayor naturalidad del mundo—. Recógete y descansa.
No has de poder remediar nada dándote malos ratos".
Tuve que hacer uso de mi autoridad, de aquella autoridad efectiva, aunque usurpada; hube de ordenarle
imperiosamente que se acostara para que se decidiera
a hacerlo. Noté en su obediencia como un reconocimiento tácito de la autoridad que yo ejercía. Micaela
empezó a quitarle la ropa, la ayudé, porque mi prima,
después del traqueteo nervioso, hallábase como exánime
y sin movimiento. La metimos en la cama y la arro-
pamos. ¡Ay!, sentíame tan fatigado, que caí en un
sillón, e incliné mi cabeza sobre el lecho. Allí me hubiera quedado toda la mañana, si no tuviera deberes
que cumplir fuera de aquella habitación. En tal postura, y hallándome postrado y como aturdido, sentí la

voz de la viuda que me llamaba. Alcé la cabeza. Sus palabras y sus miradas eran tan afectuosas como siempre. Sin nombrar al muerto, suplicóme que atendiese a las obligaciones que traía el suceso, pues ella no tenía fuerzas para nada. Díjele que no se ocupara más que de su descanso, y le prometí que todo se haría de un modo conveniente. Vivo agradecimiento se pintaba en su rostro, y además, la confianza absoluta que en mí tenía. Le arreglé la ropa de la cama, le di a beber agua de azahar, le entorné las maderas, corrí las cortinas para atenuar la luz del día, y poniendo a Micaela de centinela de vista para que me avisase si la señora se sentía muy molestada por la pluma en la garganta, salí, no sin promesa de volver pronto, pues ésta fue condición precisa para que Eloísa se tranquilizara... "Por Dios, no tardes: tengo miedo —díjome al despedirme, con ahogada voz—, mucho miedo, y la pluma no pasa..."

Trajéronme mi ropa, y me vestí con ella. ¡Ay!, qué peso se me quitó de encima cuando solté la de Carrillo, que además me venía algo estrecha. A eso de las ocho llegaron mi tío, Medina, María Juana, y más tarde, el marqués de Cícero. Atento a todo, daba yo las disposiciones propias del caso, y recibía a los parientes y amigos que se iban presentando. En lo concerniente al servicio fúnebre, allá se entendían Celedonio y los empleados de la funeraria, pues yo me sentí como atemorizado de intervenir en ello. Recogí las llaves de la mesa de despacho y del mueble donde el pobre Pepe tenía sus papeles, y las guardé hasta que pudiera entregarlas a Eloísa, que al fin parecía vencida del cansancio y dormía con los dedos clavados en el cuello.

Camila recaló por allí a eso de las diez, acompañada de Constantino; mas como tenía que dar de mamar a su nene, lo llevó consigo, y el lúgubre silencio de la casa se vio turbado por el clarinete de Alejandrito. Almorzamos mi tío, Raimundo y yo de mala gana, y luego nos encerramos los tres en el despacho para redactar la papeleta fúnebre y poner los sobres. Sentado adonde Pepe se sentaba, no sé qué sentía yo al ver en torno mío aquellas prendas suyas, ¡amargas prendas!, en las cuales parecía que estaba adherido y como suspenso su espíritu. Allí vi estados de recaudación

de fondos filantrópicos, circulares solicitando auxilios de
corporaciones y particulares, cuentas de suministro y
víveres y otros documentos que acreditaban la caritativa actividad de aquel desventurado. Cuidamos mucho
de que en la redacción de la papeleta no se nos olvi-
dara ningún título, detalle ni fórmula de las que la
etiqueta mortuoria ha hecho indispensables. "El exce-
lentísimo señor don José Carrillo de Albornoz y Caballero, Maestrante de Sevilla, Caballero de la Orden de
Montesa, etc., etc. Su desconsolada viuda, la Excelen-
tísima, etc., etc." No se nos quedó nada en el tintero;
y en las direcciones que pusimos a los sobres, ninguna
de nuestras amistades pudo escaparse.

La señora, por razón de su estado, no podía dar órdenes, y los criados se dirigían a cada instante a mí,
como si yo fuera el amo, como si lo hubiera sido
siempre, y me consultaban sobre todas las dudas que
ocurrían. Y aquella autoridad mía era uno de esos absurdos que, por haber venido lentamente en la serie
de los sucesos, ya no lo parecía. Ved, pues, cómo lo
más contrario a la razón y al orden de la sociedad
llega a ser natural y corriente cuando de un hecho en
otro la excepción va subiendo, subiendo hasta usurpar
el trono de la regla. Y cosas que vistas de pronto nos
sorprenden, cuando llegamos a ellas por lenta gradación nos parecen naturales.

Rogóme Eloísa que no saliese de la casa hasta que
no se verificara el entierro. Así tenía que ser, pues si
yo no estaba en todo, las cosas salían mal. El marqués
de Cícero, que se ofrecía constantemente a ayudarme,
no servía más que de estorbo y mi tío tenía ocupaciones indispensables aquel día. Sólo Constantino y
Raimundo prestaban algún servicio, aunque sólo fuera
el de hacerme compañía. La viuda no recibía a nadie,
ni a sus más íntimas amigas. Acompañábanla su madre
y hermanas, y sin llorar, consagraban alguna palabra
tierna y compasiva al pobre difunto.

Por fin vi concluido todo aquel tétrico ceremonial, y
respiré cual si me hubiera quitado de encima del corazón un peso horrible. No quise ir al entierro, y Eloísa
aplaudió con un movimiento de cabeza esta resolución
mía. Cuando se extinguió en las piedras de la calle el
ruido del último coche, mis trastornados sentidos que-

rían volver a la apreciación clara de las cosas. Pero la imagen del infeliz hombre que había despedido su último aliento sobre mi pecho, clavándomelo como un puñal, no se me apartaba del pensamiento. ¿Cómo explicarme sus sentimientos respecto a mí? ¿Qué noción moral era la suya, cuál su idea del honor y del derecho? Ni aún viendo en él lo que en lenguaje recio se llama *un santo,* podía yo entenderle. ¡Misterio insondable del alma humana! Ante él no hay que hacer otra cosa que cruzarse de brazos y contemplar la confusión como se contempla el mar. Querer hallar el sentido de ciertas cosas es como pretender que ese mismo mar, desmintiendo la ley de su eterna inquietud, nos muestre una superficie enteramente plana.

¿Por qué me tenía cariño aquel hombre? Si era un santo, yo me resistía a venerarlo; si era un pobre hombre, algo había dentro de mí que no me permitía el desprecio. ¿Le despreciaba yo en el ardor de mi compasión, o le admiraba entre los hielos de mi desdén? Toda mi vida ¡ay!, estará delante de mí, como pensativa esfinge, la imagen de Carrillo, sin que me sea dado descifrarla. Antes será medido el espacio infinito que encerrada en una fórmula la debilidad humana.

A estas meditaciones me entregaba la tarde del entierro, encerrado en el despacho, sin otra compañía que la del busto de Shakespeare. El gran dramático me miraba con sus ojos de bronce, y yo no podía apartar los míos de aquella calva hermosa, cuya severa redondez semeja el molde de un mundo; de aquella frente que habla; de aquella boca que piensa; [39] de aquella barba y nariz tan firmes que parece estar en ellas la emisión de la voluntad. Me daban ganas de rezarle, como los devotos rezan delante de un Cristo,

---

[39] La frase, corregida, en la ed. de Aguilar es: "de aquella frente que piensa... que habla", es decir, los términos se invierten. Esto parece más lógico, pero no creo que lo que se lee en la ed. original, que es lo que yo he puesto, sea un simple dislate. Creo que hay en ello una intención conceptuosa. Es posible que Galdós se arrepintiera más tarde y enmendara la sentencia en un sentido más atenido a lo que parecería normal. Como no es posible por ahora determinar cómo se trasmitió el texto de la novela, restauro la primera lección.

y de interesarle en las confusiones que me agitaban, rogándole que pusiera alguna claridad en mi alma.

Al anochecer, cuando aún no habían vuelto del entierro los que fueron a él, me dirigí al cuarto de la viuda, a quien acompañaban su madre y hermanas. En los susurros de su conversación queda me pareció entender que hablaban de modas de luto. Eloísa tenía en su regazo, dormido, al niño de Camila, y con ésta jugaba Rafael. Pero más tarde, cuando mi primo Raimundo y el marqués de Cícero volvieron del cementerio, ostentando éste último una aflicción decorativa, que tenía tanta propiedad como el león disecado con que se retrataba, me alejé del gabinete para no oír las fórmulas de duelo que se cruzaban allí, como los tiroteos alambicados de un certamen retórico cuyo tema fuera la muerte del pajarillo de Lesbia. [40] Cuando iba hacia el despacho, sentí tras de mí unos pasitos que siempre me alegraban, y una vocecita que me llamaba por mi nombre. Era el chiquillo de Eloísa que corría tras de mí. Le cogí en brazos, y sentándome, le coloqué sobre mis rodillas. Él se puso al instante a caballo sobre mi muslo, y me echó los brazos al cuello. Su inocencia no había permanecido extraña a la tristeza que en la casa reinaba, y en sus mejillas frescas, en su frente coronada de rizos negros advertí una seriedad precoz, fenómeno pasajero sin duda, pero que anunciaba la formación del hombre y los rudimentos de la reflexión humana. Después de hacerme varias preguntas, a que no pude contestarle por lo muy conmovido que estaba, me cogió con sus manos la cara. Era de éstos que quieren que se les hable mirándolos frente a frente, y que se incomodan cuando no se les presta una atención absoluta. Para satisfacer su egoísmo tiran de las barbas como si fueran las riendas de un caballo, para que les pongáis la cara bien recta delante de la suya. Lo que me tenía que comunicar era esto:

—Dice *Quela* que ahora..., tú, no te vas más a tu casa..., que te quedas aquí.

---

[40] *el pajarillo de Lesbia.* El protagonista alude a un poema de Catulo ("Lugete o Veneres, Cupidinesque...") muy manoseado por los poetas del siglo XVIII y cada vez más artificial y relamido en las imitaciones. José María quiere decir que aquello se ponía imposible de cursi y de ridículo.

Varié la conversación, dándole muchos besos; pero él, aferrado a su tema, ni me dejaba evadir, ni consentía que yo moviese la cara.

—Dice *Quela* que tú... vas a ser mi *papa*...

Este inocente lenguaje me lastimaba. No pude contestar categóricamente a las cosas más graves que yo había oído en mi vida. Porque sí, jamás de labios humanos brotaron, para venir sobre mí como espada cortante, palabras que entrañaran problemas como el que formulaban aquellos labios de rosa.

Dejéle en poder de su criada, que vino a buscarle, y me retiré. La casa, como vulgarmente se dice, se me desplomaba encima. Sin despedirme de nadie me marché a la mía.

XIV

HIELO

I

SENTÍA imperiosa necesidad de estar solo. La tristeza reclamaba todo mi ser, y tenía que dárselo, aislándome. Conocí que venía sobre mí un ataque de aquel mal de familia que de tiempo en tiempo reclamaba su tributo en la forma de pasión de ánimo y de huraña soledad. Y lo que había visto y sentido en tales días era más que suficiente motivo para que el maldito achaque constitutivo se acordara de mí. En la soledad de aquella noche y de todo el día siguiente tuve un compañero, Carrillo, cuya imagen no me dejó dormir. El ruido de oídos, que me martirizaba, era su voz; y mi sombra, al pasearme por la habitación, su persona. Le sentía a mi lado y tras de mí, sin que me inspirará el temor que llevan consigo los aparecidos. Es más: me hacía compañía, y creo que sin tal obsesión habría estado más melancólico. Mi afán mayor, mi idea fija era querer penetrar, ya que antes no pude hacerlo, las propiedades íntimas de aquel carácter, y descifrar la increíble amistad que me mostró siempre, mayormente en sus últimos instantes. ¡Era para volverme estúpido! Cuando dicho afecto me parecía un sentimiento elevadísimo y sublime, comprendido dentro de la santidad, mi juicio daba un vuelco, y venía a considerarlo como lo más deplorable de la miseria humana. Yo me secaba los sesos pensando en esto, traspasado de lástima por él, a veces sintiendo menosprecio, a ratos admiración.

Los días se sucedían lentos y tristes, sin que yo quebrantara mi clausura. No recibía a nadie, y si mis íntimos amigos o mi tío o Raimundo iban a acompañarme, hacía lo posible porque me dejasen solo lo más pronto posible. Pasados tres días, Carrillo se borraba, poco a poco, de mi pensamiento; le veía bajo tierra confundiéndose con ésta y disolviéndose en el reino de la materia, como su memoria en el reino del olvido. Lo que en primer término ocupaba ya mi espíritu era la casa de Eloísa, todo lo material de ella. Los muebles, las paredes cargadas de objetos de lujo, el ambiente, el color, la luz que entraba por las ventanas del patio, componían un conjunto que me era horriblemente antipático y aborrecible. La idea de ser habitante de tal casa y de mandar en ella me producía el mismo terror angustioso que en otros ataques la idea de sentir un tren viniendo sobre mí. No, yo no quería ir allá, yo no iría allá por nada del mundo. El recuerdo solo de las afectadas pompas de aquellos jueves poníame en gran turbación, acompañada de un trastorno físico que me aceleraba el pulso y me revolvía el estómago... Pero lo que me confundía más y me llenaba de estupor era notar en mí una mudanza extraordinaria en los sentimientos que fueron la base de mi vida toda en los últimos años. A veces creía que era ficción de mi cerebro, y para cerciorarme de ello, ahondaba, ahondaba en mí. Mientras más iba a lo profundo, mayor certidumbre adquiría de aquel increíble cambio. Sí, sí: la muerte de Pepe había sido como uno de esos giros de teatro que destruyen todo encanto y trastornan la magia de la escena. Lo que en vida de él me enorgullecía, ahora me hastiaba; lo que en vida de él era plenitud de amor propio, era ya recelos, suspicacia con vagos asomos de vergüenza. Si robarle fue mi vanidad y mi placer, heredarle era mi martirio. La idea de ser otro Carrillo me envenenaba la sangre. La desilusión, agrandándose y abriéndose como una caverna, hizo en mi alma un vacío espantoso. No era posible engañarme sobre esto.

Pero aún dudaba yo de la realidad del fenómeno, y decía: "Falta comprobarlo. No me fiaré de los lúgubres espejismos de mi tristeza. Vendrán días alegres, y la mujer que fue mi dicha seguirá siéndolo hasta el fin de mi vida".

Dos semanas estuve encerrado. Eloísa me mandaba recados todos los días. Yo exageraba mi enfermedad, fundando en ella mil pretextos para no salir de casa. Por fin, una mañana la viuda de Carrillo fue a verme. Era la primera vez que salía después de la desgracia. Venía vestida con todo el rigor del luto y de la moda, más hermosa que nunca. Al verla no sé lo que pasó en mí. Sentí un frío mortal, un miedo como el que inspiran los animales dañinos. Sus afectuosas caricias me dejaron yerto. Observé entonces la autenticidad del fenómeno de mi desilusión, pues mi alma, ante ella, estaba llena de una indiferencia que la anonadaba. La miré y la volví a mirar; hablamos, y me asombraba de que sus encantos me hicieran menos efecto que otras veces, aunque no me parecieran vulgares. Era un doble hastío, un empacho moral y físico lo que se había metido en mí; arte del demonio, sin duda, pues yo no lo podía explicar. "Será la enfermedad —me decía yo para consolarme—. Esto pasará". Cierto que yo venía sintiendo cansancio; pero ella me interesaba el corazón. ¿Cómo ya no me hiere adentro? ¿De qué modo la quería yo? ¿Qué casta de locura era la mía?... Nada, nada: esto tiene que pasar.

Seguíamos hablando, ella muy cariñosa, yo muy frío. Nuestra conversación, que al principio versó sobre temas de salud, recayó en cuestiones de arreglo doméstico. Sin saber cómo fue a parar al funeral de su marido. Ella quería que fuese de lo más espléndido, con muchos cantores, orquesta y un túmulo que llegase hasta el techo. Yo me opuse resueltamente a esta dispendiosa estupidez. Sin saber cómo, me irrité, corrióme un calofrío por la espalda, subióme calor a la cabeza, y palabra tras palabra, me salió de la boca una sarta de recriminaciones por su afán de gastar lo que no tenía.

—Te has empeñado en arruinarte, y lo conseguirás. No cuentes conmigo. Ahógate tú sola, y déjame a mí. Si crees que voy a tolerarte y a mimarte, te equivocas... No puedo más...

Ella se quedó lívida oyéndome. Jamás la había tratado yo con tanta dureza. En vez de contestarme con otras palabras igualmente duras, pidióme perdón; le faltó la voz; empezó a llorar. Sus lágrimas espontáneas hicieron efecto en mí. Reconocí que había estado ridículamente brutal. Pero no me excusé, pues en mi interior había una ira secreta que me aconsejaba no ceder. Eloísa me miraba con sus ojos llenos de lágrimas, y en tono de víctima me dijo:

—¿Yo qué he hecho para que me trates así?

Empecé a pasearme por la habitación. Sentía un vivísimo, inexplicable anhelo de contradecirla y de sostener que era blanco lo que ella decía que era negro.

—Es que estoy notando en ti una cosa rara —prosiguió—. ¿Tienes alguna queja de mí? ¿En qué te he ofendido? Porque desde que entré apenas me has mirado, y tienes un ceño que da miedo... Hoy esperaba encontrarte más cariñoso que nunca, y estás hecho una fiera. Eres un ingrato. ¡Así me pagas lo mucho que te he querido, los disparates que he hecho por ti y el haber arrojado a la calle mi honor por ti, por ti...! Algo te pasa, confiésalo, y no me mates con medias palabras. ¿Me habrá calumniado alguien...?

Con un gesto expresivo le di a entender que no había calumnia. Secó ella sus lágrimas, y en tono más sereno me dijo:

—Estas noches he soñado que ya no me querías. Figúrate si habré estado triste.

Comprendí que mi conducta era poco noble, y me dulcifiqué. Hice esfuerzos por aparecer más contento de lo que estaba, y le rogué que no hiciera caso de palabras dictadas por mi tristeza, por el mal de familia. Insistí, no obstante, en que el funeral fuera modesto, y ella convino razonablemente en que así había de ser. No quiso dejarme hasta que no le prometí ir todos los días a su casa, desde el siguiente, para arreglar las cuentas, ordenar papeles y ver los recursos ciertos con que contaba. Cuando se fue, halléme más sereno, la veía con ojos de amistad y cariño; pero no encontraba ya en mí el interés profundo que antes me inspiraba. ¿Qué me había pasado? ¿Qué era aquello? ¿Acaso las raíces de aquel amor no eran hondas? Sin duda no, y él mismo se me arrancaba sin remover lo íntimo de mi ser. Era pasión de sentidos, pasión de vanidad, pasión de fantasía la que me había tenido cautivo por espacio de dos años largos, y alimentada por la ilegalidad, se debilitaba desde que la ilegalidad desaparecía. ¿Es tan perversa la naturaleza humana que no desea sino lo que le niegan y desdeña lo que le permiten poseer? Después de dar mil vueltas a estos raciocinios, me consolaba otra vez atribuyendo mi desvarío a los pícaros nervios y a la diátesis de familia... Volverían, pues, mis afectos a ser lo que fueron. cuando se restableciese mi equilibrio.

II

Era mi deber ir a casa de Eloísa, y fui desde el día siguiente. Ocupando en el despacho de Carrillo el mismo lugar que él ocupó, con el propio escribiente cerca de mí, rodeado de papeles y objetos que me recordaban la persona del difunto, di principio a mi tarea. Para penetrar hasta donde estaba lo importante, tuve que desmontar una capa enorme de apuntes y notas sobre la *Sociedad de Niños* y otros asuntos que no venían al caso. Todo lo que había sobre la administración de la casa era incompleto. Gracias que el amanuense, conocedor de los hábitos de su antiguo señor, me esclarecía sobre puntos muy oscuros. Poco a poco fuimos allegando datos, y por fin llegué a dominar el enredo, que era ciertamente aterrador. La casa estaba desquiciada, y al declararme Eloísa dos meses antes sus apuros, no había dicho más que la mitad de la verdad. Me había ocultado algunos detalles sumamente graves, como, por ejemplo, que el administrador de Navalagamella les había adelantado dos años de las rentas de esta finca, descontándose el 20 por ciento; que había una deuda que yo no conocía, importante unos seis mil duros; que se tomaron, para atender a necesidades de la casa, parte de unos fondos pertenecientes a la *Sociedad de Niños,* y era forzoso restituirlos.

Sin rodeos pinté a mi prima la situación.

—Estás arruinada —dije—. Si no se acude pronto a salvar lo poco que aún queda a tu hijo, éste no tendrá con qué seguir una carrera, como alguien no se la dé por caridad.

Ella me oyó atónita. Su poca práctica en el manejo de la hacienda propia disculpaba el error en que estaba. Después de meditar mucho, díjome entre suspiros:

—Viviremos con la mayor economía, con pobreza si es preciso. Dispón tú lo que quieras.

Empecé a desarrollar mi plan. Se suprimirían todos los coches; se despedirían casi todos los criados que quedaban; se procuraría alquilar la casa, lo cual era difícil, como no la tomase alguna Embajada. Se venderían los cuadros de primera, los de segunda, y todas las porcelanas y objetos de arte, las joyas, los encajes ricos, aunque fuera por el tercio de su valor o por lo que quisieran dar; y como fin de fiesta, la familia se sometería a un presupuesto de sesenta o setenta mil reales todo lo más.

—¡Almoneda total! —exclamó la viuda con su mirar hosco clavado en el suelo.

No necesito decir que una parte de este presupuesto recaería sobre mí, pues la testamentaría, tal como estaba, no podía contar con nada en un período de tres o cuatro años, necesario para desempeñar las rentas. Y seguí trabajando para desenredar por completo la madeja económica. ¡Cuántas noches pasé en aquel triste despacho! Me causaba hastío y pesadumbre el verme allí. Iba notando no sé qué extraña semejanza entre mi ser y el de Carrillo; y cuando vagaba de noche por los vacíos salones para ir al cuarto de Eloísa, donde estaban de tertulia Camila y María Juana, parecíame que mis pasos eran los del pobre Pepe, y que los criados, al verme pasar, recibían la misma impresión que si yo fuera su difunto amo.

Para remachar la bancarrota, el médico nos presentó una cuenta horrorosa. No había curado al enfermo, ni había hecho más que ensayar en él diferentes sistemas terapéuticos, sin que ninguno diese resultado; pero pretendía cobrar quince mil duros por su asistencia de un año. ¡Escándalo mayor...! Yo estaba volado. Le escribí en nombre de Eloísa negándome a pagarle. Él se encabritó y amenazó con los tribunales. Por fin, después de pensarlo mucho y de consultar el caso con personas prácticas, llegamos a una transacción. Se le darían ocho mil duros, y en paz. Esta cantidad y otras que fueron necesarias para que la casa pudiera hacer su transformación, pues hasta el economizar cuesta dinero, tuve que abonarlas yo. Pero lo hice en calidad de adelanto sin interés, para reintegrarme conforme entrara en orden la testamentaría.

Y Eloísa me decía con efusión:

—En tus manos me pongo. Sálvame y salva a mi hijo de la ruina.

¿Cómo resistirme a este deseo, cuando ella había sacrificado su honor a mi orgullo? Y su honor valía bastante más que mis auxilios administrativos y pecuniarios. Al mismo tiempo, yo quería tanto al pequeño, que por él solo habría hecho tal sacrificio aunque no estuviese de por medio su madre.

Obligáronme, pues, mis quehaceres en la casa a una intimidad que verdaderamente no me era ya grata. Cada día surgían cuestiones y rozamientos... Mi prima y yo estábamos siempre de acuerdo en principio; pero en la práctica discrepábamos lastimosamente. Entonces vi más clara que nunca una de las notas fundamentales del carácter de Eloísa, y era que cuando se le proponía algo, contestaba con dulzura conformándose; pero después hacía lo que le daba la gana. Sus palabras eran siempre dóciles, y sus acciones tercas. Sin oponer nunca resistencia directa ni dar la cara en su sistemática autonomía, llevaba adelante el cumplimiento de su voluntad con acción lenta, sorda, astuta, resbaladiza. Esto se vio en aquel caso importantísimo de las economías. Cuando se trataba de ellas verbalmente, todo era conformidad, palabras suaves y zalameras. "¡Oh! Sí, es preciso... Estoy a tus órdenes... Me haré un vestido de hábito para todo el año..." Pero en la práctica, todo esto era un mito, y las economías se quedaban en *veremos*... Siempre había aplazamientos; surgían dificultades inesperadas... Ni la casa se desocupaba para alquilarla, ni se reducía el gasto doméstico a la mínima expresión. No parecía comprador para los cuadros. Al fin se vendieron los zafiros; pero con el producto de ellos Eloísa adquiría perlas. Lo supe por una casualidad, y cambiamos palabras duras. Ella me dio la razón..., ¡siempre lo mismo!; pero las perlas, compradas se quedaron... "El mes que entra dejo la casa, y se hará la almoneda. Seré obediente... Soy tu esclava". Tantas veces había oído esto, que ya no lo creía.

Ya no se invitaba a nadie a comer; pero poco a poco iba naciendo un poquito de tertulia de confianza en el gabinete de Eloísa, a la cual concurrían Peña, Fúcar y Carlos Chapa. Entretanto, los aflojados lazos se apretaron, trayéndome la triste evidencia de que mi frialdad no era obra de los malditos nervios, sino que tenía su origen en regiones más profundas de mi ser. Se manifestaba principalmente en la falta de estimación y en que mis entusiasmos eran breves, siempre seguidos de aburrimiento y de amargores indefinidos. Por algún tiempo llegué a creer que este fenómeno mío se repetiría en ella; pero no fue así. La viudita me mostraba el cariño de siempre; hasta se me figuró advertir en aquel cariño pretensiones de depuración, de hacerse más fino, más ideal, por lo mismo que se acercaba la ocasión de legitimarlo. Esto me daba pena. Diferentes veces había hecho ella referencia a nuestro casamiento, dándolo por cosa corriente. No se hablaba de él en términos concretos, como no se habla de lo que es seguro e inevitable. Yo, ¡ay de mí!, pasaba sobre este asunto como sobre ascuas, y cuando Eloísa aludía al tal matrimonio, hacíame el tonto; no comprendía una palabra. Me entusiasmaba poco aquella idea; mejor dicho, no me entusiasmaba nada; quiero decirlo más claro, me repugnaba, porque bien podían mis apetitos y mi vanidad inducirme a conquistar lo prohibido; pero ser yo la prohibición..., ¡jamás!

XV

REFIERO COMO SE ME MURIÓ MI AHIJADO Y LAS COSAS QUE PASARON DESPUÉS

I

DURANTE una semana estuve distraído por pesares que no vacilo en llamar domésticos. El niño de Camila, mi vecina, se puso tan malito, que daba dolor verle y oírle. Cubriósele el cuerpo de pústulas. Todo él se hizo llaga lastimosa. Martirio tan grande habría abatido la naturaleza de un hombre, cuanto más la de una tierna criatura que no podía valerse. Admiré entonces la

perseverancia del cariño materno de Camila, y además
una cualidad que yo no sospechaba existiese en ella,
el valor, esa energía inflexible en el cumplimiento
de las acciones pequeñas y oscuras, que sumadas dan
una resultante de que no sería capaz tal vez cualquiera
de los héroes públicos que yacen debajo de un epitafio.
El mundo me había dado a mí muchas sorpresas; pero
ninguna como aquélla. Francamente, no creí que una
mujer que me pareció tan imperfecta y llena de feos
resabios desplegase tales dotes. Siete noches seguidas
pasó la infeliz sin acostarse, con el pequeñuelo sobre
su regazo, amamantándole, arrullándole, curándole las
ulceraciones de su epidermis con un esmero y una paciencia que sólo las madres de buen temple saben tener.
Constantino y yo veíamos con pena tanta abnegación,
temiendo que enfermara; pero su potente organismo
triunfaba de todo. Eloísa y su madre la instaban
a que buscara un ama para que el chico no la extenua-
se, pues en sus postrimerías Alejandrito era voraz y no
se hartaba nunca. Pero Camila esquivaba disputar sobre este punto, y no quería que le hablaran de nodrizas.
Estaba decidida a salvarle o sucumbir con él. Ella era
así, o todo o nada. Tenía el capricho de ser heroína.
Quería saltar de mujer sin seso a mujer grande. "O sacarle adelante, o morirme con él", repetía; pero Dios
no quiso que ninguno de los términos de este dilema
se cumpliese, y al sexto día Alejandrito fue atacado de
horribles convulsiones, que le repitieron a menudo, hasta que el séptimo una más fuerte que las demás se lo
llevó. Aquel día funesto, Camila me pareció más madre
que nunca. La flexibilidad pasmosa de su carácter y su
desenvoltura quedaban oscurecidas bajo aquel tesón
grave. No creí, no, que entre tal hojarasca existiese joya
tan hermosa. A ratos se le conocía el genio por la rapidez febril con que tomaba las resoluciones y por la
inconstancia de sus juicios. Sólo el sentimiento era en
ella duradero y profundo. Añadiré una circunstancia
que me llegaba al alma, y era que consultaba conmigo
toda dificultad que ocurriese, aun en cosas de que yo no
entendía una palabra. Por corresponder a esta noble
confianza, daba yo mi parecer al tirón, sin detenerme
a considerar lo que saldría de juicios tan atropellados.
"José María, ¿te parece que haga calentar esta ropa

antes de ponérsela?... José María, ¿te parece que le
dé dos cucharadas de jarabe en vez de una?... José
María, ¿me hará daño café puro para no dormir? ¿Me
irritará?..." A todo contestaba yo lo primero que se
me ocurría, después de mirar a Constantino en una
especie de deliberación muda. Rara vez aventuraba Miquis opinión concreta, y cuando la emitía, de seguro
era un gran disparate. Yo era el oráculo de la casa en
todo.

Por fin, el nene dejó de padecer. Bien hizo Dios en
llevársele, abreviando su martirio. Se fue de la vida sin
conocer de ella más que el apetito y el dolor. Fue un
glotón y un mártir. Se quedó yerto en el regazo de su
madre, y nos costó trabajo apartar de los brazos y de
la vista de ella aquel lastimoso cuerpecito, que parecía
picoteado por avecillas de rapiña. Con sus besos quería
Camila infundirle vida nueva, dándole la que a ella le
sobraba. La separamos al fin, llevándola a que descansara. La Camila normal reapareció al cabo; la muchacha sin juicio que en otro tiempo había querido tomar
fósforos porque la privaban de su novio. Hubo convulsiones, llanto, risa nerviosa; habló de matarse; de-
liró cantando; nos dijo que le habíamos robado a su
niño... Por último se calmó, cesaron las extravagancias,
y la loca, que tan bien había sabido cumplir sus deberes, se encastillaba al fin en la conformidad cristiana,
invocaba a Dios, y llorando hilo a hilo, sin espasmos
ni alboroto, tenía el valor de la resignación, más meritorio que el del combate.

Mientras la mujer de Augusto Miquis y María Juana
amortajaban al niño, yo dije a Constantino:

—Quiero hacerle un entierro de primera. Corre de
mi cuenta, y no tenéis que ocuparos de nada.

En efecto, al día siguiente piafaban a la puerta de
casa seis caballos hermosos, con rojos caparazones re-
camados de plata, tirando de la carroza fúnebre-carna-
valesca más bonita que había en Madrid. Llevamos el
cuerpo al cementerio con la mayor pompa posible. Yo
tenía cierto orgullo en esto, y me complacía en aso-
marme por la portezuela de mi coche y ver delante el
movible catafalco, el meneo de los penachos de los caballos y el tricornio y peluca del cochero. Yo pensaba
que si los niños difuntos abrieran sus ojos y vieran

aquello, les parecería que los llevaban a la tienda de Scropp. Cuando regresamos después de cumplida la triste obligación, Camila estaba en su cuarto acostada en un sofá, envuelta en espeso mantón, los puños cerrados, apretando fuertemente un pañuelo contra los ojos. Su madre le había repetido hasta la saciedad todas las variantes posibles del *angelitos al cielo*. Acerquéme a ella para preguntarle como estaba, y me expresó su gratitud con ardor y cordialidad grandes, entre lágrimas y suspiros, estrechándome una y otra vez las manos. ¿Y por qué tantos extremos? Por un entierrillo de primera. Verdaderamente no había motivo para tanto, y así se lo dije; pero una secreta satisfacción llenaba mi alma.

En los días sucesivos la calma se fue restableciendo poco a poco, y el consuelo introduciéndose lentamente en el espíritu de todos. Camila era la más rebelde, y defendió por algunos días su dolor. El vacío no se quería llenar. La soledad misma en que había quedado érale más grata que la compañía que le hacíamos los parientes, y huía de nuestro lado para volver sobre su pena a solas. Por fin los días hicieron su efecto. La veíamos ocupada y distraída con los menesteres de la casa, y al cabo atendiendo con cierto esmero a engalanar su persona. Este síntoma anunciaba el restablecimiento. La vi con placer recobrar su gallardía, su agilidad pasmosa y el vivo tono moreno y sanguíneo de sus mejillas. La salud vigorosa tornaba a ser uno de sus hechizos, volviendo acompañada de aquel humor caprichoso y voluble que era la parte más característica de su persona. Resucitaba con sus defectos enormes, pero se engalanaba a mis ojos con una diadema de altas cualidades que, a más de hacerse amables por sí mismas, arrojaban no sé qué fulgor de gracia sobre aquellos defectos.

Tratábame con familiaridad jovial, exenta de toda malicia. La afectación, esa naturaleza sobrepuesta que tan gran papel hace en la comedia humana, no existía en ella. Todo lo que hacía y decía, bueno o malo, era inspiración directa de la naturaleza auténtica... Su trato conmigo era de extremada confianza, y solía contarme cosas que ninguna mujer cuenta, como no sea a su amante. Cualquiera que nos hubiese oído hablar en ciertas ocasiones, habría adquirido el convencimiento de que nos unía algo más que amistad y parentesco. Y, no obstante, no cabía mayor pureza en nuestras relaciones.

Mil veces, conociendo su penuria, hícele ofrecimientos pecuniarios; pero ella nunca aceptaba.

—No quiero abusar —decía—; bastante es que no te hayamos pagado la casa este mes, y que probablemente no te la pagaremos tampoco el próximo. Pero el trimestre caerá junto. Para entonces me sobrará dinero. No te creas, me he vuelto económica. Tú mismo me has visto haciendo números por las noches y estrujando cantidades para sacarme un vestidillo.

Y era verdad esto. Algunas noches me la había encontrado garabateando en una hoja de la *Agenda de la cocinera,* destinada a los cálculos. Por cierto que las apuntaciones de tal hoja no las entendía ni Cristo. Eran un caos de vacilantes trazos de lápiz. Examinando aquellas cuentas, me reí más... Noté que los trece que hacía parecían nueves, y los infelices cuatros no tenían figura de números corrientes. Yo iba en su auxilio porque comprendí, tras brevísimo examen, que Camila no sabía sumar.

—Pero ¿qué educación te han dado, chiquilla?

Y ella me contestaba candorosamente:

—Ahora me la estoy dando yo misma. La necesidad obliga.

A veces me llamaba, me hacía sentar junto a la mesa del comedor y rogábame fuera apuntando las cantidades que ella me decía para sumarlas después. Con cuánto gusto lo hacía yo, no hay para qué decirlo. Cuando era ella quien trazaba los números, hacía muecas con los labios, como los chiquillos cuando están aprendiendo palotes.

—Ya, ya me voy *jaciendo* —decía con gracia.

Por fin salía del paso y hallaba la suma exacta. Los progresos, bajo el espoleo de la necesidad, eran rápidos y seguros. Eloísa también era poco fuerte en cuentas gráficas, enfilaba mal las columnas, sacaba unas sumas disparatadas; pero de memoria hacía prodigios. Más de una vez me quedé absorto viéndola sumar cifras enormes sin equivocarse ni en una unidad. Había adquirido el hábito de calcular de memoria. Camila, en cambio, no daba pie con bola sin ayuda del lapicito, un sobado pedazo de madera negra que apenas tenía punta.

—Ya me podías regalar un lápiz —me dijo un día.

Le llevé un lapicero de oro.

Y volví a rogarle me confiara su situación económica que, por ciertos indicios, conceptuaba poco desahogada. Doña Piedad, su suegra, se había reconciliado con Constantino; pero las remesas metálicas eran escasas, y las en especie, como arrope, cecina, queso y azafrán, no suplían ciertas necesidades. Camila mostrábase siempre muy reservada conmigo en este capítulo de sus apuros. Un día, no obstante, debió de causarle apreturas tan grandes la insuficiencia de su presupuesto, que se resolvió a hacer uso de la generosidad que yo le ofrecía. Observéla aquella tarde un poco seria, inquieta, pero no hice alto en ello. Estaba yo leyendo el periódico militar de Constantino, cuando se acercó a mí despacito por detrás de la butaca. Inclinóse y sentí en mi rostro el calor del suyo. Híceme el distraído y oí como un susurro. Bien podía creer que mi ruido de oídos me fingía esta frase: "José María, me vas a hacer el favor de prestarme dos mil realitos." Pero no era un moscón de mi cerebro: era ella la que me hablaba. Luego soltó una carcajada, repitiendo la petición en tono más adecuado a su temperamento normal.

—Nada, nada, que me los tienes que prestar. Si no, por la puerta se va a la calle... No te creas, te los devolveré el mes que entra.

Me supo tan bien el sablazo que casi casi lo consideré como una fineza, como una galantería. La verdad, si no hubiera andado por allí, entrando y saliendo a cada rato, el gaznápiro de Miquis, le doy un abrazo. Faltóme tiempo para complacerla. Si conforme me pidió cien duros me pide mil, se los entrego en el acto.

II

Mi prima salía poco de su casa. Siempre que yo iba allí, la encontraba ocupada en algo: bien subida en una escalera lavando cristales, bien quitando el polvo a los muebles, a veces limpiando la poca plata que tenía o los objetos de metal blanco. Cuando yo le decía algo que no le gustaba, solía responderme:

—Cállate, o te tiro esta palmatoria a la cabeza.

Y lo peor era que lo hacía. Por poco un día me descalabra. Un mes después de la muerte del chiquitín, aún su charla voluble y bromista era interrumpida por suspiros y por algún recuerdo del pobre ángel ausente.

—¡Ay mi nene! —exclamaba, conteniendo el aliento y cerrando los ojos.

Después se ponía a trabajar con más fuerza, pues pensaba que así se le iba pasando mejor la pena. Notaba que planchar era muy eficaz y que echarle un forro nuevo a la levita militar de Constantino le despejaba la cabeza. Otras veces decía con íntima convicción:

—Para mí no hay más consuelo que tener otro nene. Y lo tendré, lo tendré. Anoche hemos andado a la greña Constantino y yo. ¿Sabes por qué? Porque sostengo que le debemos poner también el nombre de Alejandro, en memoria del que se nos ha muerto. Pero él se empeña en que se ha de seguir el orden alfabético; de modo que al primero que venga le toca la be. A mi Alejandrín se le llamó así por el hermano mayor de Constantino; pero da la casualidad de que Alejandro es nombre de un gran capitán antiguo, y ahora quiere mi marido que todos los hijos que tengamos lleven nombre de héroes. ¿Has visto qué simpleza?

—No hagas caso de ese majadero —le respondí con toda mi alma—. ¿Pues no sostenía ayer que habías de llegar a la Z?... ¡Veintiocho hijos, según la Academia! ¡Qué asquerosidad! Te pondrías bonita.

—Llegaremos siquiera a la M —afirmó ella, dándome a conocer en el brillo de sus ojos un sentimiento extraño, una especie de entusiasmo al que no puedo dar otro nombre que el de *fanatismo de la maternidad*—. Sí, llegaremos a la M, quizás a la N... Y el de la N dice Constantino que se ha de llamar Napoleón.

—¡Qué estupidez! No pienses en tener más muchachos. Mejor estás así, más guapa, más saludable, más libre de cuidados.

—Pero mucho más triste... Anoche soñé que había tenido dos gemelos.

—¡Qué tonta eres! Siempre has de ser chiquilla —respondí—. Parece que consideras a los hijos como juguetes... Si tuvieras tantos como deseas, puede que no fueras tan buena madre como lo has sido en este primer ensayo. Porque a ti te pasan pronto esos entusiasmos. Lo que hoy te enloquece de amor, mañana te hastía.

—¿Te quieres callar? —gritó, llegándose a mí y amenazando sacarme los ojos con una aguja de media—. Tú no me conoces.

—¡Oh!, sí, demasiado te conozco. Eres una mala cabeza. Pero hay que declarar que tienes algún mérito. Has domesticado a Constantino. Hay casos de esto: dos fieras juntas se doman mutuamente. Y Constantino parece otro hombre. Es más persona; sabe tratar con la gente; no tira ya aquellas coces; no habla de pronunciarse como si hablara de fumarse un pitillo; no juega, no bebe, no disputa...

—Todo eso es obra mía, caballero —observó Camila con acento de inmenso orgullo—. Es que esta tonta tiene mucho de aquí, mucho talento.

Volvió sus ojos hacia el retrato de Miquis, desnudo de medio cuerpo arriba.

—Pero ¿no te da vergüenza —le dije— de que la gente entre aquí y vea ese mamarracho? Mil veces te he dicho que lo eches al fuego, y tú sin hacer caso. Tienes un gusto perverso. Es que da asco ver ahí ese zángano de circo enseñando sus bellas formas, con esos brazos de mozo de cordel y esa cabeza de bruto.

—¿Te quieres ir a paseo? Vaya con el señorito éste... ¿Pues qué tiene de feo ese retrato? Bien guapo que está. ¿Qué querías tú? ¿Que mi marido fuera como esos tísicos que se van cayendo por la calle porque no tienen fuerzas para andar?... ¿Como esos palillos de dientes en figura de personas? Francamente, no me gustaría un marido a quien yo pudiera retorcer el pescuezo o arrancarle un brazo de una mordida. Constantino es hombre para cogerte como una pluma y tirarte al techo.

—¡Angelito! Tirando de un carro quisiera verle yo.

—Pues no es tan bruto como crees —declaró enojándose—. Yo podía probártelo... Pero no quiero probar nada. Donde le ves es un ángel de Dios, que me quiere más que a las niñas de sus ojos. Si le mando que se eche por mí en una caldera hirviendo, créelo, lo hace.

—Buen provecho a los dos... No te digo que no le quieras, Camila; pero, mira, haz el favor de no tener más chiquillos; te vas a poner fea; no te acuerdes más de las letras del alfabeto.

—Pues sí que los tendré —dijo, poniendo una cara monísima de niña mal criada y machacando con el puño de una mano en la palma de la otra—; los tendré... ¡Y rabia! Y llegaré a la N... ¡Y rabia! ¡Y tendré a Napoleón..., y toma, toma, toma hijos!

A la sazón entró el padre de aquella esperada generación de gloriosos capitanes, y Camila le recibió, como suele decirse, con dos piedras en la mano.

—¿En dónde has estado, pillo? ¿Qué horas son éstas de venir a casa? Como yo sepa que has ido al café, te voy a poner verde.

Después se abrazaron y se besaron delante de mí.

—¡Ea!, señores, divertirse —dije tomando mi sombrero.

—Espera, tontín, y comerás con nosotros. No tenemos principio; pero, en obsequio a ti, abriremos una lata de langosta.

Y los dos me instaron tanto, que me quedé y comí con ellos, embelesado con su felicidad, que me parecía un fenómeno de inocencia pastoril. De sobremesa, Camila volvió a hablar de lo que tanto la preocupaba, y riñeron por aquello del alfabeto. Ella no quería nombres de capitanes herejes, sino de santos cristianos.

—Nada, nada —decía Miquis—, el primero que venga se ha de llamar Belisario.

Yo me reía; pero en mi interior me indignaba aquel inmoderado afán de cargarse de familia, aquel apetito de hijos, y esperaba que la Naturaleza no se mostrara condescendiente con mi prima, al menos tan pronto como ella deseaba. Seré claro: la loca de la familia, la de más dañado cerebro entre todos los Buenos de Guzmán; la extravagante, la indomesticada Camila, se iba metiendo en mi corazón. Cuando lo noté, ya una buena parte de ella estaba dentro. Una noche, hallándome en casa, eché de ver que llevaba en mí el germen de una pasión nueva, la cual se me presentaba con caracteres distintos de la que había muerto en mí o estaba a punto de morir. Las tonterías de Camila, que antes me fueron antipáticas, encantábanme ya, y sus imperfecciones me parecían lindezas. Tal es el movible curso de nuestra opinión en materias de amor. Sus particularidades físicas se me transformaron del mismo modo, y lo que principalmente me seducía en ella era su salud, la santa salud, que viene a ser belleza en cierto modo. Aquella complexión de hierro, aquel gallardo desprecio de la intemperie, aquella incansable actividad, aquella resistencia al agua fría en todo tiempo, su coloración sanguínea y caliente, su vida espléndida, su apetito mismo, emblema de las asimilaciones de la Naturaleza y garantía de la fecundidad, me enamoraban más que su talle esbelto, sus ojos de fuego y la gracia picante de su rostro. Uno de sus principales encantos, la dentadura, de piezas iguales, medidas, duras, limpias como el sol, blancas como leche que se hubiera hecho hueso, me perseguía en sueños, mordiéndome el corazón.

La conquista me parecía fácil. ¿Cómo no, si la confianza me daba terreno y armas? Consideraba a Constantino como un obstáculo harto débil, y comparándome con él personal, moral e intelectualmente, las notorias ventajas mías asegurábanme el triunfo. ¿Qué interés, fuera del que le imponía el lazo religioso, podía inspirar a Camila aquel hombre de conversación pedestre, de figura tosca, aunque atlética, y que sólo se ocupaba de cultivar la fuerza muscular? ¡El lazo religioso! ¡Valiente caso hacía de él la descreída Camila, que rara vez iba a la iglesia y se burlaba un tantico de los curas!... Nada, nada, cosa hecha.

Por aquellos días invitóme Constantino a ir con él a la sala de armas. Mucho tiempo hacía que yo no tiraba, y diez años antes no lo había hecho mal. Comprendí que me convenía el ejercicio para contrarrestar los malos efectos de la vida sedentaria y regalona. Al poco tiempo, el recobrado vigor muscular me ponía de buen temple y me daba disposición para todo. ¡Bendita salud, que es la única felicidad positiva, o el fundamento de estados que llamamos dichosos por una elasticidad del lenguaje! En los asaltos en que Constantino y yo nos entreteníamos por las tardes, aquel pedazo de bárbaro llevaba la mejor parte. Tenía más destreza que yo, muchísima más fuerza y un brazo de acero. Su agilidad y fuerza me pasmaban. Arrimábame buenas palizas; pero yo, al darle la mano quitándome la careta, le decía con el pensamiento: "Pega todo lo que quieras, acebuche. Ya verás qué pronto y qué bien te la pego yo a ti."

PARTE SEGUNDA

I

DE CÓMO AL FIN NOS PELEAMOS DE VERDAD

I

U N A tarde del mes de mayo fui a ver a Eloísa con firme propósito de hablarle enérgicamente. No la encontré. Estaba en no sé qué iglesia, pues por aquel tiempo se le desarrolló la manía filantrópico-religioso-teatral, y se consagraba con mucha alma, en compañía de otras damas, a reunir fondos para las víctimas de la inundación. Lo mismo manipulaba funciones de ópera y zarzuela que lucidas festividades católicas, en las cuales las mesas de tapete rojo, sustentando la bandejona llena de monedas, hacían el principal papel. También inventaba rifas o tómbolas que producían mucho dinero. Se me figuró que había transmigrado a ella el ánima propagandista del desventurado Carrillo. Casi todos los días había en su casa junta de señoras para distribuir dinero y disponer nuevos arbitrios con que aliviar la suerte de las pobres víctimas. Por eso aquel día no la pude ver; de tarde porque estaba en el petitorio, de noche porque había junta y, francamente, no tenía yo maldita gana de asistir a un femenino congreso ni oír a las oradoras. La junta terminaba a las doce, y de esta hora en adelante bien podía ver a Eloísa; pero no me gustaba pasar allí la noche, y me iba con más gusto a la soledad de mi casa.

Al día siguiente creía no encontrarla tampoco; pero sí la encontré. Hízose la enojada por mis ausencias, púsome cara de mimos, de resentimiento y celos. ¡Desdichada! ¡Venirme a mí con tales músicas!... "Tengo que hablarte", le dije de buenas a primeras, encerrándome con ella en su gabinete, lleno de preciosidades que valían una fortuna. Allí estaba escrito con caracteres de porcelana y seda el funesto caso de la disminución de mi capital.

Comprendió ella que yo estaba serio y que le llevaba aquel día las firmezas de carácter que rara vez le mostraba. Preparóse al ataque con sentimientos favorables a mi persona, los cuales, según afirmó, rayaban en veneración, en idolatría. Cuando me tocó hablar, le presenté la cuestión descarnada y en seco. La reforma de vida que me prometiera no se había realizado sino en pequeña parte. Las ventas de cuadros y objetos de lujo continuaban en proyecto. No se quería convencer de que el estado de su casa era muy precario y que no podía vivir en aquel pie de grandeza y lujo. Entre ella y su marido habían derrochado la fortuna que les dejó Angelita Caballero. Si no se variaba de sistema pronto no quedarían más que los escombros, y el inocente niño, destinado más adelante a poseer el título de marqués de Cícero, no tendría qué comer. Si ella se obstinaba en hundirse, hundiérase sola y no tratara de arrastrarme en su catástrofe. Yo, por sus locuras, había perdido una parte de mi fortuna. No perdería, no, lo que me restaba. No me cegaba la pasión hasta ese punto.

Sentándose junto a la ventana, díjome con tono displicente:

—Te pones cargante cuando tratas cuestiones de dinero. Haz el favor de no hacer el inglés conmigo. Me enfadan los ingleses... de cualquier clase que sean.

Y, luego, echándolo a broma:

—Déjame en paz, hombre prosaico, prendero. Todo lo que hay aquí te pertenece. Trae mercachifles, vende, malbarata, realiza, hártate de dinero. Cogeré a mi hijito por un brazo y me iré a vivir a una casa de huéspedes...

—Con bromas no resolveremos nada. Si no quieres seguir el plan que te tracé, dilo con nobleza, y yo sabré lo que debo hacer.

—Si lo que debes hacer es no quererme —respondió, sin abandonar las bromas—, *humilla la cerviz*... Te hablaré con franqueza. Dos cosas me gustan: tu *individuo* y mucho *parné*; tu señor *individuo* y mi casa tal como la tengo ahora. Si me dan a escoger, no tengo más remedio que quedarme contigo. Dispón tú.

—Pues dispongo que busquemos en la medianía el arreglo de todas las cuestiones, la de amor y la de intereses.

Dio un salto hacia donde yo estaba, y cayendo sobre mí con impulso fogoso, me estrujó la cara con la suya, me hizo mil monerías, y luego, sujetándome por los hombros, miróme de hito en hito, sus ojos en mis ojos, increpándome así:

—¿Te casas conmigo, mala persona? ¿De esto no se habla? De esto, que es el *caballo de batalla,* ¿no se dice nada? Para ti no hay más que dinero, y el estado, la representación social, no significan nada.

No sé qué medias palabras dije. Como yo no jugaba limpio; como lo que yo quería era romper con ella, no me esforzaba mucho por traerla a la razón.

—¡Ah! —exclamó seriamente, leyendo en mí—, tú no me quieres como antes. Te asusta el casarte conmigo, lo he conocido. El *santo yugo* te da miedo. No quieres tener por mujer a la que ya faltó a su primer marido y ha adquirido hábitos de lujo. Dudas de mí, dudas de poderme sujetar. La fiera está ya muy crecida, y no se presta a que la enjaulen. Dímelo, dímelo con sinceridad o te saco los ojos, pillo.

Su mano derecha estaba delante de mis ojos, amenazándolos como una garra. La obligué a sentarse a mi lado.

—Yo leo en ti —prosiguió—; me meto en tu interior, y veo lo que en él pasa. Tú dices: "Esta mujer no puede ser la esposa de un hombre honrado; esta mujer no puede hacerme un hogar, una familia, que es lo que yo quiero. Esta *tía*..., porque así me llamarás, lo sé, caballero; esta *tía* no se somete, es demasiado autónoma..." Dime si no es ésta la pura verdad. Háblame con tanta franqueza como yo te hablo.

La verdad que ella descubría, desbordándose en mí, salió caudalosa a mis labios. No la pude contener, y le dije:

—Lo que has hablado es el Evangelio, mujer.

—¿Ves, ves cómo acerté?

Daba palmadas como si estuviéramos tratando de un asunto baladí. Yo me esforzaba en traerla a la seriedad, sin poderlo conseguir. Iba ella adquiriendo la costumbre de emplear a troche y moche expresiones de gusto dudoso, empleándolas también groseras cuando hablaba con personas de toda confianza.

—¿Quieres que nos arreglemos? Pues *escucha y tiembla*. Dame palabra de casamiento y no seas sinvergüenza... Me parece que ya es hora. Prométeme que habrá *coyunda* en cuanto pase el luto, y yo empezaré mi reforma de vida, me haré cursi de golpe y porrazo. Si ya lo estoy deseando... Si no quiero otra cosa... Tú, editor responsable; yo, señora que ha venido a menos: toma y daca, negocio concluído. ¿Te conviene? ¿Aceptas?

—¿Qué he de aceptar tus disparates? Lo primero es que te pongas en disposición de ser mi mujer. Tal como eres, no te tomo, no te tomaría aunque me trajeras un Potosí en cada dedo.

Abalanzóse a mí como una leona humorística. Su rodilla me oprimió la región del hígado, lastimándome, y sus brazos me acogotaron después de sacudirme con violencia. Con burlesco furor exclamaba:

—¿Pues no dice este mequetrefe que no me toma? ¿Soy acaso algún vomitivo? ¿Soy la ipecacuana? ¡Qué has de hacer sino tomarme, *tomador*!... Y sin regatear, ¿entiendes? Y sin hacer muequecitas. Aquí donde usted me ve, señor honrado, soy capaz de llegar a donde usted no llegaría con sus repulgos de última hora. Soy capaz de rayar en el heroísmo, de ponerme el hábito del Carmen con su cordón y todo, de vivir en un sotabanco y de coser para fuera.

Mientras dijo esto y otras cosas, abarcaba yo con mi pensamiento, a saltos, el largo período de mis relaciones con ella, y notaba la enorme distancia recorrida desde que la conocí hasta aquel momento. ¡Cuán variada en dos años y medio! ¿Dónde habían ido a parar aquellas hermosuras morales que vi en ella? O era una hipócrita, o yo era un necio, un entusiasta sin juicio, de estos que no ven más que la superficie de las cosas. Asimismo pensaba que aquella transformación de su carácter era obra mía, pues yo fui el descarrilador de su vida. Sus tratos irregulares conmigo, escuela fueron en que aprendió a hacer aquellas comedias de liviandad, de enredos, de palabras artificiosas y de sentimientos alambicados. ¿Por qué la admiré tanto en otro tiempo y después no? La inconsecuencia no estaba en ella, sino en mí, en ambos quizás, y si hubiéramos sido personajes de teatro, en vez de ser personas vivas, se nos habría tachado de falsos sin tener en cuenta la complejidad de los caracteres humanos. Yo la oía, la miraba, diciendo para mí: "¿Eres tú la que me pareció un ángel? ¡Qué cosas vemos los hombres cuando nos atonta y alumbra el amor! ¡Y qué verdad tan grande dice Fúcar cuando afirma que el mundo es un valle de equivocaciones!"

Viendo que yo callaba, repitió, exagerándolo, lo del hábito del Carmen, el sotabanco y otras tonterías.

—Como no es eso lo que te pido —observé al fin—; como eso es un disparate, no hay que pensar en ello. Es un recurso estratégico tuyo. Te pido lo razonable y te escapas por lo absurdo. Si yo no quiero que seas cursi, sino que vivas con modestia, como vivo yo.

—¡Ah! —exclamó, sosegada—, si no fuera este pícaro luto, pronto se resolvería la cuestión. La semana que entra nos casábamos, y el mismo día empezaba la reforma... Pero tú quieres invertir el orden, y yo, te lo diré clarito, temo que me engañes; temo que después de hacerme pasar por el sonrojo de una almoneda y de un cambio de posición, me des un lindo quiebro y me dejes plantada. Porque sí, detrás de ese entrecejo está escondida una traición, la estoy viendo... ¡Ah!, no me la das a mí... Yo veo mucho. Y si sale verdad lo que sospecho, ¿qué me hago yo? ¿Qué es de mí, con cuatro trastos, un pañolito de batista y sin otro porvenir que el de convertirme en patrona de huéspedes?

No pude menos de reírme, y ella, viéndome risueño, se puso a cantar la tonadilla de la *Mascotte,* con aquello de *yo tus pavos cuidaré.* Pasó la música, y sin saber cómo, nos hallamos frente a frente hablando con completa seriedad. Repitió entonces lo de "matrimonio es lo primero", y yo dije: "No, lo primero es lo otro". Puesta su mano amistosamente en la mía, y mirándome con aquella dulzura que me había esclavizado por tanto tiempo, hablóme con el tono sincero y un poco doliente que había sido la música más cara a mi alma.

—Chiquillo, si quieres sacar partido de mí, trátame con maña; quiéreme y dómame. Pero lo que es domarme sin quererme, no lo verás tú. Estoy muy encariñada ya con mi manera de vivir, muy hecha a ella, para que en un día, en una hora, puedas tú volverme del revés poniéndome delante de un papelito con números. ¡Ah, los números! ¡Maldito sea quien los inventó!... Qué quieres, soy mujer enviciada ya en el lujo... No pongas esa cara de juez, después de haber sido mi Mefistófeles. Ios placeres de la sociedad me son tan necesarios como el respirar. Un poco que yo tengo en mí desde que nací y otro poco que me han enseñado... los amigos, tú, tú, tú; no vengas ahora haciéndote el *apóstol*... Sí, eres como los que todo lo quieren curar con agua... o con números, que es lo mismo. Aquí tenemos al señor don Perfiles, que viene a que yo sea una santa porque sí, porque él ha caído ahora en la cuenta de que la santidad es barata... Antes mucho amor, mucha idolatría, abrir mucho la mano para que yo gastara... Ahora todo lo contrario, y vengan economías. Ya no soy ángel, ya no se me dan nombres bonitos, ya no se me adora en un altar, ya no se me dice que por verme contenta se puede dar todo el dinero del mundo... Ahora se me dice que dos y tres no son más que cinco, ¡demasiado lo sé!, y se me impone el sacrificio de una pasión sin compensarme con otra. ¿Sabes lo que te digo muy formal? Que si quieres, todo se arregla: si te casas conmigo, cedo; pero si no, no. ¿Me quitas el lujo? Pues dame el nombre.

Después de echarme esta andanada, salió sin aguardar mi contestación, dejándome solo. Llamada por su doncella, pasó al guardarropa a probarse un vestido. Entre paréntesis, diré que vi con sorpresa en la persona de la sirviente la misma Quiquina, la italiana trapisondista a quien yo había despedido meses antes. ¡Y Eloísa la había admitido otra vez contrariándome de un modo tan notorio! Era burlarse de mí, como cuando compraba perlas con el producto de los zafiros.

II

Y en aquel rato que estuve solo hice mental comparación entre el proceder de mi prima y el mío. Sí, por muy censurable que yo quisiese suponer su conducta, aventajaba moralmente a la del narrador de estos verídicos sucesos. Porque ella, al menos, obraba con lealtad, declaraba que el sacrificio de su lujo le era penoso; pero que lo haría si yo le cumplía solemnes promesas. Yo, en cambio, pedía la reforma de vida, reservándome mi libertad de acción; más claro, yo no la quería ya o la quería muy poco, y al decirle: "Primero la mudanza de vida, después el casamiento", procedía con perfidia, porque ni sin economías ni con ellas pensaba casarme. Esta es la verdad pura: yo reconocí en mí esta falta de nobleza; pero ya no la pude remediar; no estaba en mis facultades ni en mis sentimientos obrar de otra manera. Deseaba el rompimiento a todo trance, y para que éste apareciese motivado por ella antes que por mí, gustábame verla en el camino de la obstinación.

Al reaparecer, abrochándose la bata, prosiguió desde la puerta el sermón interrumpido:

—No soy una fiera. Tú puedes domarme, pero no con el látigo de las cuentas. Amor a cambio de lujo. Pero si le quitas todo de una vez a esta infeliz, figúrate qué será de mí... Sigo en mis trece. ¿Me vas a dar tu *blanca mano*? ¿Te *arrancas* al fin, te *arrancas*?

—¿Qué estás diciendo ahí, loca? ¡Yo tu marido! —exclamé, sin poder contenerme—. ¡Tu marido después de la confesión que acabas de hacerme..., después que has dicho que cuatro trapos y cuatro cacharros te apasionan más que yo!

—Déjame concluir... Eres un egoísta.

—Egoísta tú.

—¿Sabes lo que pienso? —dijo, poniéndose grave, pues colérica no se ponía nunca—. ¿Sabes lo que me ocurre? Pues como no me quieres ya... ¡Ah!, no me engañas, no. Bien lo conozco. No quisiera más sino saber quién es el *pendoncito* que me ha robado el corazón que era todo mío... Pero yo lo averiguaré... Estate sin cuidado... Déjame seguir. Como no me quieres,

todo tu afán por mis economías no tendrá quizás más
objeto que salvar el anticipo que hiciste a la administración de mi casa, cuando perdimos al pobre Carrillo, que era un ángel, sí, señor, un ángel, un santo..., para que lo sepas... Déjame seguir: con la venta
salvarás tu dinero; mi señor inglés se frotará las manos de gusto, y después yo..., no te sulfures..., yo me
quedaré pobre, y me abandonarás. Podrá esto no ser
la verdad, pero ¡qué verosímil es!

—Nunca hubiera creído en ti pensamientos tan viles —le dije.

Y la glacial mirada que advertí en ella irritóme de
tal modo, que estallé en frases de ira.

—Tú no eres ya la misma. Has variado mucho. ¿Es
esto culpa mía? Quizás. Tienes ideas groseras y un
positivismo brutal... ¡Valiente papel haría yo si me
casara contigo! No, no seré yo esa víctima infeliz. Con
los resabios que has adquirido, ¿qué confianza puedes
inspirar? Porque si no me parece bien vender el honor
de un marido por el amor de otro hombre, ¡cuánto
peor es venderlo por un aderezo de brillantes!... Y a
eso vas tú, no me lo niegues; a eso vas sin que tú
misma te des cuenta de ello. Ahí has de parar. Reconozco que tengo una parte de culpa, pues te he enseñado a arrastrar tu fidelidad conyugal por los mostra-
dores de las tiendas de lujo... Y para que veas que
haces mal en juzgarme a mí por ti; para que veas
que aunque hago números no estoy tan metalizado
como tú, que no sabes hacerlos, te diré que puedes
quedarte con lo que te anticipé a la administración de
tu casa para que los usureros no profanaran el duelo
del pobre Pepe, aquel ángel, aquel santo a quien no
quiero parecerme, ¿sabes?, a quien no quiero parecerme.
Te regalo esos cuartos para que los gastes con tus nuevos amigos. Me felicito de esta nueva pérdida, que me
libra de ti para siempre; lo dicho, para siempre (cogiendo mi sombrero). En la vida más vuelvo a poner
los pies en esta casa. Quédate con Dios.

Me levanté para salir. Contra lo que esperaba, Eloísa
permaneció muda y fría. O creyó que mi determinación era fingimiento y táctica para volver luego más
amante, o había perdido la ilusión de mí como yo la
había perdido de ella. Salí al gabinete próximo, y mis

pasos hacia la antesala fueron detenidos por una vocecita que siempre me llegaba al alma. Era la de Rafael, que montado en un caballo de palo, lo espoleaba con un furor inocente. No me era posible salir sin darle cuatro besos. ¡Pobrecito niño! De buena gana me lo habría llevado conmigo... Fui a donde sonaba la voz, y... ¡otra interesante sorpresa!... Camila, con la mantilla puesta, como acabada de llegar de la calle, tiraba del caballo, que se movía al fin con rechinar áspero de sus mohosas ruedas. En el mismo instante entró Eloísa, que dijo a su hermana:

—Quédate a almorzar.

Y a mí también me dijo con acento firme:

—José María, quédate. Espero al *Sacamantecas* y nos reiremos mucho.

La idea de estar junto a Camila me hizo dudar. Por un instante mi debilidad andaluza estuvo a punto de dar al traste con mi entereza inglesa; pero venció ésta y rehusé.

Camila se fue cantando. Iba a quitarse la mantilla y a dar un recado a Micaela. Nos quedamos solos Eloísa y yo con el pequeño, a quien besé con ardor.

—¡Pobre niño! —dije, mientras él, apeándose, subía la silla que se había corrido a la barriga del caballo—. Aunque no nos hemos de ver más, me comprometo, con juramento que hago sobre la cabeza de este clavileño, a hacerme cargo de su educación y a costearle una carrera cuando su desdichada mamá esté en la miseria.

Eloísa volvió al otro lado la cara y no dijo nada. Con inquieta presteza, se puso Rafael a horcajadas. Yo le volví a besar... Entonces su madre, ella misma, sí, ¡cuán presente tengo esto!, llegóse a él y, poniéndose de rodillas y rodeándole la cintura con sus brazos, le dijo:

—Vamos a ver, Rafael, estate quieto un momento y contéstanos a lo que te vamos a preguntar. José María y yo nos vamos ahora de Madrid, nos vamos... él por un lado y yo por otro. (El chico miraba a su madre con profunda atención, y después me miraba a mí.) Tú no puedes ir a un tiempo con él y conmigo, porque no te vamos a partir por la mitad. ¿Qué te parece a ti? ¿Debemos partirte con un cuchillo? Claro que no... Has de ir enterito con uno de los dos. Vamos a ver, decide tú con quién vas a ir: ¿con José María o conmigo?

Sin vacilar un instante, el niño me echó los brazos al cuello, hociqueándome primero y recostando después su cabeza en mi hombro como en una almohada. Cuando quise mirar a Eloísa, ya no estaba allí. Huyó la pícara. Oí el roce de su bata de seda, y nada más... Dejando al pequeñuelo en poder de Camila, que había vuelto a entrar, salí a la calle con vivísima opresión en el pecho.

II

SIGO NARRANDO COSAS QUE VIENEN MUY A CUENTO CON ESTA VERDADERA HISTORIA

I

Parecerá quizás muy extraño que en una ocasión como aquélla mi primer pensamiento, al verme en la calle, fuera esperar a Camila para hacerme el encontradizo con ella e invitarla a dar un paseíto. La ingenuidad guía mi pluma, y nada he de decir contrario a ella, aunque me favorezca poco. Mientras entretenía el tiempo en la calle, alargándome hasta la Plazuela de Antón Martín, o dando la vuelta a la primera manzana de la calle de la Magdalena, reflexioné sobre lo que acababa de pasarme. La verdad, yo no podía estar orgulloso de mi conducta, pues si bien el rompimiento y el acto aquel de perdonar el dinero me honraban a primera vista (aun quitando de ellos lo que tenían de teatral), en rigor, yo era tan vituperable como Eloísa. Así lo reconocí, aunque sin propósito de enmienda. Mi razón echaba luz, eso sí, sobre los errores de mi vida; mas no daba fuerza a mi voluntad para ponerles remedio: "Está muy bueno —me decía yo— que le exija virtudes que estoy muy lejos de tener... Pero los hombres somos así: creemos que todo nos lo merecemos, y que las mujeres han de ser heroínas para nosotros, mientras nosotros hacemos siempre lo que nos da la gana. Aquí lo natural y lógico sería que yo siguiera queriéndola como la quise, y que combinando hábilmente la disciplina del amor con la de la autoridad, la apartara poquito a poco de su camino para llevarla al mío. Esto es lo humanitario, lo digno, lo decente. Además, creo que no sería muy difícil. Pero no, yo me planto y digo: has de cambiar de vida de la noche a la mañana, porque yo lo mando, porque así debe ser, porque no quiero gastar dinero; y yo, en tanto, hija mía, si te he visto no me acuerdo, y aunque sigo haciendo contigo la comedia de la consecuencia, en el fondo de mi alma te desprecio".

¡Y aquella tunanta de Camila no parecía!... Ya me sabía de memoria todos los escaparates de la zona por donde andaba; ya había visto cien veces las abigarradas muestras del molino de chocolate, los pañuelos y piezas de tela de la tienda de ropas, los carteles de Variedades, los puestos de verdura y pescado de la calle de Santa Isabel. Oí en el reloj de San Juan de Dios las doce, las doce y media, la una... Yo no había almorzado y empezaba a tener apetito. No podía entretener el tedio de aquel plantón sino echando sondas a mi espíritu. ¡Ay, qué cosas hallé en tales profundidades! Navegando por entre el gentío de la calle, hallábame tan solo como en alta mar, y oía el murmullo sordo que me agitaba con el inextinguible mugido del viento y las olas. Siento desengañar a los que quisieran ver en mí algo que me diferencie de la multitud. Aunque me duela el confesarlo, no soy más que uno de tantos, un cualquiera. Quizás los que no conocen bien el proceso individual de las acciones humanas, y lo juzgan por lo que han leído en la Historia o en las novelas de antiguo cuño, creen que yo soy lo que en lenguaje retórico se llama un *héroe,* y que en calidad de tal estoy llamado a hacer cosas inauditas y a tomar grandes resoluciones. ¡Como si el tomar resoluciones fuera lo mismo que tomar pastillas para la tos! No, yo no soy *héroe*; yo, producto de mi edad y de mi raza, y hallándome en fatal armonía con el medio en que vivo, tengo en mí los componentes que corresponden al origen y al espacio. En mí se hallarán los caracteres de la familia a que pertenezco y el aire que respiro. De mi madre saqué un cierto espíritu de rectitud, ideas de orden; de mi padre, fragilidad, propensión a lo que mi tío Serafín llama *entusiasmos faldamentarios.* Lo demás me lo hicieron, primero mi residencia en Inglaterra; luego mi largo aprendizaje comercial, y por fin mi navegación por este mar de Madrid, aguas turbias y traicioneras que a ningunas otras se parecen. Carezco de base religiosa en mis sentimientos; filosofía Dios la dé; por donde saco en consecuencia que mi ser moral se funda más en la arena de las circunstancias que en la roca de un sentir puro, superior y anterior a toda contingencia. No domino yo las situaciones en que me ponen los sucesos y mi debilidad, no. Ellas me dominan a mí. Por esto, tal vez, muchos que buscan lo extraordinario y dramático no hallen *interesantes* estas memorias mías. ¡Pero cómo ha de ser! La antigua literatura novelesca y, sobre todo, la literatura dramática, han dado vida a un tipo especial de hombres y mujeres, los llamados *héroes* y las llamadas *heroínas,* que justifican su gallarda existencia realizando actos morales de grandísimo poder y eficacia, inspirados en una lógica de encargo, la lógica del mecanismo teatral en la Comedia, la lógica del mecanismo narrativo en la Novela. Nada de esto reza conmigo. Yo no soy personaje *esencialmente activo,* como, al decir de los retóricos, han de ser todos los que se encarnan en las figuras de arte; yo soy pasivo; las olas de la vida no se estrellan en mí, sacudiéndome sin arrancarme de mi base; yo no soy peña, yo floto, soy madera de naufragio que sobrenada en el mar de los acontecimientos. Las pasiones pueden más que yo. ¡Dios sabe que bien quisiera yo poder más que ellas y meterlas en un puño!

II

Pero ¿qué veo?... Ella, al fin. Hacia mí la vi venir, alzando un poco su falda para apartarla de la suciedad de la calle de Santa Isabel.

—¡Camililla!... ¿Tú por aquí? ¡Qué sorpresa!...

—¿Y tú, adónde vas? ¿Vuelves a casa de Eloísa?

—No. Iba a... Pero ¡qué encuentro tan feliz!

De fijo, los que quieren que yo sea *héroe* se asombrarán de que viviendo en la misma casa que Camila y pudiendo hablar con ella cuanto me diera la gana, espiara sus pasos en la calle. Pero de estas rarezas e inconsecuencias están llenos el mundo y el alma humana. Tenía sed de lo imprevisto, y me lo procuraba como podía; es decir, *previéndolo*. Era, pues, un imprevisto artificial, ya que no podía ser del genuino, de aquel que tiene a la Providencia por *propio cosechero*. Porque aquella condenada pasión nueva nacía en mí con rebullicios estudiantiles, haciéndome cosquilleos románticos. La vanidad no tenía tanta parte en ella como en la que me inspiró Eloísa. Ya me estaba yo recreando con la idea de que mi triunfo, si al fin lo lograba, permaneciese en dulce secreto, y que sólo ella y yo lo paladeáramos, pues si en otra ocasión el escándalo me había sido grato, en ésta el misterio era mi ilusión. Púseme en aquellos días un tanto novelesco y un sí no es tonto, y mi fantasía no se ocupaba más que en imaginar bonitos encuentros con la mujer de Miquis, peligros vencidos, líos desenredados, tapujos, sorpresas, escenas teatrales en que el goce se sazonara con la salsa de lo furtivo y con esa pimienta dramática que rara vez aparece fuera de los bastidores de lienzo pintado. En fin, válgame la franqueza, yo estaba hecho un cadete, un seminarista a quien acaban de quitar la sotana para lanzarle al mundo. Pensaba cosas que luego he reconocido eran puras boberías. ¿Qué más que seguir los pasos de Camila en la calle, ver que entraba en alguna tienda, entrar yo también, fingir sorpresa por verla allí, hacer el papel de que iba a comprar cualquier cosa, comprarla, efectivamente, y después pagarle a ella su gasto? Y cuando creía encontrarla en un sitio y me llevaba chasco, ¡María Santísima, la que se armaba entre pecho y espalda! ¡Cuántas veces, a prima noche, le tomé las medidas a la calle del Caballero de Gracia, desde la del Clavel a la Red de San Luis, esperando a que Camila saliera de casa de su cuñado Augusto, que vivía en el 13! Y la muy bribona no parecía. Sin duda, yo me había equivocado creyendo que estaba allí. Observaba con disimulado afán la multitud, sorprendiéndome de que ninguna de aquellas caras fuera la que yo deseaba ver. El no interrumpido curso de semblante, a trechos iluminados por el gas de las tiendas, a trechos embozados en tinieblas, me mareaba; y yo, impávido, mira que te mira.

De repente, me salta el corazón. Veo a lo lejos una esbelta figura entre los bultos que vienen hacia mí. Un coche me la oculta; yo..., ¡zas!, a la otra acera... Acércome pensando en que es conveniente disimular la expresión ansiosa y fingir que voy tranquilamente por la calle... ¡Cristo de la Sangre! No es ella. Es una tarasca, que al pasar me mira, como si conociera el gran chasco que me ha dado. Entretanto, me aprendo de memoria los escaparates de Bach y de Matute, y puedo dar cuenta de todo lo que hay en la pastelería, de todos los abanicos de Sierra y de todas las drogas, ortopedias y específicos de la botica de la esquina.

Fatigado de aquel ridículo trabajo, hago por fin propósito de retirarme. Aquello verdaderamente es impropio de un hombre como yo. Pero cuando me retiro ocúrreme una idea desconsoladora: "¿Y si precisamente en aquel momento de mi retirada sale ella de la casa de Augusto?..." Vuelta a la centinela; vuelta a engancharme al árbol de aquella noria estúpida, de la que no saco ni un hilo de agua; vuelta a pasear, a ver caras antipáticas, a ver los aparatos de gas echando toda su luz sobre las tiendas, menos algún reflejo que cae sobre el piso lustroso y húmedo de la calle; vuelta a oír el estrépito de los coches sobre las cuñas de pedernal. Al fin, rendido de cansancio y sin esperanzas de encontrar *casualmente* a Camila, me marcho...

Bien podía verla en su casa; pero ¡si allí estaba siempre el moscón de su marido, pegajoso, insufrible!... Y se pasaba toda la velada, junto a ella, como un bobo. Solían ir algunos amigos, y charlaban mil tontadas, o jugaban a la brisca y a la lotería. ¡Cosa más necia no he visto en mi vida! Lo simpático de tal reunión era Camila, alma, centro y núcleo de ella. Cosía con atención tenaz, cantorreando entre dientes; decía a cada instante gracias y agudezas; se burlaba de todo bicho viviente, siempre fija en su obra y echándoselas de muy entusiasmada con el trabajo, que era una montaña de tela blanca, de trapos, recortes y cosas medio concluidas y vueltas a empezar. Le había entrado el capricho de las ocupaciones, y renegaba de no tener tiempo para nada. ¡Qué le duraría esta pasión! En aquella época se hacía de rogar mucho para ponerse al piano y divertirnos un rato con la música.

Constantino inventaba cosas raras para entretener el tiempo, anticuados juegos de prendas, prestidigitaciones de las más inocentes, y por fin, se ponía a imitar el mayido de los gatos y a representar una escena de riñas y galanteos gatunos, con lo que todos se morían de risa, menos yo, que no encontraba la tostada de tales sandeces.

Vuelvo a mi aventura. Aquel día que topé con Camila en la calle de Santa Isabel, la invité a dar un paseo.

—A pie, en coche, como quieras —le dije—. Siento que hayas almorzado. Si no, nos iremos a un *restaurant,* al Retiro, a las Ventas, donde gustes. Está un día delicioso...

—Quita allá, *tísico. ¿*En qué estás pensando? ¡Yo a un *restaurant*! Por mí no me importaba; pero Constantino se pondría hecho un demonio... ¡Estaría bueno que después de haberle quitado el vicio de ir al café, lo adquiriera yo!

Y seguimos hablando.

—¿Vas de tiendas? Te acompañaré.

—Voy a comprar telas para hacerle camisas a mi mamarracho. Pero cuidado; si vienes conmigo, no te empeñes en pagarme como otras veces... No lo consentiré. Mira todo el dinero que traigo.

Enseñóme su portamonedas, en que había mucha plata, algún oro y un billete muy sobadito, doblado en ocho dobleces.

—Estás hecho una capitalista. ¿A ver? ¡Chica...!

—Tengo para prestarte, si te ves en un apuro —me dijo, cerrándolo de golpe y acentuando el chasquido del muelle con un mohín muy gracioso de su hociquillo—. ¡Ajajá!... ¡Tengo yo más *guita*...! Si te hace falta, no seas corto de genio, y tu boca será medida.

—Tengo yo mucho más dinero que tú, tonta —dije con un candor que me habría hecho ridículo a mis propios ojos, si no tuviera en éstos las cataratas de la chifladura amorosa—. Y te quiero pagar la tela. Déjame a mí, tonta.

—No, que no..., ¡por Dios!

—Si es un obsequio que quiero hacer a Constantino. Mira, compraremos más tela, y me harás a mí media docena de camisas.

—¡Oh! Sí, sí —exclamó, riendo y dando palmadas en plena plazuela de Matute—. Oye: mi asnito sostiene que no sé hacer camisas, que no sé cortar el cuello, y que la pechera la dejo con más picos que un candilón. ¡Ya verá él si sé!

—Si es un tonto... ¿Qué entiende él de eso?

—Constantino es abrutado, macizote; pero, créeme, es un ángel.

—De cornisa.

—No te rías.

—Si no me río.

—Me quiere muchísimo, me idolatra.

—Ya estás exaltada. Todo lo abultas, todo lo amplificas. Así eres tú.

—Es que tú eres un *tísico,* y no comprendes esto. Por muy alta idea que tengas del amor de un hombre, no sabes cómo me quiere Constantino. Se dejaría matar cien veces por su mujer. Jamás me dice una mentira, y tiene tal fe en mí, que si le dijeran que yo era mala no lo creería.

Sin poner gran atención a estos elogios del asnito, seguimos avanzando hasta llegar a la mitad de la calle del Príncipe. Entramos en la tienda, que era una camisería elegante, llena de chucherías preciosas y de novedades parisienses, veinte mil monadas de cerámica, metal y hueso que sirven para regalos y se pagan a elevados precios. Camila pidió telas, y mientras en el mostrador le medían y cortaban, yo estaba mirando aquellas bagatelas elegantes. De pronto, mi prima se puso a mi lado para ver y admirar conmigo los caprichos. Comprendí que se le iban los ojos; pero que se contenía para que yo no gastara dinero. Todo lo encontraba carísimo. Empecé a hacer compras, y me llené los bolsillos de paquetitos.

—Por Dios, ¡qué disparates haces! En la vida más vuelvo a entrar contigo en una tienda.

Quise pagar la tela; pero ella la había pagado ya. Me enfadé de veras.

—¡Qué cosas tienes! Tú sí que estás tonto.

Al salir, miróme seria, muy seria. Entró en *La Palma* a comprar unas cintas de color. Aquella segunda parada fue breve. Salimos pronto.

—¿Quieres que tomemos un simón?

—No —me respondió, poniéndose más bien grave y quizás algo enojada—. Los de *La Palma* te han mirado mucho y me miraban a mí. Nada, no vuelvo contigo a las tiendas. Y no lo hago porque Constantino piense mal de mí. El pobrecito creerá que el sol sale de noche; pero que yo sea mala no le cabe en la cabeza... Lo dicho, no quiero nada contigo... Y todas esas chucherías que has comprado guárdalas para las querindangas que tengas por ahí, que yo no las tomo.

—Vaya si las tomarás.

Entramos en la calle de Sevilla.

—Es que... —me dijo echándose a reír con espontaneidad candorosa—. Es que parece que me haces el amor, que me quieres conquistar.

—¿Y qué?

—Cualquiera diría que te has enamorado de mí —dijo, columpiando su mirada entre la gravedad y la risa.

—Pues diría la verdad.

—¡Vaya con lo que sales ahora! —exclamó, decidiéndose por la risa—. Tú estás chocho.

Y empezó a hablar de Constantino, de las paces que había hecho con su suegra doña Piedad, del proyectado viaje a La Mancha, de cómo sería El Toboso, sin dejarme meter baza ni salir por donde yo quería. En esto llegamos a casa, y subí con ella al tercero. Constantino no estaba. Yo tenía una debilidad horrible, pues eran las dos y media y no había almorzado. Sobrepúsose en mí la necesidad de alimento a todo lo demás, y se lo manifesté con franqueza.

—Si te contentas con una tortilla y una chuleta, ahora mismo...

—¿Pues no me he de contentar? Y servida por tales manos...

—Pues ya estás sentado.

Salió para dar órdenes a su criada; pronto la vi poniéndose un delantal blanco y azul. La casa no era ya lo que fue meses antes. Había más arreglo, y sin perder el sello especial de la personalidad tumultuosa de su ama, parecíame más casa, menos manicomio. Ya no había en ella perros sabios, ni otro animal que Miquis. En cuanto a Camila, si lo esencial de ella permanecía, había perdido muchas mañas muy feas, como el pedir billetes de teatros y otros excesos. En aquel curso educativo que se daba a sí misma, aprendió delicadezas que antes no conocía.

—No, no acepto tus regalos —me dijo bruscamente, como si reanudara la disputa interrumpida, o más bien dando una vuelta a la idea que se había fijado en ella—. ¡Vaya con tus regalitos...! Ya pasan de la raya. Dilo con toda tu alma: ¿es que me haces el amor?

Rompió a reír, pegó un brinco, le cogí al vuelo una mano; pero se me escapó y salió, enfilando una carcajada. Yo sentía, en mi felicidad expansiva, ganas de reírme también. La tortilla que me sirvió estaba abrasando. Me la comí, voraz, quemándome todo el gaznate; pero no hacía caso, el hambre, el amor, no me permitían pararme en ello.

—Pues sí, Camila... Tú lo has dicho.

Y vuelta a reír.

—Me alegro, me alegro —dijo, cuando yo creía que se enfadaba—. Para que sepa Constantino el tesoro que tiene en casa, para que vea cuánto valgo, él que me adora creyendo que ni él ni yo valemos un comino.

—Pero no me dejas concluir... —observé, tartamudeando y abrasándome vivo—. Es que... me tienes loco... ¡Jesús qué fuego!... Me tienes fa... natizado.

Pegó otro brinco. Salió como un pájaro que levanta el vuelo. Al poco rato la oí gritar desde la puerta del gabinete:

—Pues no te queda más recurso que éste.

Me apuntaba con un revólver de Constantino, diciendo:

—No creas, está cargado. Si quieres, ahora puedes curarte esa pasión con una píldora.

—No pienso usar tal medicina, porque tú al fin me has de querer, aunque sólo sea por lástima. Mira, haz el favor de no jugar con ese chisme. No me gusta ver armas cargadas.

Poco tardó en aparecer, desarmada.

—¿Conque apasionadísimo..., ísimo?... —declaró con afectación burlesca, apoyando ambas manos sobre la mesa, enfrente de mí—. En cuanto venga mi asnito se lo he de decir. Verás cómo se ríe.

—Mira, más vale que no le digas nada.

—Pero tú eres memo —dijo, volviéndose hacia donde estaba el trofeo de toros—. ¡Yo cargar de cuernos
a mi querido Constantino!... ¡Yo decorar su noble
frente con esos indecentísimos atributos!... ¡Yo faltar
a mi mozo de cordel, como tú dices, y exponerlo a las
rechiflas de los tontos con todas esas mitras en la cabeza!... ¡Ay!, no te canses en seducirme, porque no
me seducirás, perdis... La cornamenta no es para él,
sino para ti, para tu hermosa cabeza de tísico. Lo menos que piensas es que, cuando tú quieres plantarle
cuernecitos a otros, se te carga la cabeza de ellos sin
que tú lo sepas, tontín...

Paréceme que me puse verde al oír esto. No sé lo
que habría dicho en contestación a aquellas extrañas
palabras si no hubiera entrado a la sazón el propio
Constantino.

—Mira si será tonta tu mujer —le dije—. Nos encontramos en una tienda, le compré unas baratijas, y
no las quiere aceptar. Entérate; esta corbata y estos
gemelos son para ti. ¿Ves qué bonito?

—¿Acepto? —preguntó ella con ojos de dicha, be-
biéndose en una mirada las miradas de él.

—Sí. ¿Por qué no? —contestó Miquis, acariciándole
la barba—. Acéptalo, chiquilla.

Ella le dió un abrazo.

—¡Patrona! —gritó el muy bruto enseguida, sentándose frente a mí—. Háganos café... al momento;
venga la maquinilla. Y tráigase usted la botella de ron
de Jamaica.

—No me da la gana —fue la réplica de ella.

—¿Cómo es eso?

—No se hace ahora café. No saco el ron... Aquí no
se fomentan vicios.

—Si es en obsequio al primo de la patrona...

—No hay obsequio que valga. Si quiere mi primo
emborracharse que se vaya a la taberna.

—¡Patrona, el ron! —repetí yo.

—No me da la real gana. Noramala todos. A la calle,
a la calle. Y desocuparme prontito la mesa, que la necesito para cortar.

—Bueno, mujer; no te enfades —gruñó Miquis, des-
ocupando la mesa—. Lo tomaremos en el café.

—Lo tomará él si quiere —declaró Camila con autoridad—. ¡Usted, señor mío, aquí!

—Vaya, ¿tampoco me dejas salir?

—Tampoco. Este José María es un perdido, y quiere pervertirte.

—Es que vamos a la sala de armas.

—Aquí, y chitito callando.

—¿Ha visto usted qué tarasca?

—A callar. Quítese usted al momento la levita... y los pantalones nuevos... Así me rompes la ropa, condenado. Eso, eso: restrega los coditos sobre la mesa.

—Pero, vamos a ver, ¿tengo yo que hacer algo en casa? —preguntó él, mirando embobado a su mujer.

—Pues nadita que digamos... Escribir a tu mamá. Ahora que la tenemos como un confite, ¿vamos a enojarla por no escribirle? Desde el domingo te estoy diciendo: "Escribe, hombre; escribe a tu mamá..."

—Bueno, ¿y qué más?

—Ayudarme a cortar.

—Yo ¿qué sé de cortes?

—Y hacer de maniquí para probar los cuellos y pecheras.

—¡Yo maniquí! Pero, señora, ¿usted qué se ha llegado a figurar?

—Y clavarme clavos en el pasillo para colgar la ropa.

—¿Y yo qué tengo que hacer? —le pregunté a mi vez.

—Usted, señor tísico, lo que tiene que hacer es plantarse ahora mismo en la calle. Aquí no nos sirve más que de estorbo. ¿No le hemos llenado ya la tripa?

—Di que me has abrasado vivo. ¡Vaya un modo de despedir a los amigos! No, hija: lo que es los clavos te los he de clavar yo, mientras Constantino escribe a su mamá. Es que me opongo a que nadie más que yo ponga clavos en mi finca.

—¡A ponerse la ropa vieja! —gritó Camila a su marido—. Y tú...

—Los clavos, hija, los clavos. Déjame...

—Bueno, consiento. Trabajando se quitan las malas ideas.

Y me trajo un martillo y unas puntas de París tomadas, torcidas y roñosas.

—Pero, hija, lo primero que tengo que hacer es enderezar esto.

—Enderézalos con los dientes.

Y me puse a trabajar con fe, haciendo yunque de la barandilla de hierro del balcón. No pasaban diez minutos sin que Constantino y yo fuéramos a consultar con la patrona.

—¿Y qué le digo de nuestro viaje a La Mancha? —preguntaba él, vestido con los trapitos más usados que tenía.

—¡Qué burro! Pues que sí; a todo se le dice siempre que sí.

—Camililla de mis entretelas, la mayor parte de estos clavos no tienen punta.

—Pues sácasela como puedas... No me vengas con cuentos. A trabajar. Aquí no se quieren vagos. Después me vas a poner argollas a esos marcos que están por el suelo.

—Bueno, bueno. También las argollas.

—Y callarse la boca. Cada uno a su obligación.

Era aquello una comedia.

—Constantino, ¿ya has escrito? Trae la carta. Quiero leerla. De fijo has puesto algún disparate. Hay que mirar mucho lo que se dice a esa gente de pueblo, que es muy deconfiada. ¿Y tú, qué haces ahí como un papamoscas?

—Esperando a que me digas dónde van los clavos.

—¡Ay, qué hombre! Tengo que discurrir por todos... No hay aquí más talento que el mío. Pero ¿dónde han de ir?... Ven acá, mastuerzo...

Y me señaló los puntos donde se debían poner las cuerdas; y empecé a golpear con tanta furia, que se podía creer que deseaba derribar mi casa y hacerla polvo.

—¿Y yo qué hago ahora?

—¡Ea!, ya están los clavos. ¿Y ahora?

—Pues entre los dos... Di, bandido, ¿te has puesto los pantalones viejos?... ¡Ah!, sí. Pues entre los dos me vais a apartar esta cómoda para buscar unas tijeras que deben de haberse caído por detrás... Después, Constantino, a sacar la máquina, limpiarla, engrasarla, ponerle las canillas... Y el tísico, que se prepare a fijar

las argollas... ¡Ea!, mover esas manazas y esas pata-
zas. Adelante con la cómoda.

Y todo lo que nos mandaba lo hacíamos gozosos,
riendo y bromeando, y me pasé allí la tarde, encan-
tado, embelesado, respirando a todo pulmón el delicioso
ambiente de aquel Paraíso terrestre y casero, en el cual
yo quería hacer el papel de culebra.

III

DE LOS DIFERENTES PROCEDIMIENTOS USADOS POR LOS MADRILEÑOS PARA SALIR A VERANEAR

I

ESTABA yo en la firme creencia de que Eloísa se
presentaría en mi casa a pedirme perdón y a buscar
las paces conmigo. Sin mi ayuda, su ruina era inmediata. Pero no acerté por aquella vez. Pasaban días, y
la viuda no iba a verme. Dos o tres veces, en la calle, la
vi pasar en su carruaje, y su mirada dulce y amis-
tosa me decía que no sólo no me guardaba rencor, sino
que deseaba una reconciliación. Pero yo quería evitarla
a todo trance, impulsado por dos fuerzas igualmente
poderosas: el hastío de ella y el temor de que acabara
de arruinarme. Huía de todos los sitios donde pudiera
encontrarla, pues si me venía con lagrimitas era muy
de temer que la delicadeza y la compasión torciesen mi
firme propósito.

Ya se acercaba el verano, y yo tenía curiosidad de
ver cómo se las arreglaba Eloísa para hacer aquel año
su excursión de costumbre; pues de una manera u
otra, empeñando sus muebles o vendiendo sus alhajas,
ella no se había de quedar en Madrid. Lo que entonces
pasó causóme viva pena, sin que la pudiera calmar ape-
lando a mi razón. Súpelo por un amigo oficioso, el que
designé antes por el *Sacamantecas,* por no decir su
verdadero nombre. Aquel condenado fue a verme una
mañana, y se convidó a almorzar conmigo so pretexto
de hablarme de un asunto que tenía en Fomento aguar-
dando la resolución del ministro. Pero su verdadero
objeto era llevarme un cuento, un cuento horrible que

adiviné desde las primeras reticencias con que lo anunció. Tenía aquel hombre el entusiasmo de la difamación, y sin embargo, lo que me iba a decir era no sólo verosímil sino verdadero, y las palabras del infame arrojaban de cada sílaba destellos de verdad. En mi conciencia estaban las pruebas auténticas de aquella delación, y yo no tenía que hacer esfuerzo alguno para admitirla como el Evangelio. No se valió *el Sacamantecas* de parábolas, sino que de buenas a primeras me dijo:

—Mucho dinero tiene Fúcar, querido; pero como se descuide se quedará por puertas... En buenas manos ha caído... Supongo que estará usted al tanto de lo que pasa y que esta observación no es un trabucazo a boca de jarro.

—Enterado, enterado... —dije con no sé qué niebla parda delante de mis ojos.

Yo no había oído nada; no lo *sabía,* en el rigor de la palabra; pero lo sospechaba; tenía de ello un presagio muy vivo, equivalente en mi espíritu a la certidumbre del suceso. Entróme entonces fuerte curiosidad de saber más, y fingiendo estar enterado de lo esencial, hice por sacarle más concretos informes.

—Esto no lo sabemos todavía en Madrid más que los íntimos, usted, yo, dos o tres más —añadió—; pero cundirá pronto, cundirá. Hasta ayer tenía yo mis dudas. Lo sospechaba por ciertos síntomas. Como no me gusta que me escarben dentro las dudas, me fui a ver a Fúcar... Yo soy así, me agrada beber en los manantiales. Encaréme con él y le puse los puntos sobre las íes. "A ver, don Pedro, ¿es cierto?" El se echó a reír, y me dijo que como las cosas caen del lado a que se inclinan... En fin, que hay tales carneros. No crea usted: Fúcar, en su depravación, es hombre muy práctico. Me dijo que no piensa hacer locuras más que hasta cierto punto, que gastará con su cuenta y razón, en una palabra, que va muy prevenido, por conocer las mañas de la prójima.

Irritóme que aquel tipo hablara de Eloísa con tanta desconsideración. Sospechando por un instante que la calumniaba, pensé poner correctivo a la calumnia; pero algo clamaba dentro de mí, apoyando el aserto, y me callé. Era verdad, era verdad. La tremenda lógica de la fragilidad humana lo escribía en letras de fuego en mi cerebro. Lo que me causaba extrañeza era sentirme contrariado, lastimado, herido por la noticia. ¿Qué me importaba a mí la conducta de aquella *prójima,* si yo no la quería ya...? No sé si era despecho o injuria del amor propio lo que yo sentía; pero fuera lo que fuese, me mortificaba bastante. Al propio tiempo me dolía ver en el camino de la degradación a la que me fue tan cara, y alguna parte debieron tener también en mi pena los remordimientos por haberla puesto yo en semejante sendero.

Pero disimulé y supe afectar indiferencia o el interés superficial que es propio, entre caballeros, de las relaciones mujeriles entabladas por la tarde, a la mañana rotas. Creo que me reí, que declaré no tener con ella ya ningún trato; y el maldito *Sacamantecas* se entusiasmó tanto con esto hacia la mitad aproximadamente del almuerzo, que dijo más, mucho más... Su lengua era como el hierro afilado de un cepillo de carpintero, y pasando sobre mí, me sacaba virutas de carne del corazón.

—Es monísima, pero no se harta nunca de dinero. Como usted no va allá por las noches, no sabe que ha puesto mesas de monte. La otra noche decía con terror: "Si José María viera esto, me pegaría." Los tresillistas le teníamos un miedo de mil demonios. Pregúntele usted a Cícero y a Carlos Chapa. Es de las que dicen: "Cobra y no pagues, que somos mortales..."

¡Qué trabajo me costó disimular mi rabia! Pero con cabezadas, ya que no con palabras, daba yo a entender que todo lo sabía, que todo aquello era historia vieja.

—Es monísima —volvió a decir *el Sacamantecas,* echando una ojeada a las paredes por ver si hallaba un espejo en que mirarse—; pero ¡ay del que caiga en sus garras!... Cuando está tronada se queja mucho de tener la pluma en la garganta. Sí, querido, sí; en ciertas mujeres esos estados nerviosos no son más que anemia de bolsillo... Al principio me pareció que la consabida no era como todas. Pero sí, querido, sí; es como todas. Gracias que lo tomamos con calma, y nos quedamos tan frescos cuando un Fúcar nos desbanca.

El miserable, en su vanidad ridícula, quería presentarse también como víctima. Se preciaba de haber re-

cibido favores de Eloísa; pero esto era una falsedad,
de que yo no tenía, no podía tener duda alguna. Aquélla era la ocasión de haberle soltado cuatro frescas;
pero si lo hubiera hecho, habría entregado la carta y
denunciado mi despecho. Preferí contenerme con violentísimos esfuerzos, y dejarme cepillar, cepillar.

—No he conocido mujer de más imaginación —prosiguió— para discurrir modos de gastar. Ella es persona de gusto, eso sí, querido, sí...; pero con nada se
conforma. La otra noche le alabamos su casa, ¡y nos
puso una carita de ascos...! Se lamentó de no tener
más que porquerías; de que todos sus muebles, sus
porcelanas y bronces son industriales; de que se encuentran idénticos en todas las tiendas y en las casas
de Fulano y Zutano; de que no posee cosas de verdadero mérito ni de verdadero *chic.* "Este lujo, *al alcance de todas las fortunas* —nos dijo—, me carga;
esto de que no pueda usted tener nada que no tengan
los demás, me aburre. A veces me dan ganas de coger
un palo, y empezar a romper cacharros..." Le ponde-
ramos sus cuadros modernos... Pero ¡si se cansa de
todo!... Tiene la pretensión de vender estos lienzos pa-
rara comprar Velázquez y Rembrandts. Hipa por lo
grande esta prójima. Cuando se pone triste, dice: "Aquí
no hay más que pobretería, imitación". En fin, que
quiere más, más todavía. Siempre que se habla de casas, para ella no hay más que la de Fernán-Núñez. Es
su ilusión. Asegura que se pone mala cuando la ve, y
que sueña con tener aquella estufa, el Otelo, las latanias plantadas en el suelo, la escalera de nogal, la galería, los cuadros y tapices, la montura de Almanzor y
la *Flora,* de Casado. Patrañas, querido. Estas mujeres
son el diablo con nervios. A nosotros no nos cogen ya,
¿verdad? Somos perros viejos. ¡Qué Madrid este! Todo es una figuración. Vaya usted entre bastidores si
quiere ver cosas buenas. La mayoría de las casas en
que dan fiestas están devoradas por los prestamistas.
En otras no se come más que el día en que hay convidados. Los cocineros son los que hacen su agosto. Un
detalle que sé por monsieur Petit: el cocinero de Eloísa, en el tiempo de los célebres jueves, sacó más de
seis mil duros. Se ha establecido. Ha tomado la fonda
de los baños de Guetaria. ¡Así prospera la industria!

En cambio, cuando usted implantó las economías en casa de Carrillo, los criados se marcharon porque no les daban de comer.

—Eso sí que es falso —dije, sin poderme contener—. ¡Hambre! Eso no lo ha habido allí nunca.

—Perdone usted, querido —replicó muy serio—. Me lo ha contado Quiquina.

—¿Esa italiana...?

—Una mujer deliciosa... Cuando la despidió Eloísa, se fue con la Peri... ¿Sabe usted quién es la Peri? [41] Esa que Pepito Trastamara recogió en Eslava. Mujer hermosísima, pero muy animal. Trastamara la llevó a París para desasnarla; pero ¡quia! Siempre tan cerril. Dice que le gustan los *merecotones* en vino. Dice también que su padre murió de una *heroísma*. Come con los dedos y hace mil groserías. Pero Pepito y sus amigotes están muy entusiasmados con ella, y sostienen que es la primera *medio-mundana* que hemos tenido. Se precian ellos de la incubación del tipo. La verdad es que son unos pobres mamarrachos. Yo me divierto con ellos. Pues bien: Quiquina se refugió en casa de la Peri. Allí nos ha contado intimidades de Eloísa... No, no ponga usted esa cara feroz; no ha sido nada de infidelidades. Cosas de los apurillos de la señora, de sus trazas para procurarse dinero. A Quiquina le hizo sacar del Monte sus ahorros, y aún no se los ha devuelto. Nos hablaba también del pobre Carrillo, ¡que le quería a usted tanto!, de las carantoñas que le hacía su mujer, con otros mil detalles graciosos.

Yo no podía aguantar más. Aquello colmaba el vaso. Las confidencias del *Sacamantecas* me revolvían de tal modo el estómago, que poco me faltaba para vomitar el almuerzo. Supliqué que variara la conversación, y él se echó a reír. Empecé a encolerizarme; se me subió la mostaza a la nariz... Por fortuna, entró Jacinto María Villalonga, y se volvió la hoja. Los tres debíamos ir juntos al Ministerio de Fomento, y tomamos café aprisa.

---

[41] Leonorilla *la Peri*. Por primera vez aparece en la obra de Galdós este personaje que tanto relieve cobra más tarde en *La incógnita* y *Realidad*. Muy cambiado y estudiado luego; la cortesana cerril que aquí se menciona podría ser cualquiera, lo que no sería justo decir de *la Peri* que actúa en esas obras.

II

Y en la Trinidad, [42] ocupándome de lo que no me importaba, no podía apartar de mi mente las virutas que me había sacado aquel cepillador, las cuales subían, enroscándose, desde mi corazón a mi cerebro. Lo que íbamos a solicitar era que el Ministerio le comprara al *Sacamantecas* unos papeles o pergaminos viejos que, al decir de un informe académico, interesaban grandemente a la historia patria. Con estos auxilios oficiales trampeaba mi amigo. Tiempo hacía que chupaba del Estado en una u otra forma, ya so color de comisiones en el extranjero, para estudiar cualquier cosa de que él entendía tanto como de afeitar ranas, ya con el aquel de las excavaciones arqueológicas que se hacían en una finca suya, allá por donde Cristo dio las tres voces.

El ministro nos recibió a los tres con toda la cordialidad de su temperamento andaluz y maleante. Era un hombre de palabras flamencas y de pensamientos elevados, iniciador de más osadía que perseverancia. Aquel día estaba de buenas. Después de ponerse a nuestras órdenes, añadiendo que nos daría el copón si se lo pedíamos, llevóme aparte y me dijo mil perrerías. Yo era un acá y un allá. Cuando se desvergonzaba en broma, me parecía un gran talento que necesita abonarse constantemente con palabras estercoleras, todas las materias de lenguaje en descomposición que manchan, apestan y fecundan. Por fin, en términos comedidos, me reprendió amistosamente por mi apatía política. Yo no me cuidaba de nada; no hacía caso de las quejas de mis electores, y éstos tenían que valerse de otros diputados para impetrar el favor oficial. Yo era, en suma, un padrastro de la patria. Contestéle que dejaría gustoso un cargo que me aburría soberanamente. Insistí mucho en esto de mi fastidio político; pero durante aquella misma conversación, en que intervino también Villalonga, se posesionó de mí una idea. Quizás me

----

42 *Trinidad*. Se refiere al Ministerio de Fomento, situado entonces en la calle de Atocha, casi en la confluencia con la de Carretas. En su origen, el edificio había sido Convento de la Trinidad, fundación de Felipe II quien se dice trazó de su propia mano los planos originales y encargó de su construcción al arquitecto Gaspar Ordóñez.

convenía variar de conducta, mirar a la política con ojos más amantes, pues con ayuda de este útil instrumento, podía ir reparando mi agrietada fortuna. Salí de la Trinidad, dejando al *Sacamantecas* con Villalonga en la habilitación. Deseaba averiguar a todo trance por qué capítulo cobraría, y cuándo le daban el libramento, pues le hacía mucha falta.

Lo mismo fue verme solo en la calle que volver a pensar en Eloísa. Las virutas se enroscaban más... No sé si aquella mujer me inspiraba compasión tan sólo o un sentimiento de despecho y envidia, que podría considerarse como reincidencia de la antigua pasión. Lo que había dicho *el Sacamantecas* me hería en lo vivo, y ansiaba tener la evidencia de ello. Al instante me acordé de Evaristo, mi criado antiguo, aquel perro fiel que yo había colocado en casa de Carrillo. Hícele venir a mi casa, y me contó cosas que me sacaron los colores a la cara. Tuve que mandarle callar. Cuando me quedé solo, estaba nerviosísimo, me zumbaban horriblemente los oídos. Pasé una noche muy aburrida, porque Camila y su esposo fueron al teatro, y no tuve con quién entretener la velada. Me cansaba el teatro, me fastidiaba la sociedad. "Mañana —pensé—, o voy a casa de ésa..., a decirle cuatro cosas, o reviento." No tenía derecho a pedirle cuentas de su conducta; pero se las pedía porque sí, porque me daba la gana, porque aquel Fúcar se me había atragantado, y eso de que bebiera en la copa que yo bebí, me sacaba de quicio. Mi egoísmo había de resollar por alguna parte para que no estallara dentro. "La voy a poner buena —pensaba—. ¡Venderse por dinero! Es una ignominia en la familia que no debo consentir."

Fui por la tarde. Estaba furioso, deseando llegar para desahogar mi ira. ¿Qué cara pondría delante de mí? ¿Se disculparía?... Quedéme frío al entrar, cuando advertí cierta soledad en la casa.

El mismo Evaristo fue quien me dijo:

—La señora ha salido para Francia en el expreso de las cinco de la tarde.

¡Ah, miserable! Huía de mí, de mi severa corrección, de la voz que le iba a ajustar las cuentas por su liviandad y por haber pisoteado el honor de la familia. ¡Qué vergüenza!... ¡Y yo, qué necio!

A la tarde siguiente bajé a la estación a despedir a la familia de Severiano Rodríguez, y me encontré a Fúcar que se acomodaba en un departamento del *sleeping-car*.

—Hola, *traviatito* —me dijo, abrazándome—. ¿Manda usted algo para París?

—Que usted se divierta —le respondí, afectando no sólo serenidad, sino contento hasta donde me fue posible.

Algo más hablé, dándole a entender que no me inspiraba envidia sino compasión, y nos despedimos hasta la vuelta.

—Yo no pienso salir de España —añadí—. No quiero hacer gastos. Necesito tapar ciertas brechas y reedificar ciertas ruinas...

Y como él se riera, concluí con esto:

—Los convalecientes compadecemos a los enfermos... Adiós, adiós... Deje usted mandado... Divertirse.

III

Cuando Camila me dijo: "Nosotros no tenemos dinero para veranear y nos quedamos en Madrid", sentí una gran aflicción ¿De qué trazas me valdría para costearles el viaje y llevármelos conmigo? Dije sencillamente a mi prima:

—Tú no has estado nunca en París. ¿Quieres ir a dar un vistazo?

Pero se escandalizó de mi proposición, echándome mil injurias graciosas. Yo estaba dispuesto a pagarles el viaje a San Sebastián o a donde quisieran, y con más gusto lo habría hecho llevándomela a ella sola; pero como no había medio de separarla del antipático apéndice de su maridillo, los invité a los dos.

—Gracias —me dijo Constantino—. Si mi mamá Piedad me manda lo que me ha prometido, nos iremos unos días a San Sebastián o a Santander en el tren de recreo.

—¡En el tren de recreo! Pero ¿estáis locos?

—Sí, en el tren de botijos —afirmó Camila, batiendo palmas—. Así nos divertiremos más. ¿Qué importa la molestia? Tenemos salud. La mujer de Augusto vendrá también.

—¡Qué cosas se os ocurren! Iréis como sardinas en banasta. Eres una cursi...

—Di que somos pobres.

—Vaya... Me han ofrecido habitaciones en una magnífica casa en San Sebastián. Viviremos todos juntos en ella. Id en el tren que queráis, aunque sea en un tren de mercancías.

Yo me regocijaba secretamente con la perspectiva de aquel viaje. "Allí caerás —pensé—; no tienes más remedio que caer."

A la noche siguiente, el tontín de Constantino entró diciendo que irían a Pozuelo, lo que desconcertó mis planes. Marido y mujer discutieron, y yo combatí el proyecto con calor y hasta con elocuencia. Por fin, apelé a las aficiones taurómacas de Miquis, hablándole de las corridas de San Sebastián. ¡Ya vería él qué toros, qué animación! Vaciló, cayó al fin en la red. Quedó, pues, concertado el viaje; pero ellos no podían ir hasta agosto, y yo, muerto de impaciencia, agobiado por los calores de Madrid, tuve que estarme en la Villa todo el mes de junio, viendo defraudados cada día mis ardientes anhelos. Aquella dichosa mujer era una enviada de Satanás para martirizarme y conducirme a la perdición. Como el badulaque de Constantino seguía de reemplazo, casi nunca salía de la casa. Las pocas veces que encontraba sola a Camila, convertíase para mí en una verdadera ortiga, no se dejaba tocar, suspiraba por su marido ausente y acababa de helarme hablándome de aquel Belisario que no venía, que no quería venir, que se empeñaba en seguir en la mente de Dios.

—Si no vas a tener más chiquillos... —decíale yo—; y da gracias a Dios para que no perpetúe la raza de ese animal manchego.

Al oír esto me pegaba con lo que quiera que tuviese en la mano. Y no se crea..., pegaba fuerte; tenía la mano pronta y dura. Me hizo un cardenal en la muñeca que me dolió muchos días.

—Si sigues haciéndome el amor —me chilló una tarde—, le canto todo al manchego, para que te sacuda. Puede más que tú.

—Sí, ya sé que es un peón. Pero ven acá, ¿cómo es posible que le quieras tanto? ¿Qué hallas en él que te enamore?

—¡Qué risa!... Que es mi marido, que me quiere... Y tú no vienes más que a divertirte conmigo y a hacer de mí una mujer mala...

Y no había medio de sacarla de este orden de argumentos. "¡Que me quiere, que es mi marido!"

Un día, que la encontré sola, llegóse a mí con cierta oficiosidad, y dándome un billete de quinientas pesetas, me dijo:

—Ahí tienes lo que me prestaste. Puede que ya no te acuerdes.

—En efecto, ya no me acordaba. Chica, no me avergüences... Guarda esa porquería de billete, y perdonada la deuda. Por algo somos primos.

—No, no quiero tu dinero. He pasado mil apuritos para reunirlo, y ahí lo tienes. Antes te lo pensaba dar; pero tuve que renovar el abono de la barrera de Constantino. ¡Pobrecito mío! ¡Cuánto he penado porque no se prive de la diversión que más le gusta! Para esto he tenido que dejar de comprarme algunas cosillas que me hacían falta, y no comer postre en muchos días. Me habrás oído decir que no tenía gana. Ganitas no me faltaban. Pero es preciso economizar. ¡Economizar! ¡Qué cosa más cargante! Discurre por aquí, discurre por allá; aquí pongo, aquí quito... Créete que me hacía cosquillas el cerebro... Pero todo se aprende con voluntad... Conque ahí tienes tus cuartos, y gracias.

—Que no lo tomo. Quita allá.

—Te echaré de mi casa.

—No me marcharé... Mira, ya me devolverás los dos mil reales cuando estés más desahogada. Debes suponer que no me hacen falta.

—Eso, ¿a mí qué?...

¡Pobrecilla! Toda mi terquedad fue inútil. Tan pesada se puso, que no tuve más remedio que tomar el dinero, temeroso de que se enojara de veras.

—Bien —le dije—, guardo el billete; pero lo guardo para ti. Soy tu caja de ahorros. Esto y todo lo que necesites está a tu disposición. No tienes más que abrir esa bocaza y... enseñarme esos dientazos tan feos... Todo lo que poseo es para ti, para ti sola, gitana negra, loba.

Lo dije con tanto ardor, alargando mis manos hacia ella, que me tuvo miedo, y de un salto se puso al otro lado de la mesa.

—Si no te callas, tísico pasado —gritó—, te tiro este plato a la cabeza. Mira que te lo tiro.

—Tíralo y descalábrame —le contesté, fuera de mí—; pero descalabrado y chorreando sangre te diré que te idolatro; que todo lo que poseo es para ti, para esa bocaza, para la lumbre que tienes en esos ojos; todo para ti, fiera con más alma que Dios.

Sus carcajadas me desconcertaron. Se reía de mi entusiasmo poniéndolo en solfa y apabullándome con estas palabras:

—Sí, para ti estaba. ¿Ves esta bocaza? No beberás en este jarro. ¿Ves estos faroles? (los ojos). Otro se encandila con ellos. Emborráchate tú con las tías de las calles, perdido. ¿Ves este cuerpecito? Es para que nazcan de él los hijos que voy a tener, para agasajarlos, para darles de mamar. ¡Y rabia, rabia, rabia..., y púdrete y requémate!

Constantino entró. Su aborrecida cara me trajo a la realidad. Le habría dado de palos hasta matarle. Pero en mis secretos berrinches, decía siempre para mí con invariable constancia: "Caerá, caerá; no tiene más remedio que caer."

Otro día les hallé retozando con libertad enteramente pastoril. Ella, que tenía calor hasta en invierno, estaba vestida a la griega. Él andaba por allí con babuchas turcas, en mangas de camisa, alegre, respirando salud. Ambos se me representaban como la misma inocencia. Parecía aquello la Edad de Oro, o las sociedades primitivas. Camila se bañaba una o dos veces al día. Era fanática por el agua fresca, y salía del baño más ágil, más colorada, más hermosa y gitana. Él no era tan aficionado a las abluciones; pero su mujer, unas veces con suavidad, otras con rigor, le inculcaba sus preceptos higiénicos, asimilándole a su modo de ser de ella. ¡Una mañana presencié la escena más graciosa!... Me reí de veras. Mi prima, vestida como una ninfa, daba a su marido una lección de hidroterapia. Desnudo de medio cuerpo arriba, mostrando aquella potente musculatura de gladiador, estaba Miquis de rodillas, inclinado delante de una gran bañera de latón. Su actitud

era la del reo que se inclina ante el tajo en que le
han de cortar la cabeza. El verdugo era ella, toda re-
mangada, con la falda cogida y sujeta entre las piernas
para mojarse lo menos posible. El hacha que esgrimía
era una regadera. Pero había que oírlos. Ella: "Res-
trégate, cochino; frótate bien; toma el jabón." El:
"Socorro, que me mata esta perra; que me hielo; que
se me sube la sangre a la cabeza." Ella: "Lo que se te
sube es la mugre; ráspate bien, hasta que te despellejes.
Grandísimo gorrino, lávate bien las orejas, que parecen... no sé qué." Y no teniendo paciencia para aguardar a que él lo hiciese, soltaba la regadera, y con sus
flexibles dedos le lavaba el pabellón auricular con tanta
fuerza como si estuviera lavando una cosa muerta. "Que
me duele, mujer..." "Lo que te duele es la porquería",
respondía ella, pegándole un sopapo. Parecía meterle los
dedos hasta el cerebro.

Después le frotaba con jabón la cabeza, la cara, el
pescuezo, y él, apretando los párpados cubiertos de
jabón, gritaba como los chiquillos: "¡No más, no
más!..." Enseguida volvía Camila a tomar la regadera
y a dejar caer la lluvia, y él a pedir socorro y a echar
ternos y maldiciones. El agua invadía toda la habitación. Se formaban lagos y ríos que venían corriendo en
busca de los pies de los que presenciábamos la escena
(mi tía Pilar y yo). Era preciso andar a saltos.

—Hija —dijo mi tía—, vas a inundar el piso y a
pudrir las maderas. Mira qué cara pone éste, porque le
estropeas su casa.

—Para eso la pago.

Y salía sin esquivar los charcos, metiendo los pies
en el agua. Llevaba zapatillas de baño, de esparto, bordadas con cintas de colores; pero a lo mejor se le caían,
y seguía descalza, como si tal cosa, sobre los fríos la-
drillos.

Su mamá se reía como yo. Díjome después:

—Es increíble cómo esta cabeza de chorlito ha trans-
formado a su marido. En esto del aseo, ha hecho una
verdadera doma. Era Constantino uno de los hombres
más puercos que se podían ver. ¡Qué manos, qué orejas, qué cogote! Y míralo ahora. Da gusto estar a su
lado. Parece un acero de limpio. Verdad que mi hija

se toma todas las mañanas el trabajo de lavarlo como lavaba al *Curri,* cuando tenían perros en la casa.

Poco después Camila se presentó más vestida. Miquis llegó al comedor, colorado, frescote, con los pelos tiesos, riendo como un niño grande y abrochándose los botones de la camisa.

—Estas lejías no las aguanta nadie más que yo... ¿Ha visto usted qué hiena es mi mujer?

Corría Camila a hacer el almuerzo, pues estaban sin criada, pienso que por economizar.

—Patrona, que tengo gana..., que le como a usted un codo si no me trae pronto el rancho.

Y sentíamos rumor de fritangas en la cocina, y estrellamiento y batir de huevos.

—Ahora —me dijo Miquis con beatitud— nos pasamos con una tortillita y café. Hemos suprimido la carne como artículo de lujo. Y tan ricamente... A todo se *jace* uno. Esta Camila es el mismo demonio. ¿Pues no dice que va a reunir dinero para comprarme un caballo?... ¡No sé qué me da de sólo pensarlo!... ¿Será capaz?

Miré a Constantino y advertí en su rostro una emoción particular. O yo no entendía de rostros humanos, o se humedecían con lágrimas sus ojos. "Dios mío, Dios mío —pensé en un paroxismo de aflicción—, ¿por qué no he de poseer yo una felicidad semejante a la de este par de fieras?"

IV

—Aquí tienes el pienso —dijo Camila trayendo la tortilla de jamón—. Esto de ser a un tiempo ayuda de cámara del señorito, señora y doncella de la señora, cocinera y criada, es cargante, ¿verdad? ¡Ay! Quién fuera rica para estar todo el día abanicándome en mi butaca.

¡Y qué apetito, Dios inmortal! Los dos lo tenían bueno, y a mí se me iban los ojos tras los pedazos que metían en la boca. Observé que ella se reservaba para que a él le tocase más de la mitad de la tortilla. El también, dirélo en honor suyo porque es verdad, fingía estar harto para que a su mujer le tocase más. Por fin quedaba un pedazo que ninguno de los dos quería tomar.

—Para ti, hija...

—No, para ti, nenito.

—Vamos —decía yo—, no se sabe cuál de los dos tiene más gana. Echar suertes... No, yo decidiré. Que se lo coma la hiena.

Y echándose a reír, se lo comía, y él se mostraba más feliz. Hacían el café en una maquinilla rusa. Al mismo tiempo devoraban pan a discreción y queso manchego, de que tenían repuesto abundante. Sin saber cómo, la conversación iba rodando a las esperanzas de prole. ¡Oh! Belisario vendría. Hacían proyectos contando con él como si lo tuvieran allí en una silla alta, con su babero al pescuezo.

—Vendrá, vendrá el señor Belisario —decía ella, encendiendo el alcohol—. Verán ustedes cómo con los baños de mar...

—Eso, eso, los baños de mar.

Para realizar aquel viaje, todo se volvía economías y arreglos.

—Pero si os pago el viaje... Dejaos de cálculos —les decía yo.

Constantino se incomodaba cuando yo hablaba de pagar. No quería, por ningún caso.

¡Oh, cien mil veces dichoso! Lo poco que tenían lo disfrutaban y lo gozaban con inefables delicias. El día que recibieron ciertos dineros de doña Piedad, con los cuales contaban para ayuda del verano, estaban los dos como locos. Camila se había hecho ya su sombrero de viaje, comprando el casco y los avíos, y armándolo ella misma por un modelo que le prestó Eloísa. El vestido y el *pardessus* eran desechos de su hermana arreglados por la misma Camila. Se vestía, ¡ay dolor!, aquella imponderable virtud con los despojos del vicio.

Mientras hacían ellos sus preparativos, yo no sabía cómo matar el aburrimiento. Fui algunos días a la Bolsa y al Bolsín, acompañado de Torres, y me entretuve haciendo operaciones de poca importancia. Consagraba también algunos ratos a mi tío, que estuvo todo el mes de junio metido en casa, muy aplanado, con cierta propensión al silencio, síntoma funesto en el más grande hablador de la tierra. El pañuelo de hilo no se

apartaba de sus ojos húmedos; el continuado suspirar
producíale una especie de hipo. Pensando que se había
metido en algún mal negocio, le supliqué que se clarea-
ra conmigo. No era mal negocio, pues hacía tiempo que
estaba mi hombre retirado del trabajo. Ya no podía;
le faltaban fuerzas; había dado un bajón muy grande.
La causa de su trastorno era el mal de familia, que le
atacaba en forma de un fenómeno de *suspensión*. Pa-
recíale que le faltaba suelo, base; que se iba a caer...
Pero pronto pasaría, sí... Procuraba vencer el achaque
fingiéndose alegre. Sin saber por qué se me antojó que
detrás del síntoma nervioso de la *suspensión* había otra
causa. Estos jaleos espasmódicos suelen provenir de lo
que menos se piensa, y lo difícil es descubrir el punto
vulnerado y atacar allí el mal. Hablé a mi tío con cariño, incitándole a que tuviera franqueza, espontaneidad.
¡Pobre señor! Se aferraba en su misterio y no quería
decirme la verdad. Pero con gancho se la saqué al fin.
En una palabra, mi buen tío había tenido pérdidas considerables ; no podía veranear y no sabía de qué fórmula valerse para decir a su esposa: "Por este año no
hay viaje". Solicitar de Medina un anticipo era lo natural; mas él no se llevaba bien con su yerno, a causa
de una cuestión de que me hablaría más adelante.

—Pero, tío, por Dios, ¿es posible que usted se aho-
gue en tan poca agua? ¡Estando yo aquí...! ¡Ni que
fuéramos...!

Todo se arregló, y por la tarde estaba aquel excelente sujeto tan curado de su *ruinera* como si en su vida
la hubiera padecido.

A Raimundo se lo llevaron mis tíos consigo a Asturias, lo que agradecí mucho, pues cargar con aquel
apéndice a San Sebastián me habría sabido muy mal.
Al partir me dijo con oficioso misterio que iba decidido
a emprender un gran trabajo. Llevaba el plan de una
obra, y en el sosiego y frescura de Gijón se pondría a
trabajar en ella con ahínco. ¡Ya vería yo, vería el
mundo absorto lo que iba a salir! No quiso decirme lo
que era para darme la sorpresa *hache*. Francamente, experimenté vivísima satisfacción al perderle de vista.

Pensé marcharme yo también; pero tuve que detenerme una semana más en Madrid, porque acertaron
a pasar por la Corte dos señoras amigas mías, respeta-

bilísimas, de casta mestiza anglohispana, como yo, y a
las cuales no podía menos de tratar con las mayores
consideraciones. Eran las de Morris, mejor dicho, una
de ellas era Morris y Pastor, la otra Pastor y Morris, tía
y sobrina, ambas solteronas, distinguidísimas y ricas. La
de Morris debía de tener setenta años; pero se conservaba bien; era algo pariente de mi madre, y siempre me
hablaba del tiempo en que me había tenido sobre sus
rodillas, fajándome, limpiándome los mocos y dándome
cucharadas de *maizena*. La Pastor, su sobrina, era más
joven; ambas parecían de cera, pulcras como el armiño; sus ojos eran cuatro cuentas azules, enteramente
iguales y simétricas. La concordancia de sus miradas y
de sus movimientos era tal, que a veces parecía que la
una movía las manos de la otra y que la Morris es-
tornudaba o tosía con la boca de la Pastor. La tía leía
mucho, así en inglés como en español, y tenía sus puntas de literata; trataba a Spencer y a George Elliot.
La sobrina pintaba, como pintan las inglesas, haciendo
habilidades más bien que obras artísticas, embadurnan-
do placas de porcelana, trozos de papel de arroz y ahu-
mando platos para rascarlos con un punzón. Sus acuarelas tenían frescura sosa, y siempre expresaba en ellas
alguna idea moral. Aunque no pintara más que un ria-
chuelo reflejando un álamo, yo no sé cómo se las componía que siempre salía la moral. Eran ambas las personas más agradables, más buenas, más finas, más
delicadas que se podían ver en el mundo.

La cuna de la Morris había sido Gibraltar; la de la
Pastor, Jerez. Fueron íntimas de Fernán Caballero. y
por ella adoraban a Andalucía. Vivieron mucho tiempo
en Londres; pero tuvieron desgracias de familia; se
habían quedado casi solas, y su fortuna disminuyó con
la quiebra del Scotland Bank. Total, que acordaron
terminar sus nobles días en la tierra de María Santísima.

Detuviéronse en Madrid para verme, porque la Morris me quería mucho, me besaba como a un niño y
lloraba acordándose de mi madre.

—Si me parece que fue ayer cuando naciste... Me
acuerdo muy bien. Fue una noche en que hubo muchos
truenos y relámpagos. Tu madre se asustó, echóse en
la cama y... te tuvo. Paréceme que te estoy viendo ya

grandecito, pero no tanto que levantes del suelo más que esta mesa. Eras humilde, delicadito de salud y caprichosillo.

Tuve, pues, que acompañarlas en Madrid, llevarlas al Museo y servirles de cicerone. Mary (la pintora) tenía locos deseos de verlo. ¡Había oído hablar tanto de él! Con muchísimo gusto desempeñé yo aquella noble misión. No me separé de ellas mientras estuvieron en Madrid, y había que verme a mí con mis *Pastoras* (Camila dio en llamarlas así) siempre a remolque, ambas forradas con sus luengos y severos sobretodos de dril y ostentando en la cabeza unos sombrerotes no muy conformes con lo que por aquí se usa, anchos, ahuecados hacia dentro y con mucha espiga, mucha amapola y otras silvestres florecillas. Camila decía que no podían haber escogido sombreros más propios unas damas que se llamaban *las Pastoras.* Guardéme bien de presentarlas a mi prima, pues de seguro habría oído de personas tan recatadas el terrible *shoking.*

Para darme más que hacer, mis ilustres amigas me rogaron que me hiciera cargo de sus intereses. Tenían ciega confianza en mí. Endosáronme varias letras que traían; ordenáronme cobrar por cuenta suya ciertas sumas en casa de Weissweiller y Baüer, [43] y se fueron. Despedílas en la estación del Mediodía, después de haber telegrafiado a Cádiz para que las fueran a recibir. Ambas lloraban cuando se separaron de mí.

Desempeñados con la mayor prontitud posible los encargos que me dejaron, pensé en salir de este horno. Estábamos a mitad de julio. Los señores de Miquis no irían a San Sebastián hasta el 10 ó el 12 de agosto. Los últimos días que vi a Camila estuve tan excitado, tan majadero, que dije muchas tonterías. Pintéle mi desesperación en términos sombríos y románticos, porque me salía de dentro así. Le decía:

—Me mato, te juro que me mato si no me quieres.

---

[43] *Weissweiler y Bauer,* famosos banqueros israelitas, que llegados a España como agentes de Rothschild, fundaron en Madrid una importante firma bancaria, disuelta luego; la banca Bauer perduró hasta tiempos muy recientes y tuvo gran importancia en la economía y la vida social españolas. Los nombres de estos banqueros se transcribieron persistentemente mal; el de Bauer, con diéresis sobre la *u*, debe esa forma como ocurrió en casos parecidos, a una transcripción francesa.

Y ella, riendo al principio, me miraba luego con un poco de lástima, exhortábame a ser razonable y reía, reía siempre. También ella, en la *edad del pavo,* había querido matarse, y nada menos que con fósforos. ¡Cuánto se había reído de esto después!... ¿Acaso estaba yo en la *edad del pavo?* Seguramente así lo pensaba ella. Por fin vine a comprender que esta táctica era mala, porque no me daba buen resultado. En Camila no aparecían ni ligeros indicios de ser contaminada de mi romanticismo; al contrario, lo repelía, como rechaza el organismo las sustancias de imposible asimilación.

La mañana del último día que pasé en Madrid hablamos Constantino y yo de esgrima, de caza y de caballos. Aquellas conversaciones de *sport,* me entretenían, y a él le entusiasmaban. De repente se me ocurrió decir:

—Cuando volvamos de San Sebastián le voy a regalar a usted un buen caballo de paseo.

El se puso encarnado y miró a su cara mitad como miran los niños a sus madres cuando temen que éstas no les han de permitir aceptar un juguete.

—¡Un caballo! —repitió el manchego con éxtasis.

—¿Lo quiere usted andaluz, inglés o árabe?

—No, si no... Pero ¿de verdad?... Usted...

La boca se le hacía agua. Camila le miraba con amor entrañable, y luego se dejó decir:

—Acéptalo, no seas tonto. Si te lo quiere regalar...

—Es que yo me enfadaría si no lo aceptara.

Constantino me dio un abrazo tan apretado, que creí que me ahogaba.

—Puesto que Camila no se opone, que sea andaluz, bravío, de estampa, de mucha cabezada, y que ande así..., así...

Remedaba con la cabeza y las manos el empaque de uno de esos caballos petulantes que, cuando andan, parecen estar mirándose en un espejo. Luego imitaba el galope: *tra-ca-trán, tra-ca-trán.*

Poco después advertí en Camila sentimientos de la más pura gratitud por mi ofrecimiento del caballo.

—¡Qué bueno eres! —me dijo, dejándose besar las manos, favor que hasta entonces no me había permitido. Y yo dije para mí: "Hola, hola, ¿qué es esto"? Francamente, era para maravillarme. Mil veces le hice ofertas valiosas sin conseguir que me las agradeciera. Habíale dicho:

—Camila, te regalaré un hotel, te pondré coche, te pasaré seis mil duros de renta.

Y ella, ¿cómo me contestaba? Riendo, injuriándome o tirando aquellas lindas coces de borriquita enojada que eran mi encanto... En cambio, aceptaba y agradecía obsequios hechos a su marido. ¿Por qué? Ella se atormentaba con la idea fija de comprar un caballo a Constantino; pensaba en esto a todas horas y tenía una hucha en la cual reunía dinero para aquel fin. ¡Pobrecilla! El regalo del caballo entrañaba una gran conquista para mí, la conquista del tiempo, porque Miquis se iría a pasear en él todas las tardes. Además, Camila se había entusiasmado con mi oferta, se había conmovido... A veces, por donde menos se piensa se abre una brecha. ¿Sería aquella la brecha de la inexpugnable plaza, la juntura invisible de una cota que parecía milagrosa?... Lo veríamos. Me marché gozoso a San Sebastián, diciendo para mí: "Lo que es ahora, borriquita, no te escapas."

IV

IDÍLIO CAMPESTRE, PISCATORIO, NADANTE, MAREANTE Y TRAPÍSTICO.—MALA SOMBRA DE TODOS LOS IDILIOS, DE CUALQUIER CLASE QUE SEAN

I

SIN desconocer los encantos de la capital veraniega de las Españas, no me inspiraba simpatías aquel pueblo, que me parecía Madrid trasplantado al Norte. En él, los madrileños no buscan descanso, aire, rusticación, sino el mismo ajetreo de su bulliciosa metrópoli, y los mismos goces urbanos, remojados y refrescados por el agua y brisa cantábricas. Me fastidiaba ver por todas partes las mismas caras de Madrid, la propia vida de paseo y café, los mismos grupos de políticos hablando del tema de siempre. El paseo de la Zurriola, en que dábamos vueltas de noria, me aburría y me mareaba. Si no hubiera sido porque esperaba a Camila, habría echado a correr de aquella tierra. Y como Camila tardara aún quince días o más en ir, dime a buscar un entretenimiento para ir conllevando las lentitudes del plantón.

¿A que no aciertan lo que se me ocurrió para pasar el rato? Pues emprender un trabajo que a la vez me entretuviera y aleccionara. Sí, de aquel anhelo de distracción nacieron estas Memorias, que empezadas como pasatiempo, pararon pronto en verdadera lección que me daba a mí mismo. Quise, pues, consignar por escrito todo lo que me había sucedido desde que me establecí en Madrid en septiembre del 80, y pensarlo y dar principio a la tarea, fue todo uno. Proponíame hacer un esfuerzo de sinceridad y contar todo como realmente era, sin esconder ni disimular lo desfavorable, ni omitir nada, pues así podía ser mi confesión, no sólo provechosa para mí, sino también para los demás, de modo que los reflejos de mi conciencia a mí me iluminaran, y algo de claridad echasen también sobre los que se vieran en situación semejante a la mía. Empecé con bríos; tuve especial empeño en describir las falsas apreciaciones que hice de Eloísa, alucinado por la criminal pasión que me inspiró; di a conocer el pueril entusiasmo, el desatino con que me representaba todas las cosas, viéndolas distintas de como efectivamente eran; y poco a poco las fui trayendo a su ser natural, descubriendo su formación íntima conforme los hechos las iban descarnando. Nada se me escapó: describí mi enfermedad, las gracias del niño de Eloísa, la caída de ésta, la casa, los jueves famosos y aborrecidos. Ya entraba a ocuparme de la muerte del bendito Carrillo, cuando llegaron Camila y su marido. Di carpetazo a mis cuartillas, dejando la continuación del trabajo para otros días. Con la llegada de mis amigos tenía yo distracción de sobra y materia abundantísima para sentir y pensar más de lo que quisiera.

No he visto persona más dispuesta que Camila a gozar de los encantos lícitos de la vida y a apurarlos hasta el fondo. Su marido le hacía pareja en esto. Ambos tortoleaban en mis barbas, haciéndome rabiar interiormente y exclamar desesperado: "Pero, Señor, ¿será posible que yo me muera sin conocer y saborear esta alegría inocente, esta puericia de la edad madura, estos respingos candorosos del amor legitimado y estas zapatetas de la conciencia tranquila, que salta y brinca como los niños?"

Todos los días inventaba yo alguna cosa para que ellos se divirtieran, para divertirme yo si podía y para alcanzar mi objeto. Unas veces era expedición a Pasajes; otras, caminata por el campo, excursión en coche a Loyola, pesca en bote, etc. Por todas partes y en todos los terrenos buscaba yo el idilio, y se me figuraba que lo había de encontrar si no estuviera pegado siempre a nosotros aquel odioso monigote de Constantino. Pero su bendita mujer no se divertía sin él, y él era, sin duda, quien daba la nota delirante de la alegría en nuestros paseos. Cuando salíamos al campo, Camila se embriagaba de aire puro y de luz, corría por las praderas como una loca, se tendía en el césped, saltaba zanjas, apaleaba los bardales, hacía pinitos para coger madreselvas, hablaba con todos los labriegos que encontraba, quería que yo me subiera a un árbol a ver si había nidos de pájaros, perseguía mariposas, aplastaba babosas, reunía caracoles para apedrearnos con ellos y se ponía guirnaldas de flores silvestres. He dicho que se embriagaba, y es poco. Era más: se emborrachaba, perdía completamente el tino con la irradiación de su dicha. Si la única felicidad verdadera consiste en contemplar felices a los que amamos, yo no debía cambiarme por ningún mortal; pero la felicidad no es tal cosa, y el filósofo que lo dijo debió de ser un majadero de esos que fabrican frases para vendérnoslas por verdades.

Nunca había visto a mi borriquita dar tanto y tanto brinco. En su frenesí llegó a decir, tirándose al suelo:

—Me dan ganas de comer hierba.

Por su parte, Constantino hacía los mismos disparates, acomodándolos a su natural rudo y atlético. Daba vueltas de carnero y saltos mortales, hacía flexiones y planchas en la rama de un roble, andaba con las palmas de las manos, cantaba a gritos, relinchaba. Ambos concluían por abrazarse en medio del campo y jurarse amor eterno ante el altar azul del cielo.

Cuando iba con nosotros Augusto Miquis, éste y yo filosofábamos mientras los otros se hacían caricias, o nos reíamos de ellos; pero yo rabiaba.

Nuestros recreos marítimos no eran menos deliciosos para aquella pareja de enamorados, que más parecían niños que personas mayores. Nos embarcábamos en segura y cómoda lancha, y emprendíamos nuestra pesca. La primera paletada de remos era una declaración de guerra sin cuartel a toda alimaña habitante en la mar salada. Un marinerillo nos ponía la carnada en los anzuelos para no ensuciarnos las manos. ¡Qué ansiedades las de los primeros momentos, cuando los aparejos entraban en el agua! ¿Habría o no habría pesca en aquel sitio? ¿Sería mejor ir más allá, donde no hubiera tantas algas? Por fin nos fijábamos, y aquí de las emociones. ¿Quién sería el primero que sacaría algo? En nada como en esto se manifiesta el humano egoísmo. Ninguno quiere ser el segundo. Yo, sin embargo, deseaba que fuese Camila la preferida del destino para gozar viendo su triunfo y los extremos que hacía.

—Cómo pican, cómo pican...

Pero muchas veces picaban y se iban, llevándose el cebo. Es que en las profundidades hay mucha pillería, y van aprendiendo, sí. Camila se impacientaba, estaba nerviosa; cuando sentía picar tiraba con tanta fuerza, que el pez se largaba dejándola chasqueada. Entonces a la pescadora se le iba la lengua y se le ponía la cara encendida, los ojos echando lumbre. Pero si al fin, al tirar de la cuerda, sentía peso y estremecimiento, ¡María Santísima, qué alboroto, qué gritos! Su imaginación le abultaba la pesca.

—Es grandísimo... ¡Cómo pesa...! Es una merluza lo que traigo. Mirad, mirad.

Por fin brillaba el agua con fulgores de plata, y salía un triste pancho enganchado por la mandíbula. El botín de julias, porredanas, cabras, monjas y chaparrudos aumentaba, y los íbamos echando en un balde, donde su horrible agonía les hacía dar saltos repentinos. Poníase mi prima febril cuando pasaba mucho tiempo sin pescar nada; nos hacía variar de sitio, cambiaba de aparejo, lo metía y lo sacaba, sacudiéndolo. Insultaba a los peces invisibles que no querían picar, llamándolos *tísicos, petroleros, carcundas* y no sé cuánto disparate más. Cuando sacábamos algún pancho muy pequeño, un tierno infante que había sido robado por el anzuelo al volver del colegio, Camila imploraba la clemencia de todos los

expedicionarios, y reunidos en consejo, votábamos uná-
nimemente que se le diera libertad. Ella misma le sacaba el anzuelo, procurando no lastimarlo, y devolvía el
pez al agua, riéndose mucho de la prontitud y del meneo con que el muy pillo se iba a lo profundo.

—Este ya va enseñado —decía—. No se dejará coger
otra vez.

¡Qué horas tan dulces para todos, porque yo también me divertía, y además el contento de aquellos seres
se me comunicaba, reflejándose en mi alma! Pero por
más vueltas que daba, la tostada del idilio no parecía
para mí. Apenas pude deslizar en el oído de Camila alguna palabra, frase o símil de la pesca aplicado a mi
situación y a mis pretensiones. Ella se hacía la desen-
tendida y aprovechaba las ocasiones para hacerme cualquier perrería, como salpicarme de agua, pasarme por
la cara la barriga viscosa o el cerro punzante de algún
pez.

Mi fantasía enferma, mi contrariada pasión, buscaban
refugio en la idealidad. Lo que los hechos reales me ne-
gaban, asimilábamelo yo con el pensamiento. En otra
forma, yo era también chiquillo como ellos. Di en pensar
que la mar traidora nos podía jugar repentinamente una
mala pasada. La embarcación se anegaba, se hundía.
¡Naufragio! En este caso yo, que sabía nadar muy bien,
salvaba a mi heroína, disputándola a las olas y a la
horrorosa muerte... Vamos, que el triunfito no era malo.
¡Y qué placer tan grande! Dominado por esta idea, una
tarde que se levantó un poco de Noroeste y que volvíamos a la vela, dando unos tumbos muy regulares, le dije,
señalando las imponentes masas de agua verdosa:

—Oye, borriquita, si se nos volcara la lancha y te
cayeras al agua..., ¿no te aterra pensar que te ahogarías?

—¿Yo? No tengo miedo —me respondió serena, contemplando las olas—. Al contrario, me gustaría que se
levantara ahora una tempestad de padre y muy señor
mío. Quiero ver eso...

—¿Y si te cayeras al agua?

—No me ahogaría.

—Claro que no, porque te sacaría yo, con riesgo de
mi propia vida.

—¡Qué me habías de sacar, hombre! Me sacaría Constantino, ¿No es verdad, asno de mi corazón, que me salvarías tú?

—Si éste apenas sabe nadar...

—¡Que me sacaría, digo, que me sacaría, vaya! —gritaba con fe ciega.

II

Nada, nada, que el dichoso idilio no parecía por ninguna parte, ni en la calma ni en la tempestad. Aquel naufragio de novela con que yo soñaba no quería venir tampoco, y eso que una tarde... Veréis lo que nos pasó. A lo mejor aparecióse por allí un barco de guerra, una de esas carracas que sostenemos y tripulamos con grandes dispendios para hacernos creer a nosotros mismos que poseemos marina militar. Érase el tal un vapor de ruedas, que tenía en buen tiempo la vertiginosa andadura de cuatro nudos por hora. No servía para nada; pero era novedad estupenda para estos pobres madrileños que nada saben de las cosas del mar. Toda la colonia quiso verlo, y La Concha se llenó de lanchas que iban hacia donde estaba fondeada la *petaca*. Los *gatos* de Madrid se quedaban con medio palmo de boca abierta admirando la limpieza y el orden de a bordo, la gallarda arboladura, que no es más que un adorno, la presteza con que los marineros suben como ratones por la jarcia, la comodidad de las cámaras, el reluciente y limpio acero de la artillería, la abundancia de los pañoles de galleta. Era un jubileo. Nosotros fuimos también. ¡Pues no habíamos de ir...! Tomé un bote y nos metimos en él los tres, con más Augusto Miquis, su mujer y su cuñada. Más de una hora estuvimos a bordo, subiendo y bajando escaleras, registrando todo, acompañados de un oficial. Cuando, terminada la visita, volvimos a nuestro bote, nos sucedió un percance. El mar estaba algo picado. Con los balances que hacía el bote al entrar las personas, por poco zozobramos; después el marinero encargado de que aquél arrimara bien a la escala del vapor se descuidó, y la pequeña embarcación, ya llena de gente, metióse debajo de la escala. El vapor entonces, en un balance, dio un fuerte golpe en nuestra proa con el pico de la escala. Fue como si levantara el pie

y nos diera una patada. Por pronto que quisimos des-
atracar no pudimos, y al siguiente balance el pico de
la escala entró en el bote, oprimiéndolo. ¡Que nos
hundíamos!... Fue un momento de pánico horrible.
Grito de espanto salió de todas las bocas... Nada, que
nos íbamos a pique. Un bulto, una mujer, estuvo casi
dentro del agua por el costado de estribor. Ciego, me
incliné para sostenerla. ¿Era Camila? Yo no vi nada:
duró aquello lo que un relámpago, y pasóme fugaz por
la cabeza la idea de que yo iba a realizar un acto he-
roico. ¡Confusión, gritos, agua!... La humana forma
que sostuve en mi brazo no era Camila, era la cuña-
dita de Augusto Miquis. Gracias que al echarle mano
me agarré al bote con la izquierda, que, si no, ¡sabe
Dios...! Los brazos de la niña se me pegaron al pescuezo como un pulpo, sofocándome en tal manera,
que me habría sido muy difícil ser héroe. Quien hizo
una verdadera hombrada fue Constantino, que en el
momento aquel rapidísimo del peligro, cogió a su mujer, enlazándola con el brazo izquierdo, mientras echaba la zarpa derecha a la escala del vapor. Se necesitaba para esto una agilidad y una fuerza que sólo él
tenía. Quedaron ambos suspendidos, y auxiliados por
dos marineros del buque, pronto volvieron a nuestro
bote. ¡Ni siquiera se habían mojado...! En fin, que
todo quedó reducido a unas cuantas magulladuras, re-
mojones y un grandísimo susto. Pero convinimos en
que podía haber ocurrido una gran catástrofe. Pronto
nos serenamos, y remando hacia el muelle nos pusimos
todos de buen humor y no hacíamos más que recordar
los pormenores del lance, relatando cada cual sus impresiones. Camila reventaba de satisfacción. ¡No se
había mojado nada! Apenas había cuatro gotas en su
vestido. Y refería cómo la cogió el bárbaro con aquella
fuerza de Hércules, y cómo se vieron suspendidos un
instante a la escala, mientras el bote se iba a lo hondo.
En toda la noche no habló mi prima de otra cosa, ni
quedó persona conocida en San Sebastián a quien no
refiriese el tremendo conflicto, abultándolo con gallardas hipérboles... "El bote parecía tragado por la mar...
La escala subía... Constantino la cogió como una pluma y no le dijo más que: "Agárrate bien..." El vapor
se los quería llevar... Vio los picos de los palos rayando

las nubes... Se le fue la vista... El agua verde causaba espanto, haciendo un gargoteo de mil demonios..."

Ya estaba yo arrepentido de haberme metido en aquel pueblo, donde jamás se me arreglaban las cosas para pillar sola a Camila. Si ella hubiera querido, no habrían faltado ocasiones; pero como las esquivaba por todos los medios, de nada valía que yo las buscase.

Descubrió el manchego una sala de armas en la ciudad vieja, y nos íbamos todos los días allá. El ejercicio de la esgrima debía de ser muy saludable combinado con los baños. Augusto nos acompañaba casi siempre para presenciar nuestros asaltos. Su salvaje hermanito, en quien era necesidad orgánica poner en variadas flexiones y contracciones los poderosos músculos, hacía antes o después de tirar el florete, ejercicios gimnásticos de los más rudimentarios. Se subía por una cuerda, se colgaba de una barra, andaba largo rato en cuclillas. Contemplábale yo con la admiración que inspira todo bruto incansable. Quizás mi odio me hacía tenerle por más bruto de lo que era en realidad.

Pero sí, era un gañán, sin género alguno de duda. Si no lo probaran otras cosas, lo probaría su maldita maña de divertirse con los juegos de fuerza o de manos, que, según dice el refrán, son juegos de villanos. Sí, villanía es dar puñetazos sin venir a cuento, agarrarle a uno la mano y apretársela hasta hacerle dar un grito, cogerle a uno descuidado por la cintura y suspenderle en el aire, con otras gansadas sin maldita la gracia. Tales juegos me cargaban. Yo le decía: "Estate quieto, no me busques". (La confianza en que vivíamos nos había llevado a tutearnos sin saber cómo.) Le tenía ganas; habría gozado mucho dándole un buen porrazo, ya que el matarle no estaba en mis sentimientos ni en las costumbres suaves de la época. A ratos eché yo de menos las edades románticas en que se destripaba a cualquier rival por un quítame allá esas pajas.

Un día concluimos nuestro asalto, yo rendido de fatiga, él tan campante como si nada hubiera hecho. De repente empezó con las gracias villanas que antes mencioné.

—Constantino, que te estés quieto.

Yo estaba nervioso, de muy mal humor y con ganas de darle una zurra.

—Que no me busques, Constantino; que no quiero bromas...

Pero él dale que dale, tan pesadote que no se le podía aguantar. De improviso, viéndome sobado y golpeado estúpidamente, nació en mí un ardiente apetito de brutalidad; cegué, perdí el tino, no supe lo que me pasaba y, echándole ambas manos a su pescuezo robusto, caímos, rodamos... Él tenía más fuerza muscular que yo; pero el odio, según creo, centuplicó las mías. La verdad es que le tuve un instante acogotado, y gocé ferozmente en la extinción de su aliento. Recordando después aquella escena, heme avergonzado y espantado de que los hombres más pacíficos se conviertan tan fácilmente en fieras.

—Es demasiado —dijo Augusto, que empezaba a alarmarse—. Para juego basta.

Mi fuerza, puramente nerviosa, por lo mismo que fue tan grande, duró poco. El manchego se repuso, y, desasiéndose, ganó pronto ventaja. No tardé en estar debajo. Cogióme las manos, sujetándome los brazos con el peso de su cuerpo; dejóme sin movimiento ni respiración, hecho un lío, una momia. ¡Cómo ostentaba su poder ante mi debilidad! Así me tuvo un rato, dueño de mí, mirándome y escarneciéndome como si yo fuera un muñeco con apariencias de hombre.

—Muévete ahora —me decía, apretando más las argollas de hierro de sus dedos.

Y tras esto soltó una carcajada de jayán vencedor, estúpida, mas no rencorosa. Cuando aflojó, yo apenas respiraba. No tenía fuerzas ni para despegarme del cuerpo la camisa. Él continuaba riendo, de un modo franco y leal, que por esta misma cualidad me era más odioso.

—Bromas pesadas —repitió Augusto.

—Eres un bruto, Constantino...

Nos serenamos al fin. Él se reía y yo disimulaba mi encono, figurando tener también ganas de reírme. Todo había sido chanza, juego, gimnasia de capricho... Declaro que le guardé rencor, y para mí decía con gozosa esperanza: "En el mar nos veremos, gandul".

Sí, en la mar era yo más fuerte, mucho más, porque nadaba muy bien y Constantino apenas se mantenía sobre el agua. Siempre nos bañábamos juntos; era yo su maestro; enseñábale a mover los brazos, jugábamos y saltábamos, cabalgando en las olas. Cuando Camila estaba en el baño, hacía yo más, ¡oh!, entonces hacía verdaderas proezas. Orgulloso de aquella habilidad que aprendí en la niñez, alumno de la marítima Inglaterra, esperaba a que mi borriquita estuviese presente para irme muy afuera, muy afuera, hasta que ya no podía más. Decíanme todos, al volver, que perdieron de vista mi sombrero de palma, lo que me llenaba de satisfacción. Todas las personas reunidas en la playa estaban con gran ansiedad y corrían murmullos de alarma. A mi triunfal regreso, dando brazadas a las olas y abofeteando la espuma, era recibido con vítores y plácemes. Yo me ponía muy hueco si Camila estaba presente; si no, no. No veía más que a ella, saliendo de su caseta ya vestida, colorada, fresca, y me decía con amable represión:

—¡Qué susto nos has dado! Creí que no volvías más. A ver si te dejas de gracias.

Pues un día, el que sucedió a la escena de la sala de armas, nos bañábamos, como siempre, todos a la vez. Entrambos Miquis me hacían sus pinitos sobre las olas. Constantino se me montó encima, hundiéndome un rato en el mar. Salí furioso. Había llegado mi ocasión. Cegué otra vez, y agarrándole por el cogote me sumergí con él, diciendo entre dientes:

—Traga agua, perro, trágala.

Un instante nos balanceamos en el agua; dimos contra la arena. Sentí la sacudida hercúlea de mi víctima, que procuraba echarme la zarpa en los apuros de la asfixia. Cuando salí a la superficie pensé por un momento que Constantino se había ahogado, y sentí terror. Camila, que estaba lejos, empezó a chillar. Pero su marido salió de repente, atontado, pataleteando, escupiendo agua, vomitándola... Su aparición fue acogida con carcajadas por los circunstantes. Yo me reí también, y braceando agujereé una ola. Creí que no me seguiría; pero, impávido, me siguió, haciendo gestos de ira cómica, la única ira que en él cabía. Y me acometió, saltóme a los hombros, y sus poderosas manos me hundieron a su vez. Dentro del agua oí una voz que llegaba a mis oídos con esa vibración penetrante con que el mar transmite los sonidos. Camila gritaba:

—Constantino, ahógale.

Estas palabras, rasgando la masa verde y movible del mar, parecían el ras del diamante al cortar el vidrio... Y en verdad que al oírlas tuve miedo y creí que en efecto me ahogaba. Por suerte, ambos volvimos pronto a la superficie, y nos acogieron las mismas carcajadas de antes. Tuve que reportarme y disimular. Augusto decía:

—Juegos pesados y de mal género, que pueden ser peligrosos.

Camila reía también; pero yo no podía apartar de mi mente aquel *ahógale,* que me parecía dicho con toda el alma: se me quedó dentro de los oídos como cuando nos entra agua en ellos y no la podemos extraer ni atenuar la gran molestia que produce. Salí del baño aturdido y con despecho, que no excluía la vergüenza de haber sido tonto y brutal.

Después, al abandonar la caseta, donde permanecí largo rato procurando serenarme, vi a los dos esposos correteando por la playa y recogiendo conchas como dos inocentes. Nunca había estado mi prima tan hermosa. Los baños de mar habían puesto el sello a su robustez gallarda. Hablando de su apetito, lo pintaba con las hipérboles más graciosas. "Se desayunaría con un cabrito si no fuera de mal tono... Sentía que las chuletas no tuvieran izquierda y derecha para comérselas dos veces... Por punto no devoraba una langosta entera." Su asnito no le iba en zaga en esto. Ambos tenían coloración tostada y encendida, por efecto del sol, del agua de mar y de aquel apetito de la Edad de Oro. Ambos revelaban el apogeo de la salud y del vigor físico, así como el grado culminante de la alegría, que es consecuencia de aquel feliz estado. El indiferente que los veía y los escuchaba no podía menos de alabar a Dios ante una pareja tan bien dispuesta para los goces y los trabajos humanos, ante aquel admirable tronco que arrastraba sin esfuerzo alguno, relinchando de gusto, el carro de la vida.

III

¿Por qué Camila no era mía? Vamos a ver, ¿por qué? Antojábaseme que habría sido el más feliz de los mortales teniéndola por esposa. No me contentaba con robarla al hogar y al tálamo de otro hombre; quería ganármela legítimamente y tomar posesión de ella ante el mundo y ante Dios. Sí, tal era la mujer que me convenía; Camila, sí, y no otra, pues cuando uno se liga a una mujer para toda la vida, es preciso que ésta lleve en su temperamento aquellos raudales de dicha, aquel reír inefable y aquella santa salud. ¡Qué fatalidad, llegar siempre tarde! La interposición del marmolillo de Miquis me parecía una mala pasada de mi destino. ¡Dios me quería mal, me estaba trasteando y *quedándose conmigo*! ¡Cuánto disparate! También pensaba mucho en la primera impresión que me causó la señora de Miquis cuando la conocí. ¿Por qué me fue antipática? ¿Por qué la juzgué tan severamente? ¡Ah! Porque en aquellos días yo era idiota; no me quedaba duda de que era el mayor majadero del mundo, pues la misma equivocación que padecí con Camila la tuve con respecto a Eloísa, a quien estimé adornada de mil virtudes, sin adivinar su diabólica pasión por el lujo. ¿Y si después de ganar y poseer a Camila me salía con un defecto semejante? Porque equivocado una vez, equivocado mil y quinientas... No, no, no; ésta no tenía ninguna chispa del Infierno dentro de sí, como la otra; ésta era la alegría, alma del mundo; la rectitud guardada en el vaso de la jovialidad... Tenía que ser mía en una forma u otra, y después era indispensable que el marmolillo reventara o que se le llevaran los demonios para legitimar mi victoria.

Faltábame aún ensayar otro idilio, puesto que el piscatorio y el campestre no me habían servido de maldita cosa. Les convidé, pues, a dar un paseo por Bayona y Biarritz. Augusto y su mujer y cuñada vendrían también. Brindéles con un viajecito hasta Burdeos; pero no aceptaron. Mi idea era pasarle a Camila por delante de los ojos las tiendas francesas de novedades, y observar, al menos, qué cara ponía, y si era su ánimo

completamente inaccesible a cierto género de tentaciones. Cuando íbamos en ferrocarril camino de la
frontera, dije a mi borriquita que se comprara lo que
quisiese, un par de abrigos de invierno, tres sombreros,
media docena de corbatas, dos o tres vestidos de alta
novedad; en fin, que aprovechara la ocasión surtién-
dose para todo el año.

—No me lo digas dos veces —contestaba entre carcajadas—: mira que te arruino.

¡Ojalá que quisiera arruinarme! Con secreta satisfacción observé que el aspecto de las tiendas de Bayona
la puso seria, que miraba mucho y con atención profunda, que ella y la mujer de Augusto discutían sobre
lo que veían. A ruego mío entraban en algunas tiendas, pero sin escoger nada. Augusto hizo algunas compras insignificantes. Yo intenté hacerlas considerables;
pero Camila no quería tomar nada, sino de acuerdo
con su manchego, que a cada paso consultaba el portamonedas y hacía cuentas tácitas. No pude conseguir
que aceptasen nada de lo que les ofrecí. Para obtener
alguna ventaja en este terreno tuve que hacer un regalo
general, obsequiando a cada uno de los que formaban
la partida.

—Pero, vamos a ver, tonta, ¿por qué no te compras
este abrigo...? Yo te adelanto el dinero. Ya me lo pagarás cuando puedas. Constantino, ¿no es verdad?

Constantino decía que nones.

—Y este sombrero..., ¿ves qué bonito?

—Vamos, vamos —decía Camila muy seca—. Me
carga este pueblo. Esto es una *farsantería*.

—Al menos —insistía yo—, que acepte tu marido este
paraguas, y tú... No me desaires. Me enfadaré si no
aceptas este *pardessus*.

—Quita allá... Voy a parecer una de esas tías... No
quiero, no quiero.

Fuimos a Biarritz y almorzamos en el Hotel de Em-
bajadores. Felizmente, Miquis se encontró un amigo
que le invitó a jugar una partida de billar en el Casino.
Paseamos en tanto los demás por los alrededores de
la Villa Eugenia, por las playas de los Locos, de los
Vascos y por los vericuetos del Puerto Viejo. Augusto
y su mujer y su cuñada se entretuvieron hablando con
una familia conocida. Solo ya con Camila, la llevé por

los senderos rocosos de La Chinaougue, cerca del Casino y del Puerto de los Pescadores. ¡Qué gusto verme solo con ella! Aquel ratito me parecía la gloria. Tuve el tacto de no hablarle directamente de amor. Observé en ella cierta indolencia, menos alegría que de ordinario y una atención particular y compasiva a lo que yo decía, y a las quejas que exhalé sobre mi suerte y la soledad de mi vida. De pronto dijo:

—Estoy en ascuas. Ese individuo con quien ha tropezado Constantino es una mala persona, uno de sus amigotes de Valladolid. Temo que me lo pervierta.

Yo les respondí que no se cuidara de su esposo, que era la persona más formal del mundo.

—Ese granuja le invitó a echar una mesa, y temo que me le arrastre al *baccarat* que hay en el Casino... No creo que mi marido caiga en la tentación. Bien sabe él que le arrancaría las orejas... Me tiene miedo, y no es capaz ni de decirme una mentirijilla. ¡Ah!, mi asnito es muy bueno. Y no te creas, cuando se casó conmigo tenía todos los vicios. Jugaba, bebía aguardiente, se estaba todo el día en el café diciendo gansadas, hablaba de sus jefes con poco respeto, contaba los grados que iba a ganar sublevándose, decía mil tontunas, era sucio y ordinariote. Pues ya ves: poco a poco le he ido quitando todos esos vicios. No te creas... Unas veces con blandura, otras con porrazos. Un día le hice sangre..., porque yo, cuando pego, no reparo... Figúrate que le mandé apartar un baúl y se escupió las manos para agarrarlo y hacer fuerza. ¡Ay, cómo me puse! ¡Me volé...!

Ved mi tontería... Estaba yo embelesado oyéndole estos cuentos de su intimidad doméstica.

—Poquito a poco —prosiguió—, le he hecho romper con todos sus amigotes. Les he ido degollando uno a uno... Hoy es un niño, un angelón, y me quiere más que cuando nos casamos. Si me preguntas que por qué nos casamos, no te sabré contestar. Nos entró muy fuerte a los dos. Nos vimos por vez primera una tarde que fui a merendar de campo en El Pardo con las de Muñoz y Nones, y al día siguiente, que era martes, nos hablamos otra vez en el Retiro. El miércoles nos dijimos cuatro sandeces por el ventanillo de casa; el jueves, miraditas en la Comedia; el viernes, carta

canta... contestación; el sábado nos volvimos a hablar
y juramos morirnos o casarnos; el domingo quise yo
almorzar fósforos, y el lunes Constantino en casa con
permiso de mamá. Nos casamos contra viento y marea. La mamá de él, doña Piedad, se puso hecha un
veneno, y en El Toboso se dijo que yo era una sinvergüenza, que había tenido que ver con muchos hombres. Llegaron hasta decir que..., a ti te lo contaré en
confianza..., que yo había tenido un chiquillo. Ya ves
que no me muerdo la lengua. Constantino me ha contado después todas estas tonterías de pueblo, y nos
hemos reído. Su madre tenía el proyecto de casarle
con una paleta rica, y él dejó todo, palurda y millones,
por mí. Ya ves qué mérito tengo. Después mi suegra
se ha querido reconciliar conmigo, y yo le he escrito
varias cartas. Soy yo muy cuca. ¿Sabes lo que dice
ahora? Que tiene ganas de conocerme. Pero yo me
estoy dando lustre y no quiero ir a La Mancha. Iremos
más adelante... Y aquí termina la presente historia.
Nos queremos como Adán y Eva. Le domino y me
tiene dominada. No te creas... Si Constantino no hubiera tenido tantos vicios y no me hubiese yo calentado los cascos para quitárselos, a estas horas nos
habríamos tirado los platos a la cabeza.

No quise apartarla de aquel tema, en que tan espon-
táneamente se explayaba. Los recelos por la tardanza
del otro la inquietaron de nuevo. Por fin lo vimos aparecer solo, dando zancajos.

—¿Has jugado? —le preguntó ella, impaciente.

—Jugar, ¿a qué?

—Al *baccarat*.

—¿Yo?... Tú estás loca. Puedes creer que no.

—Lo creo, lo creo —dijo ella, rebosando de confianza—. No hay más que hablar. Pero hazme el favor
de no volverte a juntar con ese lipendi. Es un perdido,
que no ha tenido una fiera que la dome... Mira, mira qué bonito te has puesto.

—Si es la tiza, mujer, la tiza que se da a los tacos.

—No estás tú mal taco. En cuanto te separas de mí,
ya no hay por dónde cogerte.

Augusto y su familia se nos reunieron, y nos volvimos a San Sebastián, ellos contentísimos, yo triste. Pero
al día siguiente creí notar en Camila cierta tendencia

a pensar demasiado en los vestidos y adornos de mujer
que había visto. La esposa de Augusto y ella discutían
con desusado calor sobre manteletas, *pardessus,* capotas
y faralaes. ¡Si habría hecho el idilio trapístico más
efecto que los otros! Porque yo la notaba un poco
menos alegre, algo más atenta a cosas de vestir. ¿Se
conmovería al fin aquella torre? "Quizás, quizás —pensaba yo—. Al fin tiene que ser de una manera o de
otra. Tu caerás cuando menos lo pienses."

IV

Pero un día resolvieron marcharse, y con mis ruegos
no les pude detener. A Constantino se le acababan los
dineros. Dije a mi querida prima que no se apurase
por eso y que mi bolsa estaba a su disposición; pero
ni por ésas. "Tú empeñado en arruinarte, y yo en que
has de ser rico. ¡Si al fin tendré que ser tu administradora...!" Ojalá lo fuera. Me causó maravilla verle
hacer sus cuentas al céntimo y alambicar las cantidades. Unas veces de memoria, otras con ininteligibles
garabatos, presuponía todos sus gastos y se sujetaba a
un plan con toda firmeza. Se había vuelto avariciosa,
y no se sabe las vueltas que daba a un duro antes de
cambiarlo. Se fueron, ¡ay de mí!, dejándome en espantosa soledad.

De buenas a primeras, encontréme un día con María
Juana y su marido, que después de pasar la temporada
en San Juan de Luz, se detenían dos semanas en San
Sebastián antes de la *rentrée.* Dígolo así, porque noté
en la mayor de mis primas cierto prurito de decir las
cosas en francés. Había estado en Lourdes a cumplir
una promesa. Rabiaban por tener sucesión, lo que Dios
no les quería conceder, sin duda por haber decretado
la extinción de los *ordinarios de Medina* por los siglos
de los siglos.

Contra lo que esperaba, María Juana estuvo obse-
quiosísima conmigo. De confianza en confianza, se
aventuró a hablarme de Eloísa, a quien puso cual no
digan dueñas. Su conducta la tenía avergonzada. Era
un escándalo. Al menos, cuando tuvo la debilidad de
quererme, la vergüenza se quedaba en la familia. Y
lo peor era que no se sabía adónde iba a parar su

dichosa hermana con aquella vida y su pasión del lujo. Estaba en la pendiente, ¿dónde se detendría? Hablamos luego de la Virgen de Lourdes, de lo bien arreglado que está aquello, de lo conveniente que sería que en España hubiera algo parecido para que no fuese el dinero de los devotos a Francia, y para que la piedad y el negocio marcharan en perfecto acuerdo. Díjome que en Madrid iba a hacer propaganda para que a la más popular de las Vírgenes se le dedicaran peregrinaciones y jubileos, a fin de llevar dinero a Zaragoza. Había patriotismo o no lo había. Yo me mostré conforme con todo. Volviendo a Eloísa, diome pruebas de mayor confianza. Comprendía que una mujer, en momentos de alucinación, faltase a sus deberes por un hombre como yo, de buena figura (movimiento de gratitud en mí); pero no comprendía que hubiera mujer capaz de echarse a pechos (textual) al carcamal asqueroso del marqués de Fúcar, sólo por estar forrado de oro; un adefesio que había sido negrero en Cuba y contrabandista por alto en España, y que, por añadidura, se teñía la barba.

En tanto, Medina estaba afligidísimo. Los sucesos de Badajoz le habían llegado al alma. [44] "¡Qué horror!, cuando creíamos que ese cáncer de los pronunciamientos estaba cauterizado... Así es el cáncer. Se le cree cortado y retoña." El buen señor no hablaba de otra cosa. Su patriotismo sano y leal había sentido la injuria como un ser delicado que recibe una coz. ¡Y el mulo que la daba era el ejército, nuestro valiente ejército! "Dios salve al país", exclamaba Medina con olozaguista concisión, juntando las manos.

El afán de saber noticias llevábale a él, y a mí también, a los círculos políticos de San Sebastián, a aquellos famosos ruedos de habladores, en cuyo centro suele verse un ex-ministro, y cuya circunferencia está formada de ex-directores y cesantes más o menos famélicos. Cansados al fin de círculos, nos marchamos todos a Madrid. Por el camino, María Juana me manifestó que pensaba organizar su casa de otro modo; que había hechos algunas compras para renovar el mueblaje, y

---

[44] En el verano de 1883 la guarnición de Badajoz se alzó contra el Gobierno de Madrid. La sublevación, de carácter republicano, fue sofocada rápidamente.

que fijaría un día de la semana para quedarse en casa. Esto me pareció muy bien. De concepto en concepto, llegó hasta indicarme que yo debía de ser muy desgraciado en mi celibato, y que me convenía casarme. "Déjalo de mi cuenta —me dijo con cierto entusiasmo—. Yo te buscaré la novia."

Apenas llegué a Madrid y a mi casa, subí a ver a Camila, a quien hallé contenta, como siempre. El manchego estaba haciendo café en la cocinilla rusa, y ella cosiendo en una máquina nueva de Singer, que había adquirido con parte de los ahorros destinados al caballo. Esto me recordó mi promesa, que sería cumplida sin pérdida de tiempo. Constantino elegiría a su gusto.

Dijo mi prima que iba a emprender la grande obra de las camisas. Ya veríamos quién era Calleja. No quiso aguardar a otro día para tomarme las medidas, y se puso a ello con entusiasmo, dando tales pases con la cinta de cuero, que me avispé un tanto. "Pero estas camisas van a tener más medidas que la catedral de Toledo..." ¡Qué mona estaba y qué gitana!... ¡Ira de Dios! ¡Casarme yo mientras aquella mujer existiera!... Jamás de los jamases. Loca estaba la que ideó tal cosa.

¡Y que no estuviéramos en los tiempos legendarios para robarla y echar a correr con ella en brazos, sobre alado caballo que nos llevase a cien leguas de allí! ¿Por qué, Dios poderoso, se me había antojado aquélla, y no ninguna otra? Pollas guapísimas, de honradas familias, conocía yo, que se habrían dado con un canto en los dientes porque las requiriera de amores; muchachas de mérito que me habrían convenido para casarme, algunas de mucho talento, otras muy ricas; y, no obstante, ninguna me gustaba. Había de ser precisamente aquélla, la borriquita que ya estaba uncida al asno del Toboso. Aquélla, forzosamente aquélla era la que se me antojaba para mujer propia y fija, para recibir mis homenajes de amor en lo que me restara de vida; aquélla nada más, y aquélla había de ser, pesara a todas las potencias infernales y celestiales.

Cómo llegaría a ser mi querida, no se me alcanzaba; pero ella vendría al fin. Aunque me hallaba un poco mal de salud, no paraba en casa. Habíame entrado febril desasosiego y curiosidad por averiguar lo

que hacía Constantino fuera de la suya cuando salía,
y si era tan formal como su mujer pensaba. Porque
descubriéndole algún enredo me alegraría seguramente.
No era mi ánimo delatarle, sino simplemente tomar
acta y fundar en algo mis esperanzas de triunfo. Durante algunas tardes y noches le seguí los pasos, hecho
un polizonte. ¡Qué papel el mío! Me habría parecido
risible e infame en otras circunstancias; pero tal como
yo estaba, completamente ofuscado y fuera de mí, parecíame la cosa más natural del mundo. Siguiendo a
mi amigo, deseaba ardientemente verle entrar en donde
su entrada me probase su ligereza y el olvido de aquella fidelidad ejemplar de que Camila hacía tanta gala.
Mi desesperación era grande al ver que mi celosa suspicacia no podía sorprender ningún acto ni aun indicio
en que apoyarse. Alguna vez nos tropezamos de noche
cerca de alguna calle sospechosa. Yo le cogía por la
solapa, y con afectado enojo le decía: "¡Ah!, tunante,
tú andas en malos pasos. Tú vienes de picos pardos."
Y él se reía como un bendito bruto. Tan seguro estaba
en su conciencia, que no me contestaba sino con una
afirmación rotunda y tranquila. "¡Parece mentira —insistía yo— que teniendo una mujer como la que tienes...! No te la mereces." Y él se reía, se reía. La
honradez pintada en su cara tosca me declaraba su
inocencia, pero yo volvía a la carga: "Se lo contaré a
Camila."

Y él, sin mostrar contrariedad, no decía más que
estas breves palabras, con sencillez grandiosa, que era
toda una conciencia sacada a los labios:

—No te creerá.

Y era verdad que no me creía, pues cuando alguna
vez, en la mesa, aventuraba yo alguna indicación, más
bien con carácter de broma, Camila se reía y bromeaba
un poco también, diciendo: "¿Conque en malos pasos..., la otra noche...? Me parece que el que andaba
en malos pasos eras tú".

¡Él la miraba! ¡Qué mirada aquella de rectitud sublime! Era como la mirada profundamente leal y honrada de un perrazo de Terranova. Camila le cogía la
cara entre sus dedos flexibles, bonitos, encallecidos por
la costura, y estrujándosela decía: "Déjate de boba-

das, José María. Este animal no quiere a nadie más que a mí".

Aquella fe ciega que tenían el uno en el otro era lo que me desesperaba... ¡Que no vinieran los tiempos en que un hombre podía evocar al Diablo, y previa donación o hipoteca del alma, celebrar con él un convenio para obtener las cosas estimadas imposibles! Yo quizás no hubiera cedido mi alma sino a retroventa, para pagarla después de algún modo, o redimirme con oraciones, y recobrar la que Shakespeare llama *eternal joya*... Pero ya no hay diablos que presten estos servicios; tiene uno que arreglarse como pueda.

V

DOY CUENTA DE LA AGRAVACIÓN DE MIS MALES Y DEL REMEDIO QUE LES APLICO. GONZALO TORRES

I

UNA mañana, ¡plaf...!, Raimundo. Caía sobre mí cuando menos le esperaba, y muy comúnmente cuando menos ganas tenía de oírle. Entró aquel día con cara risueña y un rollo de papeles en la mano. "Veremos por dónde la toma hoy —pensé—, aunque bien sé adónde ha de ir a parar." Díjome que estaba muy mejorado de su reblandecimiento, que las palabras se le salían de la boca fáciles y correctas, sin que la lengua tuviera que hacer contorsiones, y que se sentía dispuesto, ágil y con el entendimiento lleno de claridad y hasta de inspiración.

—Hombre, ¡cuánto me alegro! —exclamé, echando ojeadas de inquietud al rollo de papeles—. ¿Y qué traes ahí? ¿Esa es la obra de que me hablaste? ¿Has hecho algo en Asturias?

—¡Ah!, no..., aquello fue un tontería..., un drama, una idea nueva... Hice dos o tres escenas; pero lo abandoné pronto. La cosa no salía. Después se me ocurrió esta gran obra.

Con sonrisa triunfal mostróme el rollo de papeles, que yo miré como se puede mirar el cañón de escopeta del cual ha de salir la bala que nos ha de herir.

—Algún dibujillo —indiqué, deseando que acabase pronto, pues tenía que hacer—. Dispara, dispara de una vez.

Desenvolviendo lentamente el rollo, dijo:

—A ti solo te lo enseño, porque no quiero que se divulgue la idea. Me la podrían robar. Es muy original. Figúrate: esto se llama *Mapa moral gráfico de España*; va acompañado de una Memoria, y su objeto es...

Cortó la frase para extender el papel sobre una mesa, sujetándolo por los bordes con objetos de peso. Vi muy bien dibujado el contorno de nuestra Península, con indicaciones de cordilleras, ríos y ciudades. Los nombres de éstas se hallaban encerrados dentro de círculos concéntricos de colores de muy diverso matiz.

—¿Qué demonios es esto?... El mapa está muy bien dibujado.

—Pues esto —afirmó con exaltación de artista— es una representación gráfica del estado moral de nuestro país. La intensidad de los colores indica la intensidad de los vicios, y éstos los he dividido en cinco grandes categorías: *Inmoralidad matrimonial, adulterio, belenes,* color rojo. *Inmoralidad política y administrativa, ilegalidad, arbitrariedad, cohechos,* color azul. *Inmoralidad pecuniaria, usura, disipación,* color amarillo. *Inmoralidad física, embriaguez,* verde. *Inmoralidad religiosa, descreimiento, violeta...* He recogido la mar de datos de tribunales, otros de la Prensa... Ya ves que ésta es una estadística nueva, cuyos elementos no se pueden buscar en los archivos; ello es cuestión de perspicacia, de conocimientos generales y de mucho mundo. Casi todas las apreciaciones son a ojo de buen cubero. En la Memoria desarrollo la idea, y justifico con razonamientos y con baterías de cifras lo que se expresa aquí en aros de varios colores. Echa una ojeada y te harás cargo; podrás ver de golpe la España moral, que, entre paréntesis, no es un país de cuáqueros... Cuando esto se publique, y se publicará, ha de llamar mucho la atención que aparezca Madrid como el punto donde hay más moralidad en todos los órdenes. Y lo pruebo, lo pruebo, chico, como tres y dos son cinco. Pásmate: hasta en política lleva ventaja Madrid a las provincias, y las capitales de éstas, a las cabezas de partido. En la Memoria pruebo que los políticos de aquí, tan calumniados, son corderos en parangón de los caciques de pueblo, y que el ministro más concusionario es un ángel comparado con el secretario de Ayuntamiento de cualquiera de esas arcadias infernales que llamamos aldeas. El color rojo lo verás distribuído casi en partes iguales por toda la Península. Las provincias gallegas son las más favorecidas en todo, así como en inmoralidad física lleva la mejor parte Barcelona, donde apenas se conoce un borracho. El violeta más intenso lo verás en Madrid, eso sí; es donde hay menos beatos y donde menos se oye ese tintín del reloj del fanatismo que llaman golpes de pecho. He formado estadísticas de misas. Madrid da el promedio diario de una misa por cada trescientos veinticinco habitantes, mientras que León me da una misa por cada diez y seis. El tanto por ciento de mojigatos es en Madrid, cifra mínima, de dos y medio, mientras que en la Seo de Urgel salen cuarenta y siete carcas por cada cien personas.

Cuando a esto llegaba, se iba excitando tanto, que empezó a entorpecérsele la lengua y a pronunciar mal ciertas sílabas. Echéme a reír, y sabiendo en lo que habían de parar aquellas misas, pensé cuánto le daría.

—Tú estás reblandecido —le dije—. Las cosas que a ti se te ocurren, ni al mismo demonio se le ocurrirían... Otro día me explicarás mejor esa monserga. Y por de pronto...

Le miré como le miraba siempre que quería socorrerle. Él me comprendió al punto con aquella infalible perspicacia de mendigo, y enrollando con nerviosa presteza el cartel de nuestras miserias, se dejó decir:

—Es que..., precisamente... Ahora viene lo principal, que es ponerlo en limpio, en vitela, con colores finos... Chico, tú vas a ser mi Mecenas. Te dedico la obra...

—No, no..., hazme el favor de dedicársela a otro.

—Bueno, bueno, como quieras.

Hacía algún tiempo que yo había adoptado el sistema de negar y conceder alternativamente sus pedidos, es decir, que le daba una vez y otra vez no, y en los casos afirmativos, siempre le daba la mitad. Aquella vez no tocaba; pero ya porque el mapa me hiciera gracia, ya porque me inspiró su destornillado autor más lástima que nunca, me di a partido y le puse en la mano un billete de dos mil reales. ¡Cómo se le alegraron los ojos y qué excitado y chispo se puso! Dándole a entender que me alegraría mucho de quedarme solo, y mostrándome poco deseoso de conocer *hasta en sus menores detalles* la gran obra de estadística moral, conseguí alejarle. Ocho días estuvo sin parecer por casa.

Una tarde me hallaba enteramente solo, entretenido en extraer las cartas-compromisos que debía pasar a las personas con quienes había hecho operaciones de 4 por 100 Perpetuo *a voluntad*, cuando sentí abrir quedamente la puerta de mi gabinete. Miré y vi asomar por el borde de la cortina el rostro de Camila. Diome un vuelco el corazón. Dejé la escritura, alegréme mucho... Mas por no sé qué ruidos que oí, parecióme que no venía sola.

—Buenos días, tísico —me dijo sin entrar y retirándose otra vez.

—¿Ha venido alguien contigo? ¿Ha entrado alguien? —le pregunté.

Y desde la sala gritó:

—No, estoy sola.

Pero sentí algo que me inquietaba. Camila reapareció levantando la cortina, y entró al fin en mi gabinete. Mostraba cierta emoción.

—Pero ¿qué escondites son ésos? Tú no has venido sola.

—Es que —me dijo, después de vacilar un rato— tienes ahí una visita.

—Pues que pase —repliqué, levantándome.

—Dice que no se atreve... Tiene vergüenza...

Me asomé a la puerta. Era Eloísa la que allí estaba. En el mismo instante en que la vi, Camila echó a correr y se subió a su casa.

Entró la otra al fin en mi gabinete, tan cohibida, tan turbada, que yo también me turbé. Durante un rato, no muy corto, estuvo delante de mí sin saber qué cara ponerme ni qué palabras dirigirme. La sonrisa y el llanto luchaban por prevalecer en la expresión de su cara. Por último, lloró sonriendo y me echó los brazos al cuello.

—Haces mal en estar enfadado conmigo —me dijo, hociqueándome—. Yo siempre te quiero. No me he olvidado de ti ni un solo día.

Diéronme ganas, primero, de echarla de mi casa. Pero aquel catonismo se me representó luego como una crueldad injusta, pues yo, si no era peor que ella, tampoco era mejor. Fui indulgente, acordéme de aquello de *la primera piedra,* hícela sentar a mi lado, y hablamos. Noté que estaba vestida con extrema elegancia, de luto, y que se verificaba en ella, entonces como siempre, el fenómeno de conservar su tipo de *señora española,* a pesar de la asimilación de la moda parisiense. Eloísa adaptaba la moda a su manera de ser; era siempre la misma, y sabía imprimirse el sello de la distinción decente. Así había sido antes y así se había mantenido después, aun en épocas de gran desvarío; quiero decir que nunca ha dejado de parecer dama la que nunca lo fue, ni por las costumbres, ni por la superioridad de inteligencia, ni por esa elegancia espiritual que tan diferente es de las que trazan las tijeras de las modistas.

Quise mortificarla diciéndola lo contrario de lo que estaba pensando acerca de su cariz de señora española:

—Estás hecha una francesa.

Esto le supo muy mal. Levantóse, miróse al espejo, y dando vueltas sobre sí misma para verse de espaldas, me dijo:

—¿Es verdad eso? Mira, lo sentiría mucho. Creo que te equivocas. No, no parezco una francesa. No me lo digas otra vez.

Sentándose de nuevo, prosiguió así:

—Ya estaba de París hasta la corona... He ido también a Lieja, a Spa, a Aix-Chapelle, y después a Colonia, a ver la catedral, que es muy grande, pero muy grande. Si te he de decir toda la verdad, no me he divertido nada.

Inclinándose zalamera, apoyó su hombro sobre el mío; dejóse ir hasta que su cabeza vino a apoyarse en la mía. Estos signos de reblandecimiento amoroso me desagradaron. En mí no despertaba ilusión, como no fuera ilusión momentánea, de las que sólo afectan a la superficie de nuestro ser. No quise alentar aquellos pujitos de cariño, y permancí como un leño. Irguióse ella de súbito, despechada, y pasándose el pañuelo por los ojos, me dijo:

—Sé que vas a subir al púlpito a echarme los tiempos, a ponerme de vuelta y media... Suprime los sermones. Todo lo que tú pudieras decirme lo sé; yo misma me lo he dicho, con palabras tuyas, sí, con palabras que me has enseñado a usar y que me parecía estar oyéndote... Sé que soy una mala mujer; pero qué quieres..., el mundo, locuras, ambiciones, las cosas que se van enredando, enredando... Que hay muchas necesidades y poco dinero... Fue un remolino que me arrastró, fue lo que llaman los marinos un ciclón; di muchas vueltas, sin poder luchar con él. Conque ya estás enterado, y lo mejor es que te tragues la píldora y seamos amigos.

El efecto que me causaba era el de una infeliz hermosa, muy hermosa, sí, pero muy traída y llevada. Repugnábame unas veces; otras, me bullían deseos de no ser tan insensible a sus carantoñas.

—¡Ah! —exclamé de pronto—, no me has dicho nada de lo único tuyo que me interesa. ¿Y tu hijo?

—Guapísimo; rabiando por verte y preguntándome por ti. Mañana te lo mandaré para que le tengas aquí todo el día. Has dicho "lo único tuyo que me interesa..." ¡Qué ingrato eres! Pues yo..., siempre acordándome de ti, siempre diciendo: "¿Qué estará haciendo ahora?..." Ni qué tiene que ver el corazón con... lo demás.

—Estoy admirado de tus ideas. ¡Vaya, que tienes una manera de ver las cosas...! Lo que digo, estás hecha una parisiense... A mí no me vengas con historias...

—Y a mí no me llames tú parisiense; ya sé lo que quieres significar con esos motes. Esperaba de ti consideración por lo menos.

—La tendrás, aunque no sea sino por memoria de lo mucho que te he querido...

—¡Ah!... ¡Tiempo pasado! —murmuró, retirando el cuerpo para mirarme en actitud un poquito teatral.

—¡Y tan pasado...!

—Mira, canalla —gritó con repentino calor, tirándome del pelo—, no me digas que no me quieres ya, porque te corto la cabeza.

—Estás tú a propósito para que yo te quiera —respondí, esforzándome en mostrarle menos desdén del que sentía—. Ciertas locuras no se hacen más que una vez en la vida.

II

Salióme a los labios una pregunta amarga y cortante; mas a la mitad de la frase, sentimientos de delicadeza me hicieron callar. No dije más que esto:

—¿Y qué me cuentas de tu...?

—Ella comprendió que le preguntaba por Fúcar y se puso encendida. Su vergüenza despertó compasión en mí, y corté el concepto en el punto que he dicho. Inmutóse la prójima un rato, y levantándose, dio varias vueltas por la habitación, como si quisiera enterarse de las novedades que había en ella. No quise mortificarla, y seguí la conversación en el terreno en que ella tácitamente la ponía.

—Dime, habrás traído de París maravillas.

—Algunas chucherías, poca cosa —replicó, mirándome otra vez y serenándose—. Ya lo verás. Quiero saber tu opinión. Algo he traído para ti.

—Gracias.

—Si no hay por qué dar gracias. Repito que todo lo he traído para que tú lo veas y digas si es bonito. Siempre que compraba algo, me decía: "¿Le gustará esto?" Y cuando se me figuraba que no te había de gustar, ni regalado lo quería.

Empapándome entonces en moral, como esponja sumergida en un cubo de agua, en esa moral de librito de escuela que nos sirve de mucho para echar discursos y de muy poco para regular las acciones, le dije que no se acordara más del santo de mi nombre; que yo no pensaba poner los pies en su casa, etcétera. Ni un niño acabadito de salir del colegio, con toda la *Doctrina,* el *Juanito* y el *Fleury* metidos en la cabeza se habría expresado mejor.

—Eso lo veremos —replicó Eloísa, en pie delante de mí—. Vamos, no hagas el honradito de comedia. Ven a mi casa, sin malicia, con buen fin, como un amigo. y te enseñaré mis compras de París. No te preparo ninguna emboscada... Conque ¿vendrás? Tú podrás hacer lo que quieras; pero si no vas a verme, vendré yo aquí, te marearé, te perseguiré. ¿Serás capaz de echarme de tu casa?

—¡Quién sabe!...

—¿A que no? Todavía me atrevería yo a apostar una cosa.

—¿Qué?

—Vamos a ver; una apuesta... ¿A que te chiflas otra vez por mí?

—A que no.

—A que sí.

—Apuesto todo lo que quieras.

Ambos nos echamos a reír, y concluyó por besarme la mano, como hacen los chicos con los curas que encuentran en la calle.

—Quedamos en que mañana te mando a Rafael —me dijo, arreglándose la cabeza delante del espejo.

—Sí, tengo muchos deseos de verle.

—Vamos a ver, con franqueza. ¿Qué tal me encuentras?

—Según lo que quieras decir. Distingo.

—Sin distinciones.

—Te encuentro muy francesa —repetí, faltando a la verdad por molestarla.

—¡Dale!... Me enfada eso más que si me dijeras una mala palabra. Si quieres decir la mala palabra, suéltala, ten valor, ponme la cara como un tomate, pero no me insultes con rodeos.

—Como quiera que sea, estás hermosísima —declaré, mostrándome más sensible a sus pruebas de cariño—. Las locuras que yo hice las hacen otros; mejor dicho, otros harán las locuras más locas... ¡Qué dramas leo en tu cara, hija, y también tragedias, que ahora están en borrador! Te voy a llamar *Madame Catastrophe*. ¡Pobrecito del que...! En fin, hemos de ver horrores.

—¡Ah! Tengo que contarte —dijo, tras una explosión de risa—. Tengo que contarte... ¿Sabes que Pepito Trastamara está loco por mí y quiere casarse conmigo?

—Péscale, no seas tonta. Hazte cargo de que tienes por marido a un galguito o a un *King Charles*. Serás duquesa, y libre como el aire. Pero la cuestión de cuartos creo que no anda bien en esa casa. La Peri está liquidando lo poco que resta. Mucho ojo, Eloísa.

—¿Ves? Sin querer, te estás tomando interés por mí; me estás dando consejos —replicó con mucha monería—. Si no puedes, hombre, si no puedes desligarte de mí; si te intereso sin que lo eches de ver... ¿Conque no me conviene Pepito Trastamara?... ¿Y ser duquesa? Pepito heredará al marqués de Armada-Invencible; fíjate en esto.

—También Manolo Armada-Invencible está a la cuarta pregunta. No tienes idea de lo arrancada que anda la aristocracia. Pídele detalles a tu cuñado Cristóbal Medina, que le lleva las cuentas al céntimo.

—Voy creyendo, como mi hermano Raimundo, que aquí no hay más que mil duros, que un día los tiene éste y después el otro...

—Ni más ni menos. Te profetizo que pasarás las de Caín. Hay poco dinero.

—Y muchos a gastar, lo sé.

Seguimos hablando de esto festivamente, riéndonos mucho y procurando yo esquivar los recuerdos, que a cada paso hacía ella, de nuestros pasados delirios. Por fin se fue, asegurando que nos volveríamos a ver pronto en su casa o en la mía. Su hermosura, que realmente era para deslumbrar al más pintado, no despertaba en mí sentimiento alguno de cariño; sólo inquietaba mi superficie dejándome en paz el fondo.

El día siguiente lo pasé muy entretenido con Rafaelito. Era un niño preciosísimo, angelical, que o nada sabía de travesuras, o no las hacía delante de mí por el respeto que yo le inspiraba. Su media lengua me encantaba, y su cortedad de genio me le hacía más interesante. Era muy formalito, y se pegaba, se cosía a mi persona, no dejándome a sol ni a sombra. Cuando le sentaba sobre mis rodillas para acariciarle, me pasaba la mano por la cara, tocándose con veneración, cual si quisiera cerciorarse de que yo era una persona viva y no imagen figurada por su deseo. Si entrábamos en conversación, iba soltando por grados su media lengua graciosa, dábame cuenta de los juguetes que tenía y de los que esperaba tener. Su manía entonces eran los globos. Si yo cogía un lápiz en la mano, pedíame que le pintara globos; quería hacerlos con el pañuelo, con un papel, y se le figuraba que la cosa más estupenda del mundo era andar por el aire colgado de una bola que sube. Había visto en París un aeronauta, y tal espectáculo se le estampó en el alma. Hícele varias preguntas capciosas por ver si tenía alguna idea respecto a Fúcar, pero nada pude sacarle; sin duda Eloísa le había mantenido a distancia del marqués, porque el niño sólo tenía nociones confusas de aquel humano globo.

Dondequiera que yo iba por la casa me seguía Rafael. Se agarraba a mi mano y no quería jugar solo; no se divertía sin mí. En las mesas y credencias de mi gabinete había varios cachivaches de porcelana, entre ellos perritos, gatos, muñecos... Rafael los miraba con cada ojo como un puño; pero no se atrevía a cogerlos, ni siquiera a tocarlos con la yema del dedo índice. Yo le permití que jugara con aquellas baratijas, y él las cogía con más veneración que el sacerdote la hostia. Cuando yo envolvía en papeles los perros y gatos uno por uno para que se los llevara, la emoción no le dejaba respirar. Al abrazarle, noté que su corazón palpitaba como si se quisiera romper.

Por la tarde, muy a disgusto suyo, le mandé a su casa con Evaristo, que le había traído. Despedíase de mí con resignación, preguntándome si su mamá le dejaría volver otro día. En los siguientes, Eloísa no cesaba de mandarme recados, informándose de mi salud, que no era buena, y con los recados solían ir cartitas rogándome que pasara a su casa. Viendo que yo no me daba a partido, fue ella misma a verme varias tardes. Por fin, una mañana me envió con el pequeñuelo una cartita, diciendo que estaba mala y deseaba "verme a todo trance". Bien comprendí que lo de la enfermedad era un ardid; pero las flaquezas propias de la naturaleza humana en general y de la mía en particular me impulsaron a acudir a la cita. Toda aquella moral mía se la llevó la trampa.

Y no sólo fui aquel día, sino otro y otros. La prójima parecía quererme como antaño; mas yo no veía en ella sino un pasatiempo, un entretenimiento breve, que endulzaba algunos instantes de mi vida amarga; y mientras más caía en aquellas embriagueces fugaces, sin interés alguno espiritual, mayor y más alta era la idealidad de mi pasión por Camila. Aquella loca afición no correspondida se alambicaba y se extendía, cogiéndome todo el ánimo y la vida toda, en la cual era un estado permanente. Sentía desarrollarse en mí dotes poéticas, inspiración fluida y crónica a estilo de la del Petrarca, porque

Figurín de *La moda elegante ilustrada*, 1890

La *serre* del palacio de los Duques de Fernán
Núñez con el rincón de la *Chocolatería andaluza*,
famosa entre la alta sociedad madrileña de 1885

Ilustración Española y Americana, 1885

a todas horas me sugería pasatiempos sutiles, de los cuales podían salir sonetos a poco que me ayudase la retórica. Camila no se me apartaba del magín ni un solo rato, y tanto más presente la tenía cuanto más cerca de Eloísa estaba, o, si se quiere, en el mayor grado de proximidad posible. La idea de que eran hermanas me cosquilleaba en la mente, violentando la fantasía para que llegase a la figuración de que eran una misma persona. ¡Y, sin embargo, cuán distintas! El aire de familia me engañaba tan sólo breves momentos.

Si he de decir verdad, me agradaba el poquito de misterio y reserva que era forzoso emplear en mis entrevistas con Eloísa. Sin esta salsa, quizás aquellas crasitudes dulzonas y sin temple me habrían empalagado más pronto. Quiquina y Evaristo me introducían con muchos tapujos. Nunca menté a Fúcar, porque conocí que le repugnaba nombrarle. Pero un día en que hablábamos de las precauciones tomadas para aquellas entrevistas, se puso rabiosa, y, señalando con el dedo índice la parte más alta de su cabello en desorden, se dejó decir:

—Estoy... de viejo pintado hasta... aquí.

No quiero pasar en silencio el cariño, el entusiasmo con que me enseñaba lo que había traído de París. En piezas de Choisy-le-Roi y de *barbotine* tenía maravillas, jarrones inmensos sobre columnas, un grifo con una cartela enroscada que *daba el opio,* y mil chucherías de todos tamaños, en tal número, que apenas había ya en la casa sitio donde ponerlas. Enseñóme también ricos encajes de Malinas, Bruselas y Alençon, comprados por ella misma a las *Beguinas* de Gante, y otras mil cosas. No cesaba de preguntarme: "¿Te gusta?", y si respondía que sí poníase muy alegre. En aquella época jamás me pidió dinero, ni lo necesitaba. (¡Pobres fumadores!) Por el contrario, advertía yo en ella un tácito deso de que se le presentase ocasión de sacarme de un apuro. Un día, no sé si de los últimos de octubre o noviembre, que me oyó hablar de ciertas dificultades para la liquidación, sacóme una cajita llena de billetes de Banco, de la cual aparté con horror la vista.

Acerca de ella corrían mil versiones infamantes. En París había desplumado a un francés, dando un lindo esquinazo a aquel esperpento de Fúcar; en Madrid mismo, sus favores habían recaído sucesivamente en un malagueño rico de apellido inglés, en un ex-ministro y célebre abogado. Todo esto era falso y prematuro, puedo decirlo en honor suyo, relativo, sin temor de equivocarme. La calumnia, que más tarde dejaría de serlo, la perseguía por adelantado, como persigue a todos los que se portan mal, resultando que hay en ella un fondo de justicia. Reaparecieron los jueves, en los cuales había más confianza que durante mi reinado. Díjome el *Sacamantecas* que se jugaba descaradamente. No iba ninguna señora, ni aun la de San Salomó, que era persona de manga muy ancha. Quiquina y monsieur Petit volvieron a la casa, y nuevos criados, y las mismas costumbres irregulares del año anterior.

Sabía Eloísa, eso sí, tomar en público los aires de una señora distinguidísima; y, lo que es más raro, conservaba parte no pequeña de sus relaciones; hacía visitas, iba a misa, era saludada por la más selecto de Madrid. Oyéndola hablar, cualquier incauto la habría creído el espejo de las viudas. Parecía que no rompía un plato. Afanábase por la educación de su hijo, y le había puesto un aya francesa, de quien me dijo Evaristo que era más fea que el hambre. Su solicitud materna era quizás lo único que yo podía estimar en la prójima; pues por todo lo demás, sólo me inspiraba lo que es propio de las prójimas: lástima, interés nominal y desdén efectivo.

III

De la propia crudeza de mis males físicos y morales brotó súbitamente la idea del remedio. Así es la Naturaleza, genuinamente reparadora y medicatriz. La idea que me abrió horizontes de salud fue la idea del trabajo. "Si yo tuviera un escritorio, como lo tenía en Jerez, y además mis viñas y mis bodegas, estaría muy entretenido todo el año, y no pensaría las mil locuras que ahora pienso, tendría salud y buen humor." Así me hablaba una mañana, y tras la idea, vino la resolución de practicarla. Pero ¿en qué trabajaría? Ocurriéronme de pronto varias clases de ocupaciones comerciales, de las cuales me había hablado la noche anterior Jacinto María Villalonga. El traía no sé qué belenes en Fomento. Había tirado ediciones sin fin de libritos agrícolas para que el Estado los hiciera comprar a los Ayuntamientos. Se presentaba

a todas las subastas, ya fueran de carreteras, ya de obras
de reforma en los museos, bien de impresión de Memorias o de los revocos que constantemente se están haciendo en el vetusto edificio de la Trinidad. Luego Villalonga
cedía el negocio con prima, si había quien se lo tomase.
Pero con esto y otros muchos enredijos que en el Ministerio traía, y por los cuales le vi sacar muy a menudo
libramientos y órdenes de pago, nunca salía de trampas.
Tan arruinado y lleno de líos estaba, que, sin duda, por
sus desordenados gastos y vicios no había mes que no
necesitase dinero. A mí me debía más de ocho mil duros,
y esta deuda empezaba a inquietarme.

Los negocios de que me habló y que me interesaron
eran más amplios que sus obscuros manejos burocráticos.
"Traer trigo de los Estados Unidos y establecer un depósito en Barcelona; instalar máquinas para el descascara-
do del arroz de la India, obteniendo previamente del
Gobierno la admisión temporal; llevar los vinos de la
Rioja directamente a París por la vía de Rouen, y a
Bélgica por la de Amberes..." Esto me parecía bien,
sobre todo el negocio de vinos, en el cual algo y aun algos
se me alcanzaba a mí.

Levantéme una mañana dispuesto a hacer un viaje a
Haro y dar una vuelta por Elciego, Casalarreina, Cenicero, Cuzcurrita y demás centros de producción... Pero
esto era meterme en faenas penosas. Nada, nada; más
valía que, quietecito en Madrid, buscara un modo de
trabajar. El negocio de Banca con Londres y París me
seducía; pero está muy acaparado. Hablando con mi tío,
éste me hizo ver que el estado de la Bolsa era muy a
propósito para zamparse en ella *hasta la cintura*. La
persistente baja, motivada por los sucesos de Badajoz, y
el azoramiento de los tenedores extranjeros, convidaba
a meterse en danza, teniendo serenidad y empuje.

Pues decidido. Pensando en esto, activáronse mis fuerzas y recobré la alegría. Por el trabajo, que trabajo era
y de los buenos, obtendría yo dos beneficios: evitar los
males que causa la holganza y restablecer mi fortuna en
su primitiva integridad. Desde el día siguiente me puse
al habla con mi amigote Gonzalo Torres, de quien he
hablado antes un poco. Ahora tengo que hablar mucho
de él, pues bien lo merece este tipo esencialmente madrileño, el más madrileño quizás que encontré en los

años que en la Corte estuve. Aquel *gato* se había enriquecido en pocos años con atrevidos agios; tenía coche, estaba edificando una casa magnífica en la Ronda de Recoletos y vivía muy bien, sin gran boato externo. Su facha era ordinaria, su estatura menos que mediana, la nariz pequeña y los ojos enormes, huevudos, con ceja muy negra. Presumía de guapo, y miraba a todas las mujeres que encontraba en la calle como perdonándoles la injusticia de que no le miraban a él. En este terreno era insufrible. Cuando le daba por relatar sus conquistas, no se le podía oír, porque decía muchas mentiras, revelando un pesimismo depravado. Ninguna a quien él había puesto los puntos había dejado de caer. No es, por lo tanto, de extrañar que llegara mi hombre a adquirir, por su propio experiencia, el convencimiento de que todas eran unas... tales.

En el terreno de los negocios sí que me gustaba oírle. Allí se descubría el hombre tal como era, con sus lados malos y sus lados buenos, el español agudo, vividor, de trastienda, que se mete por el ojo de una aguja y va en pos de su interés, saltando por encima de cuanto se le opone, tipo perfecto del que no ve en la humana vida más ideal que *hacer dinero,* y hacia él marcha con los ojos cerrados, digo, abiertos y bien abiertos. Nos veíamos muy a menudo en mi casa y en Bolsa; a veces almorzábamos juntos, y me contaba diferentes episodios de su vida. Ésta me pareció digna de estudio, como ejemplo de constancia y temeridad, de desvergüenza por una parte, de tesón por otra. Según me dijo, había pasado su niñez en un comercio de la calle de la Montera midiendo percales y bayetas, soñando siempre con ser rico y despreciando a su principal, un hombre apocado que tomaba el género en los almacenes de la plazuela de Pontejos para revenderlos, siempre con miseria y apuros, y sudando la gota gorda en cada vencimiento. Contaba Torres que él, confinado en su mostrador, tenía los ojos del espíritu fijos constantemente en los célebres banqueros Urquijo y Ortueta, que vivían en la misma calle, y tenía cuidado de que no se le escaparan cuando pasaban por delante de la puerta de su tienda en hora determinada para ir a la Bolsa o de regreso de ella. Ninguno de los dos tenía coche. Aquellos hombres eran sus ideales; ser como ellos, su ambición. A veces poníase a mirar desde

la calle a las ventanas de los respectivos escritorios, y
soñaba con verse en local semejante, escribiendo facturas,
firmando letras, cortando cupones; echándose después
gravemente a la calle para ir a la Balsa y rompiendo a
codazo limpio las manadas de transeúntes.

Regañóle un día su principal, y se plantó en la calle.
Como no tenía una peseta, pasaba mil agonías para vivir.
Todos los días, cualesquiera que fuesen sus ocupaciones,
pasaba por la calle de la Montera dos o tres veces, y si
encontraba a Urquijo [45] o a Ortueta, se quitaba el sombrero y hacía una reverencia como si pasara el Viático.
Tuvo que dedicarse a viajante de comercio para poder
vivir; recorrió toda España en segunda, con muestras
de chocolate de la Colonial, zapatos de Soldevilla y
otros muchos artículos. Pero sus ganancias eran escasas, y se fijó en Madrid, al amparo de Mompous, que
le daba algunos corretajes de venta y compra de terrenos. Sin que lo supiera Mompous, se asoció a un tal
Torquemada, que hacía préstamos con usura. Torres
buscaba víctimas, y las descueraban entre los dos. Hacían pingües negocios, *facilitando* dinero secretamente
a las señoras que gastan más de lo que les dan sus maridos para trapos; y con la amenaza del escándalo, las
ponían en el disparadero y las desplumaban. Bien relacionado el tal Torres con muchos tenderos de Madrid,
se hacía cargo, mediante una prima de cincuenta por
ciento, de realizar los créditos incobrables. Él apandaba
las cuentas que habían ido cien veces a casa del deudor, encontrándose siempre con cara de palo, y previo
el endoso del crédito en virtud de una ficción legal, en
que él (Torres) pasaba por *inglés* del tendero, se ponía
en combinación con Torquemada, que era curial y tocaba pito en todos los Juzgados, y apretando a la víctima con citaciones y embargos, por fin la hacían vomitar en conjunto o a plazos lo que debía.

Con estas socaliñas empezó a reunir su capital. Por una
serie de trapisondas y de enredos que serían largos de

---

[45] Estanislao Urquijo y Landaluce (1817-1889). Natural de Murga
(Álava). Comerciante en Madrid por los años de 1828 y 1829 en
una tienda de telas de la calle de Toledo; en 1834 pasó a la sucursal de Rothschild, donde adquirió sólidos conocimientos mercantiles.
Consejero del Banco de España. Contribuyó con Camacho, ministro
de Hacienda a la construcción del ferrocarril del Mediodía. Convino
las bases para la Conversión de la Deuda en 1881.

contar, Torquemada y Torres se adjudicaron una carnicería, propiedad de un deudor insolvente. La cosa no habría tenido lances si a Torquemada no se le hubiera ocurrido que, tras aquel negocio, podía emprender el de suministro de carne y caldo para los enfermos del Hospital Provincial. Puso la puntería en la Diputación, y aquel año hubo locas ganancias. Los moribundos les hicieron a ellos el caldo gordo.

Pero los parroquianos insolventes eran la pesadilla de entrambos. Había entre éstos un respetable sujeto, cesante, ex-director, que tenía una familia numerosa y anémica, a la cual recetaban los médicos *carne a la inglesa* o, lo que es lo mismo, cruda. Consumían mucho, pero no pagaban jamás, y la cuenta crecía como espuma. Cuando pasó de mil reales y trataron de hacerla efectiva, vieron que la casa del señor aquel era un abismo sin fondo. Al huevero se le debían dos mil reales, al de ultramarinos seis mil y al carbonero unos mil y pico. El del pan cogía el cielo con las manos; y congregados todos un día en la puerta de la casa, armaron una chamusquina de todos los demonios. Lo que decía el señor aquel, ex-director y caballero gran cruz de Carlos III: "Más le valía no haber nacido". Puestos todos los *ingleses* de acuerdo, quisieron hacer un *Trafalgar* en la infeliz familia, pero nada lograron. La familia insolvente y carnívora cambió de domicilio, dejando a los acreedores con dos palmos de narices. Sólo Torres, que era más listo que el huevero, el tendero y el carbonero juntos, olfateó el rastro, metió la cabeza, amenazó, y valiéndose de mil trazas ingeniosas, ya que no pudo sacar dinero, puesto que no lo había, obtuvo, en pago de la carne, un piano. Era el dulce instrumento en que tecleaba una de las niñas anémicas. Torres cargó con su presa, y...

—De esta adquisición inesperada —me dijo— arranca el negocio de alquiler y compostura de pianos que tuve durante tres años y medio. ¡Cómo se enlazan las cosas de la vida! De carnicero a músico. Torquemada siguió con el arbitrio de carnes, y yo acaparé el de almacén de pianos. Llegué a tener más de trescientas matracas, que alquilaba por tres, cuatro o cinco duros al mes a las alumnas del Conservatorio que soñaban con ser la Patti; a los compositores jóvenes que se creían unos *Meyerbes,* y para hacer boca, pergeñaban una zarzuelita; a las fa-

milias honradas y buenas parroquianas que querían
educar a las pollas para señoritas finas, aunque al fin y
a la postre vinieran a parar, como todas, en ser unas...
tales.

Luego proseguía contándome cómo, al fin, reunidos
unos seis mil duros, dejó los pianos para meterse de hoz
y coz en la Bolsa, que era su ideal, por suponerse con
aptitud nativa para el tráfico de papel. A los ocho días
ya sabía tanto como los viejos; adquirió pronto el golpe
de vista, la audacia serena y el don de abarcar rápidamente las operaciones más complejas. Su éxito fue grande. Empezó el 73, cuando la renuncia de don Amadeo,
y las bajas considerables en los años de guerra civil le
pusieron en las nubes. Era pesimista incorregible. Para
él, la campaña iba siempre mal, y los carlistas daban cada
golpe que cantaba el misterio. Aquellos mismos seres ve-
nerables a quienes tenía por semidivinos, Urquijo y Ortueta, los banqueros de la calle de la Montera, fueron sus
amigos, y tan iguales a él que le daban ganas de tutearlos.
El 77 era ya el espantapájaros de la Bolsa. Todos obser-
vaban lo que él hacía para seguirle la correa. Recibía
diariamente despachos telegráficos cifrados de sus agentes de Londres y París, para jugar en combinación con
aquellas plazas.

—Y aquí me tiene usted —añadía—; hoy soy rico,
pero no me gusta vivir a la pata la llana, y si tengo carruaje,
no es porque me haga falta, que yo gusto de andar en
el caballo de San Francisco; únicamente lo uso para que
esos brutos de la Bolsa me lo vean, y para que mi señora
se pasee.

Oí decir que la señora de Torres fue criada de servicio, y que no sabía leer ni escribir; mejor dicho, que
había adquirido con maestro estas indispensables enseñanzas después que la fortuna de su marido le dio títulos
y fuero de persona decente. Yo la conocí más adelante,
en casa de María Juana, y me pareció una mujer excelente, modesta y sencilla. Moralmente valía más que su
marido, y en figura le llevaba también no poca ventaja.

Pues bien: este Torres fue mi iniciador en aquella vida
de trabajo bursátil. Lo primero que hice al meterme en
danzas con él fue ponerle los puntos sobre las íes. Yo
no haría ninguna operación grande ni chica sino con
intervención de un agente colegiado, porque no quería

meterme en aventuras peligrosas. Torres operaba en grande con un desparpajo que me pasmaba, comprando y vendiendo a fin de mes, por sí y ante sí, sin ninguna seguridad legal, sumas fabulosas. Yo, por el contrario, resuelto a andar con pies de plomo por terreno tan peligroso, daba y tomaba mis *dobles,* compraba y vendía *en voluntad* o *a fin de mes,* siempre con la garantía de la publicación y de la firma del agente en la póliza, el cual agente era persona de respetabilidad, amigo de mi tío. Torres era muy listo, pero a mí no me faltaba trastienda para aquèl negocio, y en todo diciembre, así como en enero y febrero del año siguiente, vi coronados mis esfuerzos con éxitos no despreciables. Así me satisfacían más, teniendo por mejor sistema aquel *tole-tole,* que los atropellos en que se metía el hortera y carnicero y músico y bolsista Gonzalo Torres.

VI

LOS LUNES DE MARÍA JUANA

I

V A M O S con calma y método, que hay aquí mucho que contar.

María Juana me dijo que pensaba fijar los lunes para invitar a su mesa a seis o siete personas, y recibir después a los amigos. Deseaba ella que en estas reuniones reinase una media etiqueta, con lo cual contrariaba al bueno de Cristóbal, que renegaba de las farsas y enaltecía la confianza como flor verdadera de la amistad. Gustábale a él la abundancia de las comidas españolas, y ponía el grito en el cielo en tratándose de las fruslerías de la cocina francesa. Su mujer, habilidosa como pocas, logró encontrar el justo medio, o mejor, componendas hipócritas, con las cuales aparentaba llevarle el genio, y en realidad no hacía sino su santísimo gusto. El adorno de la casa era un campo de maniobras en que lo elegante y lo cursi andaban a la greña. Había cosas muy buenas, compradas recientemente en casa de Ruiz de Velasco, [46]

---

[46] La tienda de Ruiz de Velasco, tejidos blancos, situada en la calle Mayor, existió hasta no hace muchos años. Galdós menciona

y otras del gusto fiambre, caobas y palisandros barniza-
dos, papeles horribles con vivos de negro y oro. Porque
Cristóbal era de los que se empeñan en que todo se ha
de adornar con *medias cañas;* tenía fanatismo por este
sistema decorativo, y si lo dejaran, pondría las tales
medias cañas hasta en la Biblia. Mi prima iba deste-
rrando poco a poco antiguallas e introduciendo el con-
trabando de los muebles de arte y gusto; y como Medina la quería tanto, no le era difícil a ella triunfar en
cuanto se le antojaba, aunque hubo casos en que el esposo se mostró inflexible. Tenían un portero leal, honradísi-
mo, que llevaba veinte años comiendo el pan de los Medinas, hombre que, a decir de Cristóbal, *no se pagaba con
dinero.* Pero aquel espejo de los porteros tenía un gran
defecto. No vayáis a creer que se emborrachaba. ¡Era
que usaba patillas, unas enormes zaleas negras, revueltas
y despeinadas, que caían tan mal con la librea...! La
señora les había declarado la guerra, las odiaba como si
fuese ella propia quien tuviera aquellos pelos en la cara.
De buena gana habría acercado un fósforo a la de su
leal servidor, para incendiar aquel matorral indecente.
Pero Medina se opuso siempre a que se le hablara al tal
de raparse. Le parecía un ataque al libre albedrío y una
burla de la personalidad humana. Además, lo de las caras afeitadas, tratándose de criados, le parecía farsa,
comedia, "moda francesa, hija, mariconadas que me revientan". Defendido por su amo, el portero continuó y
aún continua tan hirsuto como siempre. La casa era una
de las fundadoras del barrio de Salamanca. La compró
Medina al Crédito Comercial, y después de echarle mil
remiendos y composturas, porque estaba tan derrengada
como todas las de su tanda, la pintó muy bien por fuera,
imitando ladrillo descubierto con ménsulas y jambas
figurando piedra de Novelda, y en el portal y escalera

en múltiples obras suyas, comercios madrileños de los que incluso
hizo buena propaganda elogiando sus productos y especialidades. En
Lo prohibido, se hace referencia también a Scropp, tienda de juguetes en la Calle de la Montera; Sierra, comerciante de abanicos
establecido en la Calle de Caballero de Gracia; Bach, tienda de
objetos artísticos en la Calle de Caballero de Gracia, y Lhardy,
establecido en 1839 en la Carrera de San Jerónimo, donde aún hoy
existe la pastelería y el restaurante con igual fama y nombre que
en el pasado.

púsole cuantas *medias cañas* cupieron. Arregló para sí el principal, que era hermosísimo, con vistas a la calle de Serrano y al jardín interior de la manzana. Las tales casas, mal construidas, tienen una distribución admirable, un ancho de crujía y un puntal de techos que me gusta mucho. Su única imperfección, para mí, es la curva de las escaleras, defecto que también tenía mi finca de la calle de Zurbano.

María Juana había engrosado bastante; pero siempre estaba guapa. La gordura y los quevedos aumentábanle un poco la edad; pero al propio tiempo dábanle aires de persona sentada y de buen juicio, y hasta de mujer instruida con ribetes de filósofa. Éralo realmente. Más de una vez la sorprendí bajando de su coche en las librerías para comprar lo más nuevo de por acá, o bien lo bueno y nuevo de Francia. No tenía escrúpulos monjiles, y se echaba al coleto las obras de que más pestes se dicen ahora. Estaba, pues, al tanto de nuestra literatura y de la francesa; leía también a los italianos Amicis, Farina y Carducci; apechugaba sin melindres con Renán y otros de cáscara muy amarga, y algo se le alcanzaba de Spencer, traducido.

Mostrábame la señora de Medina (líbreme Dios de llamarla *ordinaria)*, desde que nos vimos en San Sebastián, grandísima consideración. Fui el primero con quien contó para sus comidas; iba también algunas tardes y hablábamos largamente. Descubrí a poco, tras un tejido de subterfugios muy discretos, un sentimiento vivo de curiosidad, deseo ardentísimo de conocer todo lo que había pasado entre Eloísa y un servidor de ustedes. Se trataba poco con su hermana; sus relaciones eran pura etiqueta de familia en casos de enfermedad; de modo que yo sólo podía ponerla al tanto de lo que saber quería. Dirigíame pregunta tras pregunta. Y yo no me paraba en barras. ¿Para qué? Si saciando aquella curiosidad sedienta y mal disimulada la hacía feliz, ¿por qué privarla de un gusto tan arraigado en su naturaleza? Preguntábame asimismo mil pormenores de la casa que ella tenía por el *non plus ultra* de la elegancia. ¿Cómo era el servicio del comedor? ¿Conservaba yo algunos *menús* de las comidas? ¿Cuántas veces se vestía Eloísa al día? ¿Se vestía por completo, de ropa interior, o nada más que cambiar de traje? ¿Usaba esas camisas de seda que ahora han dado en usar las...? ¿Sus camisas de hilo eran abiertas por delante y ajustadas como batas? ¿Cuántas docenas de pares de medias de seda de color tenía? ¿A qué hora se peinaba? ¿Era cierto que se daba baños de leche de burras para conservar la tersura terciopelosa del cutis? ¿Traía el calzado de París? Los jueves, ¿cuántos vinos servían? ¿Compraba champaña de Reus, haciéndole poner etiquetas de la *Viuda Cliquot?* ¿Era cierto que debía a Prast más de seis mil duros? ¿Y a qué jugaban en la casa, al *whist*, a la *bésigue* o al monte limpio? ¿Era verdad que no pagaba nunca cuando perdía? ¿Era cierto que anunciaba a los amigos con quince días de anticipación el día de su santo para que fueran preparando los regalos?... A este bombardeo contestaba yo como Dios me daba a entender, unas veces categórica, otras ambiguamente, cuidando de no poner en ridículo a la que me había sido tan cara... en todos los terrenos.

Por supuesto, María Juana no perdonaba ocasión de echarme en cara la más grave de mis faltas. ¡Oh! No me la perdonaría fácilmente, porque yo había envilecido a su hermana y a toda la familia. Verdad que si no hubiera sido conmigo, habría sido con otro, pues Eloísa tenía en su naturaleza el instinto de la disipación. Tratando de esto a menudo, diome a conocer María Juana que no eran un misterio para ella las flaquezas de mi carácter; hablóme como hablan los médicos con los enfermos a quienes de veras quieren curar, y concluía con exhortaciones cariñosas, inspiradas en sus lecturas; todo muy discreto, juicioso y hasta un tantillo erudito. ¡Vaya si tenía talento mi prima! Varias veces promulgó cosas muy sabias sobre los males que nos produce el no vencer nuestras pasiones. "Somos débiles en general; pero vosotros los hombres sois más débiles que nosotras las mujeres, y os chifláis más pronto y con caracteres más graves. Así vemos que personas de talento hacen mil locuras por dejarse ilusionar de una *cualquier cosa*... Tú, que en tus negocios, según dice Medina, eres una cabeza firme, ¿cómo es que se te va al cielo por unas faldas? Enigmas del hombre de nuestros días; mejor dicho, del hombre de todos los días". Por fin, una noche, después de larga conferencia, antes de comer, me espetó la siguiente conclusión: Yo estaba enfermo, yo estaba desquiciado. Para ponerme bueno, era preciso administrarme una medicina, en la cual se combinaran dos salutíferos ingredientes: el trabajo y el himeneo. Agradecí mucho la intención y admiré el talento de María Juana; pero no podía mostrarme conforme con la segunda de las drogas recomendadas por ella. El trabajo me convenía realmente, y ya me había metido en él, pero ¡el matrimonio!... Mi alma estaba tan llena de Camila, que ni una hilacha, ni una fibra de otra mujer podían entrar en ella.

Hubiérame guardado bien de revelar a María Juana la pasión que Camila me inspiraba, porque de fijo le habría dado un mal rato. Debo hacer constar que aquella señora miraba a su hermana menor con cierta indiferencia parecida al menosprecio, y teníala por mujer vulgar y sin mérito alguno. Firme en sus trece, es decir, en que yo debía trabajar y casarme, la *ordinaria* (sin querer, se me escapa este mote) me dijo aquella misma noche, con gracia mezclada de protección:

—Estate sin cuidado, que yo te buscaré la novia; mejor dicho, ya te la tengo buscada. Verás qué joya.

—No, prima, no te molestes —repliqué—. No hay mujer para mí. Es una desgracia; pero no lo puedo remediar. No creas, también yo he pensado en esto, y sólo saco en claro una cosa, y es que no tengo media naranja. Si me fijo en una que tiene buena planta, resulta con una educación deplorable. La bien educada es fea como un mico, y la bonita y lista me sale con perversidades y resabios que me aterran. Si es pobre, me parece que me quiere por el dinero; si es rica, tiene un orgullo que no hay quien la aguante. Por más vueltas que le des, la tostada no parece... Y por fin, si quieres que te diga la verdad, en mí hay un vicio fisiológico, una aberración del gusto, que no puedo vencer, porque ha echado ya sus raíces muy adentro, confabulándose con estos pícaros nervios para atormentarme. Es, te reirás, es que no me agradan más que las cosas prohibidas, las que no debieran ser para mí. Si alguna que no esté en estas condiciones me gusta, al punto la idea de que sea yo quien la prohiba a ella me quita toda la ilusión. Ríete todo lo que quieras, llámame loco, enfermo, despreciable y hasta ridículo, pero no me digas que me case.

Mirábame sonriendo con majestad, como segura de vencer aquella manía tonta. El gesto de su mano acompañaba admirablemente la frase cuando me decía: "Esta-

te sin cuidado, que yo te quitaré esas telarañas de los
ojos, mejor dicho, esos cristales, porque son falsos pris-
mas, Eres un vicioso. Déjatae estar, que cuando conozcas a la *candidata*..."

II

Érame grata aquella casa porque en ella respiraba una
atmósfera de negocios a que yo había cobrado bastante
afición. Los primeros lunes eran comensales fijos Trujillo,
Arnáiz, Torres y también Samaniego, nuestro agente de
Bolsa. No se hablaba más que del estado de los cambios,
de si se haría bien o mal la liquidación de fin de mes, y
de otros particulares relacionados con la economía social. De cuanto hablaba Medina se desprendía siempre lo
que llamaré el endiosamiento del arreglo, la devoción
de la solidez económica. No comprendía él que nadie
gastase más de lo que tiene. Odiaba la farsa, el aparentar
lo que no existe y el boato ruinoso de los aristócratas.
¡Cuánto más vale un buen pasar, la comodidad, y sobre
todo la satisfacción profunda de no deber nada a nadie!
Porque él quería que por todo el orbe se divulgase que
jamás de los jamases había tenido una deuda, y que en
su casa todo se compraba con dinero en mano. Por esto
vivían él y su señora tan tranquilos. ¿Podrían otros decir
lo mismo? Seguramente que no.

Muchas veces concertábamos allí, de sobremesa, operaciones para el día siguiente. La casa era nuestro Bolsín.
Andando los días, allá por febrero, cuando las reuniones
se animaron con la introducción de nuevas personas, este
fondo de tertulia económica era siempre el mismo, y en
los corrillos de hombres solos reinaba la chismografía
financiera, con vislumbres de social. En ninguna parte
había oído yo sátiras tan despiadadas como las que allí
escuché, referentes al lujo estúpido de muchos que no
tienen sobre qué caerse muertos. Y era que en ninguna
parte se tenía un conocimiento más completo de las intimidades pecuniarias de toda la gente que pasa por rica
en Madrid. Torres, como hombre que había andado en
tratos de préstamos menudos; Medina, como prestamista
hipotecario de algunas casas grandes; Arnáiz, en su calidad de patriarca del comercio de Madrid; Trujillo,
expertísimo banquero, conocían al dedillo, cada cual bajo

aspecto distinto, todas las trapisondas económicas de la
sociedad matritense. Cuando se tiraban a contar cosas y
a ponerles comentarios, yo me encantaba oyéndolos.

¿Qué tenían que ver las anécdotas del general Morla
con aquella verdad palpitante, toda números, toda vida?
Las agudezas de las conversacionistas más ingeniosos pa-
lidecían junto a aquel cuento de cuentas. Y que no se
mordían la lengua los tales. "La casa de Trastamara
estaba ya tambaleándose. Había tomado Pepito diez
mil duros el mes anterior, y ya andaba poniendo los
puntos a otros diez mil, si bien no era fácil encontrara
un primo que se los diera. Sobre el palacio gravaban
tres hipotecas. De las fincas históricas sólo quedaba la
ganadería de toros bravos. Hasta las cargas de justicia
las tenía empeñadas el anémico prócer..." "El duque
de Armada-Invencible tenía un pasivo de veintitrés millones de reales. Su activo no llegaba seguramente a
diecinueve, comprendido el caserón, que, por estar situado en sitio céntrico, valdría mucho para solares.
Se susurraba que los cuadros y las armaduras habían
salido para París con objeto de venderse en el Hotel
Drouot. [47] Que el duque estaba con el agua al cuello lo
probaba el hecho de haberse dejado protestar una letra
de Burdeos por valor de veintitantas mil pesetas..." "Medina sabía de muy buena tinta que los de Casa Bojío
habían llegado a la extremidad de vivir con lo que les
quería fiar el tendero de la esquina; y sin embargo, daban bailes, metían mucho ruido, salían por esas calles
desempedrándolas con las ruedas de su coche y poniendo
perdidos de barro a los pobres transeúntes que han pagado al sastre la levita que llevan. Él no comprendía esto;
no le cabía en la cabeza tal manera de vivir. ¡Dar bailes
y comilonas, y deber la escarola! Nada, que este Madrid
es muy particular..." "Arnáiz sabía que Sobrino Hermanos tenían una cartera de sesenta mil duros incobrables.
Así no era de extrañar que elevaran el valor de los
géneros. Parecía mentira que el frenesí de los trapos
ocasionara estos desequilibrios en la riqueza. Y lo peor
es que han de seguir surtiendo a las que no les pagan,
pues si les negaran el género, los desacreditarían sólo con

---

[47] El *Hôtel Drouot* es el famoso edificio de París en que se han
subastado desde hace mucho tiempo las más importantes colecciones
de objetos de arte que se hayan puesto en venta en Europa.

decir que no traen más que cursilería. Así es que cuando
las insolventes van a la tienda, las tienen que recibir con
los brazos abiertos, y mimarlas mucho, y sacarles hasta
el *fondo del cofre,* para que lo revuelvan todo, regateen,
mareen a Cristo, carguen con lo que gusten, y después,
vayan pagando a pijotadas, si es que pagan algo..."
"Últimamente se había animado algo el comercio de Madrid con el cambio político. Siempre que sube un partido
que ha estado a ver venir mucho tiempo, con los dientes
largos y medio palmo de lengua fuera, se animan las
ventas. Muchas señoras se emperejilan entonces de nuevo; algunas echan la casa por la ventana. En estas épocas
suele cobrarse algún crédito de tres o cuatro años, que
ya se tenía por muerto..." "Pero si los políticos estaban
tan alicaídos como los aristócratas, en cambio, desde que
se regularizó el presupuesto y el Tesoro dejó de tram-
pear, se notaba una cierta tendencia al reposo, al orden
general. Es una vulgaridad la creencia de que los políticos viven a costa del país y se regalan como príncipes.
La mayoría de ellos están a la cuarta pregunta, unos porque gastan sin ton ni son, otros porque la ley de Contabilidad los tiene metidos en un puño. Haylos también
que son honrados a macha-martillo. Trujillo conocía a
uno de gran importancia, que se veía perseguido por los
acreedores poco después de haber estado en situación de
hacerse poderoso. Verdad que todos no eran así. Algunos,
arruinados con mujeres, y habiendo abandonado el bu-
fete que les daba mucho dinero, tenían que buscar en
la misma política socorros de momento, consiguiendo
destinillos para Cuba y Filipinas para que el agraciado
les mandase algo de sus ahorros".

Y por aquí seguían. Medina era implacable; no carecía de autoridad para dirigir aquella campaña satírica,
porque su casa era el templo de la exactitud financiera,
y en ella no se conocía la farsa. Torres, que en su afán
de criticar no perdonaba ni a su mejor amigo, me decía
una noche, solos él y yo:

—No crea usted; Cristóbal tiene motivos para saber
cómo andan las cajas de la Grandeza. Las mermas de
aquellas casas son los crecimientos de ésta. Figúrese
usted que Cristóbal tiene una pajita en la boca, el otro
extremo cae en la contaduría de Pepito Trastamara. Cristóbal hace así..., *aliquis chupatur,* y se va tragando todo.

Después sacó del bolsillo del faldón de su levita un folleto, y hojeándolo añadió:

—Esta es la Memoria del Banco, con la lista de los accionistas que tienen voto en el Consejo. Mire usted a Cristóbal Medina figurando aquí con 1.250 acciones, cuando en la lista del año pasado no tenía más que 650.

III

—¿Qué te enseñaba Torres? —me pregunto María Juana un momento después.

—La lista de accionistas del Banco, en la cual figuras con mil...

—Mil doscientas cincuenta, si no lo llevas a mal. Nosotros sólo gastamos la tercera parte de nuestra renta. Mírate en este espejo y compara.

Me lo dijo con gracia. En efecto, yo me miraba en el espejo y comparaba, no pudiendo menos de señalar, en mi interior, a tal casa y familia como dignas de imitación. María Juana tenía un vestido oscuro, con preciosísima delantera de tela brochada, de un tono de oro viejo; el cuerpo admirablemente ajustado y ostentando encajes de valor. Estaba en realidad muy elegante, y nada tenían que envidiarle las de aquel otro mundo matritense tan cruelmente flagelado por Medina. En su persona sabía María Juana convertir en letra muerta las teorías del *castellano viejo* preconizadas por su marido. Muy santo y muy bueno que el portero no se rapara las barbas; que se conservasen en las comidas ciertos platos de saborete español, llegando el amor de lo castizo hasta servir de vez en cuando el cabrito asado a la *Granullaque* de Toledo; muy santo y muy bueno que se hiciese una religión del pago de las cuentas, que en el Teatro Real no bajasen nunca de los palcos principales a los entresuelos, que no hubiera en la casa *boato estúpido,* ni se diera de comer a troche y moche a tanto y tanto hambrón; muy santo y muy bueno que no pusiera allí los pies Pepito Trastamara, y que se evitase por todos los medios que la casa se pareciese, ni aun remotamente, a otras donde con mucho bombo, mucho platillo y mucho de *high-life,* quejábanse los criados de que los mataban de hambre; muy santo y muy bueno todo esto; pero ella, la señora de la casa, se vestiría siempre a la última, y del modo

más rico y elegante, viniera o no de *extranjis* la moda,
y trajera o no entre sus pliegues el pecado de la farsa y
de las mariconadas francesas.

Nada más injusto que el dictado de *ordinaria de Medina* que la de San Salomó continuaba aplicándole. Verdad que mi prima se desquitaba muy bien y no tomaba
en su boca a la maliciosa marquesa sin ponerla buena.
Cuando la soltaba, no había por dónde cogerla.

—Si viene esta noche tu amigo Severiano —indicó mi
prima—, le diré que venga a comer pasado mañana. Si
no viene y le ves tú, díselo. La otra noche se divirtió
mucho con Barragán, y como pasado mañana vuelve
éste con su señora, quiero que tú y tu amigo no faltéis.
Pero prométeme formalidad. Severiano es demasiado
malicioso y tú también. Le tomáis el pelo al pobre Barragán que es, para que lo sepas, un excelente sujeto.
Sus dos chicas son muy monas.

Me entraron fuertes ganas de reír, y le dije:

—Ya me caigo, ya... ¿Apostamos a que la novia que
me tienes destinada es la hija mayor de Barragán? Tú
te has vuelto loca, María Juana. Aunque Esperancita
me gustara, que no me gusta; aunque estuviera bien
educada, que no lo está, y aunque me la diera Barragán
forrada en todas sus acciones del Banco, no la tomaría,
hija, porque, además de las razones que tengo para no
querer casarme, eso de ser yerno de *No Cabe Más* excede
a cuantos suplicios pueda inventar la imaginación.

—Cállate la boca, tonto —me contestó, riendo tambien—. No es ésa, no, la que te tengo destinada. La tuya
es otra, y no la has visto todavía, al menos en casa...

La inopinada aparición de don Isidro Barragán, que
después de saludar a mi prima estuvo hablando un ratito con ella, nos impidió apurar el tema.

—Bárbara y Esperanza se nos han puesto malas esta
tarde —dijo Barragán, dando resoplidos.

—¡Pobrecitas! ¿Y qué ha sido?

—Nada, cosa del estómago... Las comidas del viernes
no les caen bien... Pero Bárbara no quiere que en casa
se falte a lo que manda la Iglesia, y yo le digo: *"Partiendo del principio* de que sea santidad eso de comer
pescado en vez de carne, y yo lo pongo en duda; pero,
en fin, lo admito; *parto del principio* de que... Yo
digo: las personas delicadas ¿no deben estar exentas de

cumplir esas reglas? Y no crea usted, tuvimos que llamar a Zayas. Dolores en la boca del estómago, vómitos. Al fin *paulatinamente* se ha ido serenando. Bien merecido les está. Yo, como no creo en esas teologías, comí en casa del amigo Lhardy buen pavo trufado, buenas salchichas y unos bisteques como ruedas de carro... Hola, Cristóbal, ¿pero ha visto usted hoy...? ¿Queda el Perpetuo por debajo del 59? ¿Qué dice Torres? ¿Ha habido malas noticias? Lo que ya sabíamos; otra sublevacioncita militar. Esto da vergüenza. Aquí no hay más que pillería, aquí no hay quien sepa gobernar. Yo fusilaría media España, y veríamos si la otra mitad andaba derecha. Porque vea usted —añadía tocándome ambas solapas y haciéndome retirar un poco, pues tenía la mala costumbre de echársele a uno encima—, si los hombres de negocios nos pusiéramos un día de acuerdo, todos *compatos,* y diéramos: "¡Ea!, se acabó la farsa; desde hoy abajo la política de personas y arriba la de los grandes intereses del país..."

—Seguramente que...

—Porque vea usted —prosiguió él, sin dejarme meter baza—. Yo, que tengo dos mil doscientas cincuenta acciones del Banco; usted, que tiene quinientas, es un suponer; otro, que tiene mil, y otro y otro con otro tanto y cuanto, y Trujillo, que gira diez millones de reales al año, y tal y cual, cada uno con su negocio... Suponga usted que nos reunimos todos y decimos: "Hasta aquí llegó la farsa". Se me dirá que es difícil que tantos intereses se pongan de acuerdo; pero yo, *partiendo del principio* de que no hay ningún hombre político que tenga dos dedos de frente, sostengo...

—No tiene duda...

Felizmente se apareció Severiano y se lo endosé. Mi amigo se divertía con semejante mostrenco; yo no. Me atacaba los nervios aquel pedazo de bárbaro, que por el hecho de haberse enriquecido de la noche a la mañana, se lo quería saber todo, disputaba a gritos, quería imponer su opinión, se conceptuaba más rico que nadie, y más listo y más agudo y más caballero y rumboso, cuando, en realidad, era una baldosa con figura humana, grosero, ignorante y sin pizca de hidalguía ni delicadeza. La fortuna de Barragán ha sido uno de los grandes misterios de Madrid. Era, si no estoy equivo-

cado, de tierra de Albacete. El 60 tenía una tenducha
de géneros de punto en la Plaza Mayor. Metióse en no
sé qué contratas; hizo préstamos al Tesoro; empezó
a crecer como la espuma. El 77 se le citaba como un
gran tenedor de valores del Estado. El 80 eclipsaba con
su recargado lujo a muchos que siempre pasaron por
muy ricos. El 83 no había ya quien le aguantara. Estaba
en el apogeo de la presunción ridícula y de la suficiencia
cargante. Si se trataba de una construcción pública o
privada, él entendía más que los ingenieros; si de enfermedades, para él todos los médicos eran unos idiotas; si de política, él miraba de arriba abajo a las personas más eminentes. Cuestionando sobre derecho, se
atrevía a corregir a un jurisconsulto encanecido en los
tribunales. Hasta en literatura se las tenía tiesas con el
más pintado. En fin, que las coces de aquel burro de
oro eran el providencial castigo de la sociedad por el
crimen de haberle erigido.

Contóme Villalonga que un día le encontró en Recoletos disputando con Castelar. Ello era algo de política,
de religión o cosa tal, muy sublime. Barragán manoteaba
y alzaba la voz delante del rey de los oradores, escupiendo a la faz del cielo los mayores disparates que de
humana boca pueden salir. El otro se reía, y le hacía
el honor increíble de contestar a sus gansadas. Cuando
se separaron, don Isidro dijo a Villalonga:

—Se va porque no puede conmigo. Le he apabullado.
Estos señores de las palabras bonitas se vuelven tarumba en cuanto se les ataca con razones.

En Bolsa era a veces insolente. Tenía pocos amigos, y
miraba a la muchedumbre perdonándole la vida. Solía
hablar del Tesoro como si fuera la faltriquera de su
chaleco, y al Banco de España lo trataba de tú. Pero
no tenía el valor del aventurero, ni veía los contratiem-
pos con la serenidad del agiotista de raza. Contóme Torres que un día de gran pánico y baja de valores daba
risa ver la cara que ponía Barragán oyendo publicar las
últimas cotizaciones. Fue una diversión su facha, y todos
iban a verle, inmóvil, despatarrado, con el hocico más
estúpido que de ordinario. Los chorros de sudor le corrían por la cara abajo; él se limpiaba y mugía.

María Juana, que era bastante maliciosa, hízome reír
contándome los solecismos que el tal decía a cada

instante. Oíamos su risa explosiva que estallaba en el salón inmediato como un petardo, y a poco se nos acercó Severiano.

—¿Qué barbaridades ha dicho? —le preguntó María Juana.

—Muchísimas. *Ha partido del principio* como unas cincuenta veces en quince minutos. Ha dicho que en la cacería del lunes comió *fiambre frío,* y que ha puesto una *pipa* en Flandes. Tengo que apuntarlo, porque es oro molido. He de hacer un diccionario de este hombre, como el que Paco Morla hizo de las barbaridades del general Minio.

—Ayer —refirió María Juana, tapándose discretamente la cara con su abanico— estábamos hablando de una mala compra que hice. Él quiso decir que me habían dado un *timo;* pero no pareciéndole fina la palabra, dijo que me habían dado un *mito...*

—Es divino ese hombre...

—No se paga con dinero...

—Lo que es eso... Ya se ha cobrado él de antemano las gracias que dice.

—Severiano —añadió mi prima— no conoce todavía a la señora de Barragán. Esa sí que es tipo. Verá usted... Yo la llamo *No Cabe Más,* porque esta frase no se le cae de la boca siempre que elogia algo; y ha de saber usted que no habla sino para ponderar sus cosas. *No cabe nada más* rico que las cortinas de su sala; *no cabe nada más* ligero que su berlina de doble suspensión; *no cabe nada más* elegante que el vestido que le ha hecho a Esperancita...

Vimos a la señora de Barragán dos noches después. Yo la conocía, mi amigo no. Con ser bastante antipática, valía mucho más que su marido, y en parangón de él era un prodigio de talento y finura. Componíase de un gran montón de carne blanca y blanducha, de una boca enorme, de unos ojos fríos y claros. A duras penas podía el corsé contener aquellos pedazos tan exuberantes. Bajo este punto de vista, *no cabía más*; estaba todo lleno, y parecía que toda aquella oprimida máquina iba a reventar como una bomba, haciendo destrozos entre los circunstantes. Como era de pequeña estatura, y además se había tragado el palo del molinillo, el mote que le había puesto mi prima no podía ser más adecuado, porque en efecto parecía estar diciendo en un resoplido angustioso: *"No cabe más,* y este palo del molinillo es excesivamente largo y lo voy a vomitar".

¿Pero qué había de vomitarlo? Lo que salía de la boca era un sinfín de palabras exprimidas, estudiadas, relamidas, queriendo que fuesen finas y sin poderlo conseguir. Esperancita era graciosa, vivaracha y bonita, pero tenía en el semblante un cierto aire de familia; el aire *reventativo* de su papá, según decía Severiano. Éste le daba muchas bromas, y ella se pirraba por que se las diera.

—Me parece —dije en secreto a María Juana— que limitas mucho tus invitaciones. Es preciso que animes esto. Aquí faltan mujeres. Esperancita y su hermana, *No Cabe Más,* la señora de Mompous, la de Torres y la de Bringas dan poco juego para tanto hombre... Es preciso que renueves el personal y traigas gente alegre y de partido... ¿Por qué no traes a Camila?

—Si no quiere venir... Y verdaderamente no es para sentirlo. A Medina no le gustan nada los aires un tanto libres de mi hermana. Dice que si no es mala lo parece. Con todo, haré por que venga. Pero estate tranquilo, que no piarás por mujeres. ¡Ay, qué sorpresa te tengo preparada!...

—¿Sabes que estoy con mucha curiosidad...?

—Vente mañana por la tarde. La convidaré a pasear conmigo, y antes de que salgamos la verás. Nada, que de ésta te caso. Y no pongas peros; traga el anzuelo y dame las gracias.

IV

Por fin aquel misterio se aclaró. La joven que me proponía mi prima era la hija segunda de Trujillo. Yo la había visto alguna vez no sé si en la calle o en el teatro; pero no me había fijado en ella. Llamábase Victoria. El nombre parecía simbólico. Era, para decirlo de una vez, una de las chicas más bonitas de Madrid. ¡Oh! ¡Qué Victoria aquella, y cuán feliz yo si hubiera sabido ganarla dejándome vencer! Fui presentado a ella el jueves, y nos vimos y hablamos en casa de María Juana los días siguientes, sin que sus gracias, que reconocí, ni sus buenas prendas que me parecían indudables, lograran triunfar de mi desamor. Tenía los ojos azules, el pelo castaño y rizoso, un corte de cara de los más simpáticos y agradables, boca fresca, un metal de voz que parecía música, un cierto aire de timidez y candor que no excluía la soltura de lengua y modales. Encontrábale parecido remoto con aquella pobre Kitty que aún vivía como sombra mal borrada en mis recuerdos; pero le ganaba en hermosura. Aun con esta ventaja y con aquel parecido, no lograba penetrar en mi corazón enfermo. Un lunes por la noche, después de haber bromeado mucho, noté un fenómeno extraño: Victoria empezaba a interesarme. Sentí en mi corazón algo semejante al primer picotazo que da el pollo al huevo para abrirlo y echarse fuera. Sólo que en aquel caso el pollo no picaba para salir sino para entrar. Repetíle las mismas tonterías de siempre; pero con un poquito más de intención, y con cierto acento de verdad que antes no había dado yo a mis palabras. Respondíame la pobrecita con ecos de dulcísima simpatía. A poco que yo me cayera de aquel lado, vendría ella sobre mí de golpe.

Pero cuando menos lo esperaba yo, me veo entrar a Camila, y adiós mi formalidad. La miré de lejos, y su presencia, como a Macbeth las manchas de las manos, me *arrancaba los ojos*. Estaba yo hablando con Victoria, y Victoria se borraba delante de mí. Las palabras salían de mí como de una máquina. Mi vida toda estaba en Camila, y no veía nada que a ésta no perteneciese. ¡Y cuidado que estaba elegante la borriquita! Yo la había visto confeccionando por sí propia aquel vestidillo de color metálico con adornos azules, y me admiraba de lo bien que le caía. Su hermana mirábala con cierta envidia. Debió írseme el santo al cielo, porque la otra me puso unos hociquitos muy mimosos, y sin darse cuenta del motivo de mi distracción, me dio a entender que se sentía humillada. Aún había de ocurrir algo que me desconcertaría más. María Juana significó a Camila sus planes de casarme. Poco después, en un ratito en que Victoria no estaba presente, llegóse a mí Camila para darme broma sobre el particular. "¡Qué calladito me lo tenía!" Creí notar en su acento algo como despecho, algo que trascendía a recriminación. Esto, que tal vez era un nuevo desvarío de mis ideas, levantó en mi pecho grandísimo tumulto. Díjele que no hiciera caso de su hermana; que Victoria me era indiferente, que yo no podía mirar a ninguna mujer, ni tenía alma y ojos más que para comerme a mi gitana, a mi negra, a mi borriquita de mis entretelas. Pagóme este ardor con las burlas de siempre, y me dejó. Volví al lado de mi *candidata,* a quien vi como la criatura más vulgar y sosa del mundo. ¡Injusticia mayor...! Pero no lo podía remediar. Yo era más bruto que Constantino, más tonto que Barragán, más simple que *No Cabe Más*; pero Dios me había hecho así y no podía ya ser de otro modo.

Al otro día, hice presente a María Juana lo inútil de sus esfuerzos y de los míos. Victoria no me gustaba; mejor dicho, lo que no me gustaba era casarme. Vamos, que no había que pensar en tal cosa. La chica de Trujillo valía mucho; yo no era sin duda digno de ella; la pobre niña merecía un hombre sano y virtuoso, no un desquiciado como yo.

Después de meditar buen rato, díjome mi prima que yo era más tonto de lo que ella se había figurado. Sin duda Trujillo y su mujer me recibirían con palio si fuera a pedirles la chica; y en cuanto a ésta, a la legua se le conocía que estaba hecha un merengue por mí.

—Cásate, hombre, y ya la irás queriendo poco a poco. Si te conviene por todos conceptos...

Defendíme como pude de aquellas lógicas, ocultando la verdadera causa de mi distracción. María Juana la adivinaba, sin darse cuenta del sujeto.

—Tú tienes algo por ahí; tú estás chiflado por alguna... Y puede que sea una buena pieza, en cuyo caso no me tomaría yo interés por ti, dejándote entregado a las miserias de tu temperamento.

Otras veces, mostrándome una piedad que yo no merecía sin duda, se manifestaba dispuesta a hacer generosos esfuerzos en pro de mi regeneración moral y física.

—Es preciso curarte a todo trance —me decía—. Estás muy malito, muy malito. Si fueras ingenuo conmigo, y empezaras por hacerme confesión general de tus culpas...; pero eres arca cerrada y todo te lo tragas.

Que a ti te pasa algo, que no estás en tu centro, se conoce a la legua.

Y a mí se me venía la verdad a la boca; mas la volvía a echar para adentro, temeroso de que mi ilustre consejera me tirara los trastos a la cabeza. En otros terrenos que no eran los de la moral, mostrábame mi prima una benevolencia digna de la mayor gratitud. Muchas noches, aprovechando un momento favorable, me obsequiaba con estas o parecidas palabras:

—No vayas a la alza mañana. Vendrá de París una fuerte baja. Hay muy malas noticias. Torres se lo ha dicho a Cristóbal.

Estas confidencias, por ser hechas muy cerca de Barragán y del mismo Medina, necesitaban del amparo del abanico, tapando las cotizaciones como si protegieran una sonrisa aleve.

Fiada del ascendiente que tenía sobre su marido, mi curandera iba desvirtuando poco a poco los programas de éste en lo tocante a las etiquetas ramplonas y castellanas. En sus vestidos, daba ella a conocer su anhelo de elegancia y variedad. De su mesa había desterrado paulatinamente los asados de cazuela, los salmorejos, las paellas y otros platos castizos, y por fin, introdujo en la casa, con carácter de temporero, mas con idea de que fuese de plantilla, a uno de los mejores mozos de comedor que había en Madrid. Yo se lo proporcioné, a instancia suya, e hizo el papel de que creaba la plaza para favorecer a un honrado padre de familia.

—Ahora —me susurró— estoy batallando con Medina para que me ponga gas en el comedor.

—No hagas tal —le respondí—. El gas ha pasado de moda. Ahora el *chic* es que en los comedores haya poca luz, pues así se come mejor sin que se sofoque la gente. La *jilife,* como dice Camila, ha inventado ahora el alumbrar las mesas con bujías de pantalla verde. Parecen escritorios de casa de banca.

Al lunes siguiente, el comedor se iluminó con bujías de pantalla verde; pero había tantas, que hube de aconsejar a María Juana que acortase las luminarias.

—Es preciso —me indicó una noche— que me traigas a otros amigos tuyos, al general Morla, por ejemplo, que es tan divertido.

La Puerta del Sol, hacia 1880

Guía de Madrid por A. Fernández de los Ríos

Bolsa y Tribunal de Comercio en el Madrid de 1880

Guía de Madrid por A. Fernández de los Ríos

Y llevé al general, y habría llevado también al propio *Sacamantecas,* si tanto mi prima como yo no temiéramos que era un pez demasiado gordo para que Medina lo tragase.

V

Como me aficioné tanto a la casa de Medina, concurría casi todas las noches, después de dar una vuelta por el Bolsín. A éste iba alguna que otra mañana, y después a la Bolsa hasta las tres. Mi coche me esperaba a la salida para llevarme al Retiro, donde me juntaba con Chapa y Severiano cuando ellos no paseaban a caballo. El general Morla me acompañaba a veces, para lo cual yo le recogía en su casa de la calle del Prado, y otros días almorzábamos juntos, bien en mi casa, bien en la suya, siendo para mí muy grata tal amistad. Tenía colecciones preciosísimas y mil rarezas que me mostraba con amor, amenizando la exhibición con la sal de sus incomparables cuentos.

Visitaba menos que antes, en aquellos días, la casa de mi borriquita, porque me parecía prudente un cambio de táctica. Hacíame el interesante y afectaba enfriamientos de mi pasión, mostrándome ante ella menos triste de lo que realmente estaba. Y quizás nunca fue tan grande mi desatino. Camila era mi idea fija, el tornillo roto de mi cerebro. Me acostaba pensando en ella y con ella me levantaba, espiritualizándola y suponiéndome vencedor de su obstinado desvío. A veces no me era fácil mi papel, y me clareaba demasiado con ella.

—Si enviudaras, Camila, si enviudaras —le decía—, al año eras mi parienta. ¿Sabes por qué trabajo ahora tanto? Pues porque quiero ser muy rico, muy rico, para cuando llegue ese día feliz. Y no lo dudes, llegará: el corazón me lo dice.

—Pues lo que a mí me dice —replicaba ella, impávida— es que si Constantino se me muriera, me moriría yo también. Yo soy así. Cuando quiero, quiero de verdad.

—Esas cosas se dicen, pero luego resulta que... viene el tiempo y consuela.

—Mira, mira, no me hables a mí de enviudar —respondía, poniéndose colérica—, porque te echo por las escaleras abajo. Constantino está bien fuerte; es un roble. Ya quisieras tú, tísico pasado, parecerte a él.

—¡Oh! Verdaderamente, no resisto la comparación, sobre todo en el terreno físico.

—Ni en ningún terreno, vamos; ni en ningún terreno. ¡Vaya con el señorito este!...

A lo mejor me la encontraba con una cara de Pascuas que me hacía feliz.

—Me parece —decía, secreteando y despidiendo chispas de alegría de los dos braseros de sus ojos— que ahora va de veras... Tenemos aquello...

¡Pobrecilla! Era feliz esperando y viendo venir a Belisario, su segundogénito, a quien yo aborrecía cordialmente antes de su dudosa concepción. Pero las esperanzas de Camila se frustraban. La Providencia se ponía de mi parte, y el tal Belisario se quedaba por allá.

Poco a poco me había apartado de Eloísa. Mis visitas a ella fueron muy raras en enero, y en todo febrero no fui una sola vez. Enviábame cartas y recados que también iban escaseando lentamente. Creíme desprendido para siempre de aquella amistad que ya era para mí tediosa y repulsiva; mas ocurrieron sucesos que la resucitaron de improviso en mi pensamiento, dándome muy malos ratos. Un lunes de aquellos de María Juana, un lunes, sí, no recuerdo cuál, me enteré del caso, que era gravísimo, aunque no inesperado. La discreta *ordinaria de Medina* estaba aquella noche disgustadísima. Desde que entré, conocí el trago amargo que acababa de pasar.

—Ahora mismo me han dado una noticia funesta —me dijo—. ¿No sabes nada? La pobre Eloísa..., trueno completo. Está la infeliz en medio del arroyo. Bien sabía yo que esto tenía que venir; y lo siento, más que por ella, pues bien merecido lo tiene, por la vergüenza que cae sobre toda la familia. En una palabra, Fúcar —añadió, deslizando las palabras con muchísima cautela—, Fúcar, hace un mes, se declaró huido.

—Eso ya lo sabía.

—Después, uno de esos malagueños ricos, no sé cuál...

—También lo sabía.

—Pero el malagueño se ha cansado tambien, y estos días la pobre se ha visto acometida de toda la *Inglaterra* con verdadera furia. Parece que tomó dinero empeñando el mobiliario, y si no hay quien lo remedie, la dejarán sin una astilla. Los cuadros, tapices y cacharros también se los llevan. Bien sé que es muy mala, que apenas merece compasión; pero estoy disgustadísima, no lo puedo remediar. ¡Pobre mujer! ¡Si pudiéramos hacer algo por evitarle esa vergüenza!... He consultado con Cristóbal, y él, como es tan bueno, no tiene inconveniente en facilitar alguna cantidad para evitar el embargo. Nos quedaríamos con algunos muebles. Mè gusta el espejo horizontal que tú le compraste, y no me parece mal la sillería de raso del gabinete. Tú podías encargarte de arreglar esto.

Respondí que no quería meterme en tales enredos, y que allá se entendieran como quisiesen; que si los prenderos le vendían hasta la última silla, ella tenía la culpa; que si se la sacaba del atolladero, inmediatamente se metería en otro, porque era mujer para quien nada valía la experiencia. María Juana convino en esto, y no hablamos más del asunto, aunque bien se le conocía a mi prima que no podía pensar en otra cosa. A última hora díjome que se sentía afectada de su dolencia constitucional; aquella insufrible sensación de tener entre los dientes un pedazo de paño y verse obligada a mascarlo y tragarse los pedazos. Debía de ser cosa horrible. Estaba pálida y se quejaba de un fuerte dolor de cabeza, por lo cual su cariñoso marido la obligó a retirarse.

Medina, Torres y yo hablamos luego del triste asunto con más conocimiento de causa, pues Torres tenía algunos datos numéricos sobre el desastre de la Carrillo, y nos contó horrores. Medina se llevaba las manos a la cabeza, diciendo:

—Pero esa loca, ¿en qué gastaba tanto dinero? Fúcar le daba, el malagueño le daba, y siempre más, más. ¡Oh, Madrid, Madrid! Yo me aturdo pensando en esto. Por el decoro de mi familia, estoy dispuesto a hacer un sacrificio y evitar el escándalo, sacrificio completamente desinteresado, pues no quiero adjudicarme ningún mueble. No, lo he dicho a mi mujer y lo repito: por la puerta de esta casa no quiero que me

entre ningún trasto de los de allá. Creería que se
me metía en casa un maleficio... Soy algo superticioso.
Doy con gusto alguna cantidad con tal de evitar una
vergüenza ; pero conste que ese dinero lo tiro por la
ventana... No quiero espejitos, no quiero monigotes de
tierra cocida ni por cocer, no quiero cacharrería...

También yo, viendo la generosidad de Medina, me
brindé a contribuir al mismo fin para decoro de los
Buenos de Guzmán ; y Torres ofreció encargarse de
entrar en negociaciones con los acreedores. No hallándose en el caso de tener escrúpulos, se quedaría con
algunos objetos de mérito artístico. Luego tuvimos que
callarnos, porque se nos acercó mi tío Rafael, que sabía
también la catástrofe ; pero no hablaba de ella. Tiempo
hacía que el pobre señor estaba muy cambiado, triste,
pensativo, con tendencias a la taciturnidad, fenómeno
muy raro en él ; pero aquella noche le vi completamente agobiado por secreta pesadumbre. Apenas hablaba, se distraía con frecuencia y daba unos suspiros
que partían el alma.

—Usted debiera irse al monte por dos o tres días
—le dije.

Y él me contestó, mirando al suelo, que aquello no
se remediaba con montes. Su estado físico corría parejas con su abatimiento moral, y la humedad de sus
párpados era tan grande, que ni un momento soltaba
el pañuelo de la mano.

Encontré a María Juana bastante mejorada al día
siguiente, mas no completamente bien. ¡Todavía el maldito paño!... Y apretaba los dientes y reclinaba la cabeza en el sofá, mirándome con cierto desvanecimiento
en los ojos.

—Por supuesto —decía de improviso—, he comprendido que Cristóbal tiene razón al no querer que entre
aquí ningún trasto de aquella casa. Cristóbal sabe ser
generoso. Así se portan los hombres. No harían todos
otro tanto.

Y un día después, ya completamente sosegada de los
pícaros nervios, me dijo con desabrimiento :

—Al fin creo que Torres se queda con el espejo
horizontal y con el cuadro de Sala. Seguramente los
tomará por un pedazo de pan, porque esa gente es así.
¡Quién le había de decir a Paca, hace doce años, cuan-

do era doncella de servicio, que iba a tener en su casa tales preciosidades! Es un escándalo cómo sube esta gentuza y cómo se va apoderando de lo que no les corresponde por su falta de educación.

Paca era la mujer de Torres, y aunque amiga de mi prima, la amistad no obstaba para que ésta la tratase como la trató en aquella ocasión, con increíble menosprecio. Hízome de ella y de sus escasas dotes una pintura cruel: apenas sabía leer; era mucho más ordinaria que *No Cabe Más,* y únicamente se recomendaba por su falta de pretensiones y lo bien que cuidaba de sus hijos. No tardé en comprender que María Juana le perdonaba a Paca Torres su escasa educación; pero no aquella desvergüenza de acaparar los objetos de gran lujo que habían pertenecido a Eloísa. La mayor de las groserías es la improvisación de la fortuna, y poner las manos sucias, mojadas aún con el agua de un fregadero, en los emblemas de nobleza, perteneciente por natural derecho a las personas bien nacidas.

VI

Aquel buen *ordinario de Medina,* en quien yo descubría poco a poco, dicho sea sin vislumbre de malicia, estimables prendas; aquel hombre que era honrado a carta cabal y hacía sus negocios con limpieza, sin ser un acaparador despiadado, como susurraba Torres, empezó a inspirarme una gran antipatía. Esto debió de consistir en que yo se la inspiré a él antes, y al conocerlo, las leyes de equilibrio me impulsaron a pagarle en la misma moneda. Pues sí, Medina no me tragaba, y aunque era bastante prudente para no manifestarlo de un modo muy claro, estas cosas siempre salen a la superficie, y es preciso ser tonto para no verlas. Medina encontraba absurdas todas las opiniones mías sobre cualquier punto que discutiéramos, y me contraponía hasta los disparates del propio Barragán. Entre los dos, el uno con su malquerencia, el otro con el candor del asno que no sabe lo que hace, intentaban apabullarme con su desdén... Yo no tenía nunca razón, aunque defendiese el criterio más puro y diáfano; yo *estaba ido,* veía las cosas *bajo el prisma* de las preocupaciones, y apoyaba mis argumentos *bajo la base* de los errores...

¡del materialismo! En fin, que no se abría esta boca ante ellos sin soltar una barbaridad. Llegué a tenerles miedo, francamente, porque Barragán era hombre que increpaba en voz alta y no se mordía la lengua para decir:

—Pero, hijo, usted está en Babia; valiente *plancha* se ha *tirado* usted; al que le enseñó eso, dígale que le devuelva el dinero.

No había más remedio que llamarles burros o aguantar estos chubascos. Habría sido yo muy injusto si hubiera tratado mal a Medina, pues su malquerencia, justificada tal vez, no era motivo bastante para que yo desvirtuara su mérito, que no se me ocultaba. Lo repito sin pizca de ironía; Cristóbal Medina era un hombre que, fuera de aquellas ridiculeces de las *medias cañas,* de su infame gusto literario y artístico y de sus modales poco finos, no merecía más que sinceros elogios y la estimación de todo el que le tratase. Aquel Torres, cuya lengua venenosa no perdonaba ni al Padre Eterno, habíame dicho que Medina absorbía, por medio de préstamos usurarios, el dinero que les quedaba a los aristócratas. Pronto hube de saber a ciencia cierta que esto era una falsedad. Todos los préstamos que Medina había hecho con hipoteca eran con moderado interés. Además, el buen *ordinario* no sofocaba a sus deudores; concedíales plazos y respiros, les perdonaba picos, renunciando a algunas ganancias por no exponerles a la vergüenza pública. Era también hombre capaz de tener generosidades de esas tanto más meritorias cuanto más secretas, y bien claro se ha visto su buena ley en el asunto de Eloísa. Para evitarle un bochorno, puso a disposición de ella cierta suma, y aunque lo hizo en calidad de préstamo, bien sabía que aquel dinero era ya perdido para siempre. Y negándose a tomar en cambio ni un alfiler, desagradó a su esposa; pero se acreditó de hombre recto y compasivo.

Gozaba fama de avaricia; pero esta fama la tienen en Madrid todos los que no tiran su dinero a los cuatro vientos, y no hay que hacer caso de ella. Esta opinión la hacen los pródigos parásitos y los que se gozan en ver rodar el dinero ajeno después que han desparramado el propio. ¿Saben ustedes quién había propalado la sordidez de Medina? Pues, entre otros, el

pillete de Raimundo, que nunca pudo dar más que un
sablazo a su cuñado, el cual hubo de pararle los pies
cuando intentó descargar el segundo. Eso sí, Medina
no gustaba que nadie le cogiese de primo; era en esto
mucho más inglés que yo, y muchísimo más práctico.
Mi tío Rafael también era algo responsable de aquella
falsa opinión de avaricia. Ignoro si mediaron disgus-
tillos entre uno y otro por cuestión parecida a la que
motivó la mala voluntad que Raimundo tenía a su cuñado. Sólo sé que en cierta ocasión Medina sacó a mi
tío de un gran apuro, y que si no se repitió el milagro
fue porque el tal llevaba en su escudo económico el
lema de *non bis in idem*. Cristóbal era generoso cuando
veía una lástima y el lastimado no le pedía nada. Si
otorgaba favores de todo corazón a algún prójimo, hacíalo por una vez; pero si el tal repetía, negábase resueltamente. He oído contar esta misma costumbre del
barón Rotschild y de don José Salamanca, y me parece, con perdón de los pedigüeños, que está basada
en un sólido principio de moral financiera.

Pues bien, como lo cortés no quita lo valiente, repito
que este hombre en quien yo reconocía cualidades apre-
ciabilísimas, empezó a serme antipático, y yo a él lo
mismo. Noté que siempre que hablábamos María Juana
y yo apartados de la conversación general, venía él
como a interrumpirnos. Sus modos eran un tanto secos, sus palabras bastante agrias.

—Se empeña en ser desgraciado —decía la taimada
de mi prima— y en despreciar a la Trujillita, que es
su salvación.

—Déjale, mujer, déjale —replicaba él con desabrimiento, sin dignarse mirarme—. ¿Quién te mete a ti
a redentora? Es mayor de edad y debe saber cuántas
son cinco.

Aquella noche, hablando de tabacos, Barragán me
dijo que yo no había inventado la pólvora. Y a propósito, Medina fumaba muy bien. Si en el comer y en
los demás goces suntuarios su religión era la medianía,
en aquel maldito vicio picaba muy alto. Tenía vegueros
riquísimos, marcas de primera, y todas las vitolas conocidas, desde el menudo entreacto a las regalías im-
periales y cazadores más exquisitos. Recibía de La Ha-
bana, en remesas de cuatro mil, lo mejor de aquellas

fábricas, y obsequiaba a sus amigos con largueza, quiero decir que daba cigarros para que los fumásemos allí; pero no regalaba nunca mazos enteros, ni menos cajas. A su casa iban muchos por fumar bien, como van a otras por comer. Algunos que se pasan el día tirando de los peninsulares de estanco, con ayuda de una boquilla de cerezo, acudían allí por las noches a regalarse con un *Henry Clay* o un *predilecto* de Julián Álvarez.

Observé que casi siempre reservaba para mí piezas infumables, que parecían veneno por lo amargas y caoba por lo incombustibles. Dábamelos como cosa buena, elogiándolos mucho, mas yo le devolvía la broma, si es que lo era, llevando preparada en mi petaca alguna tagarnina capaz de hacer reventar a un bronce. A veces, este doble juego terminaba en risas, sin más consecuencias. Al cuarto de fumar lo llamábamos la *sala de contratación,* pues venía a ser en cierto modo nuestro Bolsín. Sobre la mesa estaba el *Boletín* con las cotizaciones del día, y entre chupada y chupada solíamos decir algo de que resultaba al siguiente una operación formal.

—Mañana —decía Torres— tomaré a 90 todo lo que me quieran dar.

—Doy a 95.

—Guárdeselo usted...

Otras veces Torres se levantaba de su asiento y exclamaba:

—Hechas.

Como aquel maldito explotaba el pesimismo, nos llevaba siempre cuentos lúgubres de sediciones militares y de trapisondas y crisis de mil demonios. El Ministerio estaba dando las boqueadas, el Rey enfermo y los republicanos en puerta. Siempre tenía dos o tres telegramas de París que enseñarnos anunciando depreciación; pero los de verdadero interés para él se los guardaba donde nadie los viese. Era un bajista temible, y no parecía prudente aventurarse en contra suya, porque confabulado con un Sindicato de jugadores franceses, dominaba nuestra Bolsa. Medina y yo le seguíamos, unas veces juntos, otras no. Cuando mi liquidación de fin de mes, después de casar cifras, arrojaba algo en favor de Cristóbal, éste me decía:

—Mañana me tiene usted que aflojar cien mil pesetitas.

Decíamelo con tal complacencia y regodeo que me lastimaba. No era costumbre entre jugadores hablar así. Indudablemente tiraba a dar de veras y hacía las combinaciones con saña y deseo de herirme en lo vivo. Esto y lo de los cigarros y sus interrupciones cuando María Juana y yo hablábamos, y otras señales evidentes de su recóndita inquina, movieron en mi ánimo deseos vivísimos de jugarle una mala pasada. Este sentimiento nació en mí débil, y fue tomando cuerpo, alentado por sucesos que he de referir a su tiempo, amén de otras causas inherentes a la naturaleza humana. Al principio rechazó mi conciencia la idea de la mala pasada; pero poco a poco la idea se extendió y echó raíces, concluyendo por posesionarse de mí con fuerza irresistible. ¡Vaya si se la jugaría! Y no buscaba yo la mala pasada, sino que ella venía hacia mí, solicitándome para que la jugase; yo no tenía más que alargar la mano... Nada, nada, que aquel hombre íntegro y juicioso me pagaría juntas todas sus groserías.

VII

VARIAS COSILLAS QUE NO DEBO DEJAR EN EL TINTERO Y LA ENFERMEDAD DE ELOÍSA

I

UN domingo por la mañana, cuando menos lo esperaba yo, presentóseme en mi casa María Juana. Venía de oír misa en las Salesianas. No habíamos acabado aún de saludarnos cuando..., ¡tilín!, la señorita Camila. Ésta no venía de misa, sino de dar un paseo por el Retiro con Miquis, porque la mañana estaba hermosa.

—¿Y las camisas? —me preguntó desde la puerta del gabinete—. ¿Te has puesto alguna?

Al oír la pregunta, María Juana y yo soltamos la risa. Precisamente la noche antes habíamos hablado de las tales camisas y de lo mal que estaban. Camililla las hizo con toda la mayor voluntad posible, muy bien cosidas; pero en los cortes demostraba que no es tan fácil dominar aquel arte.

—Pues te diré... Siéntate primero.

—Salud —refunfuñó Miquis, entrando.

—Te diré... Las camisas...

—¿Qué? ¿Vas a salir ahora con que no están bien? —gritó la autora con la prontitud de su genio impetuoso.

—No, mujer... Escucha...

—Ya me lo figuraba. Hícelas yo, pues por fuerza habían de esta mal. Nada, lo que digo. Todo ha de ser francés; si no, no gusta. ¡Ay, qué españoles estos! Desprecian lo de aquí y se les cae la baba con cualquier mamarracho que venga de Francia.

—Pero ¿adónde vas a parar?

—Sí, sí —añadió alzando más la voz y manoteando—. Si hubiera hecho las camisas algún franchute, ¡oh!, entonces serían magníficas; pero las he hecho yo... Vamos a ver, ¿qué defecto les has encontrado?

—Si no me dejas hablar; si iba a decir que están muy bien...

—No están sino muy mal —declaró María Juana con la seriedad de quien acostumbra a poner la justicia por cima de todas las cosas.

—¡Muy mal!... ¿Y tú qué sabes?

—Lo sé, porque él me lo ha dicho anoche.

—No te enfades, Camila —indiqué yo tratando de templar aquellas gaitas—. El corte de camisas es difícil; se necesita mucha práctica...

—Pues Constantino no usa más que las cortadas por mí, y no se queja. ¿Verdad, tú?

Constantino estaba entretenido viendo unas fotografías de caballos, y no hizo caso de la pregunta.

—En rigor, no están mal —añadí—. El cuello no encaja bien, se sube un poco por delante, y la pechera se abulta, se abomba, figurando algo así como delantera de ama de cría...

Las risas de María Juana desconcertaron más a la otra, que dio algunas patadidas.

—La culpa tengo yo por meterme a generosa. ¡Mal agradecido! Quita allá. No vuelvo a dar una puntada por ti. Permita Dios que cada puntada que he dado en las seis camisas sea un picotazo en tu corazón y se te vaya agujereando como si te lo comieran los pájaros.

—¡Jesús, qué barbaridad! —exclamó la hermana mayor.

—Y nada más... ¡Vaya con el señor de los pechos planchados...!, que le han de hacer las camisas los ángeles, y no han de tener ni una arruga... ¡Y quémeme yo las cejas para esto!

—Vamos, Camililla, no te enfades. No es extraño que el primer ensayo... Ahora te compraré más tela, y me harás otra media docena.

—¡Yo!... Que los dedos se me pudran si vuelvo a dar una puntada por ti. Te desprecio... altamente.

—Y nada menos que altamente.

—Y en prueba de ello, mira lo que voy a hacer. ¡Ramón!

Empezó a dar voces llamando a mi criado. Constantino le dijo:

—No alborotes, chica. ¡Que siempre has de ser así!

Y como mi criado tardase en venir, fue ella a buscarle. Oímos su voz diciendo:

—Ramón, tráeme las seis camisas que le he regalado a tu amo.

—¡Qué torbellino! —murmuró María Juana—. No sé cómo la aguantas.

Pronto apareció Camila con las camisas.

—Falta una.

—Es la que me puse ayer... Salí con ella y tuve que volver a casa a quitármela, porque por la calle iba haciendo gestos como si tuviera el pescuezo lleno de pulgas.

—Ya te daré yo pulgas, tontín. Verás, verás. Pues señor, estas cinco camisas, digo, seis, porque la otra también la apando cuando esté lavada, me las llevo a mi casita, y haciéndoles una pequeña reforma, ensanchándolas un poquito de hombros y de cuello, se las arreglo a este animal. Mira tú por dónde he salido ganando... Chúpate ésa y vuelve por otra... Constantino, hijo de mi alma, vámonos de esta casa de mal agradecidos. Ya tienes seis albardas más. Tú no les pondrás peros. ¿Qué has de poner?

Él se reía, diciéndonos:

—No le hagan ustedes caso. Hoy le ha dado por alborotar. En fin, tiro del ronzal y me la llevo para que os deje en paz.

Cuando salieron díjome la otra:

—¡Qué vecindad tan molesta debe de ser para ti! Estarás harto.

—No lo creas; me divierto con esas tonterías.

—¿Y qué tal? ¿Hay sablazos?

—No lo creas. Viven con arreglo. Es que tenemos de Camila una idea muy equivocada.

—Ya sé que no se gobierna del todo mal. Pero el día menos pensado la pega. No hay fondo en ella.

—Pues se me figura que lo hay. La Humanidad, como la Naturaleza geográfica, nos ofrece cada día nuevos motivos de sorpresa y asombro. Donde menos lo pensamos, aparecen las maravillas humanas y tesoros que estaban ocultos, como los continentes antes de que un Colón les echara la vista encima.

—Vaya, que te remontas.

—Y a cada territorio que descubrimos en el planeta moral, parece que se ensancha el alma total del mundo y, por ende, la nuestra crece y...

—Chico, chico, te quiebras de sutil. El demonio que te entienda —me dijo, echándose a reír—. Baja de esos espacios y escúchame. Tengo que irme enseguida.

—Soy todo oídos.

—Anoche estuvo la pobre Victoria en casa. Cada ojo así, por ver si entrabas. Como no fuiste, la pobre se secaba mirando a la puerta del salón. Cuando se marchó, creo que le faltaba poco para hacer pucheros.

Tras este exordio, vino una larga amonestación sobre el mismo tema. Yo debía casarme a ojos cerrados con aquella joven.

—Mira, prima, ya te he demostrado...

—Sé lo que me vas a decir; conozco tus argumentos como si fueran míos... No todas las personas se casan enamoradas; y las que se casan sin amor no son las más infelices. Hay mil casos... Bien sé que Victoria no es una mujer superior, tal y como a ti te conviene; pero ven acá: esa mujer superior, ¿dónde la vas a encontrar? Hallarás la bonita, la graciosa, la cariñosa, la trabajadora, la rica, la discreta; pero la que reúna estas cualidades todas y a ellas añada ese talento femenino que es tan hermoso por lo mismo que es tan raro, el talento de encadenar al hombre pareciendo que es ella la que se encadena, esa divinidad, ese milagro, ¿dónde está?

—¿Dónde? Qué sé yo... ¿Y qué saco de descubrir esa maravilla, si no ha de ser para mí? Soy un desdichado que siempre llega tarde, y voy volteando por el mundo, de equivocación en equivocación, queriendo siempre lo que no puedo tener. No doy un paso sin tropezar con una ley que me dice: "¡Alto!" Mi dicha está siempre en manos ajenas.

—No alambiques, no alambiques —dijo un poco turbada; y se levantó de su asiento para ver los cacharros que tenía yo en una vitrina.

No quiso darme a conocer cierta confusión que a su rostro salía.

—Vaya, que tienes aquí cosas divinas. Y a propósito: ¿sabes adónde han ido a parar los cuatro grandes tapices de Eloísa? A casa de esa que llaman la Peri. ¡Qué escándalo! A esto llaman vueltas del mundo; yo lo llamo volteretas. El espejo horizontal y otras piezas están en casa de Torres. Se mirará Paca en él para peinarse las greñas. Todo el comedor ha ido a poder de Sánchez Botín. El empezó por comerse los manjares y ha concluido por tragarse la mesa de roble y las hermosísimas sillas talladas. ¿Y las dos credencias inglesas, las has visto en alguna parte?

—Como que las tengo en mi casa.

—¿Aquí?

—Sí, en mi segundo —afirmé, señalando al techo—, vive la querida del director de no sé qué ramo, una tal Felisa, que llaman la Chocolatera... La habrás oído nombrar; la habrás visto alguna vez. Es guapa, un poquito ajada.

—¡Ah!, sí, estaba en San Juan de Luz... ¿Esa ha comprado las credencias?

—Ayer estaba yo en casa y vi a media docena de mozos de cuerda que las subían. Puedes creer que me lastimó ver aquellos hermosos muebles que fueron míos... ¡Volteretas del mundo!

—¡Saltos mortales!

—Y parece que me persiguen estas visiones tristes. Anteayer pasé por la calle de Hortaleza y vi el busto

de Shakespeare en el escaparate de la Juana, rodeado
de mil chucherías. Entré en la tienda y lo compré sin
reparar el precio.

—Es verdad, aquí está. ¡Qué hermoso es! ¡Y cómo
nos mira!

Estuvo un momento abstraída. De pronto, como
quien vuelve en sí, me miró fijamente, diciendo:

—Vaya..., te dejo... Tengo que marcharme.

La insté a que prolongara la visita; pero se resistió
a ello.

—Bueno, pues te acompañaré hasta tu casa.

—No, no te molestes... Es que no quiero que me
acompañes. Te lo prohibo terminantemente.

De pronto hizo un movimiento expresivo, como si se
acordara de algo importante, y lanzó una exclamación
de desprecio de sí misma.

—Vaya, si parece que estoy tonta. ¡Qué cabeza esta
mía! ¿Pues no me iba sin decirte aquello precisamente
por qué he venido?

—¿Sí? ¿Me tenías que decir...?

—Una cosa, sí..., lo que más presente tenía.

Se sentó, y yo también, lo más cerquita de ella que
pude.

—Pero no —indicó de súbito, mostrando gran confusión y perplejidad y volviéndose a levantar—. Dije que
me marchaba y no me retracto. Coge el sombrero, y por
el camino te diré lo que te tenía que decir.

Y calle de Zurbano adelante, pensaba yo así: "Te
veo venir. En fin, tú resollarás."

Lo que me tenía que decir salió ya en lo más bajo de
la Ronda de Recoletos. Era que Medina había dado a
entender que no le gustaba la frecuencia en mis visitas.
No quería esto decir que hubiera malicia en mí. Pero
en la vida hay que dejar de hacer a veces las cosas más
inocentes para evitar malas interpretaciones. Era imposible que una persona tan sabia, tan filósofa, si es permitido decirlo así, como María Juana, tratase de un punto
relacionado con cosas de moral, sin dejar de exponer
alguna bonita doctrina.

—Nada hay tan sabroso para el alma —declaró— como obligarse a hacer cosas contrarias a nuestro gusto, y
recrearse, después de hechas, en ver cuán fácil era lo que
nos parecía difícil.

Mostréme conforme con esto, y me volví tan filósofo, que no había más que pedir. Sí; yo también me vencía, yo también batallaba día y noche, yo era un atleta que me robustecía moralmente con la gimnasia aquella de dar bofetadas al pícaro gusto y acoquinarlo y meterlo en un puño... ¡Como que mi prima y yo éramos un par de santos que, a poco que nos esforzáramos, íbamos derechos a la canonización! Díjele que admiraba su virtud y su fortaleza como las cosas más peregrinas que había visto en mi vida, y que..., en fin, dije muchas cosas, con las cuales me parecía que estaba envolviendo en paja la verdad de mis sentimientos con respecto a ella, para remitirlos en gran velocidad. Yo era embalador del desprecio que me inspiraba.

Firme en aquel pedestal de filosofía, hablóme de Medina, llamándole *el mejor de los hombres*. Con cien vidas de abnegación no le pagaría ella el cariño inmenso que él le tenía. Y dispuesta estaba a hacer todos los sacrificios posibles, pues se sentía con fuerzas íntimas capaces de levantar montañas... Por mi parte, yo no me podía quedar atrás en aquello de sojuzgar las pasioncillas. También tenía yo estímulos de virtud tan grandes como la copa de un pino; yo era hombre capaz hasta del heroísmo... Total; que nos despedimos en la calle de Goya, acordando que me convidaría el lunes próximo, y que yo no iría; al otro lunes debía ir, retirándome un ratito después de comer. Algunas tardes podía visitarla, siempre a las horas en que Medina estaba, y nada más, nada más... Esto se llamaba cortar por lo sano.

—Piensa mucho en Victoria —me dijo en el último apretón de manos— y decídete de una vez. Es lo que te conviene, es tu salvación, y por eso es lo que yo quiero.

"Lo que tú quieres bien lo veo —me dije para mi sayo al volverme a mi casa—. Pues te saldrás con la tuya."

II

Aquel mismo día, no se dónde, oí decir que Eloísa estaba enferma. Era cosa de la garganta, indisposición pasajera, tal vez la neurosis de la pluma. No hice caso ni pensé en ir a verla. El general Morla me entretuvo toda la tarde, enseñándome las armas que había adquirido recientemente, y sus variadas colecciones, que no se

acababan de ver nunca, tal era su riqueza. Tenía una
de clavos arrancados de las puertas de Toledo, otra de
bacías de barbero y otra de muestras de escritura, la
cosa más galana y famosa que se podía ver. Habíalas
hechas con las dos manos a la vez, que eran una maravilla de destreza caligráfica. Vi también botones militares, espuelas, estribos y mil herrajes diversos, todo muy
limpio y admirablemente clasificado por épocas. De
mañanita se iba mi hombre al Rastro, en cuyos revueltos
tenderetes había encontrado verdaderas joyas arqueológicas.

Comimos juntos aquella noche, y recayendo la conversación sobre intereses, indicóme el deseo de poner en
mis manos parte de sus economías para que yo se las
colocara en mis negocios, dándole la renta que me
pareciese bien. Él no entendía ni jota de compra y venta
de papeles. Su Bolsa era el Rastro, donde parece que
reviven las anécdotas de cien generaciones en los desechos y barreduras de las mismas. No me gustaba encar-
garme de intereses ajenos, pero por ser Morla quien era,
y por la confianza ciega que en mí tenía, consentí en
ser su depositario.

Y ya que hablo de negocios, diré que había logrado
con ellos lo que me propuse, a saber, distraerme y ganar
algún dinero. A estas ventajas debo añadir la actividad
física que por necesidad era inherente a tal género de
vida, y aunque tenía coche, resolví usarlo poco para que
el ejercicio me desentumeciera. De noche me imponía
la obligación de visitar a mis amigos en los distintos
círculos a que concurrían. Por charlar un poco con el
amigo Arnáiz iba al Círculo de la Unión Mercantil, de
que él era Presidente; por ver a Severiano y a Chapa,
iba un rato al Casino, y Morla y Villalonga me llamaban
hacia el Ateneo. De estos círculos era yo socio, aunque
calentaba poco los divanes en ellos. Al Bolsín no iba sino
cuando tenía que ver necesariamente a Torres, o a Samaniego, que siempre estaba allí de una a dos, la hora de
liquidar, llamada propiamente de *Bolsín*. Aquel círculo
me era muy antipático, dicho sea sin ofender a nadie.
A la sala de liquidación no le faltaba más que el vino
para parecerse a una taberna. Por las noches la invadían
los cobradores y zurupetos, jugando al tresillo en las
mismas mesas donde por el día se *mataban y se casaban*

las diferencias; y los escuetos salones eran para mí lo
más aburrido del mundo, salvo cuando corrían noticias
de bulto. En estos casos el Bolsín era el centro de las
palpitaciones comerciales, el *gran simpático* que reflejaba
la excitación de todo el Madrid financiero. Pero en noches normales parecíame un casino soso, no exento de
grosería. El gallito de él era Torres, que todo lo animaba
con sus dicharachos crudos, con su costumbre de tutear
a todo el mundo y aquella risa repentina, entre marru-
llera y soez, que desde la escalera se oía, y a la cual
algunos daban toda la importancia de un signo de lenguaje y presumían de saberlo traducir.

A la Bolsa [48] iba yo entonces todos los días, unas veces decidido a hacer algo, sin meterme muy a fondo,
otras por tomar el pulso al juego. Corriéndome hacia
la derecha, me encontraba con la alta Banca, entre cuyos individuos tenía yo buenos amigos. Solía tropezar
con *Partiendo del Principio,* que en dos palabras me
daba a conocer la excelsitud de sus conocimientos, y
no perdonaba ocasión de hacerme saber que yo era un
inocente y que la humanidad toda *pasaba desapercibida*
para un sujeto tan perspícuo como él. Medina no faltaba ningún día, y se paseaba de largo a largo en el
espacio aquel de la derecha conforme entramos, sin
pararse un momento. Andando, daba sus órdenes a
Samaniego, que bajaba del *parquet* con frecuencia y
se ponía de acuerdo con Torres. Éste no iba todos los
días; se había crecido mucho para prodigarse. Cuando
se aparecía por allí, toda aquella gente de los corros le
miraba con cierta veneración, y él se inflaba lo indecible. En el murmullo del local, tan semejante al zumbido de una colmena, sonaban sus risas prontas, ásperas
y estridentes, parecidas al rasgar de telas que se oye
pasando por la calle de Postas a las horas de más
venta. Comúnmente se venía hacia mí, y concertábamos
una operación modesta. En aquel local siempre me tu-
teaba: era costumbre arraigada en él, de la cual sólo
se eximían Ortueta, Urquijo y otros pocos por quienes
tenía adoración. Era un asombro ver cómo se lanzaba
a mayores, haciendo operaciones arriesgadísimas, por

[48]   El edificio de la Bolsa estaba situado en la Plazuela de la
Leña (hoy de Jacinto Benavente).

sumas fabulosas, con mediación de Samaniego, pero sin publicar.

Torres no salía del local sin que le anunciara el coche un lacayo cargado de pieles. Daba compasión ver al pobrecito muchacho sudando cada gota como un puño. Pero el agiotista creía sin duda pregonar mejor su riqueza por medio de zaleas que ahogaban a aquel infeliz mancebo, y no se las quitaba hasta muy entrado el tiempo en calor. En esto no imitaba a sus patriarcas Ortueta y Urquijo, que hacían gala de retirarse siempre a pie. *Partiendo del Principio,* después de despatarrarse un momento delante del *parquet,* limpiarse el sudor de la frente con cierta pausa, a que él quería dar aires de gravedad, y decir cuatro sandeces, se iba en su victoria camino del Retiro, donde le esperaba *No Cabe Más,* siempre de tiros largos, siempre estrenando, siempre en perpetuo domingo o Corpus o Jueves Santo, por lo chillón y nuevecito y llamativo de cuantos perendengues llevaba.

Un día me dijo Medina, sin detener el paso, por lo cual tuve que dejarme ir con él:

—¿Sabe usted que Eloísa está mal?

—¿Mal de intereses? Ya me lo suponía.

—No, de salud... Debe de ser cosa de cuidado.

Como enseguida hablamos de un tema en extremo interesante, la liquidación del siguiente día, fin de mes, se me fue del magín Eloísa y su mal.

—Esta liquidación va a dar algunos disgustos —gruñó Medina—. Sainz me tiene que aflojar diez mil pesetas, Cecilio setenta y cinco mil. ¿Quien liquida por ese Cañizares de los espejuelos verdes? Creo que lo hará Paco Rojas. ¿Y usted, qué tal? Ya, ya sé que tengo que aflojar a usted doce mil pesetas; pero las casaremos si Rojas tiene algo a favor de usted.

Aquella noche, en su casa, sacamos nuestras notas de liquidación, y matando y casando, obtuvimos nuestros respectivos totales. Él y yo quedábamos casi a la par. Un tal Sainz, con quien yo había hecho muchas *dobles,* y que en aquel mes hizo conmigo una operación alta, nos tenía que entregar a Torres, a Medina y a mí, por diferencias, unos noventa mil duros. La liquidación fue algo penosa, porque Sainz estuvo al ras de presentarse en quiebra. Nos tragamos nuestro susto, pues aunque la operación había sido pública y con todas las formalidades, si el tal no tenía, era forzoso tomar lo que quisiera darnos. Por fin, el 2 de marzo Sainz se presentó en el Bolsín a proponernos saldar sus compromisos con una partida de *Cubas* y otra de obligaciones de Osuna.

—Si usted no quiere las Osunas —me dijo Medina—, yo las tomo todas.

—Me es igual —respondí.

Y concertamos que Cristóbal tomaría las *Cubas* y yo todas las Osunas. Aquel mismo día, en el Bolsín, salió del corro de contratación una voz gangosa que me dijo:

—Doña Eloísa está muy mal.

Era la voz del cobrador de Medina, amigo y protegido de mi tío.

—Pero, hombre, si la señorita María Juana me ha dicho anoche que ya estaba bien...

Por lo tarde subí a ver a Camila. No estaba.

—La señorita —me dijo la criada— ha ido a casa de su hermana, que está muy malita...

—¿Y el señorito Constantino?...

—Ha salido a caballo, como todas las tardes.

"Conque sigue mal la infeliz... —pensé al retirarme—. Bueno; mañana iré a verla."

Y llegó mañana y no fui tampoco. Se necesitaba un espolazo mayor para decidirme. Hallábame en la Bolsa. Poco interés aquel día. Acerquéme a los distintos corros, que estaban muy desanimados. Generalmente, en estos pelmazos humanos dominan los hongos número dos y las americanas de mal traer; hay algunas capas, y por lo común formas no muy exquisitas. Hay corro que parece de apreciables tenderos de ultramarinos: el del Perpetuo, enracimado en la barandilla, es el más bullicioso. Pero aquel día sólo había un poco de vida en el de los *Aguadores,* o sea los que operan en Cubas. Del de los *Negritos,* que es el más modesto, salió una destemplada voz que me dijo:

—Don José María, el señor Trujillo estaba preguntando hace un rato si había venido usted.

Pertenecía esta voz a un individuo que imitaba a Torres en la manera de reír y en la costumbre de tutear; dedicábase a comprar picos y operaba en chinchorrerías. Su especialidad era estar siempre de capa hasta el *cuarenta de mayo* lo menos; se llamaba Mazarredo, y cuando hacía un buen negocio expresaba su gozo imitando el

canto de la codorniz con gran escándalo y risa de todos
los concurrentes a la Bolsa.

Al oír que Trujillo quería hablarme, corrí al ángulo
segundo de la derecha. Aquel no era el Trujillo que yo
conocía, sino su primo Manolo, joven muy simpático,
rico, soltero, elegante, de buena figura. Desde el año
anterior había empezado a padecer de la vista, y perdién-
dola gradual y rápidamente, a la fecha de lo que escribo
estaba ciego del todo. Era un dolor verle, con los ojos
cuajados y fijos, la cara pálida, ansiosa, queriendo ver
y no viendo nada. El pobrecito se hacía la ilusión de que
veía algo, y los amigos cuidábamos de no quitársela por
completo.

—¿Qué tal, Manolo?...

—Mejor, mejor —respondía infaliblemente, pasándose
una mano por delante de los ojos—. Principia a aclarar
el derecho... Me veo perfectamente los dedos.

Todos los días, como quiera que estuviese el tiempo,
se vestía correctamente, y un criado le llevaba a la Bolsa
a eso de las dos y cuarto y le sentaba en aquel ángulo,
de donde no se movía hasta que a las tres y media volvía
el mismo criado a recogerle. Aunque era joven, se había
estrenado en los negocios, para los que tenía gran capa-
acidad, y no podía vivir sin respirar durante un rato
aquella atmósfera picante, en la cual no se sabe qué es
más espeso, si el aire cargado de humo o el ambiente
aquel de las cotizaciones saturado de números. Hay
gustos muy raros.

Sentéme junto a él, y aún no le había estrechado la
mano cuando, dando un gran suspiro, me disparó estas
palabras:

—¿Conque Eloísa se muere?...

Dejóme frío la noticia y la puse en duda.

—No, no es cuento. Anoche he estado allí... Muy
mala, muy mala la pobre. Es cosa de la garganta, del
cuello, no sé qué. Dicen que está horriblemente desfigurada. Yo, como no la puedo ver, siempre la *veo* hermosa.

Manolo Trujillo había sido, antes de perder la vista,
uno de los más fervientes y al mismo tiempo más discretos admiradores de Eloísa. Después de su ceguera, la
visitaba de vez en cuando, haciendo gala de una especie
de inclinación alambicada y platónica, sentimiento muy
propio de un caballero que ha visto mucho y ya no ve

nada. No esperé a que acabara de contarlo, y deplorando mi descuido, corrí a la calle de Olmo. [49]

III

Al entrar en la casa, todo cuanto en ella vi me anunciaba desolación, ruina, tristeza. Evaristo, sin librea, estaba encendiendo un brasero en el patio, asistido del cochero, en mangas de camisa y con chaleco rojo. Soplaba aquel día, que lo era de principios de marzo, un vientecillo norte que afeitaba. Los dos criados me saludaron y les pregunté por su señora. Enseñándome la lista, pusieron muy mala cara los dos. La escalera estaba glacial, y el pasamanos empolvadísimo. No sé cómo me entró aquella indignación que no pude reprimir.

—Evaristo —grité—, ¿no os da vergüenza de que las personas que entran vean esta escalera? Mira cómo me he puesto las manos. ¿En qué estáis pensando?

Y salió a decirme, gorra en mano, que no podían atender a todo, y que la casa era muy grande. Seguí subiendo. A mí qué me importaba que limpiaran o no, ni qué tenía yo que ver con semejante cosa...

Desde la antesala me interné en los pasillos; mas por la mampara de cristales alcancé a ver la sala de juego con las paredes desnudas. Vi sillas en montón, patas arriba, como dispuestas para que se las llevaran, y flecos de riquísimas cortinas que arrastraban por el suelo. La primera persona que me encontré fue Micaela, que estaba en el gabinete de Eloísa, partiendo en tiras una sábana de hilo. Antes de que yo le preguntara, la doncella, leyendo en mi cara el deseo de saber, me dijo:

—Yo creo que hoy está mejor; pero anoche, por poco...

Daba dolor ver el gabinete desmantelado, casi vacío de las admirables porcelanas de Sèvres, Sajonia y *Barbotine* que antes lo adornaban, conservando sólo dos o tres acuarelas de escaso mérito. Los clavos indicaban dónde estuvieron las obras superiores. Agujeros horribles en la pared, mostando el yeso y la tapicería desgarrada,

---

[49] La calle del Olmo, donde vivía Eloísa, estaba y está cerca de la calle de Atocha, no lejos de la Plaza de Antón Martín; José María pudo ir, en efecto, a pie, puesto que la Bolsa y la casa de Eloísa estaban en el mismo barrio.

marcaban el sitio del espejo biselado que había ido a parar a casa de Torres. En cambio, quedaban begonias de trapo caídas de sus jardineras y llenas de polvo, fotografías apiladas sobre la chimenea, un caballete de nogal y oro sirviendo de percha para colgar cajas de sombreros, ropas y corsés de raso negro pendientes de sus cordones. Camila no tardó en entrar. Traía su delantalillo azul, y un puchero del cual salía vaho repugnante. Agitaba el contenido con una cuchara y lo hacía caer de alto para que se enfriase.

—¿Ya estás aquí? —me dijo en voz baja, sin mirarme.

—No sabía nada hasta este momento. Me lo dijo Manuel Trujillo.

—Hazte el bobito... Demasiado lo sabías.

—Pero creí que era alguna desazón ligera.

—No está mala desazón. Anoche creímos que se nos iba. ¡Pobrecita! Y siempre preguntando: "¿Ha venido?" No quería mandarte llamar, sino que vinieras tú por ti mismo.

—Hija, no sabía...

—Francamente —afirmó, mirándome cara a cara—, lo que has hecho es una *indecentada*... Porque, sea lo que quiera, pórtese bien o mal, en eso no me meto, cuando una persona se muere... todo se perdona. Y tú la has querido, tú la has hecho pecar...

—Pero ¿cómo está, cómo está? ¿Es cierto que hay mucha gravedad? —le pregunté sintiendo un dogal en mi garganta.

—Mucha. Pero hoy está mejor que ayer. La hinchazón ha bajado algo. Ya no padece tanto. Dices que no sabías... ¡tonto! ¿Pues no te dijo Ramón que anoche me quedé aquí?

—No me ha dicho nada.

Y dale que le darás al menjurje aquel, que era espeso, viscoso, almidonáceo y parecía tener leche, a juzgar por su blancura.

—Esto es una cataplasma... —me dijo Camila, bajando más la voz—. ¡Pobre Eloísa! Si entras a verla, ten cuidado de no dejar conocer la impresión que te ha de causar. Está horrible, espantosa. No la conocerás. Haz como que no encuentras en ella nada de particular. Más que el dolor y la fiebre, la mortifica la idea de lo fea que se ha puesto. No hace más que llorar y pedir a Dios que se la lleve antes que dejarla así.

Me acuerdo de haber dado un gran suspiro al oír esto. Camila y Micaela empezaron a extender aquella pasta sobre los trapos, soplando a la vez para que se enfriase. Después pasaron las dos a la alcoba, en la cual, al abrirse la puerta, noté que había completa oscuridad. Sentí lamentos que me traspasaron, con los cuales se confundían las voces cariñosas de las dos enfermeras.

—Si no te lastimamos; si es aprensión tuya...

—No tenga usted cuidado, señorita. La cataplasma está muy pegada y la vamos sacando poquito a poco...

Y seguían los quejidos y ayes de angustia, con invocaciones a la Virgen y a toda la corte celestial.

Cuando Camila volvió al gabinete, me susurró al oído estas palabras:

—Ya sabe que estás ahí. Se ha excitado un poco. Dice que no entres todavía: espérate. Ha mandado cerrar bien las maderas para que no entre ninguna luz. Cuidadito con lo que te he advertido.

Transcurrió bastante rato, y al fin Micaela apareció en el umbral, haciéndome señas de que pasara. Entré con vivísima emoción. No veía absolutamente nada. La atmósfera de la alcoba era espesa, repugnante; ambiente de enfermería que se hace irrespirable para todo el que no lo acometa con el desinfectante de la abnegación y del amor. A mí me tiraba a matar, oprimiéndome los pulmones. Micaela salió. Acerquéme al lecho, y palpando hallé el respaldo de una silla. Al sentarme dije palabras cariñosas, de fórmula, no sé cuáles. Oí entonces la voz aquella, apagadísima y desentonada por la fiebre, pronunciando estas palabras:

—Por fin... pareciste... Tú habrás dicho: "Que se muera como un perro..."

Con las palabras salía del lecho un vaho infecto y pesado.

—¡Qué cosas tienes! Es que no sabía... Ya me ha dicho Camila que estás mejor.

—¡Ay, mejor! —exclamó la voz con desaliento—. Si me muero, si estoy hecha una miseria, una asquerosidad... No quiero que me veas. Estoy horrible.

—No te sofoques, hija. Eso pasará. Y no estás tan desfigurada como crees.

—¡Ay!, chiquillo, tú no me has visto. Si me vieras te espantarías, te parecería mentira que me quisistes.

Me incliné hacia ella.

—No, no te acerques, por Dios... Estoy rodeada de miseria humana. Pase el morirse; pero morirse así, apestando...

—No te agites. Me marcho, si no eres razonable.

—No, quédate otro poquito... Pero no me mires. Si ves algo, mandaré a Micaela que eche la cortina y que tape hasta la última rendija. No quiero que veas este adefesio que te gustó tanto cuando era de otra manera.

—Pero ¿qué es al fin? Aún no sé lo que tienes.

Contóme en palabras breves su enfermedad. Empezó por un recrudecimiento de aquella sensación de la pluma. Pronto se determinó una angina, con fiebre intensísima. El médico dijo que era una angina maligna. No podía tragar; se ahogaba. De pronto empezó a hinchársele el cuello..., un bulto horrible que crecía por horas, y la fiebre subiendo, y el cerebro trastornado..., delirio, inquietud. La noche última, por fin, cuando ya creía que se ahogaba, empezó la resolución... ¿Para qué hablar más de aquello? Era un horror.

—¿Qué tal la calentura? —le pregunté—. Dame acá una mano.

Sentí la mano que venía a buscarme. La busqué y nos encontramos. ¡Oh!, ardía.

—Tienes muy poca fiebre —le dije, observando que tenía mucha y que las pulsaciones eran muy irregulares.

Le besé la mano, una, dos, tres veces, conociendo cuánto gusto le daba con ello.

—Puedes besarla sin cuidado —afirmó con acento de cariño, que era como un alfilerazo en mi corazón—. Cuando supe que estabas aquí hice que Micaela me las lavara... Es el único gusto que tengo ahora, en medio de esta suciedad, en medio de este pánico de la pestilencia que me mata más que el dolor.

—Esto no es nada, hija —repetí, traspasado de lástima—. Dentro de ocho días verás qué buena te pones. Un poco de molestia y nada más. Te acompañaremos, te cuidaremos mucho. ¿Te asiste Moreno Rubio?... Pues pierde cuidado. Eso no vale nada. Es un desahogo de la Naturaleza. Te vas a quedar luego más buena... y más guapa que antes.

—¡Ay!, tú no sabes como estoy. Ocho días de fiebre muy alta me han dejado en los huesos... Entra tu mano y toca, chiquillo.

Metí la mano por entre las sábanas tibias, húmedas y pegajosas, y allá en lo más caldeado, tropecé con su mano que me guiaba, mientras la quejumbrosa voz decía:

—¿Ves? ¿Ves qué pellejos?... Soy la muerte, la muerte.

Advertí que lloraba, y le dije por consolarla cuanto me parecía propio del caso.

—¡Oh!, no, no, no me pondré bien —exclamó ella con amargura hondísima—. He sido muy mala, y Dios me está castigando. Pero por mala que una mujer haya sido, verse una entre esta inmundicia, verse así, en los huesos...

—No te apures por las carnes, hija —le respondí haciendo un esfuerzo por reírme—. Verás qué pronto las echas; te pondrás gorda.

—¡Gorda yo!... ¡Jesús! No volveré a ser lo que fui. ¡Y este cuello, Dios mío, esta monstruosidad!...

—Vaya, estate tranquila. La conversación y estas sofoquinas te perjudican mucho. Te voy a dejar... No; si vuelvo, no te apures.

—He sido mala, lo conozco...; pero bien merezco que me vengas a ver, por lo mucho que me acuerdo de ti. Lo que yo digo: si tuvieras un perro y se pusiese enfermo de muerte, ¿no bajarías a verlo al sótano, y lo rascarías con un palo? Pues eso, eso... Yo no pretendo que te intereses mucho por mí; pero llegar, darme un vistazo...

En esto comencé a ver algo en la lóbrega habitación. Fuera porque mis ojos se habituasen a la oscuridad, o que entrara más luz por las rendijas del balcón, lo cierto es que vi, y más deseara no ver. De la obscuridad, amasada con el vaho del lecho en términos que ambos fenómenos parecían uno solo, destacóse una forma confusa, de contornos tan extraños, que al pronto la creí determinación engañosa del bulto de las almohadas. Miré más, avivando el poder de mi retina cuanto pude, y causóme indecible terror la certidumbre de que aquella monstruosidad era la cara que conocí en la plenitud de la gracia y la hermosura. Parecióme enorme calabaza, cuya parte superior era lo único que declaraba parentesco con la fisonomía humana. Mas en la inferior, la deformidad era tal que había que recurrir a las especies zoológicas más feas para encontrarle semejanza. ¡Pobre Eloísa! La impresión que sentí fue de tal manera penosa, que cerré los ojos para no ver más. Dios mío, ¿por qué me permitiste ver aquella máscara horrible? Nunca la olvidaré. Parecíame ver expresadas en un solo visaje todas las ironías humanas.

—Nada, hija; te dejo sola para que descanses. No, no me voy de la casa, y entraré más tarde si te sientes bien. Descuida, que te sacaremos adelante.

—Bueno, hijito —replicó, declarando en el tono su alegría—. Me haré la ilusión de que me quieres, a ver si de este modo me animo un poco.

Hice un gran esfuerzo para besarla en la frente. Para ello cerré bien los ojos. Cuando salí de la sofocante alcoba, iba pensando qué cruz tan pesada y espantosa es ser enfermero en frío, o sea cuidar a enfermos a quienes no se ama.

IV

Salí a mis quehaceres y volví sobre las cinco. ¿Por qué he de ocultar una cosa que me desfavorece? La compasión por Eloísa me atraía verdaderamente; mas el deseo de encontrarme con la otra no me impulsaba menos hacia la calle del Olmo. Dicho en plata, me ilusionaba el ver allí a Camila, hecha una interesante enfermera; y si al acordarme de su infeliz hermana, se aplacaban los fuegos de mi querencia, cuando suponía a la enferma salvada y mejorada no podía menos de recrear mi espíritu en la idea de tropezarme con Camila en los rincones y callejuelas de aquel solitario caserón que tan bien conocía yo. Debo decir que mi locura, bien por no ser correspondida hasta entonces, bien por la depuración de mi espíritu en el trabajo, se había vuelto platónica. Siempre que podía hablar con Camila a solas pintábame como un enamorado entusiasta, pero tranquilo, admirador frenético de sus eminentes virtudes y de la misma resistencia que me había puesto en tal estado. Y era verdad esto que le decía: la tal borriquita se me había subido a lo más alto de la cabeza, allí donde se mece, a manera de nube, lo puramente ideal, lo que es y no es, lo que nos habla de otros mundos y de Dios, haciéndonos a todos un poco poetas, religiosos o filósofos, según los casos.

Yo no me alegraba de que Eloísa se pusiese peor; al contrario, lo sentía mucho; pero deseando que se mejorase, sentía que Camila no estuviese allí todo el día y toda la noche con su delantal azul, aunque sus manos olieran a cataplasma. Cómo compaginaba y conciliaba mi espíritu estos dos deseos, no lo sé decir. Pero es el espíritu tan buen componedor que sin duda resultaría un arreglito en mi conciencia, escarbando mucho en ella para buscarlo.

Dejo esto por ahora y sigo con la otra infeliz. Moreno Rubio, después que la vió al anochecer, me dijo que aunque la mejoría se había iniciado, no las tenía todas consigo. Explicóme lo que era aquello con todos sus pelos y señales, dándome a conocer la resolución posible, el proceso reparador en caso favorable, la complicación en el caso contrario. Pero no repito las palabras de aquel observador eminente por no cansar a mis lectores, ni entristecerles con estos pormenores tristísimos de la desdicha humana. Digamos sólo, con la religión, que somos polvo, inmundicia, y que, siendo tan mala cosa, todavía ha de haber quien quiera regalarse con nosotros, y estos golosos de nuestra podredumbre son los gusanos.

Yo no pasé a ver a Eloísa porque no se excitara; pero a eso de las diez se puso tan inquieta que nos alarmamos. Estábamos allí mi tía Pilar, Camila, Constantino y yo. Raimundo se había marchado a las nueve, y el tío Rafael vendría más tarde. Empezó la enferma a hablar como una tarabilla; a ratos lloraba; a ratos anunciaba su muerte. Pedía que yo entrase; después que no. Quería estar a oscuras; luego la oscuridad le daba miedo y era forzoso encender la luz. Desde la puerta le oí decir llorando:

—Me muero, conozco que me muero. Es terrible morirse así, en este muladar... Dios me perdonará. ¿Está ahí José María? A él le encargo que no entre aquí ningún cura. ¡No, no quiero ver curas...! Ya me las arreglaré sola con Dios.

La fiebre era muy alta aquella noche, y estaba la pobre agitadísima.

—No quiero luz. ¿No he dicho que quería estar a oscuras? ¿Es que me quieren mortificar? —gritó moviendo mucho los brazos.

La alcoba quedó en tinieblas, y entonces me llamó para que le pusiera el termómetro y le observara la temperatura.

—Constantino me engaña siempre —me dijo—. Para él nunca paso de 39, y yo conozco, por este fuego de mi cuerpo, que debo tener 41, 42, 50...

—María Santísima, ¡qué volcán!

Le puse el termómetro debajo del brazo y esperé sentado junto a la cama.

—¡Oh! ¡Qué mal me siento! La cabeza se me abre, se me desvanece, se me va; se me arranca la vida... Me muero esta noche. ¿Estarás aquí cuando dé las boqueadas?... ¿Me cerrarás los ojos? ¿Te dará horror verme tan fea y echarás a correr? Sí, lo estoy viendo, lo estoy viendo. Dios mío, yo he sido mala; pero no para tanto... Nada, lo que yo digo: si tú te hubieras casado conmigo, yo habría sido menos loca; pero no quisiste, y me dejaste en medio del arroyo.

Esta febril locuacidad me lastimaba, oprimiéndome el corazón. No cesaba de decirle:

—Serénate, cállate la boca, procura dormir. Estás un poco excitada de los nervios, y nada más.

—Mira ya el termómetro y no me engañes.

Salí del gabinete para observarlo a la luz. Marcaba 40 y tres décimas. ¡Qué mala cara debí poner cuando lo estaba mirando!

—¿Ves?... No hay motivo para que te inquietes —declaré, volviendo a su lado y guardando el termómetro—. Tienes 38 y unas décimas.

—¿Es de veras?

—¿Quieres verlo?

—¿No me engañas?

—Ya sabes que yo...

Pues se lo creyó; mas no por eso estuvo más tranquila en las horas que siguieron.

—Nada, nada; yo me muero esta noche. Siento que me desquicio, que la vida se me quiere escapar. ¡Qué espanto me da...! No, Señor, Dios mío, yo no me quiero morir, yo soy joven, yo no he sido mala... Si yo misma te lo he dicho, rezando, es que me he calumniado.

Tras larga pausa en que la sentí murmurar vocablos ininteligibles como si rezara, volvió a expresarse con la misma agitación.

—No te digo que me perdones, porque sé que me perdonarás de todo corazón. Y a ti, grandísimo pillo, ¿quién te perdona? Porque tú eres tan malo como yo, quizás peor. A ver, hazte el valiente, confiésame en este momento solemne tus picardías. ¿A que no las confiesas? ¿No ves que me muero? Dame ese gusto. ¿Quieres que te dé un ejemplo? Pues te voy a confesar todo lo malo que he hecho, absolutamente todo.

Rebeléme contra aquel propósito, más bien nacido del desvarío febril que de un vigoroso móvil de conciencia.

—Si te pones así me enfado; es que me enfado de veras. Me marcharé.

—No, eso nunca —exclamó, rompiendo a llorar—. Quiero que estés aquí, que me veas cuando expire... ¿Llorarás? Dime si llorarás.

—Pero, mujer..., ¡qué tonterías!

—Dime si llorarás... Es que quiero saberlo.

—Bueno; pues sí, lloraré, y mucho.

—¿Y me besarás las manos?..., las manos nada más, porque la cara... Se me quita la contrición cuando pienso en lo horrible que estaré. Pero acuérdate de cuando estuve guapa; acuérdate y cierra los ojos... ¿Me harás una caricia?... ¡Mira que si no, resucito y te...!

Hacía extraños gestos con los brazos. Yo se los metía entre las sábanas, recomendándole la tranquilidad en los términos más cariñosos.

—Hija mía, no hagas locuras. Vas a pasar una noche infernal.

—Es que no me quiero morir, es que no me da la gana —clamó, ahogándose en llanto copioso—. ¿Pues por qué me pongo así sino por el miedo que tengo?...

—No seas tonta y no tengas miedo. Si estás bien; si apenas tienes fiebre; si Moreno me ha dicho que no hay cuidado... Vaya, no hables de muerte.

—¿Pues no he de hablar, si la veo, si la siento venir?

—Patrañas, hija; aprensión...

—¡Y morir así, como arrojada en una pocilga, revolcándose en miserias y como si mis propios pecados me estuvieran comiendo por todas partes! Yo he visto una estampa en las prenderías, en la cual hay uno que agoniza, y salen de debajo de las almohadas bichos muy feos y asquerosos, lagartos y demonios horribles que lo roen y se lo comen. Así estoy yo, así me muero yo.

Pensé que las bromas harían mejor efecto en su espíritu que la seriedad, y tomándole una mano y besándosela con el mayor calor posible, le dije:

—¿Pues qué querías tú? Morirte como la *Traviata,* con mucho amor, tosecitas y besuqueo? Si eso pretendes, se puede hacer. Por mí no ha de quedar.

Parecióme que se sonreía, y esto me animó a seguir por aquel camino.

—Bien sabes tú que no va de veras, que si lo sospecharas, no estarías tan charlatana. Esos son mimos, no terror de la muerte. Tú buscas lo que los franceses llaman una *pose,* y la *postura* no parece.

—¡Ay, hijo, no te rías de mí! ¿Cómo puedes pensar que yo tenga esas ideas en medio de esas prosas?... Porque éstas sí son prosas, chico. Si no hay mayor castigo para una mujer que tener asco de sí misma, yo estoy bien castigada. Acepto la muerte si la considero como una gran lejía en la cual me voy a chapuzar...

Y como si su espíritu tomara de improviso con esto una dirección de consuelo, me estrechó mucho la mano, diciéndome:

—Joselito..., si por casualidad me salvo, ¿me volverás a querer...?

—¡Sí...! De ti depende que te pongas buena pronto, no sofocándote sin motivo.

—Agua; me muero de sed.

Se la dio Camila, y cuando nos quedamos de nuevo solos, díjome que se sentía mejor. Su piel estaba húmeda.

—Ahora te vas a dormir.

—Si soñara que me volvías a querer, creo que despertaría muy mejorada.

Respondíle que podía soñar lo que fuera más de su gusto, y desde aquel momento empezó a calmarse. Quejóse de vivos dolores en la cara; pero no debieron de ser muy fuertes, porque a eso de las dos ya dormía, si bien con inseguro sueño. Salí de la alcoba, rendido de cansancio, y me encontré a mi tía Pilar, profundamente dormida, y a Camila despierta, aunque con mucho sueño. Disputamos, como era nautral, sobre quién había de descansar... Que ella, que yo. El reposo de la enferma fue breve, y pronto la oímos que nos llamaba. Micaela y Camila estuvieron más de una hora con ella, dándole medicinas, curándola y mudándole hilas y trapos. Mala noche pasó la infeliz. A la madrugada descabecé un sueño en el despacho de Carrillo, sobre el sofá de cuero, frío y desapacible.

Despertóme, ya entrado el día, una voz que al pronto no conocí. Era la de Constantino, y poco a poco surgió en mitad de mi campo visual la figura de éste, abrutada, tosca y respirando honradez.

—¿Cómo está Eloísa? —le pregunté con susto, sospechando que me iba a dar una mala noticia.

—Ahora duerme —replicó de muy mal talante, paseándose en la habitación con las manos en los bolsillos—. Va mejor.

"Pero ¿qué tiene este bruto para estar tan malhumorado?", me dije para mi sayo.

Sacóme pronto de dudas, pues era Constantino tan rudo como inocente, incapaz de guardar secretos.

—¿Has visto a Camila? —me preguntó.

—Anoche, sí.

—¿Sabes que hemos reñido?... Anteanoche..., aquí... Una bobería..., un soplo, chismes, calumnia. Le dijeron que me habían visto ir de picos pardos...

—¿Qué me cuentas?

—Todo es paparrucha —añadió, dando un gran suspiro y alargando más el hocico—. Camila se la ha tragado, y no la he podido desengañar. No nos hablamos. Anoche no pude dormir pensando en ella. Me parecía mi casa tan vacía, chico... Me figuraba que mi mujer se me había muerto; no, que se había ido con otro, y...

—Eres un *bebé*... ¡Ja, ja, ja!

—Créelo..., por poco me echo a llorar...

—¡Ay, Dios mío, qué célebre!... Constantino, eres un niño de teta...

—Y ahora —prosiguió, haciéndose el fuerte, mas sin sin poderlo conseguir— he venido acá con unas ganitas de verla... ¡Qué afán! Si me figuro que no he visto en cuatro años su cara. Pues llego; me dicen que está en el cuarto de Rafaelín durmiendo; voy allá, empujo la puerta, y ella salta y me la tira a los hocicos, y se cierra por dentro, y me grita: "¡Vete a los infiernos, perdido, gatera, chulapo!"

—Bien, hombre, bien. Anda, vuelve a picos pardos...
Me alegro... —le dije, sintiéndome inspirado y locuaz—.
¡Ah!, perillán. ¿Crees tú que el matrimonio es cosa de
quita y pon? ¡El matrimonio, la cosa más santa, la
institución más respetable, más augusta, más...!

—¡Quítate allá y no me vengas a mí con retumbancias!

—Estos pilletes se figuran que el tálamo es trampolín... y profanan la santidad de la familia, y hacen burla
de la virtud de una intachable esposa...

—¿Te quieres callar?...

—No, señor, no me callaré... Tu conciencia no se
subleva, no se te levanta como un fantasma para decirte:
"Constantino, ¿qué has hecho de la paz del hogar?"

—Pero ¿todo eso es cháchara o qué?...

—¡Qué ha de ser broma, hombre, qué ha de ser broma! Ya ves que esoy indignado.

—Que me caiga muerto aquí mismo, que me mate
un rayo —juró con vehemencia salvaje—, si yo he ido
a picos pardos. Que me vuelva buey ahora mismo si
he tocado, desde que me casé, más mujer que la mía.
¡Mírala, por ésta!

—Valiente hipócrita estás tú... ¡Con esa jeta de lealtad y esas inocencias, me parece...! Y lo que es ahora
no la convences. Buena estará.

—Se me figura que quien le llevó el cuento fue el
marqués de Cícero... ¡Ay, si le cojo! Le arranco los
bigotes, y después se los hago tragar... ¡Decir que
yo...! ¡Cuando el que venía de picos era él, él..., el
muy monigote, pinturero...!

V

Hablando pasamos a la estancia que había sido de
Carrillo. Quise lavarme; pero no encontré agua.

—Yo te la traigo —me dijo Constantino cogiendo el
jarro.

A poco volvió, y cuando me llenaba la jofaina, díjome en el tono más cordial:

—Quítale eso de la cabeza.

—¿Qué le he de quitar de la cabeza? ¿Los adornos
que le has puesto?

—No, hombre: la idea...

—¿Conque la idea?... Lo intentaremos, lo intentaremos.

Él se reía y no cesaba de amenazar al marqués de Cícero. Le iba a freír, a abrirle un tragaluz en la barriga, a untarle de petróleo y pegarle fuego...

—¡Qué buen ayuda de cámara me he echado! Ya que eres tan amable, ten la bondad de decir a Micaela que haga café y me lo traiga aquí.

No había pasado un cuarto de hora cuando sentí abrir la puerta. Hallábame en elástica, con la toalla sobre los ojos, la cabeza toda mojada, y no vi quién entró.

—Déjelo usted ahí —dije, creyendo que era Micaela; mas no tardé en ver a Camila poniendo el café sobre la mesa.

—Hola, borriquita —exclamé, dejando salir de mi alma la alegría que la llenaba—. Di una cosa: ¿y tu hermana?

—Durmiendo. Me parece que va bien.

—¡Contento está tu marido!... ¿Pero qué prisa tienes? ¿Adónde irás que más valgas? Oye...

Quise proceder con buena fe, pero no podía; la malignidad salía culebreando, como centella eléctrica, desde el corazón a la punta de mi lengua.

—Las mujeres prudentes no ponen esos hociquitos por un desliz del marido. ¡Pues tendría que ver! No seas inocente, no seas ridícula, no seas pueril. ¿Tú no has leído aquello de *La perfecta casada* que dice...?

—Yo no he leído nada ni me da la gana de leer papas —exclamó a gritos, hecha una leona.

—Sosiégate... Lo que yo digo es que eres una tonta si crees que el marido de hoy puede ser un formalito de estos de *aquí me ponen, aquí me quedo*. Sería hasta ridículo, sería...

No me dejó acabar. En un tris estuvo que me tirara a la cabeza la cafetera. Con sacudida de violenta cólera se puso a gritar:

—No estás tú mal... sinvergüenza... Déjame en paz.

"Ya te irás domando", pensé al quedarme solo, y un instante después pasé al cuarto de Rafaelín, a quien hallé sentado en el suelo, entretenido en armar un teatro de cartón. Su media lengua me enteró otra vez de la mejoría de su mamá, y después preguntóme, con palabras vertidas cautelosamente en mi oído, si yo me iba a quedar allí *pa siempe*. Respondíle que sí y jugamos un rato. ¡Pobrecito niño! ¡Qué interés tan hondo despertaba en mí! Me lo habría llevado a mi casa, adoptándole por hijo, si su madre lo consintiera. Aquella madrugada, cuando me dormí en el diván, había visto en sueños a Eloísa muy mal pergeñada por las calles, con mantón pardo, pañuelo por la cabeza, las faldas manchadas de fango, llevando de la mano a Rafaelín, el cual tenía las botas rotas y enseñaba los tiernos dedos de los pies; el cuello envuelto en bufanda y el cuerpo en roñoso gabancito. Esta visión me oprimía el pecho, más por el hijo que por la madre. ¡Ay! Esta campeaba en la indiferencia de mi alma, como en un desierto árido y vacío. Pasaba por ella sin dejar rastro ni huella en aquel inmenso arenal.

Sin hartarme de jugar con el pequeño ni de darle besos, salí de la casa. Eloísa se había despertado y sentía gran alivio. El médico me dijo que la resolución era rápida y segura. No quise entrar a verla, porque la estaban curando, y la dejé un afectuoso recado. En mis correrías de aquel día por Madrid experimenté lo que yo llamaba la *congestión espiritual* de Camila en mayor grado que nunca. La llevaba en mi corazón y en mi cartera, y la vi entre los apuntes de mis operaciones como la mosca que se ha enredado en la tela de araña. La vi en la ahumada atmósfera de la Bolsa y entre los movibles y bulliciosos corros. Muy distraído estuve, y conociéndome, no me arriesgué a operaciones delicadas, porque desconfiaba de la claridad de mi sentido. Era como algunos borrachos que, conocedores de su estado tienen la sensatez relativa de no celebrar ningún contrato mientras están peneques.

Torres, Medina, Samaniego y otros me preguntaron por Eloísa, y a todos contestaba:

—Bien... Si no es nada... Un simple flemón.

Manolo Trujillo, a quien acompañé un ratito, hablóme de ella con amor y entusiasmo. Me complací en destruir su ilusión pintándole lo desfigurada que estaba. ¡El infeliz exhalaba unos suspiros oyéndome...! Era yo cruel sin duda; pero me salía esta crueldad muy de dentro, y sentía un goce extraño y vengativo al decir a los que me hablaban de ella:

—Es un horror... No hay idea de fealdad semejante.
Volví a la calle del Olmo por la tarde, ¡y qué suerte
tuve! El marqués de Cícero salía cuando yo entraba,
Eloísa dormía y Camila estaba sola. Se me arreglaron
las cosas tan guapamente, que ni de encargo salieran
mejor.

—No se harta de dormir la pobrecita —me dijo Camila, sentándose junto a mí en el salón desierto y sacando una obrilla de gancho con que se entretenía.

Ni caída del cielo. Estábamos solos; nadie nos turbaba. No menté a Constantino ni hice alusión al dis-
gustillo. Hablé tan solo de mí, de aquella pasión loca
que me consumía y que por providencia de Dios había
venido a ser fina, delicada, platónica, lo sublime de la
amistad, si me era permitido decirlo así. ¡Oh!, yo no
deseaba que ella faltase a sus deberes, adorábala honrada; quizás infiel no la adoraría tanto. Me entusiasmaba su virtud, y por nada del mundo destruiría yo
esta celestial corona, tan bien puesta en sus nobles sie-
nes... Yo no pretendía de ella sino un cariño puro,
leal, diáfano como el mío, enteramente limpio de
deshonra y malicia. No recuerdo si saqué a relucir
también lo del *armiño,* que es de reglamento; pero de
fijo no se me quedó por decir lo del *altar de mi corazón* y otras imágenes muy al caso.

Y, ¡cosa singular! estas tonterías, que ella calificaba
siempre con el injurioso dicterio de *papas,* no la albo-
rotaron aquel día como otras veces. Oíame callada, los
ojos fijos en su obra, haciendo, al meter y sacar el
gancho, las mismas muequecillas que hacía cuando trazaba números, y de tiempo en tiempo me miraba sin
decir más que: "Papas, papas". Parecióme que aquello
lo decía maquinalmente, y que en realidad mis palabras trazaban surco en su alma. ¿Sería ficción de mi
anhelo? Ocurrióme que aquella casa maldita obraba
con perversa influencia sobre el resistente espíritu de
la señora de Miquis, introduciendo en él por diabólico
modo un germen de fragilidad. Porque era muy particular que, oyendo lo que había oído, no me llamase,
como de costumbre, tísico, indecente, simplín. Estaba
un tanto descolorida y pensativa, muy pensativa. Sobre
esto no podía tener duda. Oyóse el timbre eléctrico de
la alcoba de Eloísa. La enferma llamaba. Levantóse

prontamente Camila, y cuando iba por la habitación próxima le oí pronunciar con claridad su estribillo: "Papas, papas". Un detalle precioso. Al retirarse dejó su labor en el sofá en que nos sentábamos; sí, allí, junto a mi muslo, quedaron el ovillo blanco, el gancho, la roseta a medio hacer. "Piensa volver y volverá".

Pasó mucho tiempo, así como medio siglo, y viendo que no parecía, cogí la labor y metiéndomela en el bolsillo fui en busca de mi borriquita. Al salir al pasillo tropecé con una figura majestuosa que en tal intante empujaba la mampara de la antesala. Era la señora de Medina, que en el caso aquel de enfermedad grave olvidaba sus resentimientos y sabía cumplir los deberes de familia. Creo que se alegró mucho de verme. Su cara de estatua de la Verdad se encendió un poco.

—Ya sé que está mejor —me dijo—, y completamente fuera de peligro.

No habíamos dado diez pasos hacia el gabinete, cuando me tomó por un brazo, diciéndome:

—Explícame una cosa. ¿Qué obra es esa que pensaba hacer Eloísa, esa estufa, ese techo de cristales?

Pasamos al segundo salón, y desde una de las ventanas que daban al patio hícele la descripción del proyecto.

—Pues de fijo habría sido muy bonito... —observó mi prima—. Y lo que es ahora..., da dolor ver lo desmantelado que está todo. Di otra cosa. ¿Dónde estaban los dos cuadros del viejo y la chula, con reflectores?

—Ahí, a los dos lados de esa puerta.

—Mira, mira; todavía quedan aquí unas cortinas preciosísimas. ¡Oh!, qué ricas son. Toca, toca esta seda, esta pasamanería... Otra cosa. Y en este hueco, ¿qué hubo?

—Un mueble inglés lleno de preciosidades.

—¿Es ésa la puerta del comedor? —preguntó, abriéndola—. ¡Ah!, sí, comedor es. Parece una caverna. ¡Qué soledad! ¡Ni mesa ni sillas! ¿Estaban aquí los tapices?...

—Sí, cogían toda la pared, incluso los huecos. Los de la puerta y ventanas se corrían como cortinas cuando empezaba la comida, y entonces no se veía interrupción ninguna. Todo en derredor era tapiz. Efecto bonitísimo.

—¡Sí que lo sería!... —exclamó la *ordinaria*, permitiendo a su cara expresar un interés inmenso—. Otra cosa. ¿Y por dónde entraban los criados a servir?

—Por aquella puerta que ves en el fondo. Pero delante de la puerta estaba el gran aparador. Los criados aparecían por un lado y otro de éste. La puerta no se veía.

—¡Ah!... ¡Qué soberbio!... Mira, todavía están los mecheros de gas. ¡Qué elegantes!

—En mi tiempo se encendían. Después...

—Ya, ya recuerdo lo que me dijiste. Muchas velitas... Estoy al tanto.

En eso vimos pasar a Micaela.

—¡Eh, Micaela! Me parece que ha entrado alguien. ¿La señorita tiene visita?

—Sí, señor. Así está la hermana del señor marqués de Cícero y ese caballero ciego...

—¡Ah!, el pobre Trujillo.

—Pues yo no paso hasta que no se vayan —indicó María Juana, haciéndome señas de que la siguiera—. Dime otra cosa. El salón de baile, ¿no se abría sino muy de tarde en tarde?...

—Cierto. Casi siempre lo vi cerrado. No se había concluido de decorar. Eloísa pensaba inaugurarlo con un gran baile.

—Vamos por aquella puerta... Ve tú delante para que me guíes. Quiero que me saques de otra duda.

A todas sus preguntas contestaba yo lo primero que se me ocurría. Mostraba la sapientísima señora curiosidad viva y anhelo de conocer las costumbres de aquella casa en sus días de auge. A veces disimulaba este interés diciendo con solapado menosprecio:

—¡Cuánta tontería! Luego nos pasmamos de las catástrofes. Razón tiene Medina en decir que todas estas etiquetas son invenciones del diablo.

Entramos y salimos, pasando de pieza en pieza. Yo estaba un tanto mareado y con ganas de sentarme.

—Es un laberinto este caserón —dijo mi prima—. Jamás lo he podido entender. ¿Adónde salimos ahora? ¿Qué puerta es ésta?

—Por aquí se pasa al guardarropa de Eloísa.

Cuando yo decía esto, oímos la voz de Camila. Empujé la puerta y entramos.

—Esta pieza la conozco —manifestó la de Medina, entrando con aire regio y calándose los lentes para arrojar una mirada en redondo a la estantería de roble—. ¿Verdad que es bonita? ¿Cuánto le costaría a Eloísa esta tanda de roperos?

—Vete a saber... Más costaría lo que está dentro —respondí, sin hacerme cargo ya de nada más que de Camila, a quien vimos...

Pero esto merece párrafo aparte.

VI

Estaba mi indómita borriquita sentada en una silla, con un pie descalzado, probándose botas y zapatos de Eloísa, que Micaela iba sacando de uno de los armarios.

—Mirad, mirad —gritaba Camila, riendo y muy excitada—. Hay aquí quince pares de botinas nuevecitas. Si parece que no se las ha puesto más que una vez...

—¡Dios mío! —exclamó la hermana mayor, dando a su voz los acentos más enfáticos de la justicia—. ¡Tal gastar de mujer! Es verdad; si está todo nuevo...

—Mira qué par —decía la otra—. ¿Y éstas, bronceadas? ¿Ves qué pespuntes? Lo menos valen ocho duros. La suerte de ella es que yo tengo el pie un poquito más grande que el suyo, que si no, aquí me surtía para tres años. Estas me vienen que ni pintadas, y las hago noche. ¿No te parece, José María, que debo llevármelas?

—Sí, hija, apanda todo lo que puedas. Bien ganado te lo tienes con velar aquí noche y día.

Y seguía probándose botas...

—¡Ay! Ésta cómo aprieta; pero se ira ensanchando... Nada, para mí. Lo que siento es que no haya calzado de hombre para abastecer también a mi marido... Veamos esta otra. Mira, ¡qué bien! Ni encargadas, chico.

Nos fijamos entonces en el maniquí, que estaba en un ángulo, arrumbado, tieso, desnudo, con una pata rota, y la estúpida mirada perdida en el vacío de la habitación como asombrándose de que se le tuviera en menos que una persona.

—Mira, aquí probaba Eloísa sus vestidos —observó María Juana, echándole los lentes y elevándolo a la dignidad que él deseaba tener.

—Te voy a enseñar una cosa que te va a dejar lela —dijo Camila viniendo hacia nosotros con un poco de cojera, pues traía un zapato suyo en un pie y una bota de Eloísa, de tacón alto, en el otro.

De uno de los armarios sacó un vestido.

—Mira esta falda con delantera de encajes...

—Y es todo del más rico Valenciennes. Pero ¿esto se lo llegó a poner alguna vez?

—Creo que no —indiqué—; lo reservaba para el gran baile.

—Ahí tienes... Yo me llevaría esta falda a casa para hacer una parecida con encajes de imitación; pero bueno se pondría Medina.

—Obsérvala; fíjate mucho, y podrás imitarla.

—¿Y este traje negro? —prosiguió Camila sacándolo—. Mira, el sello de Worth. Es uno de los dos que recibió hace poco. Pues espérate, que te voy a enseñar más. A mí no me tientan estas cosas; pero me gusta verlas y apandarlas si puedo.

Y siguió mostrando prendas ricas, hermosas, elegantes.

—Pero ¡esa loca vivía como una princesa! —exclamaba María Juana, confundiendo en un solo acento, por modo extraño, el desprecio y la admiración—. Claro... pronto tenía que venir el batacazo.

—Hay aquí un sombrero —dijo Camila, sacándolo, poniéndoselo y mirándose en el gran espejo de pivotes— que me está haciendo tilín. ¿Veis qué bien me está? José María, ¿qué tal?

Con los ojos le decía yo que estaba monísima.

—¿No es verdad que está diciendo "cógeme"?

—Sí, hija, aprovéchate. Ella no lo usará más probablemente —le dijo su hermana—. ¡Qué ridículo afán de renovar las modas cada día!

—Para mí, para mí el sombrerito —repitió mi adorada quitándoselo y acariciándolo—. Y hay aquí unos retazos con los cuales voy a sacar siete corbatas para Constantino. A ti te haré una también. Pero, ¡quia!, no... No me volverá a pasar lo de las camisas.

Mi prima mayor no se hartaba de admirar trapos. De su boca salían alternativamente expresiones que no concordaban bien unas con otras.

—¡Qué mujer más loca! ¡Qué sibaritismo estúpido!... Pero ¡qué cosa más elegante, qué *chic*! Da gozo ver esto...

—Micaela —dijo Camila, apartando su botín—, haz el favor de ver si se han ido ya esos moscones.

Los moscones no se habían ido; pero la hermana de Cícero se estaba despidiendo ya. María Juana y yo pasamos al gabinete y nos sentamos juntitos en un diván. Ella estaba pensativa, yo también, atendiendo con disimulo a los movimientos de Camila, que entraba y salía a ratos.

—¡Qué enseñanzas tan grandes encierra este palacio! —me dijo la señora de Medina poniéndose la careta filosófica que había adoptado casi como una prenda de vestir, y que verdaderamente no le sentaba mal—. Esto enseña más que libros, más que sermones, más que nada. Mírate, mirémonos todos en este espejo... Pero ¿adónde va a parar esta mujer, gastando siempre lo que no tiene, y dándose vida de princesa?... ¡Ah!, lo que yo dije. Carrillo era un pobre simplín, y en tales manos mi hermana tenía que perderse. Si hubiera caído Eloísa en poder de un hombre como Medina, que es la prudencia, la rectitud andando...

Dando cabezadas enérgicas me mostraba yo conforme con estas sabidurías.

—¿No te da gozo de verte libre de la esclavitud de estas paredes? Escapaste de milagro, porque tuviste un buen pensamiento, una inspiración. Di que no crees en el ángel de la guarda. Y ahora parece como que tienes la nostalgia de esta perdición; parece como que no quieres afianzar tu victoria ni ponerte a seguro de otra caída. Si te descuidas, ya estás otra vez por los suelos. Porque tú eres muy débil, tú no sabes vencerte; tú no eres como yo, que me domino, soy dueña de cuanto hay en mí y no hago nunca más que lo que me dice la razón.

La miré mucho y sonriendo, único modo de expresarle la admiración que aquella excelsa virtud me producía.

—No es para que te pasmes... Vosotros los hombres sois más débiles que nosotras. Os llamáis sexo fuerte y sois todos de alfeñique. ¡Nosotras sí que somos fuertes! Ese maldito poeta inglés, ese Shakespeare, era de mi misma opinión. Lee el *Macbeth*..., aunque supongo que lo habrás leído. Fíjate en aquel personaje, *hecho de la miel del cariño humano,* [50] en aquel pobre hombre capaz de hacer el bien y que hace el mal cuando la grandísima bribona de su mujer se lo manda; fíjate en ella, en lady Macbeth, que es el nervio y el impulso de la acción toda en aquel drama de los dramas. En fin, que nosotras somos el sexo fuerte, y sabemos ser heroínas antes de que ustedes intenten ser héroes. De todo esto deduzco que vosotros escribís y representáis la Historia; pero nosotras la hacemos.

Aunque no podía ver bien claro a qué cuento venía todo aquello, expresé mi admiración otra vez con nuevos y más recargados aspavientos, ponderando el sentido crítico y lo escogido de las lecturas de mi prima.

—Eres una mujer excepcional —le dije, haciendo como que me entusiasmaba—; una mujer de cuya posesión...

Yo no sabía cómo acabar la frase. Busqué la sintaxis más sencilla para decirle: "No conozco ningún hombre digno de que tú le quieras de verdad. El que mereciera tal honra, debería ser la· envidia de nuestro sexo, que tú con razón quieres que se llame sexo débil".

—No seas tonto, no veas en mí nada superior —replicó aventándose con modestia, de esa que se tiene a mano como un abanico para darse aire—. Como yo hay muchas. Sólo que no se nos encuentra así..., a la vuelta de una esquina. Hay que buscarnos. Y el que...

No oí el resto de la frase, que, sin duda, era cosa buena, porque me distraje viendo a Camila que pasó por la habitación como buscando algo, y miraba debajo de los muebles. Cuando volví en mí, no alcancé sino estos ecos: "Yo soy mi rey absoluto, y no hago nunca sino lo que yo misma me mando... Ya lo sabes: no creas que tratas con esas que andan por ahí... Algo va de Pedro a Pedro. Vete sosegando y acostumbrándote

---

[50] Traducción bastante libre de "the milk of human kindness" que se lee en *Macbeth*.

a la idea de que no todo el campo es orégano. Cuando te domines, experimentarás la satisfacción purísima de ser dueño de las propias pasiones y mandar en ellas, como ese domador que entra en la jaula de los leones y les sacude..."

—Sí; pero se dan casos de que a lo mejor el leoncito saca las uñas y...

—No, no hay uñas que valgan, y, sobre todo, en este caso mío no hay peligro..., te juro que no hay peligro —declaró, tomando con más presunción la actitud de heroína...—. No pienses más en esas locurillas que me has dicho la otra noche... Aprende de mí a quitar de la cabeza esos celajes de tormenta. ¡Y si vieras qué tranquilidad después de haberse limpiado bien! Cuesta un pequeño esfuerzo, pero se consigue, créelo, se consigue. Oye mi plan curativo; redúcese a una cosa muy sencilla; es una toma fácil, dulce, agradable, casi un refresco...

—Ya...

—Nada, que te tomas a Victoria. Cierra los ojos, hombre, y adentro. Ese matrimonio es mi orgullo; es la más santa de mis obras de caridad. Anoche hablé de ello con Medina, y créelo, se entusiasmó. Parecióme que se disipaba la ojeriza que te tiene.

—Yo no me caso —manifesté con énfasis.

—Lo veremos, lo veremos —respondió, acalorándose—. Cuando a mí se me pone una cosa en la cabeza... Si te obstinas, perdemos las amistades. Mira, mira, desde ahora te digo que no vuelvas a entrar en mi casa, que no me dirijas la palabra, que no me mires a la cara. Yo no existo para ti.

—Por Dios, María, esa pena es demasiado cruel.

—Yo soy así... Nada, nada, se queman las naves, y adelante. Bien para ti, bien para mí. Y se acabaron los peligros y las luchas; se acabó esa tentación tonta, que me ha obligado a reconcentrar todas las fuerzas de mi espíritu, padeciendo mucho, créelo, padeciendo mucho... ¿Piensas que todo sale a la cara? ¿Piensas que no hay procesiones por dentro, cuando más vivo se repica?

—Pues si tú eres fuerte —le dije con fingido arrebato—, yo soy débil; yo no sé ni quiero vencerme. Mientras más te empeñas tú en ser heroína, más vulgar soy yo; y es que luchando vales más, y a los encantos que tienes añades el de la grandeza. Piensa lo que quieras; pero yo no cedo, yo no hago pinitos en la cuerda de la virtud, porque no sé hacerlos; se me va la cabeza, caigo y me estrello. Mejor, me gusta estrellarme. Despréciame si esto te parece una indignidad, pero no me digas que te imite, María; yo no soy de esa madera de santidad. Déjame que te admire, que te idolatre a mi manera, sin aspirar a cosa tan grande...

No sé cuántas tonterías dije, invenciones del momento, palabras confitadas y artificiosas, semejantes a esos castillos de caramelo y guirlache que se regalan el día del Santo. Ella afectaba oírlas con pavor; pero en realidad le sabían a cosa dulce y regalada. No sé qué me habría contestado con sus filosofías y sutilezas. Quedéme sin saberlo, porque entró Camila de improviso y nos cortó el coloquio diciéndonos: "¿Han visto ustedes por alguna parte mi obra? No sé dónde la he dejado".

—Sí, la tengo en el bolsillo —grité yo, sacándola y tirándole el ovillo y lo demás.

¡Necio! ¡Yo que pensé que la había dejado con intención junto a mí para volver a sentárseme al lado!

Como Camila estaba delante, María Juana no sacó más sabidurías, ni yo tenía gana de que las sacara. Habiéndonos quedado solos otro ratito, díjome sin venir a cuento:

—No sabes lo bueno que es Medina. No tienes idea de sus virtudes, tanto más meritorias cuanto más circunspectas. Compárale con tanto perdido como hay por ahí, algunos de los cuales conoces tú muy bien... ¿Quieres saber un rasgo suyo? Pues oye. No viene acá porque dice que le apesta esta casa. Es una manía: la llama la *antesala del Infierno*. Aquí está, según él, *toda la podredumbre de extranjis*... Pero siente lástima de Eloísa al considerarla enferma, arruinada, sin un cuarto. "Ahora —dice—, los amigos huirán de ella como del cólera... Debemos socorrerla, sin que ella misma sepa que la socorremos; pues si no es así, ¿qué mérito hay?"

Sacó entonces la sabia una carterita de piel de Rusia sujeta con elástico, y abriéndola me mostró un manojillo de billetes de Banco, y me dijo:

. —Mira, hoy me ha dado esto Medina para las atenciones de Eloísa... Son cuatro mil reales en billetes pequeños... Me ha encargado mucho no le diga quién se los da, sino que se los ponga en la gaveta donde tiene el dinero... Mi marido es así; le gusta hacer el bien en silencio, sin estrépito, no como otros que se dan bombo cuando le tiran algún perro chico a un pobre...

—El rasgo me ha gustado —afirmé con sinceridad—; pero hay una cosa..., y es que mientras yo esté aquí, Eloísa no carecerá de nada. Es en mí un deber, y lo cumpliré.

Estábamos de rasgos, y yo no podía menos de sacar el mío. No me había acordado hasta entonces de socorrer a Eloísa; pero puesto que otro me echaba el pie adelante, yo me encalabrinaba un poco, queriendo ser el primero. Disputamos un rato, cada cual con nuestro tema.

—Te digo que haré lo que mi marido me manda.

—Te digo que no lo harás.

—¿Y tú qué tienes que ver...?

—Tengo que ver..., que el socorro de Eloísa me corresponde a mí.

—No seas majadero.

—Pues no te empeñes; guárdate ese dinero.

—¡Qué pensará Medina!

—Nada, puesto que tú le dices que has cumplido su encargo.

—Claro..., una mentira.

—Es venial.

—Ni venial ni mortal, caballero. ¿Qué piensa usted de mí?

—Pues arréglate como quieras...

—Pues mira, me guardo el dinero, y vaya esto sobre tu conciencia —exclamó con arranque y un poquito de elocuencia patética—. Contigo no valen los buenos propósitos. Eres el genio del mal, y corrompes cuanto se te acerca.

VII

Vimos pasar a Manolo Trujillo, a quien Camila conducía de la mano hasta la antesala, donde le esperaba un criado. El infeliz sonreía con tristeza, y en cada habitación dejaba un gran suspiro, cual si quisiera señalar su paso por ellas poniendo aquí y allí jirones de

su alma. Hice señas a Camila para que no le dijese
que yo estaba allí. No quería entretenerme. Poco antes
había salido también la otra visita, y María pasó a ver
a su hermana. Yo también pensé entrar, pero la borri-
quilla me dijo:

—Eloísa no quiere que entres. La señora no está
visible más que para los ciegos... Dice que te des una
vuelta por aquí mañana.

Yo no deseaba otra cosa, y me marché, no sin detenerme en el primer gabinete, fingiendo que tenía algo
que hacer allí. Mi intención era esperar a Camila para
echarle el guante cuando pasara y decirle algo. Pero
no pareció, y aburrido me retiré. Aquella tarde supe
por la criada que Camila fue a su casa a disponer sus
cosas; pero antes de que Constantino volviera del paseo a caballo, ya estaba ella de vuelta en la calle del
Olmo. Miquis estuvo toda la noche desesperado, diciendo: "Ya no aguanto más. Si mi mujer me tiene en esta
soledad otra noche, voy y me tiro por el Viaducto".

Al día siguiente era mi santo, y recibí algunos regalos. Muy temprano mandé a Eloísa un magnífico ramo
de flores, y a eso de las once fui a verla. Micaela y
Camila se reían en mis barbas, después de darme los
días. "La enferma estará ya bien cuando andan los tiempos tan bromísticos", pensé.

Ya iba a pasar, cuando mi prima me detuvo. "Espere
usted, caballero; no tenga usted el genio tan vivo." Y
diciéndolo, sacaba de una cómoda un gran velo de tul
de seda.

—¿Qué es eso?

—La mortaja —respondió riendo a carcajadas lo mismo que Micaela.

—¡Vaya unas bromitas de mal gusto!...

Rafael salió a mi encuentro, y le di los dulces y los
juguetes que le traía.

—Ya puede usted pasar, caballero —me dijo la de
Miquis saliendo de la alcoba.

Y entré con el niño en brazos. En la estancia había
mucha claridad, y un fuerte olor de sahumerio. Parecía que se entraba en una alcoba de parida. Mi primera mirada fue para la cama, en la cual creía ver la
destruida belleza de mi amor de antaño; mas no vi
sino una cosa muy extraña que por de pronto me

impresionó. Fue como cuando vemos inesperadamente un féretro. Y féretro pagano era aquello, sin duda, como comprenderá el lector por la breve pintura que voy a hacer. En vez del cobertor ordinario, la cama ostentaba una colcha riquísima de raso azul bordado de oro, que se había salvado no sé cómo del desastre de la viuda de Carrillo. Ésta yacía entre sábanas, envuelta la cabeza en aquel tul de seda que yo había visto poco antes, dispuesto con graciosos y elegantes pliegues. Al través de la diáfana tela se veía y no se veía el rostro de la enferma. Los ojos lucían; pero las deformidades de la garganta quedaban disfuminadas y como perdidas en los cambiantes y tornasoles de la tela. Así de pronto, se veía la cara como si estuviera cristalizada en el fondo de uno de esos feldespatos que tienen reflejos de ópalo y ráfagas de nácar. Alrededor de la cabeza, Camila y Micaela habían puesto flores, mucha flores, sacadas del ramo mío y de otro que mandó Manolo Trujillo, esparcidas con arte y gracia, afectando lo que los retóricos llamaban *un bello desorden*. Bajo la colcha se modelaba como un bosquejo de escultura el cuerpo de Eloísa, recto, y sobre el raso azul aparecían los brazos con mangas de finísima y olorosa batista, y luego las manos blancas y sedosas con ricos anillos en los dedos regordetes. En toda la estancia los búcaros más lindos de la casa ostentaban flores. Yo no tenía idea, hasta entonces, de la coquetería mortuoria.

—¡Famoso cuadro! —exclamé pasada la primera sorpresa—. Está bien ideado y bien compuesto.

Y ellas ríe que te ríe, la una en mis barbas, la otra debajo del tul.

—Estas bromas me prueban que ya estás fuera de peligro.

—Cállate, no me hagas hablar. Se descompone el cuadro.

Y Rafaelito se impresionó tanto con aquella extraña apariencia de su madre bajo el velo, que rompió a llorar espantado. Logramos tranquilizarle, sacándole de la alcoba y dándole dulces.

La mejoría de Eloísa era tan manifiesta que, según había dicho Moreno, el restablecimiento completo sería obra de una semana. Deseaba ella ver luz, recibirme,

hablar conmigo, y su presunción ideó aquel artificio
del velo, que sin molestarle, ocultaba su fealdad.

—Tenía ya unas ganas —me dijo— de ver claridad,
de oler flores, de estar entre cosas bonitas y frescas, y
apartar de mí tanta pestilencia, que mandé sacar la colcha, adornar la habitación y esparcir las flores por la
cama. Todo es en obsequio tuyo, por celebrar tus días.
¿No es verdad que hace bien? ¿Qué te has creído al
entrar? Ello debe de parecer cosa antigua, del paga-
nismo, así como cuando van a enterrar a una ninfa
o a quemarla viva... Siéntate; no hagas visita de médico. Hoy vais a almorzar todos aquí. Vendrán Raimundo y mamá. Me alegraría de que viniese también
María Juana.

—En nombrando al ruin... —dijo ésta apareciendo
en la puerta.

Sorpresa y risas. La *ordinaria de Medina* no celebró
la ocurrencia menos que yo. A Raimundo, que vino
un poco más tarde, parecióle excesivamente teatral, y
sacó a relucir a Ofelia, Beatrice Cenci, Ifigenia y otras
muertas célebres. La cosa era, según él, digna de un
cromo de a peseta. Fuimos a almorzar, y lo hicimos
todos con buen apetito, a excepción de Camila, que
distinguiéndose siempre por su buen diente, estuvo
aquel día un tanto desganada. Se le dieron bromas, y
adelante. Después de las doce, cuando Raimundo se
hubo marchado con el pesar de no encontrar forma
humana de darme un sablazo, las dos hermanas y yo
acompañábamos a la enferma, que persistía en la farsa
aquella del velo. Camila retiró la colcha de raso azul,
y se sentó a lo moro sobre la cama, cerca de donde
se veía el bulto de los pies de Eloísa. Atenta al mete
y saca del gancho, con el hocico un tanto alargado,
ceñudilla y triste, parecía abstraída de la conversación
general.

—Camila, ¿cuándo te divorcias? —le preguntó Eloísa.

—Déjame a mí... No tengo gana de bromas.

Y volviéndose a mí Eloísa:

—¡Ay, qué escena te perdiste la otra noche! ¡Yo
estaba muriéndome, y sin embargo me reía! Todo fue
por no sé qué tonterías que le dijo el marqués a Constantino. Él se puso como un tomate. Habías de ver a
mi hermana. Cuando el marqués se fue, saltó como

una hiena contra su marido..., le cogió por las solapas, empezó a decirle cosas; pero ¡qué cosas!... ¡Cuando yo me reí, estando como estaba!... Luego le olía la cara, el pecho; le olfateaba como los perros, diciendo: "Sí, no me lo niegues... ¿No te da vergüenza, truhán? Traes pegado el tufo o el *bouquet* podrido... Lárgate, quítate de delante de mí, no me pegues esa peste... Me divorcio, no quiero más hombre, me emancipo, me adulterizo..."

Eloísa la imitaba muy bien. Camila, bastante colorada y sin apartar los ojos de su obra, se sonreía de esa manera equívoca en que las contracciones de los labios son como un esfuerzo destinado a impedir que broten lágrimas.

—Al pobre Constantino un sudor se le iba y otro se le venía —prosiguió la otra—. No decía más que: "Pero, mujer..., si no huelo, si no huelo..."

Por fin vimos brillar la lagrimilla en las pestañas de la señora de Miquis. ¡Qué mona estaba! Me la hubiera comido.

—Vaya, cállate ya —dijo a su hermana—. No me hables más de ese pillo.

—Pero ¿no le has perdonado todavía? ¡Qué tonta eres!

—Hija, un desliz... ¿Qué hombre, por santo que sea, no tiene un mal pensamiento?

—Pero ¿tú estás segura de que olía? —apuntó María Juana.

Hicimos coro las dos y yo para impetrar el perdón del oliente culpable; pero Camila no se daba a partido. Después que se serenó un poco, nos dijo que Constantino deseaba le dieran un mando en la reserva, y que ella se oponía si el destino era fuera de Madrid. "Pero ya no me opongo. Si se lo dan para Burgos como dijeron, vaya con Dios. Quiero estar sola, quiero descansar de tanto trabajo. Soy una esclava: yo coser; yo hacer la comida; yo lavar; yo planchar; yo cepillarle la ropa y embetunarle las botas; yo vestirlo; yo lavarlo; yo barrer mientras él duerme la mañana; yo escribirle las cartas a su familia; yo hacer café; yo ponerle los cigarrillos en la petaca y contarle los que se ha de fumar cada día; yo enseñarle mil cosas que no sabe, hasta el modo de andar, y darle lección de lo

que ha de decir cuando va a una visita; yo pensar
por él, educarle, criarle como a un niño y dejar de
comer para que él se abone a los toros... ¡Que se vaya
con mil demonios!"

—Pues, hija —dije yo prontamente—, si le conviene
Burgos, dalo por hecho. Hoy mismo pido el destino a
Quesada, que es grande amigo mío.

—Ya puedes coger tu sombrero y echar a correr para
el Ministerio —replicó la de Miquis.

—No tan fuerte, mujer.

—Piénsalo...

—Siempre eres así. ¡Qué prontitudes!

Las otras dos siguieron dándole bromas, y yo mirán-
dola, muy satisfecho del giro que aquello tomaba.

Salí para ir a la Bolsa, donde tenía un asunto urgente; y cuando volví, Camila había ido a su casa.
Eloísa estaba sola y dormida, ya sin el velo. Miré su
tremenda deformidad, y salí de puntillas de la habitación. En el gabinete me estuve hasta después de ano-
checido esperando a Camila, que llegó a eso de las
siete, muy triste, suspirona y con pocas ganas de hablar.
Díjele que al día siguiente me ocuparía del destino de
Miquis si ella persistía en sus ideas; a lo que me contestó, con un alfiler en la boca, doblando su velo:

—¿Pues no he de persistir? No más, no más... Des-
cansaré al fin de domar brutos. ¡Oh!, hay mucho que
hablar. ¿Vendrás esta noche?

Este *vendrás* me sacó de quicio; sonaba ante mí
como el chirrido de las puertas del Cielo cuando se
abren, y como me lo dijo muy claro, quitándose el
alfiler de la boca, a mí se me hacía la mía agua. ¡Ya
lo creo que iría! Antes faltara una estrella del cielo
que yo a la cita aquella, que me parecía tan dulce como
maliciosa. Las nueve eran cuando entré en la casa. "Si
hay gente, me luzco", pensaba. Afortunadamente, no
había nadie más que mi tía Pilar, que llegó poco antes
que yo. Iba allí a dormirse. Pero las cosas se me arreglaban mal, porque Eloísa estaba muy despabilada, y,
poniéndose el tul, hízome entrar y rogóme que me sen-
tara a su lado.

—Ave María, chico, no me acompañas nada. Estás
un ratito, por punto, y en cuanto pillas una ocasión te
evaporas... Yo cuento los minutos que estás aquí solo

conmigo, y... de fijo que a ti te parecen siglos. ¡Ay!, lo que va de ayer a hoy. ¡Qué siempos aquellos! Se me arranca el alma cuando me acuerdo. ¡Y tú tan fresco! Dirás que yo tengo la culpa. Es cierto; pero no hablemos de culpas. Siéntate ahí y dame conversación; cuéntame algo...

¡Y yo que no tenía malditas ganas de plática! Pero no había más remedio. Hablé, hablé de mil cosas tontas y hueras, deseando vivamente que le entrara sueño y me dejara salir. Pero ¡quia! Mientras más me aburría yo, más se despabilaba ella. Pedíame noticias de mis negocios, de lo que hacía en la Bolsa, de mis ganancias. ¡Oh!, hablando de dinero se entusiasmaba, excitándose mucho. Su pasión era el vil metal, viniera como viniese. Por fin, no sabiendo ya qué hacer ni qué decir, lleguéme al *secreter* que frente a la cama estaba y en una de cuyas gavetas tenía ella el dinero para su gasto diario.

—Estará la patria oprimida —indiqué abriendo el cajoncillo y viendo muchos cuartos, poca plata y bastantes papeles—. Chica, qué arrancada estás. ¿Qué veo? Papeletas de Peñaranda de Bracamonte... [51] ¿Y billetes? Ni medio. Son las últimas astillas del naufragio... ¡Qué desolación!

Eloísa no chistaba. Entonces saqué un paquetito de billetes de veinticinco pesetas y se lo puse allí sin decir nada. Ella debió de ver lo que hice, porque cuando volví junto al lecho me dijo:

—Gracias a ti no tendré que vender lo poco que me queda para mandar a la botica. Ya sabes que siempre se te quiere, aunque tú te hagas el interesantito.

Y vuelta al endiablado palique de negocios y de mis operaciones. Yo no tenía sosiego, porque sentía a Camila entrando y saliendo en el gabinete próximo, como inquieta. El asiento me quemaba, y habría ·dado no sé qué por poder dejar a Eloísa con la palabra en la boca y marcharme. Pero ella no ponía ni dejaba poner punto ni coma. Estaba hambrienta de conversación; y yo rabiando de inquietud, excitado, el alma fuera de allí, pidiendo a Dios que entrase alguien para endosarle a mi interlocutora.

---

[51] *papeletas de Peñaranda de Bracamonte*, manera humorística de decir "papeletas de empeño".

—Me parece —dije al fin—, que tanto hablar ha de hacerte daño a la garganta. Mucho gusto tengo en conversar contigo; pero será mejor que nos callemos y que me retire, a ver si te duermes.

Lo mismo fue decirlo, que se puso hecha un basilisco.

—¡Siempre lo mismo! Si es lo que yo digo: te aburro. Estás aquí por punto, y no ves la hora de dejarme. ¡Qué desconsideración, viéndome enferma, consumida en esta miseria!... Confiésalo: ¿no es verdad que te soy antipática?

Yo no lo confesé; pero sí que me lo era. Digo más: en aquel momento la odiaba. Parecíame un sueño estúpido que yo hubiera querido a semejante mujer, y que aun en aquel caso la aguantara, por un sentimiento de delicadeza llevado al extremo. Disculpéme como pude, aunque debí de hacerlo muy mal, a juzgar por las quejas de ella. Al cabo, no pudiendo resistir más la impaciencia que me devoraba, salí con no sé qué pretexto. Pilar dormía en un sillón del gabinete. Creí oír la voz de Camila en la pieza inmediata, que estaba a oscuras. Pasé a ella, y... el vozarrón de Constantino fue lo primero que hirió mis oídos, sí, su odiosa voz que decía: "Niña de mi alma, me muero por ti". Como el pájaro salta de la rama al sentir ruido, así saltó Camila de encima de las rodillas de su esposo cuando yo entré. Fue un susto momentáneo, pues no habiendo malicia en aquella confianza matrimonial, se volvió a sentar sobre él y se hicieron los dos una bola delante de mí; con tanta apretura se abrazaban. Ella le cogía la cabeza como si se la quisiera arrancar, y le decía: ¡Ay, mi asno querido! ¡Qué rico eres!" Él la mordía, gritando: "Te como!"; y ella... "¡Mal rayo!" Lo peor fue que se volvió hacia mí y me dijo: "Ya ves, José María, nos hemos reconciliado".

—Ya podríais —repliqué, disimulando mi mal humor— dejar esas cosas para cuando estuvierais solos en vuestra casa.

—¡Miren el tísico este...! ¿Pues qué hacemos de malo? Si es cosa natural...

—¡Digo..., y tan natural...!

—Que no es lo que te crees... Si todo se reduce a querernos... Mira tú; no tendría inconveniente en hacer esto en la Puerta del Sol...

—Entonces, ¿por qué diste un salto cuando yo entré?

—Porque me asustaste.

—Vamos a ver, ¿y cuál de los dos ha pedido perdón al otro?

—Los dos.

—¿Y cuál era el ofendido?

—Los dos.

—¿Y quién tenía razón?

—Él y yo.

—¿Y era verdad o era mentira lo de...?

—Mentira, mentira.

—Pues sí..., idos a vuestra casa.

—Ahora mismo —dijo Camila inquieta, levantándose—. Aquí no hago falta ya. ¡A nuestra casita!... ¿Nos prestas tu coche, esperpento?

—Sí, abajo está, podéis tomarlo.

Constantino me daba abrazos sofocantes, demostrándome su leal cariño y su corazón de angelote. No recuerdo bien lo que hice después; tan aturdido estaba y tan requemada tenía la sangre. Creo que volví al lado de la pobre enferma, y que estuve charlando con ella como una máquina, diciendo mil vaciedades, hasta altas horas de la noche, en que se quedó dormida.

VIII

DE LA MÁS RUIDOSA Y DESAGRADABLE TRAPISONDA QUE EN MI VIDA VI

I

¡QUÉ mal concluyó para mí aquel condenado mes de marzo! Todos los días que siguieron al de mi santo fueron aciagos. Ya era un disgusto con Villalonga; ya que se me perdía un billete de Banco en el Bolsín; ya que me machacaba un dedo en una puerta o se me volcaba la botella de tinta sobre la mesa. Añadid a esto que se me despidió la cocinera; que se me desalquilaron dos pisos; que el inquilino del tercero de la derecha por poco me pega fuego a la casa; que la hija del portero cayó mala con viruelas; que *Partiendo del*

Principio me dijo que yo no sabía de la misa la media; que cogí un fuerte constipado; que el espadista Raimundo halló medio de sacarme dinero; que la liquidación de fin de marzo no fue muy buena para mí, y comprenderéis que yo tenía razón para quejarme de la Providencia y poner el grito en el cielo. Pero aún falta lo mejor, es decir, lo peor, y vais a saberlo: ni mi liquidación ni aquellas otras contrariedades me afectaron tanto como el golpe que recibí el primero de abril. La casa *Hijos de Nefas,* de que yo era socio comandatario, había suspendido sus pagos. Los negocios de Jerez iban de mal en peor; la crisis se agravaba, y tener dinero allí principiaba a ser peligroso. De la quiebra de los Nefas esperaba yo salvar algo; mas me inquietaba el no haber cobrado aún el trimestre vencido de mis arrendamientos. En fin, que aquello se ponía feo.

Viendo caer sobre mí tantos males, decía: "Por fuerza tiene que caerme ahora algún bien muy grande". Y recordando la preciosa sentencia *sperate miseri, cavete felices,* añadía: "¡Si será que ahora me va a querer Camila…!" Porque con tal resarcimiento, ya daba yo por buenas todas las calamidades de fin de marzo. Habíame vuelto muy supersticioso, creía en las compensaciones, en el ten con ten de los sucesos para formar este equilibrio que llamamos vida, y ved aquí cómo se me metió en la cabeza que Camila me iba a pagar al fin el grande amor, o mejor dicho, la demencia que yo sentía por ella.

Durante los días de Semana Santa, me entretuve, no sabiendo qué hacer, en continuar las Memorias principiadas en San Sebastián. Como desde el verano no había puesto la mano en ellas, costóme algún trabajo coger la hebra del relato y avivar los fuegos interiores, que llamo inspiración por no saber qué nombre darles, y sin los cuales fuegos no es posible llevar adelante ningún trabajo literario, aunque en él, como sucede aquí, no tenga parte la invención. Tan buena traza me di que en cuatro o cinco noches y otras tantas mañanas despaché todo lo de la temporada en la capital de Guipúzcoa, mis trabajos bursátiles en Madrid, la pintura de las cosas y personas que observé en casa de María Juana, las filosofías de ésta, y por último, la enfermedad de Eloísa. Aquí di punto, esperando los nuevos sucesos para calcarlos en el papel en cuanto ellos salieran de las nieblas del tiempo.

Poco o nada adelanté con Camila en aquellos santos días, porque a ella le dio por ir mucho a las iglesias y asistir al *Miserere* de la Capilla Real, visitar todos los sagrarios y andar las estaciones. Ella y su marido se pusieron de tiros largos, y no quedó monumento que no vieran. El viernes, de vuelta de aquellas correrías, estuvieron en casa, y la exploré por ver si se le había desarrollado la manía religiosa, para, en caso afirmativo, volverme yo beato también. Pero no; sus ideas no habían variado, y aun me pareció hallarla más librepensadora que antes. Tomaban ambos aquello como distracción gratuita, o como un medio de lucir los trapitos de cristianar.

—¿Estás escribiendo tus Memorias? —me dijo, viendo las cuartillas sobre la mesa—. Estarás buenas. Habrá ahí mucha papa... Y di ¿me sacas a mí? ¿Sacas a Constantino? Entonces, ¡qué gusto!, nos haremos célebres. Y a propósito, me vas a hacer el favor de prestarme algunos libros. Nosotros no tenemos dinero para comprarlos. Mi marido, cuando nos casamos, no llevó a casa más que el *Bertoldo,* el *Arte de torear,* de Francisco Montes, las *Mil y una barbaridades,* dos o tres libros de su carrera, *El mago de los salones* y los *Oráculos de Napoleón*; en fin, cuatro porquerías. El otro día se los vendí todos a un prendero por cinco reales...

Díjele que mi biblioteca, escasa y desordenada, pero superior a la de todos los españoles ricos, estaba a su disposición. Contestóme que no quería los libros para leerlos ella, pues no tenía tiempo de ocuparse en boberías, sino para que Constantino se entretuviera en sus ratos de ocio, que eran los más del año. Así se iría poco a poco desasnando y aprendiendo cosas, y no diría tantos disparates en la conversación. Miquis, recorriendo con vivo interés los rótulos de mi estante, demostraba sentir en su alma un gran apetito literario. ¡Qué bien le venía darse un verde! Su ignorancia era rasa. "Mi hombre —dijo Camila mirando la librería—, está más limpio que yo. Figúrate que soy una sabia a su lado. Ayer me disputaba que la Australia es una isla del Asia. ¿No es verdad que está en la Oceanía,

y que no es isla, sino continente, donde hay mucho
salvaje? Y decía que Federico el *Grande* era empera-
dor y que lo llamaban Barbarroja, y que se debe decir
carnecería y no *carnicería*... En fin, préstanos libros, y
yo te respondo de que se le pegará algo, pues aunque
tenga que abrirle algún agujero en la cabeza, él ha
de aprender o no soy quien soy. No quiero más burros
en mi casa. A ver, querido Cacaseno, echa un vistazo
a estos letreros y escoge lo que mejor suene en tus
orejas para que te civilices... ¿Qué es esto? *Muller...
Historia Universal.* ¡Hala!, te conviene. A ver si te lo
tragas todo. *Chaskepire*... ¡inglés! Nos estorba lo negro, chico, y aunque estuviera en castellano, éstas son
muchas mieles para tu boca... Sigue mirando. No, no
me cojas un verso porque te divido. Prosa, hijito, prosas claras que enseñen lo que se debe saber. Historia, y
alguna novela para que me la leas a mí de noche. ¿Qué
es esto? *Life of...* Esto es cosa de la *jilife*. Déjalo ahí.
No va con nosotros. *Don Quijote...* ¡Hala!, tu paisano; llévalo. ¿Y esto? Padre Rivadeneyra... Esto de
padre me huele a religión... No te metas con eso. *La
Revolución francesa...* Cógelo, cógelo..."

Constantino apartó muchas obras. Después cayó su
esposa en la cuenta de que en vez de llevarse un quin-
tal de papel, era mejor que fuese tomando los libros
conforme los necesitasen. "¡Hala!, carga con el *Muller*,
y vete subiendo, ¡arre!", dijo a su marido, que obe-
deció. Quedóse ella detrás, y cuando el otro estaba ya
en la escalera, volvióse hacia mí y me dijo con secreteo:

—No quería hablarte de esto delante de mi cara mitad; pero en dos palabras, ahora que él no nos oye...

—¿Qué? —preguntéle con afán.

—Que me vas a dar toda la ropa que deseches. Yo
veo que tú te haces muchos trajes muy buenos y que
sólo te los pones un mes. Es un despilfarro. Yo apro-
vecharé para mi pobre Bertoldo lo que me quieras dar.
Es una lástima que lo des todo a tus criados.

—Pero, mujer, es humillarle...

—Déjate de monsergas... Me das unos pantaloncitos,
o dos, o tres, y yo se los arreglo a él... Lo mismo te
digo de algún chaqué o americana.

—Me parece que...

—Él no chista si yo se lo dispongo así. ¡Que es humillante...! Ríete de tonterías. Lo que yo quiero es no gastar dinero.

Pensé decirle que se encargara, por cuenta mía, toda la ropa nueva que quisiese; pero esto no habría pasado seguramente. Despedíla en la puerta, y subiendo a escape la escalera, me saludó desde el segundo tramo con un gesto y una cabezada. No cerré mi puerta hasta que no sentí el golpe de la suya, cerrándose tras ella.

II

En abril se me recrudeció de un modo espantoso aquel desatinado cariño que le puse a mi borriquita, y me dejé dominar y vencer de mi desvarío hasta llegar a un punto cercano a la imbecilidad. Ya no había fuerzas de la razón ni de la voluntad que me contuvieran. El no poseer lo que con tanto ardor deseaba poníame como tonto y en situación de hacer verdaderas sandeces. Mi amor propio, herido también, se daba a los demonios. Mi saber de negocios se obscureció, y el gusto de ganar dinero quedó reducido a muy secundario lugar. Desde que abría los ojos hasta que los cerraba, aquella maldita hembra salvaje, feliz, burlona y siempre incomprensible para mi ceguera intelectual, no se me apartaba del pensamiento. Iba conmigo al Bolsín y a la Bolsa, y la veía en las figuras estampadas en talla dulce sobre el sobado papel de los billetes de Banco; y formaba parte de mí mismo, como un instinto, cual una idea innata que no se puede desechar. ¡Ay, qué borriquita aquella! ¿Qué le había dado Dios para enamorarme así, con delirio y afanes de muerte? ¿Sería simplemente la falta de éxito lo que me arrebataba? ¿Se me quitaría aquel vértigo si viera satisfechas mis insensatas ansias?

Últimamente no hacía yo extremos delante de ella, porque solía enfadarse y ya tenía morros para muchos días. Díjome seriamente una vez que si continuaba con mis tonterías de la *edad del pavo,* se mudaría de casa, se marcharía de Madrid en caso necesario, pues no le era posible aguantarme más. Tuve que recoger vela, mucha vela, no menudear tanto mis visitas, y éstas acortarlas todo lo que me era posible. Hallábame en su presencia algo cohibido, no sabiendo a veces qué decirle, pues de no vaciar lo que dentro tenía, mi estupidez era absoluta. ¿Hablar? ¿Y de qué? Yo no sabía hablarle más que de una cosa, y esto me estaba vedado. Por lo cual valíame de mil subterfugios para decirle siempre lo mismo aparentando decirle otra cosa. ¡Maldita pasión aquella que no tenía ni el consuelo de ser sincera!

A solas me despachaba yo a mi gusto, caldeando el horno de mi pensamiento y haciendo vivir allí mi ilusión como si la incubara. Y tenía particular gusto en suponer siempre a Camila refractaria a mis sugestiones de amor ilícito. Mi fantasía me arreglaba las cosas de otra manera más gallarda. Ved aquí cómo. La borriquita no quería por ningún caso *adulterizarse,* como graciosamente había dicho a su hermana. Pero Constantino se moría, y muerto el obstáculo, casábame yo con ella, y vivíamos en paz y en gracia de Dios. De este modo venía a mí con el prestigio inmenso de una gran virtud, y yo me relamía de gusto pensando en la dicha de hacer pareja y familia con aquella encarnación de la alegría humana, con aquella siempre pura, picante y sabrosísima sal de la vida. Por este camino íbame siempre más contento y encandilado que por ningún otro de los que la imaginación me mostraba. ¡Sí, Camila viuda, Camila mi mujer, por la Ley, por la Iglesia, con la mar de bendiciones sobre nuestras cabezas! Este era mi ardiente anhelo. Si al fin Dios me concedía tanta ventura, hallábame dispuesto a ser el hombre más religioso del mundo y a darme todos los golpes de pecho que fueran compatibles con la solidez de mi caja torácica.

Las consecuencias de este delirio no tardaban en sacarse por sí mismas, y se me aguaba la boca pensando en que de Camila y de mí había de nacer aquella serie de héroes por orden alfabético, sin parar lo menos hasta la N. Tendríamos a Belisario; después, a César, Darío, Epaminondas..., hasta el mismísimo Napoleón. Pero ¡qué demonio! He aquí que una contrariedad grave surgía inesperadamente. Y si eran hembras, ¿qué nombres de heroínas les pondríamos? En fin, todo se arreglaría. Lo que importaba era que ella fuese mi mujer, y verla a mi lado para siempre, amándome con aquella constancia incomparable con que amaba a su burro. Y entonces yo me estaría a su lado todo el santo día, reiríamos, jugaríamos, constantemente ocupados en los dulces quehaceres domésticos, y encaminando y dirigiendo la heroica y alfabética prole.

Fijóseme entonces la idea de que todos los males nerviosos, fueran o no provenientes de la diátesis de familia, se me quitarían cuando me casara con ella. No más ruido de oídos, no más debilidad anémica. Mi mujer me infundiría su potente salud y hasta su hermosísimo apetito. Lo llamo así, porque una de las cosas, podéis creerlo, que más me encantaban en ella, era sus envidiables ganas de comer. No sé si los idealistas dirán, como ella, que esto es *papa*; pero tómenlo como quieran. El apetito de Camila, rayano en la voracidad (si bien comía siempre con compostura y buenos modos), era para mí uno de sus principales hechizos. Lo he dicho antes y lo repito ahora para que nadie lo dude. Aquel buen diente me entusiasmaba; era algo tan resplandeciente en el orden físico como su conciencia en el orden moral; era el contrapeso de la misma conciencia, fenómeno que, armonizado con la paz interior, establecía en aquel privilegiado ser un hermoso y fecundo equilibrio.

Pues todos estos sueños míos venían a tierra en cuanto caía en la cuenta de que Miquis no se moría ni llevaba camino de eso. ¡Si estaba hecho un acebuche y no padecía la más ligera dolencia!... ¡Qué chasco me llevé un día! Subí, y la misma Camila me abrió la puerta.

—No hagas ruido —me dijo—, que hoy no he dejado levantar a Constantino, porque ha pasado mala noche. Debe de ser un pasmo. Estuvo inquieto y con una punzadita en el costado, que me alarmó.

—¿Qué me cuentas, hija, qué me cuentas?

—Pienso que le pasará. Le he dado mucha flor de malva, y he mandado llamar a Augusto.

Pensé que de aquel modo suelen empezar algunas pulmonías graves, de esas que despachan en tres días al hombre más robusto. "Si será, si será al fin..." ¡Ira de Dios! Al día siguiente estaba el manchego como si tal cosa, comiendo como un animal y rebosando vida.

No he vuelto a decir nada de aquel proyecto suyo de servir en un escuadrón de reserva. Como mi prima me dijo que ella también se iría a Burgos, cosida a los faldones de su esposo, resolví no pedir el destino; pero, deseando colocarle, solicité una plaza en la Dirección de Caballería, y entre el Ministro, que quería servirme, y Morla, que lo tomó casi como suyo, la cosa se hizo a principios de abril. Marido y mujer me estaban muy agradecidos, y yo muy esperanzado con la seguridad de que mi hombre se pasaría en el Ministerio la mayor parte del día. Temí que en vista de su inutilidad le pusieran en la calle; mas no fue así. Él era naturalmente torpe; pero se aplicaba, ponía sus cinco sentidos en el trabajo y concluía por vencer su rudeza. Cuando estaba en casa, su mujer le ponía los libros en la mano, le mandaba leer y estudiar, tratándole como una madre vigilante y cariñosa trataría a un niño que está en vísperas de exámenes.

—Cacaseno, lee; mira que no has de ser un podenco toda la vida. Es preciso saber algo, aunque no mucho, porque si fueras sabio, hijo, me apestarías.

—Pues te respondo de que no lo seré —solía él contestar—. Estate tranquila.

Por el general Morla, que a petición mía tomó informes en la Dirección, supe, ¡oh sorpresa!, que estaban contentos con él. Dejóme esto turulato. El chico era trabajador, aplicadillo, y no tan torpe como yo creía. Su propia conversación revelábame a veces no sé qué progresos de cultura. Ya no decía tantísimo disparate; ya había aprendido a callarse cuando ignoraba una cosa, lo que no es mal principio de sabiduría, y aun de vez en cuando se atrevía a manifestar, poniéndose muy colorado, opiniones que encerraban, no diré que talento, pero sí buen sentido y una apreciación clara de las cosas.

—Hija, tu borrico se va volviendo una lumbrera —decía yo a Camila.

Y ella, reventando de vanidad, callaba.

—Constantino es un chico que vale. Durante algún tiempo, su mérito ha estado oscurecido por falta de pulimento. En manos de una mujer de inteligencia, ese muchacho sería otra cosa.

Esto lo decía (habréislo comprendido) la pomposa María Juana, con cierto aplomo pedantesco y doctrinal.

Aquel día había ido a ver a su hermana. La costumbre de esas visitas era reciente en ella, pues antes se pasaban meses sin que asomara las narices por allí. No una vez sola, sino dos o tres, expuso el generoso móvil que le guiaba al personarse en la humilde vivienda de su hermana menor, el cual no era otro que enseñar a ésta algo de lo mucho que no sabía, infundiéndole ideas de orden y gobierno.

—¿Pues sabes —le dijo Camila con buena sombra— que si hubiera estado esperando por ti para aprender a gobernar mi casa ya estaría fresca?

No dándose por vencida, María Juana afirmó que aunque su hermanita había aprendido bastantes cosas por sí, aún le faltaba mucho que saber. No era esto simple jarabe de pico, pues la sabia solía enviar aquellos días, cuando no los traía ella misma, regalos de poca importancia, pero muy de agradecer. A veces era un cacharrito para adornar la consola, piezas sueltas de ropa blanca y mantelería, cuchillos y tenedores, una cortina que a ella no le servía, una lámpara que le sobraba.

—Estoy asombrada —me dijo Camila— de ver cómo se corre mi señora hermana.

Y casi nunca dejaba la ilustre señora de Medina de hacer escala en mi casa, al entrar en la de su hermana o al salir de ella. Siempre estaba de prisa, y todavía no se había sentado, cuando ya se quería marchar, o al menos manifestaba intenciones de ello. ¡Y qué interés demostraba por mí!

—Tú estás malo; a ti te pasa algo muy grave. Si no tienes absoluta franqueza conmigo no podré acudir en tu socorro.

Y mirándome con ojos dulces, no se hartaba de incitarme a la confianza. Quería una confesión total de mis belenes y aventuras; ansiaba saber hasta lo que nunca se dice, y érame forzoso obsequiarla con algunas mentiras para que me dejase en paz. Un día su vivo afecto resplandeció más desinteresado que nunca, llegando a decirme, no sin emplear bonitas circunlocuciones y perífrasis, que yo estaba en el caso de que se me aplicara el benéfico tratamiento que Madama Warens empleó con el pobre Juan Jacobo para apartarle del vicio. [52]

---

[52] María Juana compone a su manera la relación Rousseau-Mme de Warens. Françoise-Louise de Warens (1699-1765), trece años mayor

—¿Y quién es capaz de comprobar —añadió— el inmenso sacrificio que esto entrañaba para la bondadosa Madama Warens? Nadie. Ni el mismo Rousseau juzga a aquella excelente señora con la benevolencia que se merece. ¡Qué difícil es penetrar el móvil de las acciones humanas! Ni las que parecen buenas ni las que parecen malas se pueden justipreciar por lo que resulta. Si la conciencia tuviera una cara suya, exclusivamente suya, veríamos cosas muy singulares. ¡Cuántos que pasan por grandes delincuentes o por monstruos de egoísmo serían vistos de otra manera!

Otras veces su tono era muy distinto, tirando a lacrimoso y pesimista.

—No debo hacerme la ilusión de que pueda existir en el fondo de mi alma algo que me disculpe; ni menos dar a este algo un saborete de idealismo humanitario para que pase mejor. No pasa; es moneda falsa, y la suenan y miran allá arriba, y me la tiran a la cara diciendo: "¡Señora, usted es una...!" Me desprecio yo misma; tengo ratos de secreta tribulación, y hasta me parece que soy peor que Eloísa, que es cuanto hay que decir.

Contestábale yo con frases tan rebuscadas como las suyas, que de antemano preparaba, disimulando con palabrotas y epifonemas de las de repertorio el arrepentimiento que, al poco tiempo de haberme metido en el fregado, empezaba a sentir. Porque hay cargas que se hacen más ligeras cada día, y otras que empiezan livianas y son al poco tiempo insoportables. En cierto terreno, las filosofías, el discretismo y la tendencia a sacar las cosas de quicio, son lluvia importuna que ahoga la ilusión sin lavar el pecado. Y declaro ingenuamente que sobre todas las cosas que inquietaban mi espíritu en aquellos días, vino a molestarme y aburrirme la tenaz idea de hallar un modo hábil y delicado de romper lazos que me eran odiosos apenas establecidos. ¡Buena tenía yo la cabeza para sacar virutas de amor filantrópico y de psicologías enrevesadas que ni el Verbo las entendía! Ni qué otra cosa sino mareos podía producirme aquello

---

que el filósofo, fue su "protectora" de un modo muy discutible, y en todo caso no lo salvó de nada, más bien fomentó sus naturales tendencias masoquistas.

de amarme por salvarme, y el sacrificio del honor pequeño al honor grande. A más de esto, aquellos en mal hora nacidos tratos se desvirtuaban a sí mismos por el sinnúmero de precauciones, llevadas a un extremo ridículo, que inventaba mi prima como para expresar en forma práctica y visible sus escrúpulos de conciencia. Exageraba los peligros y aun parecía que los buscaba; creíase perseguida por fantasmas, y hablaba de sus terrores con cierta afectación dramática. ¡Y vuelta a insistir en lo de que su conciencia valía más que sus actos, en que quizás llevaba en su espíritu gérmenes de redención!

Para remate de todo este jaleo, hacía paralelos entre su marido y yo. ¡Ah! Por más que la personalidad física me diera a primera vista alguna ventaja, el otro valía más, ¡Qué diferencia entre el ser moral de uno y otro! Aquél sí que era hombre. Ella no le merecía. ¡Qué le había de merecer! Pero ya que no otra cosa, elevábase en cierto modo hasta muy cerca de él por la admiración que le inspiraba. Por fin, este sacro respeto sería la medicina que debía volver la perdida salud a su conciencia. ¡Y que yo no entendiera una palabra de estas cosas tan sabias! Declaraba, eso sí, con la mayor humildad, que me reconocía muy inferior moralmente al señor de Medina, y el secreto y maligno gozo de haberle jugado tan bonitamente la mala pasada no excluía la sinceridad de aquella declaración.

—Me alegro que lo conozcas —decía ella—. Eso prueba que tu entendimiento no se ha extraviado. Esto pasará pronto, tiene que pasar. Ha sido uno de esos desvaríos que nacen de una buena intención, y son como una línea recta que se tuerce por querer ser demasiado recta. (El Demonio me lleve si lo entendía yo.) Desaparecerá seguramente este repliegue de nuestra vida sin dejar señal, y entonces haz por querer y reverenciar a Medina; ponle cariño, penétrate de su mérito colosal, tómale por modelo si puedes, constitúyete en su imitador hasta donde alcancen tus débiles fuerzas. Yo te alentaré, no te dejaré de la mano. ¡Feliz tú si consigues asimilarte aquellas virtudes!...

Y por aquí seguía. No me fiara yo de ciertas ventajas personales, que en rigor para nada valen. ¿Qué significan las prendas físicas? Absolutamente nada, pues son cosa que se deslustra y pierde con el tiempo. Lo que importa

es la belleza del alma. ¡Oh, el buen palmito...! En fin,
señores, que aquella sabia me tenía frita la sangre. Aquello no era vivir ni Cristo que lo fundó.

III

Todos los días veía a Medina en la Bolsa, paseándose
de largo a largo, o arrimado al grupo de Ortueta, Barragán y otros. Hallábale ya más complaciente conmigo,
dándome lugar a suponer desvanecidas ciertas prevenciones que contra mí nacieron en su alma. Como yo iba
poco por su casa, siempre teníamos algo que hablar.

—Me ha dicho mi mujer que, poco a poco, va metiendo en cintura a la pobre Camila y enseñándola a ser
mujer de gobierno. Trabajillo le costará; pero como se
le ponga en la cabeza... Ya, ya sé que ha colocado usted
a Constantino en Guerra. Yo siempre lo he dicho: no es
tan zoquete como han dado todos en creer... Pero vamos
a lo que importa. ¿Toma usted a noventa y cinco, fin de
mes?

Mis negociaciones de aquellos días, y no fueron pocas,
hícelas con cierto aturdimiento, jugando por rutina o por
querencia del oficio, muchas veces sin darme cuenta
clara de la operación. Y es que mi chifladura por una
parte, y por otra mi gran debilidad física, pusiéronme en
un estado tal que sólo me faltaba hacer eses, andando
por la calle, para parecerme a los borrachos. Por lo demás, el mismo entumecimiento cerebral, la misma oscuridad en las ideas y, sobre todo esto, una apatía y una
desgana que me abrumaban. Cansado del bullicio del
local y de su pesada atmósfera, íbame al rincón a hacer
compañía al pobre Trujillo o a que me la hiciera él a
mí. Hablábamos algo de negocios, aunque sin saber cómo
salía a relucir la conversación de mujeres. El no ponía
en sus labios el nombre de Eloísa sin acompañarlo de
grandes encomios y de acaloradas expresiones de desconsuelo. Indudablemente no era una santa; pero ¡qué
ideal de mujer! Gozaba mucho visitándola, y departiendo
un rato con ella, oyéndola no más, *viéndole* el metal de
voz, como decía el infeliz. La contemplaba en su interior
tal como había sido en mis tiempos, y no podía hacerse
cargo de la desfiguración de su rostro. Para consolar-
le, díjele que Eloísa había recobrado por completo su

hermosura, y era la misma de siempre. Arrojaba él entonces un suspiro muy grande a la atmósfera turbia y humosa del local, y parpadeaba mucho, como si quisieran sus ojos romper la niebla que los envolvía.

A la otra tarde hablamos de lo mismo; pero me dijo una cosa que me puso en ascuas y me llenó de confusión.

—Ya sé —murmuró Trujillo, aplicando sus labios a mi oído— que se ha enredado usted con Camila. Debe de ser cosa antigua; pero hasta hace pocos días no ha salido en la Gaceta. Ya sabe usted que la Gaceta es la boca de la de San Salomó.

Faltóme tiempo para negar aquello, que era una falsedad calumniosa. ¡Demasiado lo sabía yo! Mi corazón podría echarse fuera y publicar a chorros de sangre la inocencia de la pobre Camila. Por más que hice, no pude convencer a Trujillo. Creo que si llega a tener vista, me conoce en la cara que decía la verdad; con tanta fe, con tanto calor me expresaba yo.

—Puesto que usted no lo quiere confesar —me dijo—, volvamos la hoja.

Mas yo no la quise volver, y otra vez hice el panegírico de la pobre calumniada, de aquella virtud que yo quería que no lo fuese en el momento mismo de tomar tan a pechos su defensa. ¡Sabe Dios que me hubiera sido muy grato mentir en tal ocasión! Tuve un rasgo de maldad, de esos que nacen del amor propio o de la miseria que llevamos dentro, como por fuera nuestra sombra, y eché a perder aquel ardiente elogio de la calumniada, diciendo esta gran tontería:

—Créame usted, Manolo, mi prima Camila es una virtud intachable. Puede que no lo sea mañana, pero hoy por hoy lo es.

Y él, incrédulo siempre. ¿Es que aquella opinión era de las cosas que se caen de su peso? ¡Triste cargo de conciencia, sin comerlo ni beberlo, como se suele decir! Tal golpe me faltaba para llevarme al último grado de la confusión y del trastorno físico y moral. Con verdadero terror hallé en mi estado no sé qué semejanza con el de Raimundo en sus días de crisis. El furor imaginativo era síntoma de mi desorden como del suyo, porque últimamente di en la flor de forjar historias como las de él, y aun más extravagantes y pueriles todavía. Cáusame cierta vergüenza el tener que confesarme del pecado infantil de suponer lances que jamás pasan en la vida, y que ni aun en la literatura se ven ya, como no sea en romances de ciego, en aleluyas o en algún inocente libraco de los que leen las porteras en sus ratos de ocio. Figurábame ser príncipe disfrazado que salvaba a una joven desconocida. La joven me tomaba por pastor, y yo me volvía loco de amores por ella. Otras veces era ella mi salvadora, asistiéndome en una grave enfermedad, y adiós disfraces y tapujos... Cuando la chica descubría que yo era príncipe, se le caían las alas del corazón pensando que no me había de casar con ella. Mucho lloro, pataleo y sofoquinas. Yo le guardaba la gran sorpresa para el final: y cuando se enteraba la pobre de que habría casorio, me quería comer a besos. Excuso decir que la tal soñada mujer mía era Camila. Y tras esta historia la misma, empezada por segunda y tercera vez, o bien otra nueva tan tonta, ridícula y disparatada como la anterior.

No puedo comparar mi espíritu sino a una cuerda muy estirada y vibrante que al menor choque o rozamiento respondía con ecos intensos, o bien con un son repentino que hacía saltar mi ser todo cual si estuviera montado sobre muelles. Para producir estas vibraciones en mí no eran necesarias causas mayores. Cualquier incidente sin importancia, la vista de un objeto que no tenía maldita relación con mi estado, un libro, una estampa, un árbol, el semblante de cualquier transeúnte, el oír una frase dicha al lado mío, heríanme y pulsábanme haciéndome sonar. Era una sacudida que me producía brevísimo rapto de júbilo, y enseguida sensación de tristeza, harto más larga y de variable intensidad, según los casos.

No me hice cargo de mi semejanza con Raimundo hasta un día que me tropecé con él en la calle de Alcalá y me dijo, paseando juntos:

—Anoche me acosté pensando que me había casado..., mujer ideal, cosa rica... Imaginar un día de bodas con todos sus incidentes, es cosa que le doy yo a cualquiera... Pues nada, que me lo creí. No pienses; todo era un delirar casto y platónico, la cosa más ideal que puedes figurarte. El relieve que las cosas tomaban en mi mente era tal, que llegué a coger miedo y encendí la luz. Porque en la oscuridad veía yo a mi novia como te estoy viendo ahora a ti. Era una criatura tan sumamente superfirolítica y angelical, que la idea sólo de poner las manos en ella me parecía una profanación.

¡Y yo que imaginaba algo semejante!

—Di —le pregunté —, ¿cómo estás del reblandecimiento?

—Muy mal, chico, muy mal. Me parece que ya no escapo. ¿Por qué lo decías? ¿Acaso tú...?

—Pudiera ser.

—Prueba a ejercitarte en el *triple trapecio*... Es la mejor manera de conocer...

—¿Cómo es ese triquitraque que tú dices?...

Me lo espetó dos o tres veces, tropezando mucho; y fui tan necio que puse atención en aquella carraca, y cuando me quedé solo en casa lo repetí para observar si los músculos de la lengua me anunciaban desquiciamientos de mi sistema nervioso. Aquel día me inspiró tanta lástima Raimundo, pintóme con tintas tan fúnebres la situación angustiosa de su erario, sin pedirme nada explícitamente, que le di una limosna. En mi furor imaginativo, llegué a figurarme que besaba el billete como los chiquillos mendigos besan el ochavo que se les arroja. Fuese contento y muy mejorado.

A casa de Camila subía yo muy poco. Habíame propuesto no asediarla más, y aguardar circunstancias que me fueran favorables. Alentaba yo la secreta convicción de que el día menos pensado todo había de variar; de que ocurriría una de esas repentinas vueltas del destino que nos sorprenden y nos dan hecho lo que poco antes nos pareciera imposible. Este presentimiento no se me quitaba de la cabeza. "Esperar, esperar —me decía—. En tanto, la providencia o Satán trabajarán secretamente en favor mío."

Una mañana recibí en caja facturada en gran velocidad un regalo de mis amigas las Pastoras. Era una obra de arte, acuarela como de tres cuartas de ancho por dos de alto, pintada por Mary y dedicada a mí. Representaba un remanso, un molinito, sauces, chimenea humeante, y creo que había también unos niños y algún corderillo o dos. La cosa, ignoro porqué, resultaba de una moralidad edificante. Yo no sé cómo era; pero de allí se desprendía que debemos ser buenos. "Corro a enseñarle estas papas", dije; y, cargando yo mismo la lámina, subí.

La propia Camila me abrió la puerta. Estaba sola. Había despedido a la criada, y se veía en el caso de tener que hacer ella misma la comida. Otro quizás no la hubiera encontrado bella en aquella facha; pero a mí me pareció encantadora, ideal. Tenía puesta una falda vieja y el delantal blanco y azul; pañuelo liado a la cabeza a estilo vizcaíno; las mangas remangadas; el cuerpo con chambra no muy justa; sin corsé, porque el calor y la agitación del trabajo no se lo permitían; el seno bien tapadito, pero acusándose en toda la redondez gallarda de su sólida arquitectura. Tal figura se completaba con el calzado, que era un par de botas viejas de Constantino.

—Mira qué patas tan elegantes tengo —me dijo, adelantando un pie—. Como hoy estoy de faena, me pongo estas lanchas para no estropear mis botas ni ensuciar mis zapatillas.

En el pasillo, vimos el cuadro, pero a escape, porque ella no podía ausentarse de la cocina.

—Una de dos —me dijo—: o te *recopilas,* o vienes para acá. No puedo recibirte en otra parte. Si quieres ayudarme a fregar o mondarme estas patatitas, no creas que me he de oponer.

Entré con ella en la cocina, y me senté en una silla que tenía el fondo hundido. Junto a esta silla había otra. El magnífico mueble que estaba a mi derecha era una tinaja; enfrente el fogón. Los elegantes vasares no ostentaban cacharritos japoneses ni porcelanas de Sajonia y Sèvres, sino otros más útiles chismes, y además las cenefas de papel picado con figuras de toreros.

IV

No sé qué vertigo me acometió al ver a Camila. Púsose a fregar la loza, diciendo:

—Esa jirafa me dejó todo como ves, sin fregar... ¡Qué tías!

Y yo miraba embebecido, miraba sus manos coloradas y frescas en el agua, el movimiento rítmico que hacían los dos picos de la chambra al compás de los ajetreos de las manos, y sobre todo contemplaba su cara risueña, de una lozanía y placidez que no se pueden expresar con palabras. Entróme fiebre, delirio; la cuerda de mi espíritu vibró como si quisiera romperse. No pude contenerme, ni se me ocurría emplear como otras veces rodeos e hipocresías de lenguaje. Lleguéme a ella, llevándome mi silla en la mano izquierda; me senté junto al fregadero, todo esto rapidísimo..., cogíle un brazo y lo oprimí contra mi frente que ardía. La frescura de aquella carne y la dureza del codo, que fue lo que vino a caer sobre mi frente, producíanme sensación deliciosa. Todo pasó en menos tiempo del que empleo en contarlo, y mis palabras fueron éstas:

—Quiéreme, Camila, quiéreme o me muero. ¿No ves que me muero?

Apartóse de mí, y con mucho alboroto de brazos y de palabras me obligó a retirarme.

—¡Miren el tísico éste! Y si te mueres, ¿qué culpa tengo yo? ¡Ea!, déjame trabajar. Si te pones pesadito, tendré que darte un tenazazo.

Después rompió a reír, y, alargando el pie como si quisiera darme una puntera, se puso en jarras y me dijo:

—Pero ven acá, grandísimo soso. ¿No se te quita la ilusión viéndome así? ¿O es que con esta lámina estoy a propósito para sorberle los sesos a un príncipe? Claro...; ¿quién que vea este piececito de bailarina no se volverá tonto por mí? ¿Pues este talle de sílfide..., y estas manos? Yo pensé que podría hacerle tilín al aguador; pero ¡a ti!... ¡Si creí que al verme ibas a salir escapado, gritando que te habían engañado! ¡Y ahora te descuelgas otra vez con que me quieres! Tú estás chiflado de veras. Caballero, soy una mujer casada, y usted es un libertino; quite usted allá, so adúltero, que quiere adulterarme. Vaya usted noramala... ¡Que te estés quieto!

Esto lo dijo blandiendo las tenazas, cuando yo volví sobre ella a expresarle lo más de cerca posible la admiración que me producía.

—Descalábrame... Te diré siempre que te quiero, que te adoro, que estoy ya enteramente loco y que me moriré pronto, rabiando de cariño por ti... —exclamé, defendiéndome como podía de las tenazas—. Ya que no otra cosa, dame la satisfacción de decírtelo, y de decirte también que me entusiasmas, porque eres la mujer sublime, la mujer grande, Camililla. Mereces ser puesta en los altares; mereces que se te eche incienso, que los hombres se den golpes de pecho delante de ti, borrica del Cielo, con toda el alma y toda la sal de Dios.

Creo que me arrojé al suelo, que quise besarle aquellas desproporcionadas sandalias medio rotas, que me golpeó la cara con ellas sin hacerme daño, que le besé la orla de su falda, que la abracé vigorosamente por las rodillas, que la hice caer sobre mí, que nos levantamos ambos dando tumbos y apoyándonos en lo primero que encontrábamos. Tan transtornado estaba yo, que no me di cuenta de lo que hacía. Ella volvió a coger las tenazas y me amenazó tan de veras, que llegué a temer formalmente que me las metiera por los ojos.

Pausa, silencio. Yo, en mi silla, recostándome con indolencia sobre la inmediata; ella, destapando calderos, arrimando carbones, probando guisotes. Como si nada hubiera pasado, se puso a cantar en voz alta. Después me miró.

—Qué, ¿todavía estás ahí? Pues sí, a mí no me pescas tú. Soy para mi idolatrado Cacaseno.

Y variando súbitamente de tono:

—Si vieras qué sorpresa le tengo preparada hoy... ¡Porque yo le doy sorpresas, y me divierto más!... El mes pasado le di una... Voy a contártela. Tenía él un reloj muy malo, de plata, una cebolla que le regaló su tío el de Quintanar. Siempre andaba para atrás..., en fin, que no nos daba nunca la hora. Era preciso comprar otro reloj, y Constantino se desvivía por tener un *remontoir,* bonito, ligero... Yo le decía que más adelante; pero él no tenía paciencia, ¡pobrecito! Todos los días me traía un cuento. "Camila, hoy los he visto a doce duros, muy lindos, en los *Diamantes Americanos...*" "Pero, hijo, ¿y dónde están los doce duros?" Pues nos poníamos a juntar, peseta por aquí, dos perros por allá. Yo le quitaba a él, y él me quitaba a mí, y poco a poco se iba reuniendo el dinero. Yo soy siempre la cajera. "Marcolfa, ¿cuánto tienes ya?" "¡No me marees, ya se completará!..." Por fin le digo un día: "Ya pasa de diez duros; la semana que entra te compro el *remontoir.*" Pero aquí viene lo bueno. Verás cómo juego con él. Es un chiquillo. Reunidos los doce duros, le digo una mañana: "Chiquito, ¿no sabes lo que me pasa? Que mi vestido azul está muy indecente. Me da vergüenza de sacarlo a la calle. No he tenido más remedio que comprarme once varas de merino para arreglarlo, y como no había de qué, he tenido que echar mano de los duros

aquellos. Despídete por ahora de ese capricho. Dentro
de tres o cuatro meses se verá". Él refunfuña un poco,
arruga el entrecejo; pero enseguida se le pasa el enojo,
y me dice que primero soy yo. ¡Pobretín! A la noche
ya no se acuerda del dichoso *remontoir* sino cuando saca
la cebolla para ver la hora, ¡y entonces echa un suspiro!... Y yo, entretanto, ¿qué crees que he hecho? He
salido por la tarde, y más pronto que la vista, me he
ido a la tienda y he comprado el reloj. Me lo traigo a
casa, y mientras cenamos le doy a mi marido bromas con
el viejo, diciéndole: "Hijo, no tienes más remedio que
apencar con tu patata". Cenamos, nos acostamos. Yo
no sé cómo aguantar la risa, porque he cogido el reloj,
y, envuelto en un papel lo he metido bajo nuestras almohadas. Apenas recostamos la cabeza los dos..., tin,
tin, tin, tin. Me tapo bien la cara, mordiendo las sábanas
para no reírme. Me hago la dormida, y le siento a él
inquieto. "Camila, Camila, yo oigo un ruido..." Y yo
callada, respirando fuerte, casi roncando... "Camila, Camila, ¿qué anda por ahí? De repente hago como que me
despierto sobresaltada, y me pongo a gritar. "Ratones,
ratones!... ¡Mira, uno me ha mordido la oreja!..." Él
se levanta... enciende la luz. Pero yo, no pudiendo ya
tener la risa, le digo: "Por aquí, por aquí, entre las
almohadas... ¡Ay, qué miedo!" Él, que empieza a conocer la guasa, mete la mano, y... "Chica, chica, ¿qué es
esto?..." ¡Qué fiesta! ¡Cómo gozo viendo su sorpresa
su alegría y los extremos de cariño que me hace! Vol-
vemos a apagar la luz..., y a dormir hasta por la mañana.

Yo, medio ahogado por el culebrón que se enroscaba
en mí, no podía reír con ella. Por fórmula debí preguntarle si aquel día tenía dispuesta una nueva sorpresa,
porque siguió su cuento de este modo:

—Hoy le preparo una de órdago. Verás: hace tiempo
que está deseando tener un barómetro aneroide. Desde que lee y se ha metido a sabio, le da por enterarse de
cuándo va a llover. Yo le digo: "Eso es muy caro. No
pienses en ello. Que se te quite eso de la cabeza. ¡Ni que
fuéramos príncipes!" Pero aguárdate. Hoy le he comprado ese chisme. Tiene dos termómetros por los lados:
uno de agua encarnada, otro de agua plateada. Me costó
seiscientos veinte reales, y lo tengo escondido para que

no lo vea. ¡Cómo me voy a reír esta noche! Mira lo
que he inventado. Pongo en el gabinete que está al lado
de nuestra alcoba tres o cuatro sillas unas sobre otras,
y va a parar a la cabecera de nuestra cama. Cacaseno se
acuesta; yo también. Apago la luz. De repente tiro de
la cuerda: ¡Cataplum! Figúrate qué estrépito. Yo me
pongo a gritar: "¡Ladrones, ladornes!" Incorpórase él
hecho un demonio, enciende la luz... ¡Jesús, qué miedo!
Salta de la cama, va a coger el revólver, y yo digo: "Ahí,
ahí, en el gabinete están."

—Pero no veo la sorpresa.

—Es que la puerta del gabinete estará cerrada y en el
pomo del picaporte habré colgado el barómetro, de
modo que no tiene más remedio que verlo al querer
entrar... Entonces suelto el trapo a reír; él comprende
la broma y suelta el trapo también; y aquí paz y después gloria. Nos dormiremos como unos benditos, y
hasta otra. No te creas; él también me da sorpresas a
mí; pero no tiene ingenio para inventar cositas chuscas
como yo. Cuando me regala algo lo trae escondido; pero
en la cara le conozco que hay sorpresa. Frunce las cejas,
alarga la jeta y dice con mucha mala sombra: "¡Vaya
unas horas de comer! Esto no se puede aguantar." Yo,
que leo en él, me hago también la enfadada y me pongo
a chillar: "Bertoldo, Cacaseno de mil demonios, si no
te callas... Pero tú me traes algo, dámelo y no me tengas
en ascuas." Entonces saca lo que esconde, y me dice,
riendo: "Si es sorpresa..." Yo, de una manotada,
¡pim!..., se lo arrebato...

No la dejé concluir. El deseo de estrecharla contra mí,
de comérmela a caricias, era tan fuerte, que no estaba
en mi flaca voluntad el contenerlo; deseo casto por el
pronto, aunque no lo pareciera, nacido de los sentimientos más puros del corazón; deseo que si con algo innoble
se mezclaba era con la maleza de la envidia, por ver yo
en poder de otro hombre tesoro como aquél. Y la cogí
antes de que se me pudiera escapar, haciendo presa en
ella con un furor nervioso que me dio momentáneo
poder.

—¡Quiéreme, o te mato —le dije con desazón epilép-
tica, fuera de mí, atenazándola con mis brazos y dando
hocicadas sobre cuantas partes suyas me cayeran delante
de la cara—; quiéreme, o te mato! Que todo no sea

para él; algo para mí. Te estoy queriendo como un niño, y tú nada...

Habíais de ver la gran contienda entre los dos. Mi fuerza nerviosa se extinguía. Pronto pudo ella más que yo. Era mujer sana, dura, templada en el ejercicio y en la vida regular. Sus brazos no sólo se desprendieron de los míos sino que los dominaron. El aliento me faltaba por instantes; el pecho se me oprimía, más que con el poder de los brazos de ella, con la dilatación de no sé qué angustia interior, que era el sentimiento de mi fracaso. Por fin, vencido, campeó ella sobre mí, y empujándome de un lado, me dejó caer sobre la otra silla. Las dos formaban como un sofá. Sus manos aprisionaron mis muñecas como argollas de hierro. ¡Una mujer tenía más fuerzas que yo, y me acogotaba como a un cordero!

—¿Ves cómo te meto en un puño, tísico? Si eres un muñeco; si no tienes sangre en las venas; si los vicios te tienen desainado. No sirves para una mujer de verdad, sino para esas tías tan tísicas, tan fulastres como tú..., perdido.

La vi encenderse en verdadera cólera. Aquel manojo de gracias, aquel ramillete de chistes, nunca se había presentado a mis ojos en la transformación fisiológica de la ira. En tal instante miréla por primera vez airada, y me acobardé cual no me he acobardado nunca. La vi palidecer, dar una fuerte patada; le oí tartamudear dos o tres palabras; levantó la pierna derecha, quitóse con rápido movimiento una de aquellas enormes botas, la esgrimió en la mano derecha, y me sentó la suela en la cara, una, dos, tres veces, la primera vez un poco fuerte, la segunda y la tercera, más suave... Yo cerré los ojos y aguanté. Tan quemado estaba por dentro, que me dolió poco...

—¡Ay —exclamé—, si me mataras a zapatazos como se mata una cucaracha, qué favor me harías!...

La vi volverse a calzar, sustentándose en un solo pie con extremada gallardía. Después se arregló el pelo y la chambra. Respiraba fuerte y se había puesto encarnada. Poco a poco aquella terrible y nunca vista cólera se iba disipando y Camila volvía a ser Camila. Una sonrisa le desfloró los labios, dándome a conocer que sentía cierto temor de haber pegado demasiado fuerte. Miróme con atención a punto que yo me llevaba las manos a la cara.

—¿Qué tal, escuece? —me dijo—. Tú te tienes la culpa, por pesado. Yo las gasto así. ¿Qué es eso? Sangre. Me alegro; vuelve por otra. Así, así, quiero que lleves estampadas en tu hocico las suelas de mi marido.

Creédmelo, cuando no me eché a llorar en aquel instante como un ternero, es seguro que las fuentes del llanto estaban agotadas en mí. Y más me afligí viendo a Camila salir y volver con un vaso de agua y un trapo de hilo, el cual humedeció para lavarme la cara. Y se reía curándome.

—No es nada, hijo, un pedacito de piel levantado. Otras te han sacado todo el cuero y no te has quejado... ¿A que no vuelves a atreverte conmigo? ¿Te das por vencido?

—No. Te quiero más cuanto más me pegues, y concluiré loco, saliendo a gritar por las calles que eres la mujer más sublime que he conocido...

—¡Claro!..., como que me van a poner en la Biblia... ¡Ea!, se acabaron las papas. Ahora me haces el favor de marcharte a tu casa. Tengo mucho que hacer y no estoy para espantajos.

—No me voy, Camila, sin una esperanza siquiera..., promesa al menos...

—¿Promesa de qué? ¿Habráse visto tonto igual? Que me vuelvo a quitar la bota... Eres tan sinvergüenza, que por verme una pierna te ha de gustar que te pegue. Estos tísicos son así. Pues no, no te pego más; no me da la gana. Únicamente te desprecio... Conque ve despejando el terreno, si no quieres que se lo cuente a Constantino. Hasta aquí he sido prudente; pero me pones en el caso de no serlo. Si él sabe lo que me has dicho... ¡Jesús de mi alma, la que arma! Ya te estoy viendo volar hasta el techo.

—Pues díselo..., cuéntale todo. En mi estado, deseo cualquier disparate...

—¿Sí? No lo digas dos veces. Mira que canto...

Estaba destapando pucheros. De pronto la vi atendiendo con cara de Pascua a cierto ruido en la escalera.

—Ya viene..., es él... Le conozco en el modo de trotar. Sube los escalones de tres en tres... Compara, hombre, compara contigo, que cuando subes llegas aquí ahogándote, medio muerto. Lo que yo digo, la vida alegre...

Fuerte campanillazo anunció al amo de la casa que venía de la oficina. Corrió Camila a abrirle, y oí como una docena de besos fuertemente estampados, ósculos de devoción y fe, como los que dan las beatas, echando toda el alma, a las reliquias de un santo que hace muchos milagros. El burro entró en la cocina.

—Hola, chico. ¿Tú por aquí?

—¿Qué me traes? —le dijo Camila.

—Nada más que estos jacintos.

—¡Qué bonitos y qué bien huelen! Ponlos en este jarro, por el pronto. Oye, dale uno a este estafermo, que bien se lo merece. Me estaba ayudando a poner los trastos en el vasar de arriba, y se le vino encima el caldero grande; mira la contusión que tiene en la mejilla... ¿Sabes de lo que hablábamos ahora?

Otro campanillazo cortó el concepto de mi prima. "¿Qué iría a decir?", pensé yo; y ella dijo:

—¿Quién será?

Constantino fue a abrir, y oímos esta exclamación:

—¡Oh, señora doña Eloísa!... ¿Usted por aquí?

No sé por qué me dio mala espina la tal visita. Y mi corazonada se acentuó más cuando vi a Eloísa. Había recobrado su hermosura, y fuera de la palidez y demacración, no quedaban rastros en su cara del pasado arrechucho. Pero venía tan cejijunta, nos saludó a todos con tanta sequedad, me miraba de un modo tan extraño, que barrunté algo desusado, serio y muy desagradable. "Esta prójima, que muy rara vez viene aquí —pensé—, trae hoy alguna historia... Me las guillo."

A lo que le preguntamos sobre su salud, contestó Eloísa de mala gana y con impertinencia. Quería hablar de otra cosa. Pasó al comedor con Miquis y conmigo. Camila quedóse en la cocina trasteando.

—¿Qué hay de nuevo? —preguntó el manchego a su cuñada.

—¿Qué ha de haber? Que son ciertos los toros... —replicó, mirándole con sorna.

Después se puso a decir chuscadas, que, aparentemente, no tenían malicia. Creí que me había equivocado y que Eloísa no llevaba el escándalo en su intención. No obstante, parecióme notar cierto dejo irónico en su alegría. Pero como pasaba tiempo sin que la conversación tomara mal sesgo, dije para mí: "Vaya, es manía. No hay nada de lo que sospechaba." Poco después despedíme de todos y me retiré.

V

Pero en la soledad de mi gabinete, paseándome de un ángulo a otro, con las manos en los bolsillos, la cabeza sobre el pecho, no podía apartar de mí la idea de que en el tercero pasaba o iba a pasar algo...

Y como mi espíritu, adiestrado en el imaginar, no se paraba en barras, ved aquí las historias que me forjé en menos tiempo del que empleo en contarlas: "María Juana es la que ha echado a volar la especie de que yo tengo relaciones con Camila. Ella ha sido; me lo dice el corazón. Lo ha hecho por espíritu de hipocresía, por evitar que se sospeche de ella. Tal vez lo crea, en cuyo caso... Pero no, ¡qué disparate digo! Esto es un delirio; María no es capaz... Lo que hay es que se ha corrido esa voz, como se corren otras muchas, y Eloísa... ¡Ah! Ya sé quién ha llevado el cuento a Eloísa. Ha sido Manolo Trujillo, ese bendito ciego... Y la prójima se ha puesto fuera de sí, ha sentido celos..., ¡celos de hermana, que son los peores! Pero ¡quia!..., imposible... Subiré a cerciorarme... No, no subo; allá se entiendan. Si no fuera por Camila, me importaría poco que la prójima armara cuantos escándalos quisiera... ¿Subiré? No, no subo. Tal vez sea todo figuración mía".

Mi inquietud creció de tal modo, que creí oír voces que se transmitían por el patio. Escuché..., nada. Llamé a mi criado y le dije:

—Mira, Ramón, te vas al cuarto tercero y dices que me he dejado allí un cuadro. Ya sabes, el que trajeron de la estación esta mañana en esa caja. Te lo bajas... Oye, oye: de paso, observas si ocurre algo en la casa... Anda, anda.

A poco volvió Ramón, y me dijo:

—Señor, que se ha armado arriba una gresca de doscientos mil diablos.

—¿Qué dices?

—Lo que oye. La señorita Camila y la señorita Eloísa están hablando como rabaneras, y el señorito Constantino también hipa por su lado. No he podido traer el cuadro. Les hablaba y no me respondían, sino dale que

te dale a las lenguas los tres a un tiempo... Desde la
ventana del patio se oye. La vecindad está escandalizada.

Fui y oí. La voz de Camila descollaba; mas no entendí si era llanto o gritos de furor lo que hasta mí
llegaba. "Me parece que se ha armado una buena,
pero buena". Y volví a mi gabinete, donde intenté desgastar mi inquietud nerviosa paseándome. Esperaba y
temía que alguna racha de aquel temporal del tercer piso
bajara hasta mí. ¿Qué hacer? ¿Evitarla echándome a
la calle y no pareciendo hasta la noche? No; mejor era
esperar a pie firme la nube. Quizás mi presencia sería
pararrayos que evitase una catástrofe... ¿Subiría? No,
subir no, porque pudiera mi intervención ser perjudicial
a la inocente Camila. Conveníame adoptar también una
actitud de inocencia e ignorancia del asunto.

La racha que juzgué inevitable no tardó en venir.
Fuerte campanillazo anunció me la cólera de Eloísa, que
entró en mi casa y en mi gabinete en un estado de
agitación que me puso medroso. Dejóse caer en un sillón,
como quien se desmaya, y era que le faltaba el aliento, a
causa de la ira y de la prisa con que había· bajado.

Yo ni la miré siquiera. Oía su respiración como el
mugido de un fuelle. Esperé a que resollara por la herida
y a que su resuello se condensara en palabras. Podéis
creérmelo: los pelos se me ponían de punta. Viendo
que a ella todo se le volvía respirar fuerte y oprimir se
el pecho con las manos, me planté delante y le dije:

—Vamos a ver, ¿qué es esto, qué ha pasado allá arriba?...

—Dejáme, dejáme... que tome aliento. Me estoy aho-
gando... He hablado mucho, he gritado..., he sido una
leona...; pero ¡buena la he puesto a esa hipócrita, a
esa...! Me ha irritado tanto, que la lengua se me fue...
Si me oyes, te espantas... Luego esa hipócrita se des-
vergonzó..., es una verdulera, yo, otra... Dos verdule-
ras... Y el bruto allí, queriendo poner paz..., ese ciervo
estúpido... Estoy volada..., deja que me serene..., dame
aire, aunque sea con... un periódico.

—No entiendo un palabra de lo que estás hablando
—le dije, abanicándola con el papel—. ¿En qué ha
podido ofenderte la pobre Camila, que es un ángel?

Nunca dijera esto. Por la primera vez de mi vida vi
a Eloísa en un arrebato de furor. Allí sí que se llevó la

trampa a la señora española y lo que en finura, discreción y modales le había concedido Naturaleza. No quedó más que la prójima bien vestida. Puesta en pie, manoteando como si me quisiera sacar los ojos con sus dedos, el volcán de su alma reventó así:

—¡Hipócrita tú también!... Que te enredaras con otra..., pase; pero ¡con mi hermana, con la hermana que más quiero...! Y ella es peor que tú, mil veces peor, porque se hace la tonta, la virtuosita. ¡Uf, qué serpentón debajo de aquella capita de tontunas! No hay santurronería más infame que la de éstas que se hacen las graciosas, las aturdidas... Y tú, grandísimo apunte, no dirás ahora que has tenido buen gusto... Vas bajando, bajando; concluirás por las fregonas... ¡Ah, qué cosas le dije..., cómo la puse! Confieso que se me escapó la lengua; pero el furor me cegaba, por ser mi hermana..., y a otra se lo paso, aunque me duela, pero a mi hermana no, a mi hermana no, porque me duele horriblemente... No te disculpes, no niegues... Si te conozco... ¡Ah! Camila te conviene porque es barata... ¡Y como nos hace el papel de la niña honradita, y a todos engaña con la comedia de estar enamorada de su pollino...! ¡como si esto fuera posible...! Dios mío, qué criaturas tan farsantes has echado al mundo... ¡Que me haya jugado esta trastada mi hermana, la hermana que más quiero, la que tengo metida en el corazón!... ¡Y que me haya puesto en el caso de decirle las perrerías, las atrocidades que le he dicho!... ¡Oh, Dios mío, qué desgraciada soy!...

Rompió a llorar afligida, con estrépito, cual si su indignación se resolviera bruscamente en arrepentimiento por las ignominias injustas que había dicho a su hermana. Viéndola yo en aquel camino, creí posible una solución pacífica, y en tono de prudencia le dije:

—Veo que al fin conoces que has dado una campanada. La cólera te cegó. Lo mejor es que subamos los dos, y pidas perdón a tu hermana por el escándalo que le has dado haciéndote eco de una calumnia vil; porque sí, hija, sí, por el Dios que está en el Cielo, te juro que Camila es tan querida mía como del Papa.

Esto la irritó de nuevo, destruyendo sentimientos de piedad que empezaban a obrar en ella como un bálsamo reparador, y echando lumbre por los inundados ojos y crispando los dedos, encaróse conmigo y me echó esta rociada:

—No sé cómo tienes alma para decirme lo que me has dicho, y como me mientes a mí, que he tenido siempre la debilidad de creerte. Hace tiempo que te estoy observando y que vengo diciendo: "Ese se ha encaprichado por Camila". Pero después la exploraba a ella, y nada podía descubrir... ¡Claro, hace tan bien sus comedias...! Mas ya no me engañáis los dos. Sois buen par de zorros... Pero, créelo, me he vengado bien. ¡Las cosas que le he dicho!... Pues ¿y a él? Le he calentado las orejas a ese venado, y le he puesto ante el espejo para que vea aquella cornamenta que le llega al techo...

Me pasó una nube por los ojos. Llamé todas las fuerzas de mi prudencia, porque de seguro iba a hacer un disparate. Y ella continuaba, procaz, de esta manera:

—Y el muy animal, con todo su ramaje en la cabeza, negaba y te defendía, diciendo que eres ¡su amigo!... Éste es el colmo, chico, el colmo... de la amistad, de la...

Cortó la frase, quedándose como perpleja, los ojos fijos con pensadora atención en el busto de Shakespeare que estaba sobre mi chimenea. Era el bronce que había pertenecido a Carrillo, y sin duda la vista de aquel objeto llevó su mente, por la filiación de las ideas, a cosas y sucesos de otros días. A mí me pasó lo mismo.

—Sí..., claro..., ya sé que los maridos te quieren... ¡Absurdo, asqueroso!... Como tienes ese ángel..., parece que los embrujas y les das algún filtro...

Juzgad de mi paciencia, ved qué dosis tan grande de esta virtud acumulé en mi alma, cuando no cogí el busto y se lo tiré a la cabeza a aquella mujer. Pero aunque no hice esto, la cólera se desató en mí, y con palabras cortadas por el veneno que me salía de dentro, le dije:

—Constantino es mi amigo y no tiene por qué avergonzarse, porque ni es ridículo ni cosa que lo valga, y el que diga lo contrario es un miserable.

—Pues yo lo digo —gritó ella con brío.

—Pues aplícate el cuento.

—Explícame eso, hombre... Da razones.

—No doy razones —exclamé, ya fuera de mí, sin ver ni oír nada más que el fulgor y el estallido de mi rabia—; ni tengo que añadir una palabra más, ni me importa que te convenzas o no, porque ahora mismo te pones en la calle.

—No me da la gana. Se va usted a donde quiera —vociferó, ronca, mugiente—. ¿Me echarás tú?

—Lo vas a ver —dije, cogiéndola enérgicamente por un brazo y llevándola hacia fuera, no sin tener que tirar fuerte.

En aquella lucha, cuyo recuerdo me espeluzna siempre, no oí más que estas tres palabras, dichas en un aliento de agonía: "¡Eres un tío!"

Creo que le respondí: "¡Y tú, una tal!..." No estoy seguro de haberlo dicho. Ciego, con pegajosa y amarga espuma en la boca, abrí la puerta de la escalera y la eché fuera. Cuando di el golpe a la puerta, haciendo retumbar toda mi casa, cual si mi corazón estuviera unido a aquellas paredes, sentí penetrante frío en mi alma. La idea de mi brutalidad vino al punto a mortificarme. Pero me rehíce y me metí para adentro. La campanilla sonó con estruendo. Me pareció que tocaba más fuerte que todas las campanas de todas las iglesias de la cristiandad juntas. Eloísa llamaba con rabia, golpeando además la puerta con las manos. Aplicó sus labios a la rejilla de cobre, para gritar por allí otra vez:

—¡Tío, más que tío, canalla!

—¿Abro? —me dijo Ramón, alarmado.

No supe qué determinar.

—Abre, sí —respondí al fin—. Peor es que dé un escándalo en la escalera.

—La señorita María Juana —añadió mi criado— ha subido hace un rato.

—Esta casa es hoy un infierno... ¡Maldita suerte mía! Abre, abre de una vez.

Retiréme a la sala, y desde allí vi entrar a Eloísa. Dio algunos pasos y cayó como un cuerpo muerto sobre el banco de recibimiento.

—Ramón, llévale un vaso de agua, si quiere, y tú, Juliana, auxíliala también. Puede que tenga un síncope. Le pasará... Y si no pasa, que no pase. Allá se las componga.

Yo no sabía qué hacer ni qué decir. Parecióme que Eloísa no tenía síncope; conservaba el sentido, y lo que hacía era llorar, llorar mucho.

—Ramón..., entérate de si la señorita tiene ahí su coche. Si no lo trajo, manda enganchar ahora el mío, y que la lleven a su casa.

—La señorita tiene abajo su coche.

—Bueno. Cierra la puerta para que no se enteren de estos escándalos los que suben y bajan.

Eloísa bebió un poco de agua. Sin duda, se iba serenando. No podía ser menos. Estas iras pasan, y dejan en el espíritu un amargo y desapacible sabor, el recuerdo vergonzoso de las tonterías que se han dicho y de las brutalidades que se han hecho. Tras la cortina de la sala espié yo los movimientos de mi prima, y lo que hacía y hasta lo que pensaba. La vi levantarse del duro banco, suspirar fuerte palpándose y oprimiéndose el pecho como si el corazón se le hubiera salido de su sitio, y quisiera ponérselo donde debe estar. Vaciló entre pasar a la sala y marcharse; pero se decidió al fin por esto. ¡Qué alivio noté cuando la sentí bajar, apoyándose en el barandal y mirando mucho los pasos que daba! "La lección ha sido un poco fuerte —pensé—; pero es preciso, es preciso..."

¡Gracias a Dios que estaba solo! ¡Qué día! No había tenido tiempo de saborear aquel descanso, cuando..., ¡Jesús mío!, la campanilla. La oía sonar, agujereándome el cerebro, y decidí arrancarla de su sitio, hacerla mil pedazos para que no repicara más. "¿Apostamos a que es María Juana?" Porque sí, la campanilla sonaba con todo el estudio y la convicción de una campanilla ilustrada que sabe a quién anuncia. Era ella, no podía ser otra.

Entró en mi gabinete, ¡y qué cara traía, qué golpe de quevedos, qué mirar justiciero! Era una sibila de aquellas que pintó Miguel Ángel para expresar lo feas que se ponen las mujeres guapas cuando se enfadan y hacen profecías. En verdad, señores, lo extremadamente serio de aquel rostro prodújome efectos contrarios a los que él quería producir... Por poco suelto la risa.

—¿Qué hay? —le pregunté, afectando calma.

—¿Qué ha de haber? Pues nada que digamos. Vengo de arriba. Un zafarrancho espantoso. Las consecuencias de tu carácter, de tu temperamento... ¡Y ha habido una persona tan inocente que creyó posible curarte, enmendar lo que tiene sus raíces en el fondo de la naturale-

za, y hacer de un demonio un hombre!... La que tal
pensó es más digna de lástima que las otras dos infelices, y por lo mismo que puso sus miras más arriba es la
que ha caído más bajo... Estoy tan avergonzada por mí
como por tí... Yo al menos, tengo conciencia y veo
mi bochorno; pero tú ¿qué ves?... Eres un depravado,
un monstruo, un condenado en vida. Daría... no sé
que por ver en ti un rasgo de nobleza. Pero no, no lo
veré, porque no puedes dar sino frutos amargos... Has
prostituido a la tontuela de Camila, quitándole lo único
que tenía, que era su inocencia; has cubierto de ignominia al pobre Constantino, que es un alma de Dios,
el ángel de los topos... ¡Y tú, tan fresco!... Responde,
hombre, discúlpate, da a entender siquiera que hay en
ti un resto de pudor, de dignidad, de cristianismo...

Hubiera podido contestarle muchas cosas y volver
por la honra de su hermana; pero ¿a qué decir lo que
no había de ser creído? Hallábame tan irritado, que no
sabía resolver aquellas cuestiones sino cortando por lo
sano. Me incomodó la sibila con su áspero sermoneo,
tanto o más que Eloísa con sus procacidades. Ante ella
me sentí igualmente brutal que ante la otra, y ciego la
cogí por un brazo lo mismo que había cogido a la prójima, diciendo con la ronquera de mi sofocante ira:

—¿Sabes que no tengo ganas de música, de filosofías
ni de estupideces? ¿Sabes que te voy a poner ahora
mismo en la calle, porque no puedo aguantar más,
porque estoy hasta la corona de ti y de tu hermana?

Y haciéndolo como lo decía, tiré de aquella gallarda
mole, que se dejó llevar aterrada, trémula, balbuciendo
no sé qué conceptos trágicos, muy propicios del caso y
de su austera moral. Hícela salir, y cerré de golpe. María
Juana no gritó en la escalera, como su hermana. Con
decoro aceptaba la expulsión y se vengaba con su dignidad. Era muy sabia y muy prudente para proceder
de otra manera. Marchóse callada, haciéndose la víctima grandiosa y buscando lo sublime, que no sé si
encontraría. Bajó las escaleras pausada y gravemente,
como si fuera ella la razón desterrada y yo el error
triunfante...

—¡Ramón!

—¿Qué, señor?

—Te nombro mastín —dije, delirando—. Te pongo en la puerta, y al primer Bueno de Guzmán que entre, me lo destrozas a mordidas.

Nada, que aquel día me había yo de volver loco. Bien caro pagaba mis enormes culpas. Sonó la fatídica campana otra vez...Ramón entró en mi gabinete, y me dijo, muy apurado:

—Señor, don Constantino es el que llama. ¿Le abro?

—Sí, hombre... ábrele... en canal... Quiero decir, ábrele la puerta. Que entre; veremos por dónde tira.

Y cuando Miquis llegó a mi presencia, estaba yo tan fuera de mí, que si me dice algo ofensivo, caigo sobre él y me mata o le mato.

—¡Hola! ¿Qué hay? —le pregunté, resuelto a afrontar la situación, cualquiera que fuese.

Constantino estaba pálido y muy agitado. Parecía rebuscar en su mente las palabras con que debía empezar.

—Tú traes algo —le dije—. Vomita esa bilis... franqueza, amigo. Luego me tocará hablar a mí.

Sus labios rompieron tras un esfuerzo grande. De la confusión de su mente y de las arrugas de su entrecejo brotaron estas cláusulas amargas:

—Pues... horrores en casa... Eloísa... Me han vuelto loco... ¡Que mi mujer me engaña! ¡qué tú...! Camila se defiende. Yo no sé lo que me pasa; tengo un infierno en mi cabeza..., porque si creo la que me dicen de mi mujer, la mato, y si creo lo que ella me dice, mato a sus hermanas...

—No mates a nadie, no mates, hijo, y aguarda un poco.

—Porque yo vengo aquí —gritó como un energúmeno, poniéndose rojo y manoteando fuerte—, yo vengo aquí para decirte que, ya sea mentira, ya sea verdad, no hay más remedio sino que o tú me rompes a mí la cabeza o yo te la rompo a ti.

Sentí al oír esto ¿qué creéis? ¿Indignación? No. ¿Despecho? Tampoco. Sentí entusiasmo, ardiente anhelo de soluciones grandes y justicieras; y aquello de pegarnos los dos tan sin ton ni son, no me pareció un disparate. Yo también quería sacudirle de firme o que él me sacudiera a mí. Gesticulando como un insensato y no menos energúmeno que él, me puse a gritar:

—Tú eres un hombre, Constantino... Eso, eso: o
romperte el bautismo, o que me lo rompas tú a mí.
Te tengo ganas, ¿sabes? Eres lo que más me carga
en el mundo..., para que lo sepas.

—Pues cuanto más pronto, mejor —gritó él, haciéndome el dúo con furia igual a la mía.

—Eso, eso... Ha llegado la ocasión que yo quería.
Ahora nos ajustaremos las cuentas, y déjate de armas
blancas... pistola limpia y a la suerte.

—Como quieras.

—Y no es por poner en claro la honra de tu esposa.
¡Estaría bueno que dependiera de nuestra puntería!
Tu mujer, para que lo sepas, bruto, es la gran mujer.
Ni tú ni yo la merecemos... Nos pegamos porque te
tengo ganas, ¿sabes? Tu conciencia te dirá quizás que
no me has ofendido. ¡Ah!, tonto, ¿ves estas magulladuras que tengo en la cara? ¿Lo ves, lo ves? Pues
esto, pedazo de bárbaro, es la impresión de las suelas
de tus botas. Tu mujer me ha abofeteado, no con
las manos, que esto habría sido un favor, sino con tus
herraduras, animal... Y ahora, tú me lo has de pagar.

IX

LAS LIQUIDACIONES DE MAYO Y JUNIO

I

No sé qué más atrocidades dije. Yo no tenía ideas
claras y justas sobre nada; era un epiléptico. Me caí
en una silla, y estuve un rato pataleando y haciendo
visajes. Contóme Ramón que Constantino se retiró
muy enfurruñado, cuando ya no tenía yo conciencia
de que él estuviera presente.

Estuve tres días en cama y ocho sin salir de casa;
de tal modo me conmovieron y agobiaron los sucesos de aquella tremenda fecha, una de las peores de mi
vida. ¡Cuán lejos estaba de que habían de venir otras
peores! Ninguna de mis tres primas fue a verme. Mi
tío y Raimundo no faltaron, éste tan dislocado como
siempre, aquél sufriendo en silencio una agitación moral
que respiraba por su boca con suspiros volcánicos. Y no

sabía el buen señor nada de lo ocurrido entre sus hijas y yo aquellos días, pues felizmente no hubo ningún indiscreto que le llevase el cuento. La causa de su dolor era otra y se sabrá más adelante. Díjome Ramón que al segundo día había enviado a preguntar por mí el señor de Medina, y que Evaristo no dejaba de ir por mañana y tarde a informarse de mi salud. Pero ¿a que no sabéis cuál era la compañía más grata para mí? Mis amigos me fastidiaban y mis parientes no me divertían. Vais a saber dónde estaba mi consuelo en aquellas tristes horas.

Haría dos semanas que, hallándose Camila en casa en ocasión que estaba también allí mi zapatero, le dije:

—Te voy a regalar unas botas. Maestro, tómele usted la medida.

Dicho y hecho. Al día siguiente de la marimorena trájome el maestro, con el calzado para mí, las botas de Camila, que eran finísimas, de charol, con caña de cuero amarillo. Ramón las puso casualmente sobre una mesa frontera a mi cama, y los ojos no se me apartaban de ellas. ¡Oh, dulces prendas!... Una falta les encontraba, y era que no teniendo huellas de uso, carecían de la impresión de la persona. Pero hablaban bastante aquellos mudos objetos, y me decían mil cositas elocuentes y cariñosas. Yo no les quitaba los ojos, y de noche, durante aquellos fatigosos insomnios, ¡qué gusto me daba mirarlas, una junto a otra, haciendo graciosa pareja con sus puntas vueltas hacia mí como si fueran a dar pasos hacia donde yo estaba! Ramón las cogió una mañana para ponerlas en otro sitio, y yo salté a decirle con viveza:

—Deja eso ahí...

El inocente me quitaba el único solaz de mi agobiado espíritu. Porque Ramón no se riera de mí, no le mandé que me las pusiera sobre mis propias almohadas o sobre la cama... Seguramente me habría tomado por loco o tonto.

Cuando me puse bien, ofrecióse a mi espíritu la injusticia y brutalidad de mi conducta con mis dos primas mayores el día de la jarana. Cierto que debí apresurarme a desvanecer el error en que estaban con respecto a la pobre borriquita, cuya culpa no tenía realidad más que en la grosera intención de las otras. ¿Y cómo convencerlas de la inocencia de Camila? ¿Cómo hacerles comprender que tanto la una como la otra debían besar la tierra que la borriquita pisaba y confesarse a ella? Eloísa y María Juana tenían cierto interés moral en no creerme, porque la idea de que su hermana les aventajara en conducta debía de herirlas muy en lo vivo.

"No me creerán, no me creerán —era el pensamiento que me atormentaba—. Juzgándola por sí mismas, no se convencerán, porque convenciéndose se acusan. Acusadoras se disculpan, y desean tener que perdonar para que se las perdone."

Pero aun contando con lo infructuoso de mis esfuerzos, algo había que hacer. Por de pronto, determiné no subir a la casa de Camila. Si Constantino persistía en que nos pegáramos, por mí no había de quedar. Ya sabía él dónde yo estaba. Después hice propósito de ver a Eloísa y María Juana. A ésta la tenía yo, si no por autora, por la principal propagandista de la injuriosa especie, a la cual, por desgracia, daban apariencias de verdad mi locura, mi intención y mis repetidas visitas al hogar de los Miquis. Desistí de ver a Eloísa por lo que me contó Severiano el primer día que salí a la calle. La infeliz cumplía la sentencia de su triste destino, y últimamente había dado un nuevo paso en la senda que aquél le trazaba. Lo diré clarito, sin rodeos. Acababa de enredarse con un aristócrata viudo, el marqués de Flandes, que después de residir mucho tiempo en el extranjero vino a España a que le pusieran el cachete a su ruina. No durarían mucho estas relaciones, porque Paco Flandes daba ya poco de sí, metálicamente hablando, y el mejor día me le ponía la prójima en el arroyo. Entretanto, la casa de la calle del Olmo recobraba algo de su esplendor pasado; muebles parisienses ocupaban los lugares vaciados por el último embargo, y algunas obras de arte iban entrando con timidez. Entre éstas las había bonitísimas: un *Carnaval en Roma*, de Enrique Mélida; un hermoso país de Beruete, [53] y dos terracotas de los hermanos Valmitjana. Tras esto vendrían más cosas, más; así lo decía ella, poniendo carita de tristeza y dando a

[53] Aureliano de Beruete, 1845-1912, gran paisajista.

entender que los tiempos son malos y que cada vez parecen que hay menos dinero. Como síntoma muy significativo, añadió Severiano que Sánchez Botín le hacía la rueda con la pegajosa tenacidad que siempre ponía en todas sus empresas; pero que mi prima declaraba a todo el que la quisiera oír que jamás descendería hasta un ser que consideraba muy por bajo de todos los envilecimientos y de todas las prostituciones posibles. No hablamos más de esto, y determiné no ir a la calle del Olmo ni ocuparme para nada de semejante mujer.

Mi primera visita fue para los Medinas, a quienes encontré juntos. Ambos me recibieron con amabilidad, interesándose por mi salud. Nada de lo que pudiera observar en María Juana me llamaba la atención, por ser mujer de mucha gramática parda; pero sí me sorprendió la repentina afabilidad del insigne *ordinario*. Sus prevenciones contra mí se habían disipado sin duda. ¿Por qué? ¿Qué pararrayos había alejado de mi pecadora frente la electricidad de su odio? Heme aquí en presencia de otro enigma que me trajo no pocos quebraderos de cabeza. Diome aquel día cigarros de primera, los mejores que tenía; y cuando nos íbamos juntos a la Bolsa, en su coche, expresóme con sinceras palabras que se alegraría de que mi liquidación de fin de mes fuese buena.

—Si el alza sigue acentuándose —me dijo—, y yo creo que seguirá, porque cada día vienen del extranjero más órdenes de comprar, creo que saldremos muy bien usted y yo.

Y variando de tono y asunto:

—Es preciso que usted no se distraiga tanto con las faldas, so pena de que se le vaya el santo al cielo y no dé pie con bola en los negocios. Observe usted que todos los que al entrar por las puertas de la contratación no supieron desprenderse de los líos de mujeres, han salido con las manos en la cabeza. Hombre enamoriscado, cerebro inútil para trabajar.

Todo esto me parecía inspirado en la más sana filosofía; no así lo que me manifestó poco después y que a la letra copio:

—Ya sé lo de esa pobre Camila. Es usted incorregible, y al fin las pagará todas juntas. Agradezca usted que hasta ahora no ha dado más que con bobos; pero

algún día, donde menos se piensa salta un hombre, un
marido digno, y entonces podrá usted encontrar la
horma de su zapato... En Camila no extraño nada; es,
como su hermana Eloísa, otra que tal; allí no hay
seso... ¡Oh!, me cupo en suerte lo único bueno de la
famlia, el oro puro; lo demás, todo es escoria... Sí,
sí, ya sé lo que usted me va a decir; que es calumnia, sí; estas cosas son siempre calumnia; por ahí se
sale...

—Pues sí que lo es —exclamé sin poder contener la
indignación que me salió a la cara—. Pues sí que lo
es, y extraño mucho que una persona tan recta como
usted se haga eco de ella.

Algo más iba a decir; pero me asaltó la idea de que
su error podía ser la clave de su inopinada benevolencia, y no extremé los esfuerzos para sacarle de él. De
esta manera se enlazan en nuestra conciencia las intenciones, formándose un tan apretado tejido entre las
buenas y las malas, que no hay después quien las se-
pare.

—Es usted una mala persona —me dijo al fin sonriendo—; pero para que vea que me tomo interés por
usted, voy a darle un consejo: venda lo más pronto que
pueda las obligaciones de Osuna.

Por la noche fui a comer a su casa. En María Juana
noté un marcado propósito de no entablar conversación
conmigo sino delante de otras personas; pero en las
pocas frases sueltas que cambiábamos, cuando no se
nos interponía el guardacantón de carne de *No Cabe
Más,* advertí cierta ternura y como un deseo de explicarse conmigo. Sin duda me había perdonado mis
brutalidades del día famoso.

—Para que comprendas lo irritado que estaba —le
dije— y puedas explicarte la grosería con que te traté,
me bastará declarar que daría hoy no sé cuántos años
de vida por poder probar la inocencia de Camila, esa
inocencia en que nadie cree y que sin embargo es tan
cierta, tan clara como la luz.

La observé muy pensativa al oír esto, y con irónica
frase diome a entender que esperaba las pruebas.

—Pero ¿qué pruebas he de darte más que mi palabra y el juramento que hago, si es que esto de los

juramentos tiene algún valor en tiempos en que el perjurio es ley? Créelo si quieres, y si no, no lo creas.

No pude decir más, porque *Partiendo del Principio* se nos vino encima.

Había que ver la cara que me puso la sabia dos días después, cuando la acusé de haber iniciado el descrédito de su hermana.

—¡Yo! —exclamó, poniéndose pálida—. ¿Me crees capaz...? Si han sido tus amigos Severiano y Villalonga los que primero lo han dicho, y luego lo ha remachado no sé quién..., creo que las de Muñoz y Nones, las cuñaditas de Augusto Miquis... A mí me lo contó Eloísa... Ella dirá que se lo dije yo; pero no hagas caso... Te seré franca; yo tenía mis sospechas, y como siempre Camila me ha parecido muy ligera...

¡Oh! ¡Qué argumentos tan sutiles empleé para disipar aquel error! Pero no pude convencerla por no expresarme con absoluta sinceridad, corazón en mano. Yo no decía más que la mitad de la verdad, y la mitad de la verdad suele ser tan falsa como la mentira misma; yo hacía hincapié en la honradez de mi borriquita, verdad como un templo; pero me guardaba bien de declarar el dato importante de mi pasión por ella y de la insistencia con que la perseguía. Arrancada de los autos de la causa esta hoja que tanta luz arrojaba sobre ella, todo quedaba en gran confusión.

Era mi prima muy sagaz, y con judicial tino y penetrante mirada me hizo esta pregunta:

—¿De modo que tú juras que nunca has tenido pretensiones malas con respecto a Camila?

Contestéle que sí lo juraba, aunque sin afianzar mucho la afirmación. Mentira tan gorda hizo en la *ordinaria* un efecto contraproducente, y tratándome con tanta lástima como desdén, me dijo:

—Mira, niño, si crees que tratas con tontos, si crees que todos son Constantinos y Carrillos, te llevas chasco. Anda con Dios.

Y otro día que nos vimos, no hay que decir dónde ni cómo, hablamos de lo mismo, y se repitió la pregunta, y la verdad me escarbaba dentro con esa horrible náusea de la conciencia que es tan difícil de contener. Y se me alumbraron los sesos, y ebrio de sinceridad, ardiendo en apetitos de ella, me desbordé, y lo canté todo de pe a pa. En mi vida he hecho confesión más completa, leal y meritoria. Todavía me estoy aplaudiendo las palabras que dije, así como creo ver aún las diversas caras que me iba poniendo la sabia conforme oía, ahora patética, ahora contrariada, ya envidiosa, ya palpitante de sobresalto, angustia o no sé qué. Y cuando le dije: "Sí, esa mujer me tiene loco, me tiene enfermo, y como no la puedo adorar, estoy adorando sus botas hace muchos días, como si fueran su retrato", vi que la sabia luchaba entre reírse de mí y darme de bofetadas. Se puso muy severa, miróme de través, y vuelta a hacer preguntas, pero ¡qué preguntas!

—¿Y quieres hacerme creer que habiendo puesto a sus pies tu fortuna, habiéndole ofrecido hotel, coche, rentas, lujo, te ha resistido?

Díjele que sí, que ésta era la verdad pura, y soltó una carcajada que me heló la sangre. Todavía estoy oyendo aquel "ja, ja, ja", que continuó con ella hasta la habitación inmediata, pues iba ya en retirada. Volvió para decirme desde la puerta:

—Si has creído que a mí me podías engañar con fábulas como las que se cuentan a los rorros para que se duerman, te equivocas... Eres como los titiriteros que se sacan cintas de la boca o se tragan una espada. Engañan a los paletos y a las criadas de servicio, pero ¡a mí...! Ahora te falta el golpe más bonito. Desesperado, te metes a cartujo como Rancé [54] y te pones a cavar tu fosa, o a jesuita para largarte a las misiones de Oriente. Porque tales pasiones contrariadas suelen acabar en esas misas. ¡Ah!, ¡qué enfermo estás!..., cerebro desquiciado... ¿Quién puede dar crédito a lo que dices? ¿No te acuerdas ya de las mentiras que me has dicho a mí? ¿Cómo compagino lo que te he oído otras veces con lo que acabo de oírte? Francamente, no hay palabras con que expresarte lo despreciable que eres.

Respondí que, en efecto, no me tenía por modelo de hombres, y me senté, agobiado de pensamientos sombríos y pesimistas, apoyando en mis manos la cabeza, que no podía con el peso de ellos. Pasó un rato. Ni ella se iba, ni decía nada. Tampoco a mí se me ocurría qué decir; tan abrumado estaba. Habíame metido

---

54 El abate de Rancé, fundador de la Trapa.

yo mismo con mis errores en un lío infernal de contradicciones de conciencia, y por ninguna parte hallaba la salida. Mis pasiones verdaderas, las mentiras con que cohonestaba las falsas, habíanme formado una espesa red de la cual no podía salir. Era, como ella dijo, despreciable y monstruoso.

Pasó no sé cuánto tiempo hasta que sentí en mi frentè humillada dos dedos de María Juana. Empujando hacia arriba me levantó la cabeza, y yo no hacía nada por impedirlo, porque la tenía como muerta para todo lo que no fuera pensar. Cuando mis ojos estuvieron frente a los suyos, la sabia, con menos aplomo que de costumbre y un tanto balbuciente (nunca la había visto yo así), me dirigió estas palabras, en las cuales advertí más ternura que rigor:

—Eres un pobrecito inválido del alma, y da pena abandonarte. Lo merecías por falso, por depravado, por tu desprecio de toda ley de Dios y de los hombres... Pero no se te abandonará. Si tu maldad es infinita, infinita es también la misericordia... humana; quiero decir que alguien que se ha propuesto salvarte lo ha de conseguir, aunque te pese a ti mismo.

Estas pedanterías me hicieron mejor efecto que otras veces, y oyéndolas como expresiones de afectuoso consuelo, las agradecí mucho. Así se lo manifesté. Mi prima tenía los labios secos, la vista un poco adormecida.

—No llevarás tu maldad —prosiguió, pasándome la mano por la cabeza— hasta el extremo de ahuyentar al ángel bueno que te persigue para salvarte... Comprenderás que te conviene entregarte a él en cuerpo y alma, someterte a su voluntad y a sus consejos, que serán, te lo aseguro, consejos de prudencia. Confíale todo lo que sientas y pienses, pues sólo así puede tu ángel bueno responder de tu salvación.

Todo aquello de las salvaciones, que María Juana traía siempre a cuento, se me figuraba a mí cosa de comedia o novela, mejor aún, de ópera, pues todos los libretos están fundados en el *quid* de salvàr al tenor a la tiple o viceversa, y hay mucho de *salvarmi non potrai...* o *corro a salvarti*. Pero en aquel caso no vi ni sombra de ridiculez en las salvaciones de mi prima, sino, por el contrario, un cierto espíritu de fraternidad, de cariño y hasta de unción religiosa.

La despedí muy cordial y agradecido, y ella, al partir, quejábase de amagos de aquella maldita neurosis que consistía en suponerse con un pedazo de paño entre los dientes... ¡Y un fatal instinto la obligaba a masticarlo! ¡Pobrecita!

II

Y aún ocurrió algo más que merece contarse. Otro día, en mi casa, observé en María Juana una jovialidad que no se armonizaba con aquel tupé suyo ni con la postura académica y teológica que había adoptado como se adopta un color o un perfume. Noté en ella flexibilidad de espíritu, cierto prurito de hacer extravagancias. Dime a pensar en este fenómeno, y me ocurrió que la vida es un constante trabajo de asimilación en todos los órdenes; que en el moral vivimos porque nos apropiamos constantemente ideas, sentimientos, modos de ser que se producen a nuestro lado, y que al paso que de las disgregaciones nuestras se nutren otros, nosotros nos nutrimos de los infinitos productos del vivir ajeno. La facultad de asimilación varía según la edad y las circunstancias; en las épocas críticas y en las crisis de pasiones adquiere gran desarrollo. Raimundo hablaba también de esto, y lo expresaba de una manera gráfica, diciendo:

—El alma es porosa, y lo que llamamos entusiasmo no es más que la absorción de las ideas que nadan en la atmósfera.

Pues bien, a mí se me figuraba ver a María Juana en una crisis de ánimo y propendiendo a asimilarse, en la medida de lo posible, las formas del carácter singularísimo de su hermana Camila. ¿En qué me fundaba yo para suponer esto? En que la vi como buscando ocasiones de hacer alguna travesura y queriendo ser jovial con inocencia y maliciosa con aturdimiento. Pero era forzoso confesar que los resultados no correspondían al esfuerzo de la tentativa, y que el plagio no alcanzaba ni con mucho las alturas del insigne original. Sin embargo, vais a ver un hecho y a juzgarlo por vosotros mismos.

Habíamos charlado de varias cosas. Entre otras, me dijo:

—La gente de arriba está más calmada. Pero aunque el pobre chico parece no dudar de su mujer, tiene la centella en el cuerpo, y se ha vuelto suspicaz, escamón. En una palabra, hijo, que han perdido la inocencia, la confianza absoluta el uno en el otro, y se observan, se discuten y se temen.

Tuve que salir a la sala a recibir a Samaniego, con quien hablé como un cuarto de hora. Cuando volví a mi gabinete, poniéndome a firmar varias cartas-compromisos, sentí a María Juana trasteando en mi alcoba, haciendo algo que no pude comprender de pronto. Ello debía de ser alguna humorada, porque la sentí reír. Atento a mis asuntos, no hice caso. De pronto la vi salir, y se despidió de mí conteniendo la risa que jugaba en sus labios. ¿Qué había hecho? También me sonreí y nos dijimos adiós.

¿Qué creéis que hizo? En cuanto fui a mi alcoba me enteré de la travesura. ¡Se había puesto las botas de Camila, mis dulces prendas, y había dejado las suyas en el mismo sitio que ocupaban aquéllas y del propio modo que estaban colocadas! Confieso que me reí, pues el golpe tenía gracia.

Desde el día de la trapisonda no había yo vuelto a ver a Camila ni a su marido. Pero supe por casualidad que pensaban mudarse de casa. Acostumbraba yo, al salir de la mía a pie, pararme ante la obra de la finca de Torres, en la Ronda de Recoletos, porque allí solía estar mi amigo vigilando los trabajos. Unas veces me le veía en la puerta; otras me saludaba desde un balcón. Ya el edificio, casi concluido, estaba en poder de estuquistas y papelistas. Un día me invitó a subir, enseñóme su principal, que era magnífico, y me dijo que lo pensaba decorar regiamente. Nunca vi a Torres tan entusiasmado, tan fatuo ni con tan retumbantes proyectos de grandeza, lujo y representación. Su casa iba a ser la primera de Madrid; las cocheras eran cosa no vista; en muebles y alfombras no gastaría menos de veinte mil duros; pondría espejos en las mesetas de su escalera particular, grifos de agua en todas las alcobas; gas, por entendido, en todos los pasillos; el comedor se abría a una soberbia estufa, sostenida sobre pilares de hierro en el patio grande; la cocina era lo mismo que la del palacio de Portugalete; le mandarían de

París unos tapices que ni los de Palacio; en fin, que aquello era casa, lo demás..., basura.

Hablamos también de inquilinos y entonces fue cuando me dijo que los Miquis le habían pedido uno de los terceros.

—Se conoce que no quieren más cuentas con usted. ¿Y qué tal? ¿Estos pájaros pagan? Porque si no, les diré con buen modo que aniden en otra parte.

En un rapto de generosidad impremeditada, le contesté:

—Si pagan, y si no pagan aquí estoy yo para responder por ellos.

—Es verdad, hombre; no me acordaba de que es usted el caballo blanco... Pero se me ocurre otra cosa. ¿El señor de Miquis, con su armadura de cabeza, no me destrozará el techo de la casa?

Y rompió en una risa estúpida.

—No sea usted grosero —le dije sin disimular la cólera y decidido a pegarle.

Recogió velas al momento, diciendo:

—No se enfade usted, amigo; es una broma; cosas que dice la gente... y que podrán no ser verdad; pero yo tengo una mala maña, y es que siempre las creo.

—Pues cree usted mil desatinos.

—Nada, si usted lo toma a mal, me desdigo.

No hablamos más del asunto. Desde aquel día se apoderó de mí la idea de romper el silencio con mis interesantes vecinos y dirigirme a ellos con ánimo grande y decirles: "Vengo, queridos amigos de mi alma, a pediros perdón del daño que os he hecho." No pude resistir mucho este deseo, y anunciéles mi visita; pero siempre me traía Ramón la mala noticia de que los señores no estaban. Comprendí que no querían recibirme, y por fin, subí resuelto a todo, a entrar atropelladamente o a que me despidiesen.

Una criada desconocida salió a abrirme; no quería dejarme pasar; pero vi a Constantino en la puerta de la sala o comedor, y me colé diciendo:

—No sé a qué vienen estas comedias conmigo... Constantino, vengo a lo que quieras, a ser tu amigo o a rompernos la crisma, como gustes. Pero no puedo vivir sin vosotros.

Él, desconcertado, no sabía cómo recibirme. No había dado yo cuatro pasos dentro del comedor cuando vi aparecer a Camila por la puerta del gabinete, diciendo:

—¡Ah! ¿Está aquí el tísico?... Maldita la falta que hacía...

—Vengo a pediros excusas... —les dije, turbado como no lo estuve en mi vida—. Y otra cosa: me han dicho que pensáis mudaros. No lo consiento..., ¡ea!, que no lo consiento. Desde este mes tenéis la casa de balde.

Camila estaba seria; mirábame con ojos de enfado. Por fin se dejó decir con ironía:

—Sí, porque nos hace falta tu casa... Este tipo también nos quiere hacer gorrones. Constantino, dile lo que te dije... No; pegar no. ¡Adónde iría a parar el tísico si tú me le echaras la zarpa!...

—Este señor y yo —repliqué sentándome y buscando el sendero de las bromas para salir de aquella situación—, tenemos concertado un lance. Déjanos a nosotros, que nos entenderemos.

—¡Un lance!... Eso querrías tú para darte más lustre. Mi marido no se bate con momias, ¿verdad, hijo? Quería darte una soba en público... Decía que de este modo..., ya entiendes; pero yo se lo he quitado de la cabeza.

—¿Es verdad esto, Constantino?

—Es verdad —replicó él con su sincera honradez.

La firmeza con que lo decía era un insulto; pero yo tenía que tragármelo, porque mi situación era muy delicada. Salir con susceptibilidades cuando iba a solicitar perdón y amistad, no podía ser. Quise que las inspiraciones de mi corazón me guiaran para salir de aquel atolladero, y mirándoles a entrambos, el alma en mis ojos, les dije:

—Queridos amigos, no he venido a reñir, sino a hacer paces con vosotros. Si para esto es preciso que me humille, me humillaré.

—No queremos amistades —aseguró Miquis con brutal energía.

—¿Pues qué queréis?

—Que nos deje usted en paz y se plante de la puerta afuera.

Lo dijo con insolencia, y me puse en guardia. Pero
la justicia de su ira se me representaba con tanta claridad, que me entró no sé qué cobardía...

—Eso, eso —clamó mi prima con fiereza—. Que se
plante de la puerta afuera.

—Pero ¿sin oírme me condenáis?... ¿Tú también,
Camila?

—Yo la primera.

—Usted no puede ser nunca mi amigo —declaró el
manchego, como se dice una frase aprendida—, ni aunque se me ponga de rodillas delante y me pida perdón...

Al decirlo miraba a su mujer como para recibir de
ella la aprobación de la frase. Ella se la había enseñado.

—¡Qué atrocidades decís! —exclamé con afán.

—Ni aunque me pidiese usted perdón de rodillas.

—¿Y si lo hiciera?

—Creería que me engañaba usted otra vez, como
cuando se fingía mi amigo para poner varas a mi mujer.

—¡Bien, bien! —gritó Camila, dando palmas.

Aquello de las varas era improvisado, y por eso tenía
ante el criterio de la esposa maestra un mérito mayor.

—¿De modo que no os dais a partido?

—Ni mi mujer ni yo queremos ninguna clase de relaciones con usted. Me parece que hablo castellano.

—¡Y tan castellano!

—Nada, hombre, que te quites de en medio —decía
la ingrata, señalándome la puerta—. Que aquí estás
de más.

Cuando la vi que me arrojaba de aquella manera, mi
dolor fue horrible, porque, creédmelo, nunca la quise
más, nunca la vi tan hermosa y adorable como en aquel
lance, defendiendo de mí su hogar y su paz. Sentí mi
boca más amarga que la hiel. Una de dos o fajarme allí
mismo con el bruto, que de seguro, en tal caso, me
aniquilaría de un zarpazo, u obedecer a aquel látigo
de la honradez susceptible y marcharme huido, avergonzado, en la situación más triste, ridícula y poco
airosa del mundo. Pero bien ganado me lo tenía. Decir
cómo bajé las escaleras me sería imposible. Al promedio de ellas me sentí acometido de uno de esos impulsos
de maldad de que no se libran, en momentos críticos,
ni las naturalezas más delicadas y bondadosas; vínome

a la boca no sé qué espuma de sangre; me sentí ruin, villano y con ganas de hacer todo el daño posible. Mi amor propio, ultrajado y escupido, sugeríame venganzas soeces, de esas que se consuman a las puertas de las tabernas y de los garitos; y en aquel rato de frenesí me puse al nivel de los cobardes o de las procaces mujeres de las plazuelas. Como el calamar a quien sacan del agua escupe su tinta negra, así yo, encarándome hacia arriba, solté el chorretazo de mi rabia estúpida en estas palabras, que no sé si fueron dichas a media voz o sólo pensadas: "¡Si estáis deshonrados!... ¡Si aunque queráis no podéis quitaros de encima la piedra que os ha caído, pobres idiotas...!"

III

Felizmente, de estas abominaciones, producto momentáneo de estados instintivos en que casi se pierde la responsabilidad, arrepentíame yo pronto, conociendo y condenando mi propia infamia. Desde aquel día mi desatino tomó ya proporciones aterradoras. Todas las locuras que yo había hecho antes y que puntualmente quedan referidas, eran razonables en comparación de las que hice después. ¡Qué días aquellos, en que Raimundo se me representaba como un modelo de cordura, asiento y respetabilidad! Se me iba la cabeza; se me desvanecía la memoria; olvidábame hasta de las cosas más importantes, y de nombres y cifras que me interesaban grandemente. Unas veces no podía apartar del pensamiento la idea de mi próxima muerte, y la deseaba; otras entrábame un flujo tal de proyectos que me volvía tarumba, dándole vueltas de noche en mi cerebro, mientras mi cuerpo las daba en la cama, sin poder gustar ni un sorbo de sueño. Entre estos proyectos los había financieros y amorosos, todos girando sobre el eje de mi desesperada pasión por Camila. Completamente ebrio, me decía: "La época de las barbaridades ha llegado. La sorprendo, la robo, la amarro, la meto en un coche y me voy a América... Enveneno a Constantino, o le asesino por la espalda, o le emparedo..." Estos disparates eran los puntos rojizos que estrellaban la negra bóveda de mis insomnios. Por las mañanas, el más insignificante suceso me producía fuer-

tes emociones, ora dulces, ora amargas. Ver subir a la
criada de los Miquis con la cesta de la compra bien
repleta, me hacía cosquillas en el espíritu. Oír desde
mi casa el piano del tercero me ponía en estado de
echarme a llorar. Por las noches, cuando entraba en
casa, observaba si había luz en la de ellos. Si salían,
me clavaba en mi balcón hasta que los veía perderse
en las sombras de la calle o meterse en el rippert. [55]

Aunque no los visitaba, ni podía intentarlo después
que tan ignominiosamente me echaron de su casa, a
mí llegaban noticias suyas por diferentes conductos. El
mismo Augusto Miquis, a quien llamé para consultarle
como médico, me solía decir cosas que me interesaban
profundamente. Ambos consortes estaban furiosos contra mí. Para Constantino era yo un traidor infame,
ladrón de ganzúa, no de puñal, que es más noble. Tras
horrorosas dudas, el pobrecillo había recobrado la fe
ciega en su mujer; pero la acusaba de haber hecho
misterio de mis solapados ataques. Camila había callado por prudencia. Conociendo el genio pronto, la brutalidad pueril y las exaltaciones justicieras de su marido,
temía el escándalo y los disgustos consiguientes.

—Constantino es un inocentón macizo —me dijo
Miquis—; no tiene idea del mal; hay que metérselo
por los ojos para que lo vea. De niño era ridículo por
sus ingenuidades; adolescente, no servía para nada.
A golpes se consiguió de él que siguiese una carrera. Se
casó cuando su propia candidez le encenagaba en los
vicios de la tontería, esos vicios que no dañan el alma
y son como la suciedad, que con el agua se limpia. Camila le ha lavado, y hoy es todo oro de ley, mal
labrado, pero fino. En su trato hay que evitar los en-
contronazos, porque tiene unos ángulos que cortan. Es
un bloque de honradez y nobleza, con nociones radi-
calísimas y cardinales del bien y del mal. No entiende
de medias tintas, ni de componendas, ni de estira y
afloja. Para él, lo que no es superior es ínfimo; moral
bárbara si se quiere; pero yo pregunto: ¿no es ésta
la moral de los tiempos en que los hombres supieron
hacer cosas grandes que no se hacen ahora?... Usted

---

55 Los *ripperts* (del nombre de la empresa explotadora) eran
tranvías de mulas, servicio que se implantó en Madrid en 1881.

era antes para él el mejor de los amigos, ahora es una víbora, un animal venenoso. Mi hermano no transige; su tosquedad le mantiene un tanto alejado de la región de las ideas, y me alegro, porque si se le antojara tenerlas políticas sería o el socialista más fogoso o el carcunda más feroz. Yo procuro traerle a los términos medios; pero es inútil. Es que no sabe, no puede; su inteligencia no percibe sino lo gordo, lo elemental, la pepita nativa de las ideas. Sus sentimientos son lo mismo; siente mucho y fuerte, como los niños y los poetas primitivos.

Por otras conversaciones que con Augusto tuve, comprendí que Camila no había podido quitarle a su asno de la cabeza aquello de darme una pateadura en público. Sí, era preciso que mi traición no quedase sin castigo. Nada de duelo, que es una papa. Bofetada limpia y palos. Yo no merecía ser tratado de otro modo. Y era indudable que Camila estaba disgustada. Aquella contienda sobre si yo debía ser apaleado o no fue la primera desavenencia de su hogar. Severiano también me habló de esto seriamente, recomendándome que tuviese cuidado. Y entonces todo lo varonil resurgía en mí, y hacía yo propósito de enseñar a aquel bruto cómo arreglan los caballeros sus cuentas de honor.

Pero como él era un Hércules y yo me había quedado sin fuerzas para estrangular a un pollo, debía prepararme a resistir su agresión por los medios más adecuados, haciéndome acompañar de un buen revólver. En cuanto le viera venir a mí con ademanes hostiles, le metía seis balas en el cuerpo, y a vivir.

Transcurrían días; yo me le encontraba algunas veces en el portal o en la calle, y pasaba junto a mí sin mirarme. ¿Por qué no me atacaba? Por María Juana supe que no quería ajustarme las cuentas mientras fuera mi inquilino.

—¡Qué delicados están los tiempos! —dije—. ¿Y por qué no se muda de una vez?

Era que la casa de Torres estaba aún un poco húmeda, y esperarían a julio. "Pues si tan largo me lo fías —pensé, metiendo el revólver en un cajón de la mesa—, no quiero llevar más este chisme peligroso". Y no volví a sacarlo.

También entendí (todo se sabe) que la calumnia que pesaba sobre ellos les daba no pocos disgustos. A Camila le hicieron algunos desaires las de Muñoz y Nones. Medina había dicho a su mujer, tratándose de invitarla a una comida, que no quería prójimas en su casa... Por consecuencia de esto, viéronse alguna vez cargados de nubes los cielos de aquella alegría espléndida. La borriquita lloraba a ratos, sola o delante de Constantino, y a éste le entraban tales furores de venganza, que Camila se violentaba por restablecer la paz. Eran sin duda menos felices, porque eran menos inocentes; ambos sabían algo más de la malicia humana; sin ser pecadores, habían probado las amarguras de la sospecha, la manzana apetitosa e indigerible, y de buenas a primeras se habían avergonzado de la desnudez de su inocencia. Creyeron que el mundo era esencialmente bueno, y de pronto salíamos con la patochada de que estaba lleno de picardías, de asechanzas, de trampas armadas entre las hojas verdes, de abismos revestidos de flores. Había que andar por él con mucho cuidado, midiendo las acciones, las palabras, y tapándose bien. Los antes descuidados y aturdidos habían de vivir ahora precavidísimos, atentos al más leve rumor, súbditos del inmenso y despótico imperio de la opinión.

Pues bien, todo este mal venía sobre mi propia conciencia. Pensad cuánto me lastimarían peso y dolor tan grandes, añadidos a los de mi pasión loca y al estado de desaliento en que me encontraba. No me preguntéis qué hice, en orden de negocios, en aquella cruel temporada. Fuera del préstamo gordo que hice a Severiano con garantía hipotecaria de su finca *Las Mezquitillas,* ¿en qué me ocupé? Creo que yo mismo lo ignoraba, y a no ser por las consecuencias, seríame muy difícil dar aquí cuenta clara de mis operaciones. Varias veces en la Bolsa pronunciaba los sacramentales *doy* y *tomo* sin saber ni lo que daba ni lo que tomaba. Barragán me dijo que era preciso ponerme curador, y creo que no le faltaba razón. La liquidación de mayo me había sido favorable, y alentado por el éxito me enfrasqué a mitad de junio en combinaciones un tanto arriesgadas. Samaniego no pudo publicarlas, porque eran de tal cuantía mis compras, que hubiera tenido que aumentar considerablemente su fianza; mas yo no

veía ya los peligros que en otras épocas viera; habíame
vuelto temerario y despreocupado como los aventureros
y agiotistas más audaces. Que perdía... ¿y qué? De
nada me servía ya el dinero si estaba seguro de morirme
pronto. Yo no tenía hijos ni herederos directos a quienes dejarlo. Si ganaba, mejor; pero el perder, que tanto
me asustaba antaño, érame ya punto menos que indiferente.

Sentíame muy mal, agobiado, decaído, sin fuerzas
para nada, la memoria padeciendo horribles eclipses,
la inteligencia envuelta en nieblas, la palabra muy torpe.
Aquel módulo que me había enseñado Raimundo para
ejercitar los músculos de la lengua se me olvidó un
día. No sé pintar lo que me atormentaba el no poder
recordarlo, y los esfuerzos que hice para traer a mi
mente aquellas palabras que se me habían ido como
pájaros escapados de su jaula. Todo inútil; tuve que
llamar a Raimundo y rogarle que me lo repitiera.

—¿Qué, hombre?...

—La matraca, hijo; la recetita aquella del *triple
trapecio*.

Y me la dijo, echando chispas, y la escribí para que
no se me volviera a olvidar.

Os reiréis; pero bien comprendo que no es para menos. Abría mi correo con indiferencia, y de algunas
cartas apenas me enteraba. Gran violencia de atención
tuve que hacer para apechugar con una de las Pastoras;
pero como en ella me hablaban de intereses, no había
más remedio que tomarlo con calma. Decíanme que se
les había presentado ocasión de colocar en Sevilla, con
sólida garantía y muy buen interés, el dinero que habían depositado en mí para que yo lo incorporara a
mis negocios. Alegréme de esto, porque me libraba de
una responsabilidad más, y les contesté que dispusieran
de ello cuando gustasen. Yo giraría a su orden, a menos que no tuviesen ellas proporción para hacerlo a
mi cargo desde Sevilla. Respondieron a vuelta de correo que Tomás de la Calzada se encargaba de darles
su dinero, girando a mi cargo. Me pareció muy bien
y liquidé con mis ilustres amigas, pasándoles extracto
de la cuenta de beneficios para que el banquero de Sevilla los añadiera a la suma por que se había de hacer
el giro.

A mi tío le devolví también unas quince mil pesetas que me había entregado con el mismo objeto que las Pastoras. No quería yo hacerme cargo de capitales ajenos. A Morla, de quien tenía diez mil duros, le anuncié también mi propósito de devolvérselos, y él, sintiéndolo mucho, me rogó que se los diese a Trujillo. La soledad horrible de mi vida me iba acorralando cada vez más, poniéndome fosco y encariñándome con la fea muerte. Y, para que se vea qué extensiones y qué horizontes nos ofrece la miseria humana, aún encontré un hombre que parecía más desesperado que yo. Este hombre era mi tío Rafael, que ya no hablaba, ni iba de caza, y sus ojos, más que fuentes, eran una traída de aguas, y había envejecido diez años en tres meses, y estaba como chocho, con manías y mimosidades pueriles. La diátesis de familia se cebaba en él en aquella evolución postrera. Estaba *suspendido* todo el día, y no se atrevía a salir a la calle porque el suelo era siempre poco para él. A ratos se le antojaba ser una de esas figuras de yeso que venden los italianos de *santi boniti barati,* y creía ser llevado por la calle en el borde de una tabla, mirando a dos varas de sus pies el suelo en marcha, y él quieto, siempre en la orilla de la tabla, inclinado para caerse y sin caerse nunca. ¡Qué suplicio! Su mujer le consolaba algunas veces; pero otras le reñía, enfadándose de verle dominado por una tontuna tan contraria a la razón. No hubo desde entonces en el ánimo de mi tío nada secreto para mí, ni pesadumbre que no me confiase. Se vació todo, sintiendo no poco alivio. Entre otros disgustos, el más hondo y atormentador era que aquella loca de Eloísa se había tragado lo poco que él tenía para vivir. Presentósele un día gimoteando, ofrecióle buen interés y devolución pronta, y él fue tan simple que... Por fin había logrado arrancarle una parte de la deuda y promesas del resto.

—Aquí me tienes —añadió a lágrima viva—, en el fin de mi vida, expuesto a que el día de mañana tenga que pasar por el sonrojo de pedir un asiento en la mesa de cualquiera de mis yernos... Esto después de haber trabajado como un negro durante cuarenta años... Pero ¡es mucho Madrid este!

Quería llevar más adelante aún sus pruebas de confianza. Levantóse del asiento para atrancar la puerta,

y cuando estuvo seguro de que nadie nos oía, me dijo
con voz cautelosa:

—Para que lo sepas todo, hijo... La causa de que
al fin de la jornada nos encontremos tan desguarneci-
dos es que esta pobre Pilar no me ha ayudado maldita
cosa. Nunca supo más que gastar y gastar. ¿Ganaba
yo mil? Pues ella a darse vida de mil y quinientos.
Apretaba yo y, conforme me veía apretando, saltaba
ella a los dos mil. De este modo, ¿qué quieres que
resulte? Miseria, vejez triste, y que le mantengan a uno
sus yernos poco menos que de limosna. Me preguntarás
que dónde han ido a parar mis ahorros. Derrama, hijo,
tu imaginación por los teatros de esta pequeña Babel,
por sus tiendas, por sus increíbles y desproporcionados
lujos, y encontrarás en todas partes alguna gota de mi
sangre. Dirás que me faltó carácter, y te responderé que
ahí está el *quid*. Es el mal madrileño, esta indolencia,
esta enervación que nos lleva a ser tolerantes con las
infracciones de toda ley, así moral como económica,
y a no ocuparnos de nada grave, con tal de que no nos
falte el teatrito o la tertulia para pasar el rato de noche,
el carruajito para zarandearnos, la buena ropa para
pintarla por ahí, los trapitos de novedad para que a
nuestras mujeres y a nuestras hijas las llamen *elegantes*
y *distinguidas,* y aquí paro de contar, porque no acabaría.

IV

Mi tío había perdido en los tristes meses de su rápido
decaimiento algunas piezas importantes de su hermosa
dentadura, y por aquellos en mal hora abiertos porti-
llos se le iban las efes, las zetas y otras letras mal ave-
nidas con la disciplina de una correcta pronunciación.
Como meneaba bastante las manos al hablar, parecíame que quería coger al vuelo las letras fugitivas para
traerlas a su obligación. Hechas las confidencias que
acabo de mentar, ya no se paró en barras mi lacrimoso
tío.

—¿La ves, la ves? —me dijo aplicando sus labios a
mi oído, a punto que Pilar salía, después de pasar por
delante de nosotros muy emperejilada—. A sus años, no
piensa más que en componerse y en si se *llevan* o no se

llevan tales cosas... Ya te llevaría yo derecha si tuviese ahora veinticinco años, como cuando me casé... ¿Y por qué me casé?, preguntarás. Porque Pilar me tiranizó con su elegancia y sus tirabuzones a lo Adriana de Cardoville. Yo era entonces *dandy* y, te lo diré en confianza, uno de los más tontos de aquella hornada. Mi sueño era que a mi mujercita la citaran los periódicos que hablan de bailes y recepciones, y que nos cayera mucho dinero por herencia o por negocios, para hacernos marqueses, dar bailes, tes y meter bulla... ¡Trabaje usted para esto! Los cuartos no parecen... afanes, quiero y no puedo, espíritu de imitación, y estirémonos mucho para llegar, sin llegar nunca... ¡Ay, qué vida, hijo; qué brega! ¡Hemos llegado a viejos, fatigados de tanto estirón, sin una peseta! Mi mujer no ve estas cosas, yo, sí; he abierto los ojos, ¡a buenas horas!, y ella continúa tan topo como siempre.

Creía ver en aquel excelente hombre algo de exaltación. Los disgustos habían quebrantado tal vez su cerebro, y todas las perradas que decía de la compañera de su vida eran demencia o quizás chochez, estados ambos que en tales alturas no habían de tener ya remedio. Desde que esto advertí, hallaba en su compañía más agrado que en la de otras personas en el pleno uso de sus facultades. Me divertía oírle echar pestes de su matrimonio y poner en solfa los perifollos de la pobre Pilar. Además de esto, me impulsaban hacia él la idea de que era aún más desgraciado que yo y el deseo de consolarnos mutuamente. Debo decir, entre paréntesis, que los principos morales de mi tío eran harto endebles, y bastábame esto para comprender las consecuencias dolorosas de su falta de carácter y para hallar justificadísimas las desventuras de que se quejaba. Jamás sorprendí en él ni el más ligero vislumbre de indignación contra mí por los tratos que tuve con su hija. Esto sólo nos le traza de cuerpo entero, y sirve como para completar la pintura, hecha por él mismo, de aquella indolencia, de aquella enervación moral que habían sido los contornos más expresivos de su carácter durante una larga vida matrimonial y matritense.

Y sigo diciendo que me aficioné a la compañía de aquel buen hombre, por cierta consonancia que entre él y yo encontraba. En cada uno de los dos había una cuerda que respondía con simpáticos ecos a las ideas del otro. O ambos estábamos igualmente idos de la cabeza, o éramos tan chocho el uno como el otro, y por ende igualmente pueriles. De esta compañía salió el consuelo para entrambos: éramos dos columnas caídas que nos dábamos mutuo apoyo. Con cualquier sandez que él contara me tendía yo de risa, y yo no tenía más que abrir la boca para verle reír a él. Yo le buscaba y él me buscaba a mí. Nos íbamos de paseo, a ver gentes y tipos y reírnos de ellos, encontrando placer vivísimo en la sátira social que sin cesar afluía de nuestros inocentes labios. Enlazados nuestros brazos, porque mi buen tío tembliqueaba un poco y yo no estaba muy seguro de piernas, nos íbamos por las calles principales, o bien al Prado y Retiro, con mi coche detrás, para meternos en él cuando nos cansáramos. Por las noches nos metíamos en los teatros de funciones por horas, porque los dramas y comedias serias nos apestaban. Lo que don Rafael se divertía con las piezas cómicas no es para contado. Reía a carcajadas, y los chistes menos agudos le hacían impresión atroz. Sus sensaciones eran completamente infantiles; sentía como los seres que empiezan a vivir. Noté una noche que a mí también me hacían gracia los sainetes, pero mucha gracia, y que me daban ganas de alborotar como un chico. "¡Si estaré yo tan lelo como este pobre hombre!", me decía. Pero ¡ay!, cuando me quedaba solo y me metía en mi casa, entrábame una tristeza tal que hacía proyectos absurdos de aislamiento y hasta de suicidio.

En Eslava nos tropezamos con mi tío Serafín, que se nos unió, y desde aquella noche fue de nuestra partida. A la mañana siguiente fuimos los tres juntos al relevo de la guardia y seguimos a un regimiento al compás de la música. Mi tío Serafín confesaba con encantadora ingenuidad que él tenía que contenerse para no ir delante de los cornetas, en el tropel de inquietos y entusiastas muchachos. No paraban aquí nuestras puerilidades, pues nos sentábamos los tres en los puestos del Prado a beber un vaso de agua con anises, y cuando en cualquier calle pasábamos por junto a una obra en que estuvieran subiendo un sillar, nos deteníamos y no abandonábamos el plantón hasta ver la piedra en su sitio. Don Serafín era inspector de construcciones, y nos daba cuenta del estado de todas las de Madrid, así públicas como particulares.

Dicho se está que pasábamos un rato junto a la jaula de los monos en la Casa de Fieras y que le hacíamos la visita de ordenanza al león. Otras veces tirábamos hacia la Cuesta de la Vega, a ver el Viaducto por arriba y por abajo, o a formar en el apretado corrillo de espectadores que presenciaba el juego de la rayuela en las Vistillas. Éramos los *tres tristes triunviros trogloditas* de la cencerrada de Raimundo. Pero lo más salado de nuestros paseos era cuando el tío Serafín *guipaba* a una criada bonita. Veíamosle todo carameloso y encandilado, avivando el paso y queriendo que lo aviváramos también nosotros.

—¿Habéis visto?... ¡Qué mona!... ¿No reparasteis qué ojos me echó?

Y seguíamos tras la fugitiva hasta que la perdíamos de vista.

—¡Buen par de pillos sois! —decía mi tío Rafael, dejándose llevar, renqueando—. Pero ¡qué pillos! Este Serafín es de la piel del diablo... No perdona casada ni doncella...

Para distraerlos a ellos y distraerme yo, los llevé algunos domingos a los toros. Tomaba un palco, y nos metíamos en él los tres, con más algún otro amigo. Mi tío Rafael se entusiasmaba con todos los incidentes de la lidia, y de sus ojos salían ríos. Serafín no hacía más que *guipar* a derecha e izquierda, buscando las caras bonitas. En la plaza fue, bien lo recuerdo, donde Severiano me dio la noticia de que el marqués de Flandes se había declarado también huido.

—¿A qué me vienes a mí con esos cuentos? ¡Ni qué me importa a mí!...

Pero aunque yo no quería saber nada, me contó la anécdota del día. No era preciso bajar mucho la voz, porque don Rafael, entusiasmado con su homónimo *Lagartijo,* no oía lo que en el palco se hablaba.

—Pues sí, Manolo Flandes ha salido para Francia con las manos en la cabeza, dejando muchos créditos sin pagar. La pobre Eloísa se encuentra otra vez en las uñas de los *ingleses,* y me temo que de esta vez me la han de ahogar de veras... Apencará al fin por Sánchez

Botín, uno de nuestros primeros reptiles, y sin género de duda el primero de nuestros antipáticos...

Mandéle que se callara. A la salida de la plaza nos encontramos a Sánchez Botín, que vino a saludarnos. Debí estar grosero con él. Era un hombre que me repugnaba lo indecible; odiábale sin saber por qué, pues jamás me hizo daño alguno. Era, sin género de duda, lo peorcito de la humanidad. Si hay seres que nos dan a entender nuestra afinidad con los ángeles, aquél nos venía a revelar el discutido y no bien probado parentesco de la estirpe humana con los animales. Viéndole y tratándole, me entusiasmaba yo con el transformismo y me volvía darwinista, sin que nadie me lo pudiera quitar de la cabeza... Luego nos encaramos con Torres, que se vino a mi coche... Otro animal, pero inteligente y, si se quiere, simpático. Aquella tarde le vi más soberbio, fachendoso y soplado que nunca, vendiendo a todos protección, hablando muy alto con grosera petulancia. Me convidó a comer; mas no acepté. Prefería divertirme con mis queridos viejos niños, y nos fuimos a un *restaurant,* donde estuvimos hasta la hora de irnos a Lara. Mi tío Rafael se durmió en el palco como un bendito. Su hermano también tenía sueño; pero con aquello del *guipar* se despabilaba...

—Nada, nada —les dije, al fin de la pieza—, un huevecito y a la cama.

V

Aquella chochez prematura en que me encontraba habría durado mucho tiempo sin los sacudimientos que tuve en los últimos días de aquel mes. Fueron como latigazos que me despertaron, volviéndome a la vida normal y razonable. Medina, a quien encontré en la calle de Carretas una mañana, me dijo:

—Si el Perpetuo se hace a 60 a fin de mes, como creo, liquidaremos admirablemente. Por esta vez, ese perdonavidas de Torres no pondrá una *pipa* en Flandes, como dice Barragán.

Aquella tarde volví a la Bolsa. Corrían voces de que la liquidación del mes sería peliaguda, y estábamos a 28, víspera de San Pedro. El Perpetuo, que el 15 había estado por debajo de 59, se sostenía en 59,75, con ten-

dencias a ponerse en 60. *Partiendo del Principio* aseguraba que *le veía* en 60,20, y Medina, ocultando su
complacencia con la máscara de una frialdad estudiada, afirmaba lo mismo. El 30 se notaron violentísimos
esfuerzos para producir una baja, pero sin resultado.
París venía firme, y aquí abundaban las órdenes de
compra. Torres se descolgó aquel día más risueño que
nunca, tuteando al lucero del alba, echando el brazo
por encima del hombro a sus amigos de este y el otro
corro. El 31 no le vimos; Medina y Cecilio Llorente
secreteaban. Éste había hecho con Torres una gran
jugada, de la que resultó que habiendo quedado el
Perpetuo a 60 en cifra redonda, Gonzalo tenía que
abonarle, por diferencias, más de un millón de pesetas.
Yo perdía, con el mismo Cecilio y otros, unas setecien-
tas mil; pero Torres me había de dar a mí doscientos
mil duros. Era el mayor pellizco que yo había tenido
entre mis uñas desde que andaba en aquellos trotes.

El 1.º de julio, día de liquidación, fui al Bolsín, en
donde me encontré a Medina, que hablaba con Cecilio
Llorente con cierto misterio. Mandáronme que me acer-
cara y a las primeras palabras que les oí vislumbré que
no estaban tranquilos. El cobrador de Torres, un tal
Rojas, no parecía; pero lo más grave era que tampoco
estaba Samaniego, nuestro agente.

—¿Quién liquida por Torres? —gritó Llorente con
todo el registro de su gruesa voz.

Silencio en las mesas. Al fin vimos llegar a Samaniego, el cual, por más que quiso disimularlo, traía en su
rostro algo que no nos gustó. Díjonos que había visto
a Torres la noche antes y que no se había mostrado
muy inquieto por las dificultades de su liquidación.

—Liquidará pasado mañana lunes o el martes —aseguró al cabo—. Lo tengo por indudable. Es que le coge
una porción de millones de reales, y por bien que le
vaya, siempre necesita un día o dos para prepararse.

Por la tarde vino Medina a mi casa y me dijo que
estuvo en la de Torres y que había observado allí algo
de tapujo. El criado no quiso abrirle, diciendo por el
ventanillo que su señor había salido. Por fin abrieron,
y la señora tampoco estaba en casa.

—Es raro —observó Cristóbal pensativo—, porque en ocasiones semejantes Gonzalete ha sabido dar la cara y pedir las prórrogas con la frente alta.

Acordéme de que mi operación no había sido publicada (era la primera que hacía en estas condiciones de informalidad) y me corrió un poco de frío por el espinazo. Mis distracciones, mis chocheces, la exaltación enfermiza de mis pensamientos amorosos tenían la culpa de aquel lance. "Esto sólo le pasa a un anémico", fue lo primero que se me ocurrió. Pero aún esperaba una solución feliz, pues si en asuntos del corazón dominaba en mí el más negro pesimismo, en negocios era cada vez más optimista y todo lo veía transparente y rosado. Tranquilicé a Medina; pero él no las tenía todas consigo.

Y por fin saliste de la serie tenebrosa del tiempo, día 2 de julio, el más horrible y ceñudo de los días nacidos, a pesar de decorarte con toda la gala de la luz y cielo de Madrid. Me acuerdo de que fue uno de esos días en que esta Corte parece que despide centellas de sus techos, de sus agudos pararrayos, de las regadas berroqueñas de su suelo, de los faroles de sus calles, de las vitrinas de sus tiendas y de los siempre alegres ojos de sus habitantes. Salí de mañana a dar una vuelta por el Retiro y a ver el vigoroso claroscuro de aquellos árboles cuyo verde intenso parece que azulea, a mirar este cielo que de tan azul parece un poco verde. Quise recrearme en aquella placidez matutina, oyendo los toques de misa, que suenan como altercado aéreo entre torre y torre, disputándose los fieles; viendo a las devotas madrugadoras que de las iglesias salen con su librito en una mano y en otra las violetas o rosas que han comprado en la puerta; atendiendo al vocear soez y pintoresco de los vendedores ambulantes.

Cuando regresé, ya se oían algunos de esos pianos de manubrio que son la más bonita cosa que ha inventado la vagancia. Dan a Madrid la animación de una tertulia o baile de cursis, en que todo es bulla, confianza, ilusión juvenil, compás de habaneras y polkas, sin que falten tactos atrevidos y equívocos picantes. Estos pianos, el toque de las esquilas eclesiásticas, que tañen todos los días y los domingos atruenan; el ir y venir de gente que no hace más que pasear, y otros

mil perfiles característicos de un pueblo en que toda la
semana es domingo, eran para mí la expresión externa
del vivir al día y de esa bendita ignorancia del mañana
sin la cual no hay felicidad que sea verdadera.

Y en aquel caso el mañana era para mí de importancia grandísima. A pesar de los pesares, no estaba
yo muy inquieto y confiaba en que liquidaríamos pronto sin dificultad. Habíame sentado tan bien el paseo,
que hasta apetito tenía, cosa muy rara en mí. Pero
cuando entré en mi casa, ¡Dios mío, lo que me esperaba! Era María Juana, desconcertada, impaciente. Encontrémela en mi gabinete, y desde que la vi entróme
un miedo que no sé definir. Echóme los brazos al cuello
y me apretó mucho. Sus labos estaban secos, su frente
parecía una placa de bruñido marfil, su voz temblaba
al decirme:

—Me vas a probar ahora que eres valiente.

—¿Y cómo? —le pregunté sin serlo, pues se me aba-
tieron los ánimos.

—Soportando la mala noticia que te voy a dar. No
he querido que lo supieras por otro conducto... Quería
yo darte esta prueba de amistad y que me vieras com-
partiendo tu desgracia... Aún hay esperanzas; aún
puede ser...

—Dímelo de una vez... No me mates a fuego lento.
Ese.

—Lo has adivinado... ¡Ah! Se me figura que en mi
frente traigo escrito: *Torres*... Es un trasto. Anoche
ha desaparecido de Madrid.

Declaro sin vanidad que no me quedé tan aterrado
como parecía natural. Recibí sereno el golpe y no vi la
cosa enteramente perdida.

—Pero hay de qué echar mano. Tiene fincas...

—¡Ay! ¿Tu operación fue publicada? Creo que no.
La de Medina, sí. ¿En qué estabas pensando? Las pér-
didas de Medina no son grandes, y él espera sacar algo.
Tú pleitearás... ya sabes lo que son los pleitos...

Al oír esta palabra fatídica, *pleito,* fue cuando me
sentí realmente acobardado. Se me arrugó el corazón
y pasóme un velo negro por delante de los ojos. Me
senté. Mi prima me puso su mano blanda en la frente
y se lo agradecí de veras, porque recibí en ello un gran
consuelo.

—Hay que llevarlo con paciencia —dije besándole la mano—. Estas son las resultas de... Cabeza trastornada, bolsa escurrida... Hija mía, el amor es muy mal negociante.

—Todavía, todavía no debes darte por perdido en este asunto —dijo ella interesándose vivamente por mí—. ¿Cuánto das tú por diferencias?

—Unos ciento cuarenta mil duros.

—¿Cuánto te tenía que dar Torres a ti?

—Espéluznate... ¡Doscientos mil!

Después de que estas dos cifras vibraron en el aire, hubo un largo y lúgubre silencio, durante el cual las cifras parecían seguir vibrando. ¡Oh Dios!, todas mis aritméticas habían venido a parar en aquel cataclismo..., y los números, ¡ay!, eran el alfanje que me segaba el cuello.

María Juana, compadecida, no quería dejarme entregado a la desesperación, y acompañando sus palabras de entrañables caricias, me dijo:

—Ahora vendrás conmigo... no quiero dejarte solo. Cristóbal te espera; él me mandó que viniera a darte la noticia y que te llevara a casa para acordar entre los dos lo que debéis hacer. También irá Cecilio Llorente, que coge el cielo con las manos.

—Pero ¿estás tú segura de que Torres ha desaparecido, o es suposición?...

—¡Ah!, hijo mío, sobre ese particular no tengas duda. La pobre Paca ha estado en casa llorando como una Magdalena. ¡Infeliz mujer! Gonzalete escribió una carta en que dice que no puede pagar. Sólo ha dejado unas pocas *Cubas,* un talonario del Banco y lo que había en la casa...

—No le dejaremos ni una astilla...

—¡Oh! —exclamó María sin poder evitar que una chispa de júbilo cruzara por su rostro—, lo que es ahora, el espejo biselado irá *pin pianino* caminito de mi sala. Vámonos, vámonos; serénate, y se procurará que el mal, ya que no puede evitarse, sea la menor cantidad de mal posible. La vida humana tiene estas caídas; pero también ofrece grandes consuelos donde menos se espera. Yo no soy pesimista; creo en las reparaciones providenciales, y al dolor lo tengo por una sombra. ¿Existiría si no existiera luz?

Tanta sabiduría me habría quizás entusiasmado en otra ocasión. En aquélla, tristísima, sonaba en mis oídos como el ruido de una lluvia importuna, de esas lluvias que se inician cuando vamos muy bien vestidos por la calle y, además, hacen la gracia de cogernos sin paraguas.

VI

Todo lo que hablamos aquel día Medina, Llorente y yo subsiste en mis recuerdos de un modo caótico. Imposible determinarlo ahora. Sólo puedo sacar de aquella nebulosa jirones sueltos, palabras e ideas desgarradas, con las cuales me sería difícil componer un inteligible discurso... Samaniego, la fianza de Samaniego... ¿En dónde estaba Samaniego?... ¿Huido también?... Acción judicial..., unas operaciones publicadas y otras no..., la casa de la Ronda... Si Torres se presentaba, esperanzas de arreglo, aunque todos renunciáramos a la mitad de nuestro crédito; si no... ¡Ah! Gonzalete no podía acabar en bien... Y vuelta a la casa de la Ronda, a la fianza de Samaniego..., a la honradez de Samaniego, que se tenía por indudable.

Lo que sí recuerdo bien es que, como yo dijera que al día siguiente vendería mis obligaciones de Osuna, ambos me miraron, quedándose pasmados y con la boca abierta.

—¿Pero no vendió usted sus Osunas? —gritó Medina, persignándose—. Hijo mío, ahora sí que ha hecho usted un pan como unas hostias.

Volví a sentir el frío aquel por el espinazo.

—Pero usted está ido, amigo mío —observó Llorente—; permítame que se lo diga.

—Esta es la más negra —murmuró Medina rascándose la oreja—. ¿Pero no le dije a usted...?

—Perdone usted; a mí nadie me ha dicho nada.

—Perdone usted...

—Hombre, que no.

—¡Dale! Se lo dije a usted el mes pasado, yendo juntos a la Bolsa en mi coche. Se lo volví a decir el jueves por la noche, cuando me lo encontré en la calle del Arenal en compañía de mi suegro y su hermano Serafín. Le llamé a usted aparte y le dije: "Venda sin perder un momento las Osunas... corren malos vientos."

En efecto, vino a mi memoria el hecho que Medina afirmaba. Me lo había dicho, sí; pero yo, completamente ido, según ellos, y con el cerebro como una jaula, de la cual se me escapaban las ideas en figura de mosquitos, no había vuelto a pensar en semejante cosa.

—Pero ¿qué hay con las Osunas?... —pregunté ansioso.

—Ahí es nada:· un bajón horrible.

—Ayer las ofrecían a 55 y nadie las quería.

—Mañana las darán a 30, y será lo mismo.

—Pero ¿qué hay?

—Un lío de mil demonios. Que ha desaparecido de la noche a la mañana la garantía territorial. ¡Ay Jesús, qué hombre este! Hace días se empezó a susurrar; pero hoy lo sabe todo el mundo. ¿No ha ido usted esta semana al escritorio de Trujillo?

—No.

—¿Ni al Bolsín?

—Tampoco.

—¿Ni al Círculo de la Unión Mercantil?

—Tampoco.

—Pues entonces, ¿adónde ha ido usted, hombre de Dios, y qué ha sido de su vida?

Diome verguenza de contestar la verdad, que era ésta: "He estado en la Casa de Fieras del Retiro, en el relevo de la guardia de Palacio y por las calles viendo subir sillares a las casas en construcción." El maldito amor habíame trastornado el seso, sembrando en mi cerebro un berenjenal. Las berzas del idiotismo, no las flores de la exaltación poética, eran lo que en mi caletre nacía. Cuando me retiré de allí, deseando la soledad para entregarme a la meditación de mi desgracia, para chocar alguna idea con otra y· sacar un poco de luz, María Juana salió a despedirme, y me secreteó esto, cariñosamente consternada:

—Pero tú estás sorbido... ¿no te acuerdas? El viernes cuando nos vimos, ¿sabes?..., te dije que vendieras las Osunas si las tenías... Yo había oído ciertas conversaciones. ¿Es posible que no te hicieras cargo? ¿Qué grillera tienes dentro de esa cabeza?

—No sé... déjame... creo que estoy loco.

—Pero ¿no lo recuerdas?

—Sí, me acuerdo y no me acuerdo... No sé... déjame... ¡Lo que a mí me sucede...!

Salí de aquella casa como alma que lleva el diablo y me metí en la mía, zambulléndome de golpe en mi soledad, lago turbio de tristeza, miedo y desesperación. Tiempo hacía que yo apenas dormía; pero aquella noche, cosa en verdad muy extraña, apenas me arrojé sobre mi cama, vestido, quedéme dormido como un borracho. Ello debió de durar una hora nada más; fue sueño estúpido, sedación repentina y enérgica de los encabritados nervios. Luego desperté como quien no había de volver a dormir en toda su vida. ¡Despierto para siempre! Tal fue la sensación de mi cerebro y mis párpados. Y era temprano: las diez apenas. Oí el piano de Camila, que sin duda tenía tertulia de parientes ¡Oh, qué atroz envidia me inspiró aquella casa!... ¡Cuánto habría dado por poder subir, penetrar y decirles: "Aquí vengo a que me queráis, a que seamos buenos amigos. Estoy arruinado, solo, triste, y necesito calor de amistad. No os haré daño alguno, no turbaré vuestra paz; seré juicioso, con tal de que me dejéis sentarme en una silla a vuestro lado y miraros..." Porque me pasaba una cosa muy extraña. Desde que me entraron las chocheces, les quería a los dos, a Camila, como siempre, con exaltado amor, a Constantino, con no sé qué singular cariño entre amistoso y fraternal. Los dos me interesaban... Deseaba con toda mi alma hacer las paces con ellos y arrimarme al fuego de su sencillo hogar, lo más digno de admiración que hasta entonces había visto yo en el mundo.

Lo mismo fue cesar el piano que ponerme yo a hacer la liquidación de mi fortuna, paseo arriba, paseo abajo. Al separarme de Eloísa, mis nueve millones de reales habían quedado reducidos a menos de siete. Las ganancias de enero y febrero me habían redondeado los siete y un poco más. Pero luego la quiebra de Nefas me dejaba en los seis y medio. Por fin, la catástrofe de fin de junio hacíame perder, por la mala fe de un truhán, cuatro millones de ganancia, y como yo tenía que dar, por mis diferencias, ciento cuarenta mil duros, si Torres no me pagaba, esta suma era mi pérdida efectiva. Porque yo no había de tomar las de Villadiego, como el otro, dejando a mis acreedores con un palmo de narices. La depreciación de las Osunas, que tomé al tipo de 97,50 y habían descendido de golpe a 38, acababa de anonadarme. Mi activo quedaría pronto reducido exclusivamente a la casa, los créditos de Jerez y lo que había colocado tres meses antes en la hipoteca de mi amigo para cancelar sus ruinosos empréstitos.

Por la mañana, después de pasarme toda la noche sin pegar los ojos, mandé un recado a Severiano para que fuese a verme. No tardó en acudir a mi cita. Yo tenía un humor endemoniado y le recibí con aspereza. Mas era él de tan buena pasta, que me soportó con paciencia. Pintéle mi situación, de la cual él alguna noticia tenía ya, y concluí conminándole de este modo:

—Vas a reunir todo el dinero que puedas y a traérmelo. No te pido imposibles; no te pido que me devuelvas en tres días los ochenta mil duros que te presté sobre *Las Mezquitillas*. Pero búscame y facilítame lo que puedas en esta semana. Echando mano de cuanto tengo disponible, no me basta para saldar mi liquidación. He de pagar además dos letras de Tomás de la Calzada, que acepté el viernes y que me vencen a los quince días. Es el dinero de las Pastoras... Conque ¿has oído? ¿Cuánto me puedes dar?

—Nada —replicó con lacónica serenidad, sin inmutarse.

—¡Y lo dices con esa calma! Severiano, tú tomas esto como cosa de juego. ¿No me ves con el agua al cuello?

—A mí me llega a la coronilla —díjome con la misma pachorra, señalando lo más alto de su cabeza.

—¿No tienes quien te preste?

—¡Yo! —exclamó con el acento que se da a lo inverosímil—. ¡Yo quien me preste!...

—Pues nada, como quiera que sea, tienes que buscarme dinero. Empeña la camisa.

—La tengo empeñada —replicóme con cierto estoicismo de buena sombra.

—Vamos, no bromees... Mira que... Vende tus caballos.

—Los he vendido... Hace tres días que estoy saliendo en los de Villamejor.

—Pues vende *Las Mezquitillas*... Véndelas. Yo necesito mi dinero.

—Estarás turulato. Tratamos por cinco años.

—Es verdad; pero tú, viéndome como me ves, debes sacarme de este atolladero, poniendo en venta la finca. Villamejor te la compra.

—Pero no me da sino cuatro millones de reales, y vale siete... No pienses por ahora en eso.

—Pues tú verás lo que tienes que hacer —chillé, exaltándome—. Es forzoso que vengas en mi auxilio. ¿No tienes siquiera medio de reunir doce, quince, dieciocho mil duros?

Echóse a reír. Yo estaba volado, con gana de darle de bofetones y echarle a puntapiés.

—Pero ven acá, perdido, ladrón —le dije, cogiéndole por las solapas—. ¿Qué has hecho de tu patrimonio?... ¿En qué gastas tú el dinero? ¿Es lo que lo tiras a puñados a la calle, o qué haces?

Enardecíame la sangre su estoicismo que no era estudiado sino muy natural, aquella calma filosófica y sonriente con que oía hablar de mi ruina y de la suya. Le vi sentarse, cruzar una pierna sobre otra, encender un cigarro. Y entonces se explayó y me hizo la pintura de su catástrofe y de las causas de ella, concretando y detallando los hechos con un análisis sereno y flemático que me dejó pasmado. Y la causa madre no necesitaba él declararla para que yo la supiese. Era la *señora*, aquel voraz apetito que estaba dispuesto a tragarse todas las fortunas que se le pusieran delante y a digerirlas, quedándose dispuesto para una nueva merienda. ¡Ay, qué *señora* aquella! Su colección de piedras preciosas era hermosísima. Los brillantes sirviéronle de aperitivo para comerle a Severiano seis casas de Sevilla y Jerez y su participación en la mina *Excelsa,* de Linares. Para que se vea el extremo de ignominia a que hubo de llegar mi amigo con su ceguera estúpida, su vanidad y su lascivia, diré que no sólo sostenía la casa aquella en su organización pública y regular, sino que tenía que atender a los despilfarros del marido. Cuando éste necesitaba dinero, poníase tan pesado, que su mujer se veía en el caso de pedir billetes a Severiano y dárselos al otro para que fuera a gastárselos con mozas del partido en el *Cielo de Andalucía.*

—Pero ¿es posible —le dije, clamando como si tuviera en mí la autoridad de la religión y la justicia— que hayas sido tan imbécil...? ¿Qué hay dentro de esa cabeza, sesos o serrín?

—¡Y tú me predicas..., tú!... —objetó, echándose a reír.

—Hombre —repliqué algo desconcertado—, yo he hecho tonterías..., pero no tantas...

—Has hecho más, más, y lo verás prácticamente, porque yo me he salvado y tú no.

—¿Qué quieres decir?

—Que yo, al verme en medio de la mar salada, ahogándome, he tropezado con una tabla y me he agarrado a ella, mientras que tú...

No comprendí al pronto qué tabla podía ser aquélla.

—No tengas cuidado ninguno por la hipoteca de *Las Mezquitillas*. Dentro de unos meses te daré tu dinero, duro sobre duro...

—¡Ah, pillo!... Te casas con alguna rica.

Echóse a reír y me dijo:

—Es un secreto. No me hagas preguntas.

—Y la otra, ¿lleva con paciencia tu esquinazo?

—¿Y qué remedio tiene?... —me dijo alzando los hombros y riéndose tanto, tanto, que yo también me reí un poco.

—La verdad es —observé con sinceridad que me salía de lo mejor del alma—, la verdad es que somos unos grandes majaderos.

—Lo somos tanto —afirmó él, entusiasmándose—, que nos debían vestir con roponcito y chichonera, ponernos en la mano un sonajero y echarnos a paseo llevados de la mano por una niñera... Es lo que nos cuadra. Los bebés tienen más sentido que nosotros. Pero, ¡ay!, yo aprendí ya; tú eres el que no quiere abrir los ojos.

VII

Demasiado abiertos los tenía a la realidad espantable de mi ruina para ver otra cosa que ésta no fuese. Reiteré la urgencia de que me buscase dinero, y él insistió en la imposibilidad de hacerlo, dándome algunos detalles que me lo probaron bien. La complicación de sus trampas y las menudencias de algunas de ellas era tal, que sólo *el*

Sacamantecas podía ponérsele en parangón por aquel importante concepto.

—Con decirte —me susurró al oído con cierta vergüenza— que estoy dando sablazos de diez duros y que anoche me salvó de un conflicto..., cáete de espaldas..., te lo digo para que te partas de risa... ¿Quién creerás? Tu primo Raimundo.

No me partí de risa; lo que hice fue ver con colores más negros mi situación.

—Bien puedes ir ahora mismo a ver a Villalonga y decirle que si no me paga esta semana los ocho mil duros que me debe, le llevo a los tribunales.

—Pues ya puedes irle llevando, porque no tiene una mota.

—Que la busque...

—Ese es otro que tal... También la *señora*...

—Más bien *las*... Ese las tiene por gruesas...

Y corrió en busca de Villalonga, el cual vino a ofrecérseme para todo aquello que no fuese dar dinero. En cuanto a buscarlo por cuenta mía, ya era otra cosa. Los dos * se pusieron a mis órdenes, incapaces de servirme de otro modo por la gran crujía que estaban pasando. "¡A pagar!", fue mi idea fija en aquel día y los siguientes. Todos los valores que yo tenía no me bastaron, y hube de negociar unas letras a cargo de mis acreedores de Jerez. Además de lo que tenía comprometido en la quiebra de Nefas, mis arrendatarios y los compradores de mis existencias me debían aún más de treinta mil duros. Por fin pagué, y quedéme tan ancho, la conciencia en paz, el ánimo herido de profunda aflicción. Tras ella vino un fenómeno singular: odio cordial a todos mis amigos, conocidos y parientes. Entróme como un furor antihumanitario, ganas de reñir con cuantas personas me habían rodeado en aquellos turbulentos años de Madrid. Sólo dos seres se exceptuaban de esta horrible, encarnizada animadversión. Pero los demás, ¡María Santísima!, ¡qué aborrecimiento y ojeriza me inspiraban! Sólo la idea de que Eloísa o María Juana irían a visitarme, infundíame el deseo instintivo de coger un palo y esperarlas detrás de la puerta para descargárselo encima cuando entraran. A mi tío me lo

* La ed. de 1885: *los tres.*

encontré en la Puerta del Sol, y echóme el brazo al hombro. Me desasí con grosería y eché a correr diciendo:

—Viejo loco, vete al Limbo y déjame en paz.

Raimundo se me presentó en casa el miércoles por la mañana, y yo mismo le puse en la calle, gritando:

—Perdido, lárgate de aquí y no vuelvas más. No quiero verte, ni a ti ni a ninguno de tu pícara casta.

A Ramón encargué que si iba la señorita María Juana o el señor de Medina, les dijera que yo no estaba en casa, ni en Madrid, ni en el mundo... ¡Y los que yo quería ver no llamaban a mi puerta ni hacían caso de mí! ¿Por ventura ignoraban mi desdicha? El jueves, al salir del Banco, vi a Constantino que salía con un amigo del Café de Santo Tomás. Miróme y le miré. Yo no llevaba el revólver; si en aquel momento se llega a mí y me acomete, me dejo pegar. Yo no tenía fuerzas ni para darle un pellizco que le pudiera doler. Pero su mirada no parecía muy hostil. Miréle con sincera amistad, y con voces de mi alma le dije:

—Ven acá, fiera, y estréchame la mano; ven y llévame a tu cueva, donde viven los únicos seres que respeto y admiro. Quiero arrodillarme delante de tu mujer y decirle que la adoro como se adora a los seres divinos, aunque se lo tenga que decir con permiso tuyo y para tu conocimiento y satisfacción...

Pero el bruto no vino hacia mí. De buena gana habría yo ido hacia él. Cuando quise hacerlo, ya le había perdido de vista. Viéndome tan solo, tan aburrido, atormentado por la necesidad de encontrar calor de vida espiritual en algún sitio, me dije aquella tarde: "Suceda lo que quiera, yo subo. Si me reciben, porque me reciben; si me tiran por las escaleras abajo, porque me tiran. No puedo vivir así, con este negro vacío en mi alma y este afán de que alguien me quiera."

Los dos, he de repetirlo, mujer y marido, me interesaban sin saber por qué, y yo anhelaba ser amigo de entrambos, pero amigo leal... ¡Oh, no me creerían cuando esto les dijese! Y si se lo decía mucho y con esa ingenuidad elocuente que sale del corazón, ¿por qué no me habían de creer? Lo intentaría al menos.

Subí por la tarde. El corazón me palpitaba con tanta fuerza, que no tuve aliento ni para preguntar a la criada

que me abrió si estaban sus amos. La criada no me
entendía; repetí mi frase. Constantino salió al pasillo,
y oí su voz enérgica, que dijo:

—Cierre usted la puerta.

La puerta vino sobre mí con estrépito. ¡Ay, cómo
me quedé! ¿Qué haría? ¿Volver a llamar, o retirarme?
Esto era lo mejor. Di media vuelta; pero en aquel
instante sentí en mi alma sacudida violenta y me entró
un frenesí de no sé qué pasión, rabia, amor, envidia
o simplemente brutal apetito de destrucción. Nunca
me había yo visto en semejante estado. Diéronme ganas
de derribar la puerta a puñetazos y de pedir hospitalidad
como la piden los bandidos, a tiros y puñaladas. La ferocidad que en mí se despertó fue soplo tempestuoso
que barrió de mi cerebro toda idea razonable. Me con-
vertí en un insensato; apliqué los labios a la rejilla y
me puse a dar voces:

—Idiotas, ¿por qué me cerráis la puerta? Si vengo
a pediros que me queráis, que me dejéis ser vuestro
amigo. ¿Os he hecho algún daño? ¡Mentira…, farsantes…, embusteros! Echáis facha con la virtud y sois…
cualquier cosa.

Y la puerta no se abría. Creí sentir cuchicheos tras
la rejilla. Mi demencia, lejos de aplacarse con aquella
pausa, creció tomando otro giro. De la locura pasé a
la tontería y a un enternecimiento estúpido. Ciego, volví
a agarrarme al llamador y debí de morder la rejilla
de cobre, porque me quedó después fuerte sensación de
dolor en los dientes.

—Camila —grité—, ábreme. Si no pretendo que seas
mi querida… Déjame entrar, y tu marido y yo te ado-
raremos de rodillas… Te pondremos en un carro y,
uncidos los dos, tiraremos de ti…, ¡burro él, burro yo!
Queredme o me mato; queredme los dos…

Y nada, no abrían ni contestaban. Di otra vez la
media vuelta, notando en mí amagos de serenidad. Vi
un poco la tontería que estaba haciendo. Noté en mi
cara humedad tibia, y llevándome a ella la mano, me
la mojé. La humedad, brotando de mis ojos, bajaba
hasta mis labios, donde la pude gustar. Era salada. El
corazón se me quería partir al mismo tiempo que empecé a sentir vergüenza de lo que estaba haciendo…

¡Oh, Dios mío! Creí escuchar carcajadas de Camila tras de la puerta, y también las risas del bruto...

Comencé a bajar; pero cuando iba por la segunda curva de la escalera, creí que ésta se enroscaba en torno mío; eché las manos adelante; el barandal se me fue de las manos, el escalón de los pies, y ¡brum!..., me desplomé. Lo último que sentí fue el estremecimiento de toda la espiral de la escalera bajo mi peso... Perdí toda noción de vida.

X

NABUCODONOSOR

I

Y no podía ser de otra manera. Mi estado fisiológico era tal, que yo tenía que dar un estallido. Y lo di al fin, y bueno. Después supe que estuve sin conocimiento desde las seis de la tarde del miércoles hasta el jueves a las diez de la mañana; que Ramón y el portero sintieron el golpe de mi caída y subieron alarmados; que al mismo tiempo salió a la escalera la señorita Camila; que al instante bajó Constantino en cuatro trancazos y me cogió, y cargándome como si yo fuera un talego, me llevó a mi casa; que me tendieron en mi cama creyendo que ya estaba muerto; que Ramón y la señorita Camila empezaron a darme friegas, mientras Constantino corría en busca de su hermano Augusto; que toda la noche se pasó en gran ansiedad, pues el médico ponía muy mala cara... Por fin recobré la conciencia de mi ser, aunque al punto de recobrada eché de ver que mi resurrección no era completa. Algo se me quedaba por allá, en aquella lóbrega cisterna, simulacro de los abismos de la muerte, en que tantas horas estuve, revolcándome en tenebroso espasmo del cual apenas quedaban vagas sensaciones musculares cuando desperté. Lo primero que hice fue moverme, quiero decir, intentarlo. De este reconocimiento resultó un fenómeno que al pronto no me hizo impresión, pero que poco después ocasionóme sorpresa, estupor, espanto. Yo no podía mover las extremidades izquierdas.

Todo aquel lado, ¡ay Dios!, estaba como muerto. Ramón debió de leer en mi rostro la congoja de los esfuerzos que hacía, y quiso ayudarme. Ordenéle por señas que me dejara. Quería seguir en reposo para pensar en aquel fenómeno tristísimo. A mi mente vino una idea, con ella una palabra. Sí, me lo dije en griego, para mayor claridad: "Tengo una hemiplejía". La idea de la justicia que rara vez deja de abrirse paso en nuestras crisis para alumbrarnos la conciencia, apareció muy luego: "Bien ganada me la tengo."

Mi pena fue horrible. Tremendo rato aquel, en que la conciencia física me acusó con pavorosa austeridad, en que me rebelé contra la sentencia fisiológica y contra Dios que la daba o la consentía, ¡no sé!... Sin derramar una lágrima, lloré una vida entera y deseé con toda mi alma acabar de morirme... Aún me faltaba la más negra. Quise hablar a Ramón y la lengua no me obedecía. Las palabras se me quedaban pegadas al paladar como pedazos de hostia. Mis esfuerzos agravaban el entorpecimiento de aquella preciosa facultad, gastada, perdida tal vez para siempre. Intenté decir una expresión clara, y no dije sino ¡mah, mah, mah! Causóme tal horror mi propio lenguaje, que resolví enmudecer. Me daba vergüenza de hablar de aquella manera. ¡Ser mitad de lo que fuimos, sentir uno que su derecha viva tiene que echarse a cuestas a la izquierda cadáver, y por añadidura pensar como un hombre y expresarse como los animales, es cosa bien triste...!

Augusto quería disimular la pesadumbre que mi estado le causaba; mas cuando oyó mi espeluznante ¡mah, mah, mah!, no le fue posible fingir tranquilidad. Híceme juramento de callar para siempre y no ofrecer a la estupefacción de oyente alguno aquel rebuzno mío, aquel bramido de Nabucodonosor condenado a arrastrarse por el suelo y a comer hierba... Todo aquel día lo pasé en una especie de estupor letárgico, que a veces tocaba en el sueño, sintiendo en mí algún alivio. Lo primero que me atormentó por la noche fue el sentirme horriblemente desmemoriado. Yo no me acordaba de todo, sino de algunas cosas, y de otras apenas tenía vagas nociones. Pero el prurito de recordar, aquella infructuosa erección de la memoria, queriendo ser y no pudiendo, aquella dolorosa presciencia de nombres y sucesos, sin lograr determinarlos, me martirizaba lo que no es decible. Recordaba el caso de mi ruina, de la fuga de mi acreedor..., pero no podía atrapar el nombre de Torres... Y veía ante mí algo como el esqueleto del nombre; pero le faltaba la carne, las letras. Toda la noche estuve buscándolas y no las encontré hasta por la mañana.

Pero el ejemplo más triste de esta pérdida de la facultad fue no saber quiénes eran aquellas tres mujeres a quienes vi la segunda noche, en fila delante de mí. Ofreciéronse a mi atención al despertar de uno de aquellos letargos, y me dije: "Yo conozco estas caras; las he visto en alguna parte..." Estaban las tres apoyadas en el tablero inferior de mi cama, grande como de matrimonio. Veíalas yo de medio cuerpo arriba, los brazos sobre el tablero, en actitud de estar asomadas a un balcón... La que estaba en medio tenía cristales en sus ojos, que brillaban en la penumbra de mi estancia con efecto semejante al que hacen en la oscuridad los ojos de los gatos. A su derecha estaba otra que me miraba también. Me pareció que a ratos se llevaba una mano a los ojos, y que en la mano tenía un pañuelo. ¿Por qué lloraría aquella buena señora?... Y era guapa. La de la izquierda me miraba con fijeza observadora y más bien curiosa que enternecida. Era morena, de muy acentuada delantera, esbeltísima... Nada, que aquellas tres caras y aquellos tres bustos no me eran desconocidos; pero mi cerebro ardía en un trabajo furioso de indignación, sin poder sacar en claro quiénes eran ni cómo se llamaban.

Por fin el corazón me alumbró, el corazón, que se puso a hacer cabriolas y me dijo: "Aquella que está a tu derecha y a la izquierda de la de los lentes, es tu borriquita". Fui juntando ideas, casándolas y amarrándolas bien para que no se me escaparan... Camila, la sin par Camila, fue la primera que venció la anarquía de mi pensamiento y mi memoria..., después Eloísa, la que lloraba; por fin María Juana, la sabia. Cuando las atrapé, diéronme ganas de decir algo. Pero tuve espanto y vergüenza de que mis tres primas me oyeran. No, antes reventar que darles muestra tan desapacible del lenguaje prehistórico. Eloísa fue la primera que se llegó a mí rompiendo la lúgubre fila en que las tres estaban cual aves posadas en un ramo.

Llegóse a mí para mirarme de cerca. Vi sus ojos llenos de lágrimas. Alguna creo que me cayó encima. Preguntóme que cómo estaba, y yo no dije nada. Noté al mismo tiempo que la sabia, sin moverse del centro del tablero, llevóse el dedo índice a sus labios y estuvo así un buen rato, parecida a una estampa de la discreción. Quería imponer silencio a las otras dos, pues también Camila se llegó a mí por el otro lado y me miró de cerca... ¡Qué ganas sentí de pegarle un beso, expresión casta y juiciosa del júbilo que me causaba el haber recobrado la conciencia del amor que le tenía! Preguntóme también que cómo estaba, y yo..., mutis. "No oirás este *mu* del buey herido, prenda de mi corazón", pensé, y pensándolo les hice señas de que se estuvieran allí, porque sentía cierto consuelo en contemplarlas. Eran mi historia, mi vida, yo mismo puesto en figuras, como un libro ilustrado.

II

Otra noche, Camila junto a la mesa donde habían estado sus botas (no sé si os acordaréis de esto), y a su lado Constantino. Ella cosía, y él leía un periódico. Cuando me sintieron mover, ambos me miraron. Camila vino hacia mí, dejando la costura, y me dijo: "¿Qué tal?" En mi sensibilidad fuertemente perturbada hizo aquel *qué tal* el efecto de un intenso olor de sales súbitamente aplicado a mi nariz. A punto estuve de hablar... ¡Desdichado de mí si lo hubiera hecho! El silencio había venido a ser en mí como una coquetería. Tuve serenidad bastante para dominarme, y sacando una mano le tomé la suya y la llevé pausadamente a mis labios. Cuando le daba aquel respetuoso beso que fue como el homenaje que a los reyes haría el monárquico más sincero y leal, vi allí enfrente la mirada de Constantino, abrillantada por la próxima luz. No debía de ser mirada de celos, y si lo fue ¿qué culpa tenía yo en aquel momento? La absoluta muerte de las facultades más características del hombre me garantizaba una virtud perfecta. Yo podía ya ser hasta santo a poco que lo intentara. La borriquita, entendiendo mi homenaje, no retiró su mano. Pensé que debía de ser muy grande mi mal, cuando aquellos dos enemigos míos me perdonaban y aun venían a asistirme. "Sólo se perdona de este modo a los moribundos o a los locos", pensé.

Y a la mañana siguiente llegaron María y su marido, ambos obsequiándome al entrar con sendos suspiros. Medina no pudo contener los pruritos dogmáticos que se le vinieron de la mente a los labios, y dándome un apretón de manos, me dijo: "Esto no es nada. Se restablecerá usted pronto, pero sírvale de lección este arrechucho." Y bajando la voz, inclinado ante mí, añadió lo siguiente: "Mi mujer tiene razón. Eso es el resultado de dejarse dominar por las pasiones y apetitos, en vez de vencerlos, como hace toda persona que merece el nombre de varón. Conque cuidado, y no echar la enseñanza en saco roto". Mientras tal oía yo, vi a María Juana poniendo orden en varias cosillas que sobre la mesa estaban... Retiró a su esposo de mi lado, como reprendiéndole tácitamente por sus inoportunas observaciones, y se fueron. Por la tarde vino ella sola, se sentó frente a mí al costado de la cama, y me estuvo mirando como una hora seguida. Yo también la miraba. "¿Por qué no hablas?", me dijo al fin, estrechándome con amorosa fuerza la mano. Dile a entender que no podía, y entonces me trajo lápiz, papel y un libro para que escribiera sobre él. "Soy Nabucodonosor", escribí, no sin trabajo. Y ella, consternada: "¡Qué cosas tienes!... Verás cómo te curamos." "Soy un animal, ladro...", escribí. Iba a decir que entre las tres me habían puesto así, la una por no quererme, y las otras dos por quererme demasiado; pero me faltó el pulso, y sólo pude escribir en un garabato: "Tú..., culpa..." Leyólo un tanto indignada y rompió el papel, guardándose los pedazos.

¡Cómo podría yo pintar aquel inmenso tedio mío, y la pena de verme medio muerto, inmóvil, y de considerar que nunca más volvería a ser el hombre que fui! En tal extremidad, la esperanza de la muerte venía a ser el único consuelo, y por fomentarla en mí resistíme a tomar las medicinas que recetaba Miquis. Administrábame revulsivos y enérgicos derivativos; y para que mi semejanza con un perro fuera mayor, dábame la estricnina. Pensé decirle por escrito que me diera de una vez la morcilla, para hacerme reventar. ¡Terrible trance verme en tanta miseria, rodeado de todas las prosas de la vida humana, no pudiendo valerme sin ajeno auxilio! Ramón y Constantino me movían de aquí para allí, cargándome como a un leño, y haciendo conmigo lo que las madres de más abnegación hacen con un pobre niño sucio, incapacitado e irresponsable. Admiraba yo la caridad de entrambos, y mayormente la de Constantino que no tenía obligación de hacerlo, y lo hacía por pura lástima de mí. Dios se lo pagaría. Yo vivía, si vivir era aquello, en plena inmundicia, sintiendo un asco de mí mismo que no es comparable a nada. Era la conciencia física que me acusaba en aquella forma tan grosera como expresiva. Y aquel noble mancebo a quien yo había ofendido gravemente, hiriéndole en su opinión si no en su honor, era quien con más gallardía cuidaba de mí, afrontando aquellas repugnancias con ese valor de sentidos que no es menos meritorio que el nervioso valor llamado bravura o heroísmo. ¿Por qué lo hizo? Porque le salía de dentro sin duda, y era vengativo a estilo de Jesucristo. Su mujer le incitaba también a ello con cristiano entusiasmo. Ya no podían temer que yo les deshonrara; yo era un cosa más bien que una persona, un pobre animal moribundo que ladraba, pero que ya no podía morder. Poco más viviría, a juicio de ellos. Su compasión, por tal motivo, me daba el golpe de gracia.

¡Y cómo me acordé, al verme en tales podredumbres, hecho una plasta asquerosa, de la enfermedad de Eloísa, de su horror a la fealdad y de sus esfuerzos por buscar *postura bonita* en su muladar! ¿Qué discurriría yo para hacerme el interesante en tan prosaico estado? ¿Qué arbitrios de coquetería morbosa y fúnebre inventaría para dar poético giro a mi situación, como cuando a ella se le ocurrió aquello del tul, que referido en su lugar queda? Nada, nada; mi calamidad pedestre e inmunda no tenía compostura posible. Para mayor desgracia se me había torcido la boca, y esto me causaba tal horror, que no me atreví a pedir un espejo para mirarme. La lengua no funcionaba; érame difícil pegar la punta de ella a la arcada dentaria superior, y de aquí que no pudiera pronunciar algunas consonantes. La deglución érame también algo difícil, y por esto..., me

repugna decirlo; pero violentándome lo diré para que
lo sepáis todo: ¡se me caía la baba!

Mandó Augusto que me levantaran y me pusieran
en un sillón, donde estaría mejor que en la cama. Entre
Constantino y mi criado me vistieron como se viste a
un muerto, y me sentaron, rodeado de mantas y almohadas. Debía de asemejarme, en mi inmovilidad, a una
de esas figuras egipcias que parecen estar esperando
la conclusión de lo infinito por la rígida paciencia con
que sentadas están. A veces de mi boca caían hilos
gelatinosos sobre mis manos cruzadas sobre el vientre.
Entonces Constantino, ¡oh angelón incomparable!, daba
algunos pasos hacia mí, y con un pañuelo me limpiaba.

Si en esto de la asistencia tenía yo tanto que agradecer al marido de Camila, en otra clase de auxilios
Severiano era mi hombre. Sin él no sé qué habría sido
de mí, porque se constituyó en guardián de mis intereses, y tomó muy a pechos todo lo concerniente a los
negocios míos, que habían quedado en suspenso el día
de mi enfermedad. Él y Medina llevaban adelante con
la mayor energía la acción judical contra Torres y Samaniego. Ignorábase el paradero de Torres. El agente
daba la cara, ofreciéndose también como víctima, y se
prestaba a remediar el daño hasta donde alcanzaran sus
fuerzas. Halléme en las peores condiciones para alcanzar justicia, pues antes que yo habían de cobrar los que,
como Cristóbal, tenían la garantía legal de la publicación. Severiano consiguió que el Juzgado embargase
la casa de la Ronda; pero he aquí que el contratista
de la obra se echó encima de la finca, probando que no
se le había pagado más que uno de los plazos de la
construcción. En fin, que primero cobraría el contratista, después Medina y luego Llorente, yo y los demás,
si algo quedaba. De todo esto me informaba Severiano,
atenuando lo desagradable, y dándome esperanzas que
yo no podía tener. Todo iba mal, muy mal para mí,
como veréis por lo que sigue.

A los cinco días del ataque noté alguna mejoría en
el uso de la preciosa facultad de hablar. Emitía las
vocales sin dificultad, y algunas consonantes no me
costaban trabajo. Otras como la te y la erre, se resis-
tían. Nacía en mí, pues, la palabra, siguiendo el proceso o desarrollo fonético de los niños. Educaba mi

lengua como la educan ellos; mas hacíalo a solas, temeroso de parecer ridículo a los que me oyeran. Tal era mi estado, cuando Severiano vino a manifestarme que las letras que giré a cargo de mis arrendatarios de Jerez habían sido protestadas, y venían contra mí, con la añadidura de los gastos de resaca. Él hubiera querido ocultármelo y recogerlas del banquero que las tenía; pero sus tentativas para reunir el dinero eran infructuosas, y no tenía más remedio que decírmelo para que yo determinara. "¡Bonito porvenir! —pensé—. Hállome convertido en animal, y con tres pleitos sobre mí: uno contra Torres, otro contra los Hijos de Nefas y el tercero contra mis arrendatarios Manuel Roldán y su hermano. Daré poder mañana mismo para exigirles el pago. Les embargaré, les venderé hasta la última bota de vino."

—No será difícil encontrar el dinero que necesitas hipotecando esta casa —me dijo Severiano—. Ten presente otra cosa, y es que el día 12 te vencen las letras de Tomás de la Calzada.

Estas palabras fueron como un martillazo en mi cerebro. ¿Qué tal estaría mi cabeza que se me habían borrado de ellas las letras de Sevilla y hasta toda idea de que las Pastoras existiesen en el mundo? ¡Cuánto padecía en aquel momento al considerar que ni aun encontrando quien me prestase cincuenta mil duros con garantía de mi finca, podía yo conjurar la tormenta que sobre mí venía! Para pagar las letras de las Pastoras y recoger las devueltas de Jerez, necesitaba más de ochenta mil duros, y esto sin pérdida de tiempo, pues la casa tenedora de estas últimas era el Crédito Lyonés y no teniendo amistad con el gerente ni con ningún consejero de ella, no podía esperar que me diesen la prórroga o respiro que habría sido tal vez mi salvación. En estos casos las determinaciones acudían pronto a mi mente, aun hallándose, como se hallaba, enteramente desquiciada.

—Vete corriendo a ver a Medina —dije a Severiano, parte por señas, parte escribiendo y algo también con ladridos—. Es el único que puede... Veamos si quiere darme... cincuenta mil duros... Hipoteco esta casa...

III

Quedéme solo con Ramón, en la mayor ansiedad, rumiando mi desdicha. "¡Si al menos fuera un hombre, si al menos me obedeciera esta máquina estúpida! —pensaba—. ¿Pero qué ha de hacer una bestia más que cocear, dar bramidos, comer el pienso y morder a alguien si la dejan?" Por más vueltas que le diera, no podría dominar el conflicto en que me hallaba, y en caso de que no encontrara un prestamista, las letras de las Pastoras se quedarían sin pagar, y yo deshonrado a los ojos de aquellas hidalgas personas. La aflicción que esto me produjo superaba al sentimiento y pesadumbre hondísima de mi enfermedad. Habría dado yo el lado derecho que aún tenía vivo por poder cumplir en aquel caso con lo que exigían mi honor y la altísima consideración que a las amigas de mi madre debía. "¡Pobres señoras, qué pensarán de mí! Dirán, y con razón, que me he comido su fortuna... No, esto no será, aunque tenga que vender la camisa. Aún puedo negociar los créditos a mi favor, aunque sea con pérdida en un cincuenta por ciento. Me quedaré sin un real y en situación de pedir limosna como esos infelices lisiados que se arrastran por los caminos; pero las Pastoras cobrarán..., ¡pues no han de cobrar!..."

Y la maliciosa ironía de mi destino saltaba dentro de mí apuntándome la negativa: "No cobrarán; las dejarás en la miseria, y ambas serán los fantasmas que te persigan y te atormenten en tus últimos días. Porque Nefas no te pagará; de los Roldanes no verás un cuarto, y como no pleitees con Severiano, despídete de la hipoteca de *Las Mezquitillas*... ¡Pobres inglesas! ¡Caer en la miseria al fin de su vida, sin más culpa que haberse fiado de ti, creyéndote persona formal!... En esta horrible situación de animalidad en que te han puesto tus vicios, mal hombre, te revolcarás impotente sin hallar consuelo en ninguna postura, y cuando te vuelvas de este lado, verás a la Morris dando lecciones de inglés para ganar la vida, ¡infeliz señora anciana, medio ciega!, y cuando te vuelvas del otro lado, verás a la Pastor pintando un cuadrito bucólico moral para rifarlo entre la colonia jerezana y

malagueña de Madrid, a fin de sacar algunos reales con
que atender al sustento. Y se llegarán a ti y te rascarán
con la punta del palo de la sombrilla, porque tendrán
lástima de tu padecer... Y aun te lavarán la jeta que
tendrás sucia de hocicar en la artesa en que se te echa
la comida, porque no podrás ni sabrás comer con las
manos como los hombres... Y aun te aflojarán la cuerda que se te ponga al pescuezo para que no te esca-
pes; porque sábete que vas a ser animal dañino que
correrás tras las mujeres y los niños para morderles...
Y cortarán hojas verdes y frescas para ponértelas en el
lomo y defenderte de las moscas... Porque ellas, en
su pobreza, seguirán siendo las personas más cristianas
del mundo, y vencerán su asco para compadecerte, y
se impondrán el sacrificio de mirarte, como una peni-
tencia de la falta enorme de haber confiado en ti".

Así pensaba yo, y sudores de angustia me corrían
por la cara abajo. Entró Camila a darme de comer, y
aunque yo no tenía tranquilidad para nada mientras
no viniese Severiano con buenas noticias, consagréme
a la función aquella con verdadero gusto, no sólo por
ser mi prima quien me auxiliaba, sino porque de todo
mi organismo sensorio, el único apetito que permanecía
vivo era el que preside a la asimilación de los alimentos.

Y había que ver el cuidado con que mi borriquita,
después de ponerme una servilleta por babero, me
llevaba la cuchara a la boca o el tenedor con los pedazos de carne, haciendo con sus morros, por instinto
imitativo, contracciones iguales a las que yo hacía. A
pesar del esmero que ella ponía en esta operación, yo,
he de decirlo claramente, no comía con limpieza. Faltábame flexibilidad en los labios, y por mucho cuidado
que tuviera para no dejar caer nada de la boca, algo
se me caía siempre. Érame forzoso poner mucha pausa
en aquel acto para estar en él lo menos desagradable
a la vista que me fuera posible. ¡Qué lástima tan profunda se pintaba en el rostro de ella! Yo quería que
mis ojos expresasen lo contrario de lo que se desprendía de aquella bestialidad grosera, y no sé si lo pude
conseguir. Creo que no. Mis ojos no podían expresar
más que el estupor del idiota y los anhelos de una
gula repugnante. "Acuérdate, Camila —le decía yo con

el pensamiento—, de cómo te quiso este cerdo cuando era hombre".

No había yo concluido de devorar cuando entró Severiano. En la cara le conocí que me traía buenas noticias. "Si Medina no quiere arreglarlo —me dijo—, otro lo hará. Es un buen negocio... Tu casa vale más del millón. A Medina le he encontrado indeciso, con ganas de servirte, mas con poco dinero disponible por el momento; y como la cosa urge... Pero descuida, que ya se arreglará. ¿Y lo que falta luego para pagar las letras de Sevilla?... Hay que tener confianza en la Providencia, que no es tan perra como dicen".

Observé con inquietud que Camila se daba aire como sofocada, que palidecía y cerraba los ojos. ¿Acaso estaba enferma? De repente salió; la sentí en mi alcoba. Hice señas a Severiano, que pensando como yo, dijo: "¿Se habrá puesto mala?" Mi amigo fue tras ella, y a poco rato volvió a decirme: "Camila está... vomitando."

"Es que le he dado asco —pensé, sintiendo un nudo terrible en mi pecho—. No tiene valor de sentidos como Constantino, y le falta estómago para cuidar animales enfermos".

No tardó en aparecer la borriquita, limpiándose las lágrimas y riendo. Con mis ojos alelados le pregunté como pude lo que tenía, y no quiso contestar. Pero no debía de ser lo que yo me figuraba, porque siguió riendo y mirándome con piedad; y en un momento en que Severiano no estaba conmigo, me dijo, llevándose ambas manos a su esbeltísimo talle: "Es que estoy..."

Cogí el lápiz, y con cierto énfasis que no vacilo en llamar inspiración, escribí: "¿Belisario?"

Y ella decía que sí con la cabeza y con el júbilo que iluminó su rostro gitano, que a mí me hacía el efecto de tener la propia cara del sol dentro de mi gabinete. Yo escribí: "Me alegro". Pero no sé si me alegraba verdaderamente, o si sentía una pena cosquillosa. Camila, que era muy comunicativa por naturaleza, gritó "tres meses", sacando del puño cerrado tres dedos para expresármelo mejor.

Retiróse al anochecer, con lo que para mí anochecía dos veces. Absolutamente privado de toda facultad sen-

soria que no fuera el placer de comer, pensaba en lo
ideal que se había vuelto mi amor. Por esto, gracias a
Dios, yo no era completamente bestia. Si aquello me
faltara, hubiera andado a cuatro pies, siempre que el
izquierdo y la mano del mismo lado lo consintieran.
Pero conservaba mi alma, aunque desquiciada, y en
mi alma aquella chispa divina, por la cual me creía
con derecho a reclamar un sitio en el mundo espiritual,
cuando la bestia cayese por entero en el inorgánico. La
conciencia de aquella chispa me consolaba de tener
cara de idiota, voz como un ladrido, cuerpo de palo,
y de sentir caer las babas de mi boca. Pero ya lo he
dicho: depuración mayor de un sentimiento no era
posible. El delicado Petrarca era un sátiro ante Laura,
y el espiritado Quijote un verdadero mico ante Dulci-
nea, en comparación de lo que yo era ante Camila.
No cabía más pureza que la que mi incapacidad me
daba. Vedme aquí hecho un santo, de esos que aman
por lo divino y sutil, sin ningún interés de la carne ni
cosa que lo valga, siendo un montón de ceniza corporal que guarda los encendidos hornos del alma. Ya
veis cómo aquel puerco de que os hablo no era todo
escoria; yo reconocía en mí el conjunto extraño de
bestia y ángel que caracteriza a los niños; pero nada
de lo que constituye el hombre.

Por la noche fue María Juana, que de buenas a primeras me dijo: "Cuenta con el préstamo sobre la casa.
Medina vacilaba, no por falta de voluntad, sino por
no tener en el momento fondos disponibles. Pero yo
le he dado tal carga, que es cosa hecha. Mañana mismo hará Muñoz y Nones la escritura. ¿Puedes firmar?
¿Sí?... Pues no te apures. Cristóbal hablará mañana
con los del Crédito Lyonés, encargándose de recoger
las letras protestadas".

Yo le expresaba mi agradecimiento con gestos y miradas. Y el favor era completo y redondo, porque según
me dijo mi ilustre y sapientísima prima, su marido me
hacía el préstamo en las mejores condiciones posibles,
por un año, con el módico interés de cinco por ciento...
Hícele saber que para salir de mi atolladero necesitaba
aún treinta mil duros, a lo que contestó que arañando
en sus economías y dando otro tiento a Cristóbal podía facilitarme seis u ocho mil duros; pero pasar de

aquí érale punto menos que imposible. "No hay que
soñar —añadió—, con que mi marido se corra más.
Ya sabes que él es generoso; pero lo es una sola vez
en cada caso. Medina no repite... mil veces te lo he
dicho. Si ahora saliera yo pidiéndole más dinero, puede
que se le quitaran las ganas de hacerte el préstamo gordo. Él es así, aceptémosle reconociendo que es muy
bueno, y no le perdamos por querer hacerle mejor".

Parecióme esto tan discreto y prudente, que nada
tuve que objetar a ello. Poco después vino Cristóbal, y
se me mostró tan afable, tan bondadoso que a poco
más se me saltan las lágrimas. Declaraba que lo que
hacía por mí no era digno de reconocimiento; rogábame que no hablase de ello y que no le sacara los
colores a la cara con mis importunas gratitudes. Diome
esperanzas de obtener algo en el asunto de Torres, que
no dejaba de la mano. Por fin se sabía que el fugitivo
estaba en Pau. Su abogado, uno de los más famosos
de España, le había escrito que no se encargaría de
su defensa si no se presentaba en Madrid. Era, pues,
posible que viniese, ingresando desde luego en el Sala-
dero, en virtud de providencia judicial ya dictada.

Con estas noticias me animé un poco; pero aún me
amargaban el espíritu las dificultades para salir del
compromiso de las letras, si algún inesperado suceso
no venía a favorecerme por donde menos lo pensara.
Dije a Severiano que tantease a mi tío, que también
fue aquella noche, y que, después de haberse retirado
Cristóbal con su mujer, se puso a jugar al tresillo con
Miquis en mi gabinete. Pero, ¡ay!, que mi buen tío
estaba en situación de que le pusieran niñera, y no
servía absolutamente para nada. Entre él y yo la diferencia no era grande, pues si disponía de sus cuatro
remos, en cambio arrastraba los pies al andar, y ya se
había caído dos veces en la calle. A lo mejor se quedaba como dormido y costaba trabajo despertarle. Su
conversación era ya enteramente difusa, incoherente,
sin sentido, y a lo mejor se salía con unas sandeces tan
primitivas que ningún oyente sabía tener la risa. Yo
le miraba desde mi sillón o desde mi lecho, y me decía: "¡Si tendré yo el mismo aspecto de niño bobo!...
Debo de tenerlo".

IV

Pues como dije, Severiano trató de ver si aquel pobre anciano infantil podía disponer de algún dinero. El resultado fue muy singular. Primero le manifestó mi tío con espontáneo arranque que le era fácil proporcionarme un millón de reales. Severiano puso cada ojo como un puño al oír tal ofrecimiento. Media hora después, hablando de lo mismo, don Rafael se asombró de oír a mi amigo lo del millón, y le dijo: "Usted está en Babia, señor de Rodríguez, o se ha vuelto tonto o no entiende el castellano. Yo indiqué a usted que podía poner a la disposición de José María mil reales..., ni más ni menos".

Raimundo no me visitaba tanto como a mi parecer debía esperarse de sus obligaciones de gratitud hacia mí. Pero las más de las noches iba un rato tan *trigonométricamente trastrocado* como siempre, se me sentaba al lado y empezaba a hacer chistes para distraerme. Pero ocurría una cosa muy rara, y era que ya no me hacían gracia maldita las ingeniosidades de aquel juglar de la frase. Sabíanme todas las suyas a fiambre pasado, a manjar sin sazón. Era un amaneramiento y un repetir de fórmulas que se me sentaban en la boca del estómago. Yo no me reía ni pizca, para que se marchase pronto y me dejara en paz.

Aquella noche, después de acostarme y de haber dormido un poco, vi a Eloísa andar por mi cuarto. Ni yo sabía qué hora era, ni estaba seguro de hallarme despierto. La vi pasar como una aparición por detrás del tablero inferior de la cama, venir hacia mí por el costado derecho, inclinarse para mirarme, retirarse después, dar la vuelta, los ojos siempre fijos en mí. Y francamente, parecióme hermosísima. Ni le dije nada, ni ella a mí tampoco. Cerré los ojos, y la sentí en cuchicheos con Severiano. Parecía que disputaban. Me dormí y la visión se borró en mi cerebro. A la mañana siguiente la impresión permanecía, y pregunté a mi amigo de qué hablaba con la prójima. A lo que contestó: "Nada, tonterías; no me acuerdo..."

Importábame más otra cosa, y sobre ello caímos con verdadero afán.

—Creo que al fin se arreglará esto con la ayuda de todos los amigos —me dijo—. Pasado mañana vencen las *pastoriles* letras. No te ocupes de ello, y déjame a mí... Desde ahora te aseguro que serán pagadas. Cómo, no lo sé; pero tú no has de quedar mal.

Curiosidad tuve de saber cómo se arreglaba. Y ved aquí a la solícita y prudente María Juana venir a mí con los ocho mil duros, muy tapaditos, en un lío de billetes envuelto en su pañuelo, y dármelos, acompañando el don de estas palabras:

—No puedes figurarte qué fatigas representa para mí este favor que te hago. Lo menos seis meses tendré que estar diciendo mentiras a Medina, y cree que esto me lastima mucho. Mentir a Cristóbal es escupir al cielo, hijo mío. Pero es forzoso hacerlo y se hace. Si te salvo de la deshonra, esta idea tranquilizará mi conciencia, que está, puedes suponerlo, bastante alborotada. Se irá calmando con la meditación de los males que nos trae el apartarnos del camino derecho, y con practicar la mayor suma de buenas obras... Conque entérate. Supongo que la facultad de contar dinero no se te habrá ido, pobre niño inválido. Y si gobiernas bien con tu mano derecha, no estaría de más que me hicieras un recibo...

Prestéme a ello con el mayor gusto, y aun le ofrecí interés, que rechazó escandalizada.

—Por ningún caso —me dijo—, y ni el reintegro de la suma aceptaría si no fuera porque me será difícil justificar la inversión de ella, si algún día se entera Cristóbal y... Parte de este dinero es mío, parte de una amiga que me lo entregó para que se lo colocáramos, y algo es de lo que Medina me ha dado para los gastos de la casa, muebles y otras cosillas.

Muy agradecido estaba yo; pero el rasgo de Camila, del cual no tuve noticia hasta el día siguiente, fue la emoción más grande y placentera que recibí en aquel caso. ¡Pobre borriquita! ¡Pobre Cacaseno de mi alma! ¡Cómo se portaban conmigo, y qué lección me daban los dos! Cuando Severiano me lo dijo, lloré, podéis creérmelo. Porque mi sensibilidad lacrimal era muy grande, y a la menor emoción me corrían ríos por la cara. Si esto es infantil o canino, o un simple fenómeno de debilidad nerviosa, lo ignoro; lo que sé es que el corazón se me hacía un ovillo cuando Severiano me contó lo que a la letra copio:

—Camila me ha ofrecido empeñar sus pocas alhajas para venir en tu socorro. No sé si te dije que Constantino ha vendido, con el mismo fin, el caballo que le regalaste. Dicen que ahora que eres pobre te han de devolver todo lo que tú les distes cuando eras rico.

—¡Pobrecillos..., ángeles de Dios..., niños de mi corazón!... —exclamé rompiendo a hablar, aunque de una manera estropajosa—. Te juro que van a ser mis herederos... Para ellos, sí, todo lo que se salve del naufragio... Pero mira, tú; si se puede arreglar de otro modo, no admitas las ofertas de esos pedazos de mi alma...

—Eso lo veremos. Difícil será el arreglo, si cada cual no viene con su *glóbulo,* como dice mi ilustre amigo, el sabio entre los sabios, don Isidro Barragán.

Y el propio Constantino, que poco después se presentó, no quiso admitir mis expresiones de agradecimiento, transmitidas por el lápiz y por los exagerados mohines de mi cara. Lo que hacían por mí hacíanlo de buena voluntad. Cierto que yo les había perjudicado con mis malas intenciones; pero marido y mujer, en presencia de mi situación lastimosa, me habían perdonado de todo corazón. La noche de mi ataque, cuando subí y llamé a la puerta, hallábase él tan irritado con mi pesadez, que en un tris estuvo que saliera y nos pegáramos en la escalera. Cuando me sintieron caer asustáronse mucho. Uno y otro pensaron que yo me moría aquella noche, y les acometió remordimiento de conciencia y estuvieron muy intranquilos hasta el día siguiente. Dios había querido que yo viviese; mas a ellos toda la ojeriza que me tenían se les disipó al verme como me veían. Camila y él hablaron de perdonarme. Ambos lo propusieron y simultáneamente se felicitaban de este cristiano pensamiento.

—Nos ha dañado en nuestra opinión, pero bien caro lo paga —había dicho Camila con inocencia de niña de escuela—. No seamos más papistas que el Papa, ni más justicieros que la justicia de Dios. ¿No estamos bien tranquilos en nuestra conciencia? ¿No sabemos tú y yo, como éste es día, que ni él pudo conquistarme, ni había tales carneros, ni Cristo que lo fundó...? Pues si hay algún necio que crea otra cosa, déjalo y con su pan se lo coma.

Corolario de estas generosas palabras, las más juiciosas, las más cristianas y quizás las más elocuentes en su sencillez que yo había oído en mi vida, fue la idea de asistirme en mi enfermedad y de socorrerme en mi pobreza. Me impresionó tanto, tanto, lo que aquel bruto me dijo con su lenguaje sin retóricas y su lealtad sin estudio, que le di un fuerte abrazo y le besé como a un niño. Lo mismo habría hecho con su mujer, sin reparo ni malicia alguna. Sí, eran mis hijos; serían mis herederos, si algo podía salvar de entre los escombros de mi fortuna.

V

Mis inquietudes con respecto al pago de las letras no se calmaban con las seguridades que me daba Severiano de arreglar este asunto. "¿Pero cómo, pero cómo...?" Díjome que había conseguido arrancar a Villalonga unos tres mil duros, y que él, por sí, había reunido cinco. ¿Y qué hacíamos con tal miseria? Mirándome flemático, me declaró lo que sigue:

—No te lo quería decir, pero es preciso que lo sepas. La cantidad está completa. ¿A que no aciertas de dónde ha venido este socorro salvador?... No habrá más remedio que cantar claro... De tu prima Eloísa.

La impresión recibida por mí al oír esto fue de tal modo fuerte, que, valiéndome de las extremidades de un solo·lado, me eché de la cama. Con gritos y gestos expresaba yo mi terror, mi vergüenza y la resolución de no admitir aquella ofrenda. Hizo mi amigo esfuerzos por calmarme. Ramón y él me vistieron. Pusiéronme luego en mi sillón como un muñeco, y allí aguanté la rociada de palabras y razonamientos que me echó Severiano.

—Tu situación no es para esos humos ni para que nos andemos con escrúpulos tontos. Estás en el caso de aceptar lo que venga sin mirarle la cara... Después pagarás, y *pax Christi*... Cuando vi la cosa fea, me fui a casa de Eloísa. Encontrémela muy afligida, pensando en ti, en tu ruina corporal más que en tu pobreza, y me obsequió con la mar de lágrimas y suspiros. "Venderé todo lo que tengo por sacarle de su compromiso". "Pues empiece usted". La verdad, chico, lo que en la casa vi, más me revelaba propósitos de engrandecimiento que de liquidación. Enseñóme un cuadrángulo grande que había comprado el día anterior y otras preciosidades... "¿Y cuánto hace falta?", me preguntó con aquella vocecita cristalina... Quedamos, por fin, en que si me buscaba diez mil duros, tu firma quedaría en salvo. Miró un rato al suelo, el ceño fruncido. "¡Mucho es!", dijo, suspirando, y echando miradas de amor a sus cachivaches. En fin, chico, para qué andar con rodeos... ¿Te lo digo?... Pues allá va. Sin vender ni un alfiler, me trajo ayer los diez mil duros. Se los ha dado Sánchez Botín.

Empecé a echar sangre por la boca, porque me mordí la lengua. No puedo pintar la turbación que me causaba aquel socorro que me venía de la prostitución elegante, aquel rechazo de mis vicios de antaño. Toda la saliva que yo había escupido a la faz de la sociedad y de la ley me caía ahora en la cara, causándome indecible repugnancia. No fue preciso que Rodríguez me diera más explicaciones, pues el caso se me presentó en todo su horror elocuente. La prójima se había vendido por una suma destinada a salvarme del conflicto. Parecíame que los tres, Eloísa, Botín y yo, éramos igualmente despreciables, odiosos y viles, y que formábamos una sociedad de envilecimiento comandatario para socorrernos por turno. Porque yo sabía muy bien cuánto repugnaba a Eloísa el tal Sánchez Botín y el asco que ante él sentía, y la oí decir más de una vez: "Si me ponen en la alternativa de querer a todos los soldados de un regimiento uno tras otro, o vivir dos horas con ese orangután, opto por lo primero." Y para que se vean las raíces que la pasión del lujo tenía en su alma: puesta en el caso de vender sus últimas adquisiciones de trapos y arte decorativo, no tuvo valor para ello, y apechugó con el aborrecible, asqueroso e inmundo estaferino que la perseguía. Creédmelo, si me hubieran dado una bofetada en la calle, no lo habría sentido como sentí aquello. No hay ultraje que se compare al de un favor que no se puede agradecer.

Y Severiano no se mordió la lengua para darme detalles:

—Por debajo de cuerda he sabido que Botín no le dio más que seis mil duros. Siempre miserable. Está por la carne barata. Este hombre se me ha parecido siempre a una chinche. Es para cogerle con un papel y tirarle, dando a otra persona el encargo de matarle. La idea de verle reventar delante de mí me pone nervioso... Pues sí, seis mil duros nada más. El resto lo juntó como pudo, con ayuda de su prendera, y llevando al Monte y a las casas de préstamos algunas cosillas... ¡Cuando me lo trajo estaba más contenta!... Pero se le conocía en la cara la repugnancia de la pócima... ¡Pobre mujer!, su trabajo le ha costado. Y no consintió por ningún caso en que le diera recibo, ni quiere interés. "No es préstamo —me dijo lo menos veinte veces—: es regalo, es restitución..." Pero me dio a entender que no deseaba se le ocultase que a ella debías tu salvación. Tiene el orgullo de su rasgo.

Nada, nada; yo no podía aceptar aquel injurioso, infame favor. Mi conciencia se sublevaba; se me venían a la boca expresiones airadas y terribles. Mi honor, mi honor antiguo, superior a las contingencias y asechanzas que le tendían mis vicios, quería mandar en jefe en mis acciones. Antes todos los males que aquel arrimo o protección indecorosa de una mujer que pagaba mis deudas con el dinero de sus queridos. Creo que en aquel trance me expresé sin dificultad; al menos, yo dije a Severiano todo lo que quería decirle:

—Por Dios y por tu vida y por lo que más ames, hazme el favor de devolver el dinero a esa mujer, y le dices de mi parte... No, no le digas nada, no hay más que devolvérselo diciéndole que no se necesita. Búscalo por otra parte, vende o empeña hoy todos mis muebles. Mira que esto es una deshonra que no puedo soportar. Prefiero el protesto de las letras, hacer un arreglo y pagarlas después a plazos o como se pueda. Severiano, amigo querido, líbrame de este bochorno; por Dios te lo pido. Saca ese dinero de mi mesa y echa a correr. Llévaselo; Dios nos recompensará esta delicadeza... Me considero el primer desgraciado del mundo y el número uno entre todos los miserables habidos y por haber.

En la cara le conocí que no quería contrariarme. Sus palabras conciliadoras diéronme esperanzas de que haría lo que le mandaba.

—Bueno, hombre, no te apures. Si lo tomas así... A mí, en tu lugar, no me daría tan fuerte... Creo muy difícil que hoy se pueda reunir lo que necesitas. La opinión exagera siempre, y a ti te tiene hoy todo el mundo por más tronado de lo que estás. Yo pongo mi cabeza en un tajo a que no hay en Madrid quien te preste dos reales, teniendo ya hipotecada la casa... En cuanto a tus muebles, ¿qué quieres? ¿Que traiga a los prenderos? Pues vendrán, y verás cómo no te dan arriba de dos o tres mil duros... por lo que vale siete u ocho mil. No hay solución por ese lado... Pero pues tú lo quieres, devolveré los diez mil a Eloísa, con tal de que te sosiegues, que no te excites... Mira que te vas a poner peor.

Demasiado lo conocí. Sentíme bastante mal aquel día; y después de lo que hablé atropellada y dificultosamente, la lengua me hacía cosquillas y se declaraba en huelga completa, negándome hasta los monosílabos. Pasé una tarde cruel, observando lo que hacía Severiano, deseando verle abrir el cajón de la mesa y salir con el nefando dinero. Tuve muchas visitas al anochecer. Todos me encontraron peor, aunque no me lo decían. En torno mío no había más que caras lúgubres, en que se pintaba el presagio de mi fin desgraciado.

Y al siguiente día vi a mi amigo sacar manojos de billetes y pasar al despacho.

—¿Qué has hecho? —le pregunté cuando volvió a mi lado.

—¿Qué había de hacer? Pagar las letras —me respondió, mostrándomelas—. Aquí las tienes, con el *recibí* de Lafitte... Y no me preguntes más, ni hagas el puritano. No están los tiempos para boberías de azul celeste. Hay que tomar las cosas de la vida como vienen, como resultan del fatalismo social y de nuestros propios actos. Todo lo demás es música, chico, viento, y echarse a volar por las regiones etéreas.

Sentí que estos argumentos me anonadaban, y no expresé ninguna opinión. Yo temblaba al pensar que Eloísa iría a verme como en solicitud de mis gratitudes; y, por lo mismo que lo temía tanto, ocurrió este desagradable caso. Aquella noche recibí su visita cuando no había ninguna otra; y aunque mi primera intención fue rechazarla, mi conciencia, turbada por angustiosas perplejidades, no lo pudo hacer. Habiendo aceptado el favor, no tenía derecho a arrojar sobre él la ignominia. Yo lo merecía; me lo había ganado y si me mostrara desagradecido, resultaba más vil de lo que realmente era. Calléme ante la prójima. No hacía más que mirar al suelo, sin duda, por ver dónde estaba mi cara, que debió caérseme de vergüenza. Tuve, pues, que dejarme estrechar la mano, y estrechar también un poco la suya, y aunque me vinieron ganas de empujar su frente y su busto lejos de mí, no pude hacerlo. ¡Ay!, me olió a estafermo sucio y perfumado con ingredientes innobles; olióme a baratería, a barbas mal pintadas, a dinero amasado con sangre de negros esclavos, a infamia y grosería, a sordidez y a ojos de carnero agonizante. Pero tal como resultaban, transfiguradas por mi mente, las caricias de la prójima, tuve que tragármelas. ¡Qué había de hacer sino beberme aquello y lo demás que saliese, si era la lógica, y contra la lógica que viene en forma de hiel dentro del cáliz de nuestras vicisitudes no se puede nada ni hay más solución que cerrar los ojos, abrir bien las tragaderas..., cuatro muecas, y adentro!... Algunos revientan; otros, no.

VI

—A todos nos llega, tarde o temprano, nuestro sorbo de *jieles* —me dijo Severiano, cuando solos hablábamos de esto—. Yo también he tenido que apechugar..., sólo que mi potingue me pareció al principio muy amargo, y ahora se me vuelve dulce... Pero no te digo más. Esto es una charada: *La solución, en el próximo número.*

No le contesté nada, porque aunque empezaba a recobrar la palabra, no quería hablar ni aun delante de mi amigo de más confianza. Dirélo claro: mi voz me era odiosa, antipática, y valía la pena de condenarme a perpetuo mutismo por no oírme yo mismo. La verdad, señores, la voz que me quedó después de la horrible crisis era inaguantable; una voz atiplada, chillona y aguda, que me recordaba la de los cantores de capilla. Cuando me hice cargo de este fenómeno, entróme horror y asco de mi propia palabra. ¡A qué pruebas me sujetaba Dios! Comprendía el no vivir más que a medias, el ser un Nabucodonosor, el no tener otras sensaciones que las de la comida, el no poder andar sin auxilio; pero hablar de aquella manera..., francamente, y con perdón de la Justicia Divina, me parecía demasiado fuerte. Dicho se está que ni que me asparan chistaba yo delante de nadie, mucho menos delante de Camila.

—¿Por qué estás tan callado? —me decía ésta—. Ramón me ha dicho que ya pronuncias. ¿Qué te pasa, que estás ahí con ese lápiz, pudiendo expresarte bien?

—No creas a Ramón, borriquita —escribí—. Me he quedado absolutamente mudo. Mejor; así estoy seguro de no decir ningún disparate.

—De poco te valdrá no decirlos si los piensas —me contestó con admirable sentido.

¡Y qué observación tan oportuna! Sobre esto de pensar disparates tengo que relatar una cosa que no quisiera se me quedase en el tintero. Una mañana que estábamos solos Severiano y yo, le dije, no recuerdo si por escrito o con mi famosa vocecilla, que hallándome amenazado de un segundo ataque, mortal de necesidad, quería hacer mis disposiciones. Lo que salvara de mi fortuna dejaríalo íntegro a Camila y Constantino. A mi amigo le pareció muy natural, y entonces dije yo:

—Quizás esta herencia les perjudique en su opinión. ¿De qué manera se evitaría?

—No se me ocurre ninguna.

—¿Te parece que en mi testamento nombre heredero al niño que va a tener Camila?

—¡Claro, tu nene...!

Lo dijo con tal acento de convicción, que creí que me apuñaleaba. Protesté con gritos roncos y con gestos convulsivos.

—Infame calumniador, si no te retractas, te muerdo. ¿Tú sabes la atrocidad que has dicho?...

Hablé mucho, gemí e hice garabatos, sin poder convencerle. ¡Desgracia mayor! Yo me daba a los demonios.

—Tú mismo has confirmado lo que yo sospechaba —aseguró mi amigo con su calma habitual—. La otra noche, a eso de las doce, dormías, y en sueños dijiste: "¡Belisario…, hijo mío!", y con una expresión de cariño, con un tono de padrazo bonachón y meloso… Parecía que estabas besando al pobre angelito que no ha nacido todavía, ni nacerá hasta noviembre, según dijo ayer su mamá.

—¿De veras que pronuncié yo esas palabras? —dije, quedándome como lelo—. Pero, hombre, ¿no sabes que soy idiota? ¿No sabes que soy una bestia?… Es triste que mis ladridos se tomen por razones, y mis absurdos por verdades.

No hablé más, porque el horror de mi voz de tiple me impuso silencio. Más adelante enjareté a Severiano tantos y tantos argumentos en defensa de Camila, que al fin me parece quedó convencido.

Pero estuve confuso mucho tiempo, pensando en que si yo no decía disparates despierto, en sueños no sólo los pensaba, sino que se me salían por la boca. ¿Me habría oído Camila aquel desatino y otros tal vez? La frase suya de los *disparates pensados* ¿provenía de haberme oído hablar cuando dormía? Esto me puso en gran desasosiego. Yo no recordaba nada de lo que soñaba. ¡Tremenda cosa tener que acusarme de actos de que era, en rigor de conciencia, irresponsable! La conciencia de antaño seguía sin duda funcionando por sí y ante sí, a pesar de no estar ya vigente. La ley nueva me eximía de responsabilidad, pero aun así no estaba yo tranquilo. Encargué a Ramón que me despertase si me sentía hablar de noche, y a Severiano le dije:

—Voy a dormir; coge mi bastón, ponte en guardia, y si me oyes alguna barbaridad, pega. Es el animal que gruñe.

Porque, lo digo con orgullo, no sé lo que me pasaría en aquellas misteriosas, oscuras y siempre veladas regiones del sueño; pero despierto era yo la persona más buena del mundo. Creedlo, tenía todas las virtudes, toditas; me atrevo a decir que era un santo. Fuera de aquel cariño paternal que sentía por los Miquis, en mí no había ninguna pasión. No deseaba el mal de nadie, no se me ocurría seducir a ninguna casada ni engañar a ningún esposo. Hasta me pasó por las mientes,

en aquellos entusiasmos de mi virtud fiambre, que si
recobraba la salud debía escribir una obra sobre los
inmensos bienes de la templanza, haciendo ver los per-
juicios que para el cuerpo y el alma acarrea la contra-
vención de esta divina ley, y abominando de los que
la tienen en poco. Y cuando mis tíos Serafín y Rafael
iban a verme, departía con ambos (perdido el miedo
a la fealdad de mi órgano vocal) sobre lo deliciosa que
es una vida consagrada exclusivamente al bien, y echaba mil pestes contra los tontos que no saben meter en
un puño las pasiones humanas. Como saliera de la
boca de mis tíos alguna anécdota sobre la cual pudiera
yo hacer pinitos de moral, al punto los hacía, poniendo
a los viciosos y libertinos como ropa de Pascua, subiendo hasta el cuerno de la Luna a los virtuosos, comedidos y morigerados, y descargando al fin todo el
peso de mi indignación sobre los hombres infernales...,
sí, infernales (no me cansaría de emplear este duro
calificativo), que llevan la perturbación al hogar ajeno
y siembran por el inmenso campo de la familia humana las perniciosas semillas...

No sigo, porque me remonto demasiado. Mis nobles
tíos abundaban en mis sanas ideas. Ambos estaban tan
arrumbados físicamente como yo, igualándome en planes de virtud y en limpieza de conciencia. Las cosas
que decían en coro conmigo debieran escribirse; pero
no las escribo. Éramos tres sabios, filósofos o santos
que trabajábamos en el *triple trapecio* de la moral universal; y si no veía yo en nuestra trinca famosa a
Sócrates, a San Gregorio Nacianceno y a Orígenes departiendo como buenos amigos, el demonio me lleve.

XI

FINAL

I

YA es tiempo. Voy a concluir.

La aplicación de la electricidad, hábilmente hecha por
Augusto en los meses de junio y julio, fue de grande
eficacia, si no para curarme, pues esto era imposible,

para sostenerme un poco, alargándome la vida y haciendo más llevaderos los días que me restaban. Porque sobre la proximidad de mi fin ya no podía tener duda. Lo único que podía esperar del esmerado tratamiento de mi joven y sabio médico era tirar tres o cuatro meses más, si bien él, llevado de esos impulsos caritativos que tan bien se hermanan con la ciencia, aseguraba responder de mi curación completa.

Recobré, pues, la palabra, aunque de la manera imperfecta que he dicho. Advertí despejo y claridad en las ideas; me volvió la memoria, quedándome sólo la mortificación de no poder recordar ciertos nombres, y el lado izquierdo dio algunas señales de vida, cosquilleando primero y desentumeciéndose después un poco. El movimiento, señal primera de la vida, me fue concedido, aunque de tan rudimentario modo, que sólo a gatas hubiera podido andar sin auxilio ajeno. Para andar como los seres que deben a la facultad de tenerse en dos pies el privilegio de cobrar el barato en la Creación, necesitaba del apoyo de otro bímano. Resistíame a salir a la calle, por coquetería y presunción; pero tanto insistió Augusto en que debía salir, que no tuve más remedio que exponer mi lastimosa personalidad a las miradas compasivas, indiscretas o quizás burlonas de mis semejantes. Lo que esto hería mi amor propio no es para contado, pues poniéndome en lugar de los transeúntes, me miraba, me tenía lástima y aun me chanceaba un poco de mi extraña figura. Si no me visteis a mí, habréis visto, sin duda, a otro prójimo herido del mismo mal, y podréis figuraros cuál era mi facha, encorvado el cuerpo, la cabeza cayendo de un lado, el mirar estúpido, el rostro encendido, la boca abierta, las piernas tan torpes, que a pasito corto necesitaba media hora para andar cien metros. Los paseos, no obstante, me sentaron tan bien, que a los dos meses de salir a la calle ya era otro hombre, y me gobernaba solo algunos ratos con ayuda de un fuerte bastón. El espejo díjome que no tenía ya tan pintada en mi cara la imbecilidad, y con este remedio de la Naturaleza y los esfuerzos que hice para componer mi fisonomía, creo que no iba del todo mal.

Determiné no salir el verano. El calor no me molestaba mucho, y además, ¿adónde iba yo con aquella traza y tanto entorpecimiento y el estorbo de mi propia invalidez? Antes de marcharse, allá por los comienzos de julio, diome Severiano la solución de su charada. Yo había comprendido que la tabla de salvación de que me habló era el matrimonio con alguna joven rica; pero no sabía quién era la providencial novia, ni lo habría adivinado jamás si él no me lo dijese, dejándome estupefacto. Creo que mis lectores se pasmarán, como yo me pasmé, cuando lean aquí que la tabla de Severiano era Esperancita, la hija mayor de don Isidro Barragán. De modo que ingresaba en el seno de la que él llamaba *familia reventativa,* y tendría por papás a *Partiendo del Principio* y *No Cabe Más,* personas de quienes se había reído tanto. Ya no me quedaba nada que ver en el mundo. Había visto la maravilla más grande en el orden moral, Camila; había visto el portento de las palinodias, la boda de mi amigo. Yo podía morirme satisfecho. Y este paso revelaba tanta habilidad como saber mundano. El himeneo con una de las primeras herederas de Madrid era su salvación. Estaba decidido a ser juicioso y buen marido y acabado modelo de ciudadanos y padres de familia. Como me dijera que su novia era una excelente muchacha, cariñosa, sencilla, modesta, inclinada a las virtudes caseras y a los sentimientos apacibles, tomé pie de esto para enjaretarle una plática muy linda sobre las ventajas del vivir ordenado y de la paz doméstica. ¡Qué cosas tan buenas, tan profundas y cristianas le dije! Si el Espíritu Santo no hablaba por mi boca torcida, faltaba muy poco para la efectividad de este fenómeno. Prometió él tener muy en cuenta mis exhortaciones, añadiendo que ya sentía en su alma toda la verdad de ellas antes de que yo me metiese a predicador. En cuanto a la desagradable circunstancia de ingresar en la *familia reventativa,* Severiano sostenía estoicamente que el ser humano tiene el don de acomodarse a todo; es animal de costumbre que sabe atemperarse a los más extremados y contrapuestos climas, a las civilizaciones más refinadas como a las absolutamente negativas. *Partiendo de este principio,* no le sería imposible ser yerno de Barragán y de doña Bárbara, pues si al pronto esta parentela le había de ser menos grata que una camisa de fuerza, poco a poco

se iría *jaciendo* y concluiría por encontrarse allí como
el pez en el agua. La boda se verificaría en octubre.
También supe que Victoria, de quien yo no me había
dejado vencer, se casaba con un sobrino de Arnáiz. Me
alegré mucho, y les deseé de todo corazón mil felici-
dades.

Habiéndome quedado casi solo en julio y agosto, sin
más compañía que la de aquellos pedazos de mi corazón, Camila y Constantino, pensé en continuar mis Memorias, interrumpidas en la parte de mi vida que, a
mi modo de ver, merecía más los honores de la narración. No me era difícil escribir, pues mi mano derecha conservábase expedita; pero se cansaba pronto
y los trazos no eran muy correctos. La inteligencia y la
memoria me ayudaban bien; púseme a la obra, y con
lentitud proseguí aquel trabajo. Pronto hube de valerme, para andar más aprisa, de un amanuense que me
depararon Dios y mi tía Pilar, hombre que me venía
como anillo al dedo para el caso. Llamábase José Ido
del Sagrario, y tenía una letra clara, hermosa, si bien
un poco floreada y como con tendencias a criar pelo
por los infinitos rasgos que por arriba y por abajo salían
de los renglones. Pero era miel sobre hojuelas aquel
hombre, y con sólo mirarme adivinábame los pensamientos. Tal traza al fin se daba, que contándole yo un
caso en dos docenas de palabras, lo ponía en escritura
con tanta propiedad, exactitud y colorido, que no lo
hiciera mejor yo mismo, narrador y agente al propio
tiempo de los sucesos. Con ayuda de tal hombre, los
diferentes lances de mi ruina y mi enfermedad salieron
como una seda. Decíame Ido que él era del oficio; que
si yo le dejara meter su cucharada, añadiría a mi relato
algunos perfiles y toques de maestro que él sabía dar
muy bien; pero no se lo permití. Por ningún caso in-
troduciría yo en mis Memorias invención alguna, ni
aun siendo tan llamativa como todas las que brotaban
del fecundísimo cacumen de mi escribiente. Yo ponía
mis cinco sentidos en el manuscrito, temeroso siempre
de que él se dejara arrastrar de su desbocada fantasía,
y puedo asegurar que nada hay aquí que no sea escru-
puloso traslado de la verdad. La única reforma que
consentí fue variar los nombres de todas las personas
que menciono, empezando por el mío, variación que

realizamos con pena, pues me gustaría llevar la sinceridad a sus últimos límites.

Bien quisiera yo que estas Memorias ofreciesen pasto
de curiosidad e interés a las personas que buscan en la
lectura entretenimiento y emociones fuertes. Pero no
he querido contravenir la ley que desde el principio me
impuse, y fue contar llanamente mis prosaicas aventuras en Madrid desde el otoño del 80 al verano del 84,
sucesos que en nada se diferencian de los que llenan y
constituyen la vida de otros hombres, y no aspirar a
producir más efectos que los que la emisión fácil y
sincera de la verdad produce, sin propósito de mover
el ánimo del lector con rebuscados espantos, sorpresas
y burladeros de pensamiento y de frase, haciendo que
las cosas parezcan de un modo y luego resulten de otro.

Y no me habría sido difícil, sobre todo contando con
la experta mano de mi inteligente pendolista, alterar la
verdad dentro de lo verosímil en beneficio del interés.
Porque ¿qué cosa más hacedera que suponer a Camila
vencida de mis gracias personales, o figurarla al menos
vacilante, fluctuando entre el deber y la pasión, jugando al *hoy te quiero, mañana, no?* ¿Pues qué diré
de un buen golpe de escenas en que mi borriquita se
me entregara y en el momento de la entrega se me
muriera en los brazos, sin saber por qué ni por
qué no, quedando así burlados mis apetitos..., o bien que
Cacaseno y yo nos diéramos una buena comida de
sablazos o espadazos en el llamado *campo del honor,* y
que yo le matase a él, enredándome después con su
viuda, de lo que resultaría pronto el hastío de ambos
y una buena ración de dramáticos remordimientos? En
tal caso haríamos la moral de la fábula, tirándonos los
platos a la cabeza; y luego vendría Eloísa, que de la
noche a la mañana se había vuelto virtuosa y estaba
en camino de hacerse Magdalena de pechos al aire y
melenas largas, y nos echaba un sermón diciéndonos que
allí teníamos las resultas de nuestro crimen, que nos
miráramos en su espejo y pensáramos en arrepentirnos
e irnos a un yermo a darnos de zurriagazos, como pensaba hacer ella si el Señor le daba vida... Bien quisiera, repito, que en este campo de la fresca verdad na-
cieran todas estas hierbas, que son el forraje de que se

apacientan los necios; pero no puede ser, y lo escrito,
escrito está.

II

Con la inmensa dote que le llevó Esperancita, desempeñó Severiano su propiedad inmueble, y me entregó religiosamente los ochenta mil duros que le presté en mayo con hipoteca de *Las Mezquitillas.* De los Hijos de Nefas y de los Hermanos Roldán logré en virtud de un arreglo la mitad del valor de mis créditos, con lo cual pagué a Medina, a Eloísa, a María Juana y otros picos. En el reparto de los despojos de Torres, Medina no salió mal, y mi excelsa prima vio entrar por la puerta de su casa el famoso espejo biselado. ¡En él se miraría!... A mí tocáronme sólo unos diecisiete mil duros.

Reuní, amasé y consolidé estos míseros restos de mi fortuna, y con ellos y la casa quedóme un capital limpio y sano de tres millones de reales, de los cuales, por testamento que otorgué en Madrid en septiembre de 1884 ante el notario don Francisco Muñoz y Nones, serían únicos herederos Camila y Constantino. Nombré albaceas a Severiano, a Trujillo, a Arnáiz y al general Morla, y me quedé tranquilo, diciendo: "Gracias a Dios que he hecho una cosa buena en mi vida."

Aún me bullían en la conciencia los escrúpulos de herir la delicadeza de mis queridos amigos transmitiéndoles mis bienes. Consulté el caso con la propia Camila, quien, con noble sinceridad, me dijo:

—No hables de morirte; yo no quiero que te mueras. Pero si te empeñas en ello y me nombras tu heredera, no haremos la gazmoñería de rechazarlo por una papa o calumnia de más o de menos. Nuestra conciencia está en paz. ¿Qué nos importa lo demás? Si algún estúpido sinvergüenza cree que me dejas tu fortuna por haber sido tu querida, Dios, tú y yo sabemos que me la dejas por haberme portado bien.

Me entusiasmó. Le cogí la cara por la barba, y le di un beso, el primero que le había dado en mi vida, tan casto y puro que no lo sería más si hubiera sido ella mi nieta, es decir, dos veces hija. Y lo parecía. Yo estaba viejo, caduco, sin vislumbres de nada varonil en mí; no tenía en mi ser sino la discreción, la gravedad senil y un desmedido apetito de aplaudir sin tasa los actos de virtud. En esto iba cada día más lejos, y a todo el que me parecía honrado y prudente en cualquier respecto, le manifestaba mi admiración, le aplaudía y le alentaba con aires patriarcales a seguir por aquel saludable camino, único que a la bienaventuranza eterna conduce.

Cuando Camila y yo hablamos lo que expresado queda, estaba ya ella en meses mayores. Pero conservaba su agilidad, y atendía a mis cosas con tanta solicitud como siempre. Había yo puesto en sus manos todos mis asuntos domésticos; era mi administradora, mi ama de gobierno y mi hermana de la Caridad. A principios de noviembre la eché muy de menos; pero tuve que resignarme por la ley de la Naturaleza a la soledad en que me tuvo durante quince días. El 6 de noviembre muy de mañana me dijo Ramón que la señorita estaba de parto. ¡Qué afán el mío y qué mal rato pasé, temiendo que no estuviese tan expeditiva como su complexión firme daba derecho a esperar! Pero fue obra de poco tiempo, y aquella sin par hembra, destinada a ennoblecer el linaje humano y a fundar una dinastía de gloriosos borriquitos, se portó como quien era. El mismo Constantino bajó desalado a darme la noticia.

—¿Conque ya tenemos a Belisario? —le dije, abrazándole, sin esperar a que contara el caso.

—Sí; pero no sabes lo mejor...

—¿Qué?

—Que cuando la comadre recogió a Belisario, creyendo el lance concluido, oímos a Camila gritar: "¡Queda otro!"

—¿Otro?

—Sí, y salió César más pronto que la vista, y tan listillo y con tan mal genio como su hermano.

—¡Dos! Pues, hijo, si seguís así, vais a llegar a la Z...

III

Sintiéndome cada día más caduco, y temeroso del segundo ataque, cuidéme de revisar mis Memorias y de ver si Ido del Sagrario me había deslizado en ellas alguna tontería. Mas nada sorprendí en aquellos bien rasgueados renglones que fuera disconforme a mi pensamiento y a la exactitud de los casos referidos. De acuerdo con Ido, remití el manuscrito, puesto ya en limpio y con los nombres bien disimulados, a un amigo suyo y mío que se ocupa de estas cosas, y aun vive de ellas, para que lo viese y examinara, disponiendo su publicación si conceptuaba digno del público mi mamotreto... Hoy ha venido el tal a verme, hablamos, le invito a escribir la historia de la *Prójima,* de la cual yo no he hecho más que el prólogo, a lo que me contesta que aunque ya no le hace caso Pepito Trastamara, ni tiene esperanzas de ser duquesa, bien vale la pena de intentar lo que yo le propongo. De otras muchas cosas hablamos, extendiéndome mucho en todo lo concerniente a la forma y manera de escribir estas oscuras páginas. La primera condición que pongo es que no serán publicadas mientras yo viva. Después de mi muerte puede darse mi amigo toda la prisa que quiera para sacarlas en letras de molde, y así la publicación del libro será la fúnebre esquela que vaya diciendo por el mundo a cuantos quieran saberlo que ya el infelicísimo autor de estas confesiones habrá dejado de padecer.

FIN DE

"L O　P R O H I B I D O"

ÍNDICE DE LÁMINAS

SE TERMINÓ DE IMPRIMIR EN LOS
TALLERES VALENCIANOS DE
ARTES GRÁFICAS SOLER, S. A.,
EL DÍA 4 DE MARZO DE 1971

TÍTULOS PUBLICADOS